рабочие руки находились, тогда капи[талист ставил машину, иначе]
он и без того получал хорошие барыши. Машина ему оказывалась нужна
только тогда, когда она сберегала **дорогую** рабочую силу. А так как вообще
при капитализме рабочие руки дешевы, то это плохое положение рабочего
класса было причиной, **препятствовавшей** улучшению техники. В особенности ярко это сказывалось в сельском хозяйстве. Там рабочие руки были
всегда дешевы, и из-за этого развитие машинного труда шло очень медленно. В **коммунистическом** обществе забота не о прибыли, а о самих работающих. Там всякое улучшение будет тотчас же подхватываться и проводиться в жизнь. Там для него нет тех цепей, которые накидывал капитализм. Технические изобретения при коммунизме тоже двинутся вперед:
ведь у всех будет хорошее образование, и те, кто при капитализме гибнет
от нужды (напр., талантливые рабочие), будут иметь полную возможность
развернуть свои способности.

В коммунистическом обществе исчезнет также **паразитизм**, то-есть существование людей-паразитов, которые ничего не делают и живут на счет
других. То, что в капиталистическом обществе прокучивалось, проедалось,
пропивалось капиталистами, будет итти в коммунистическом обществе на
производительные нужды; капиталисты, их лакеи и дворня, попы, проститутки и т. д. исчезнут, и все члены общества будут заняты производительным трудом.

Коммунистический способ производства будет означать громадное развитие производительных сил. Это значит, что на долю каждого работника
коммунистического общества будет приходиться меньше труда, чем раньше.
Рабочий день будет все сокращаться, и люди будут все более освобождаться
от цепей, накладываемых природой. Раз человеку придется тратить мало
времени на то, чтобы прокормить и одеть себя, значит, у него будет много
времени, чтобы заниматься своим духовным развитием. Человеческая
культура достигнет небывалой высоты. Она будет при этом действительно
человеческой, а не классовой культурой. Вместе с исчезновением гнета
человека над человеком будет исчезать и гнет природы над людьми. Человечество начнет здесь впервые вести действительно разумную, а не зверскую жизнь.

Противники коммунизма всегда изображали его, как **уравнительную дележку**. Они
говорили, что коммунисты хотят все забрать и поделить поровну: землю и другие средства производства, а также и средства потребления. Нет ничего нелепее такого взгляда. Прежде всего, такой всеобщий передел невозможен: можно поделить землю, рабочий
скот, деньги. Но нельзя поделить железные дороги, машины, пароходы, сложные аппараты. Это во-первых. Во-вторых, раздел не только не приводит ни к чему хорошему,
а, наоборот, отбрасывает человечество назад. Он означает образование множества
мелких собственников. А мы уже знаем, что из мелкой собственности и конкуренции
мелких собственников рождается крупная собственность. Значит, даже если бы был
осуществлен всеобщий передел, то потом началось бы то же самое, и люди повторяли
бы вечную сказку про белого бычка.

Пролетарский коммунизм (или пролетарский социализм) есть крупное товарищеское

MANESSE BIBLIOTHEK DER WELTGESCHICHTE

NIKOLAJ I. BUCHARIN
JEWGENIJ A. PREOBRASCHENSKIJ

Das ABC des Kommunismus

POPULÄRE ERLÄUTERUNG
DES PROGRAMMS
DER KOMMUNISTISCHEN PARTEI
RUSSLANDS
(BOLSCHEWIKI)

Mit Illustrationen
von Wladimir W. Majakowskij
und einer Einführung
von Boris Meissner

MANESSE VERLAG
ZÜRICH

Nachdruck der
deutschsprachigen Erstausgabe
Wien 1920

BORIS MEISSNER

Einführung zum «ABC des Kommunismus»

I
Der Umbruch vom Marxismus zum Bolschewismus

Nach Marx und Engels erforderte der revolutionäre Übergang zu der von ihnen angestrebten vollkommenen kommunistischen Gesellschaftsordnung einen hohen Grad ökonomischer und sozialer Reife. Diese Voraussetzung sollte durch die kapitalistische Entwicklung im Rahmen eines bürgerlich-demokratischen Staates bewirkt werden. In den Fällen, in denen dieser Staat, den sie als eine «Diktatur der Bourgeoisie» ansahen, einen besonders ausgeprägten demokratischen Charakter aufwies, brauchte der revolutionäre Umbruch nicht gewaltsam zu erfolgen. Marx hat 1872 Amerika, England und Holland, Engels 1891 Frankreich, Amerika und England als Beispiele für die Möglichkeit eines friedlichen Hinüberwachsens der einen Ordnung in die andere genannt. Gemäß diesem marxistischen Ursprungskonzept konnte die kapitalistische Entwicklungsstufe ohne üble politische und ökonomische Folgen nicht übersprungen werden. Die mit der proletarisch-sozialistischen Revolution verbundene Machtübernahme durch das Proletariat, das in jedem Fall die Mehrheit der Bevölkerung bilden mußte, stellte die Vollendung der Entwicklung dar, die durch die bürgerlich-demokratische Revolution in Gang gesetzt worden war.

Marx und Engels gingen daher von der Annahme aus, daß die von ihnen angestrebte proletarisch-sozialistische Revolution in den fortgeschrittenen westlichen Industrieländern annähernd gleichzeitig ausbrechen und in ihren Auswirkungen einen universellen Charakter haben würde. In diesem Sinne hat Lenin im März 1917 von der «Weltrevolution» gesprochen.

Infolge der vorausgesetzten ökonomischen und sozialen Reife konnte sich der proletarisch-sozialistische Staat, der auf der Grundlage der «Diktatur des Proletariats» beruhte, nach der Machtübernahme auf einige wenige Maßnahmen beschränken, zu denen vor allem die Vergesellschaftung der Produktionsmittel gehörte. Nach einer kurzen Übergangszeit sollte er «absterben» und einer herrschaftsfreien und zugleich klassenlosen kommunistischen Gesellschaft Platz machen.

Diese Grundkonzeption und die Auffassung, daß die «demokratische Republik» die spezifische Form der Verwirklichung der «Diktatur des Proletariats» bildete, lag auch dem ersten Parteiprogramm der Sozialdemokratischen Arbeiterpartei Rußlands zugrunde, das auf Lenin und seinen marxistischen Lehrmeister Plechanow zurückging. Das Parteiprogramm wurde auf dem II. Parteikongreß 1903 angenommen, auf dem der radikale Flügel unter Lenin zeitweilig die Mehrheit gegenüber dem gemäßigten Flügel unter Martow errang. Die schicksalhafte Spaltung der russischen Sozialdemokratie in die «Bolschewiki» und «Menschewiki» ging hauptsächlich auf unterschiedliche Auffassungen in den Fragen des organisatorischen Aufbaus und des Wesens einer marxistisch-sozialistischen Partei zurück. Während die Menschewiki von einer demokratischen Massenpartei nach dem Vorbild der west- und mitteleuropäischen Sozialdemokratie ausgingen, traten die Bolschewiki auf der Grundlage der Parteilehre Lenins für eine Kampforganisation von Berufsrevolutionären, die straff zentralistisch aufgebaut sein sollte, ein. Mit dieser elitären Grundauffassung und dem Hegemonialanspruch für die bolschewistische Partei, wich Lenin wesentlich von den Vorstellungen von Marx und Engels über eine kommunistische Partei und ihrem Verhältnis zu anderen sozialistischen Parteien ab.

Eine weitere Abweichung sollte sich aus der gleichzeitigen Abkehr von dem Zwei-Revolutionen-Schema ergeben, die eine Annäherung der unterschiedlichen Auffassungen von Lenin und Trotzkij nach der «Februarrevolution» 1917 bewirkte. Diese Wendung wurde durch die «Imperialismustheorie» Lenins ermöglicht, die er in seiner im Frühjahr 1916 in der Schweiz geschriebenen und im April 1917 erstmals veröffentlichten Arbeit «Der Imperialismus als höchstes Stadium des Kapitalismus» entwickelte. Er verdankte wesentliche Anregungen der im Dezember 1915 abgeschlossenen Schrift «Imperialismus und Weltwirtschaft» dem wesentlich jüngeren Nikolaj Bucharin (1888–1938), der mit ihm erstmals im September 1912 in Krakau zusammengetroffen war. Bucharin hatte seine in Moskau begonnenen volkswirtschaftlichen Studien im Exil in Wien fortgesetzt. Sie fanden in seinen beiden ersten wirtschaftstheoretischen Arbeiten «Die Ökonomie des Rentners» und «Der Imperialismus und die Akkumulation des Kapitals» ihren Niederschlag. In Wien soll er Stalin bei der Abfassung seiner 1913 verfaßten Schrift «Sozialdemokratie und nationale Frage», die später unter der Überschrift «Marxismus und nationale Frage» verbreitet wurde, geholfen haben.

Ebenso wie Bucharin ging Lenin in seiner Studie über den Imperialismus von der Annahme aus, daß sich der Kapitalismus in seiner monopolistischen und imperialistischen Erscheinungsform seit dem Ausgang des 19. Jahrhunderts zu einem Weltsystem entwickelt habe. Diese Entwicklung sei durch den expansiven Charakter des «Finanzkapitals», auf den schon Hilferding und Rosa Luxemburg näher eingegangen waren, wesentlich gefördert worden. Lenin behauptete in Übereinstimmung mit Bucharin, daß der Spätkapitalismus in seiner imperialistischen Erscheinungsform aufgrund seiner ungleichmäßigen Entwicklung und seiner inneren Widersprüche weltweite Krisen und Kriege hervorrufen würde. Die Hegemoniebestrebungen der führenden Industriemächte würden zu einem verschärften Konkurrenzkampf auf dem Weltmarkt und damit letzten Endes zu Eroberungskriegen führen.

Lenin bezeichnete den Imperialismus als die Epoche der fortschreitenden Unterdrückung der Nationen der ganzen Welt durch eine Handvoll Großmächte, wobei er betonte, daß es nirgends in der Welt eine solche Unterdrückung der fremdstämmigen Mehrheit der Bevölkerung gäbe wie in Rußland.

Aufgrund dieser Analyse sah Lenin das bürgerlich-kapitalistische Staatensystem als Ganzes für den revolutionären Umsturz als reif an. Jede Schwächung des kapitalistischen Weltsystems mußte sich günstig für den Erfolg der proletarischen Revolution auswirken. Daher war die Befreiungsbewegung der kolonialen und abhängigen Völker zu unterstützen, um diese «Reserven des Imperialismus» in «Reserven der proletarischen Revolution» zu verwandeln, weshalb auch dem Selbstbestimmungsrecht der Völker bei der Lösung der Nationalitätenprobleme eine besondere Bedeutung zukam. Auf diese Weise sollte sich die sozial-revolutionäre Bewegung mit der national-revolutionären zu einer Einheitsfront verbinden. An die Stelle der Reife für die Revolution, die Marx und Engels nur bei den am höchsten industrialisierten Staaten als gegeben ansahen, trat so die günstige Gelegenheit zur Revolution im Falle einer nationalen Krise, auch wenn es sich, wie im Falle Rußlands, um ein halbfeudales Land handelte.

Nach der ursprünglichen marxistischen Auffassung sollte die «Diktatur des Proletariats» erst errichtet werden, nachdem die Möglichkeiten des privaten Kapitalismus für die Entwicklung eines Landes voll genutzt worden waren. Nach der weltrevolutionären Konzeption Lenins fiel der vorweggenommenen «Diktatur des Proletariats» hauptsächlich die Aufgabe zu, die Entwicklung des wirtschaftlich rückständigen Landes unter staatskapitalistischen Vorzeichen voranzutreiben. Auf die Inkonsequenz, die sich aus dieser Funktion des Sozialismus als «Ersatzkapitalismus» zwangsläufig ergeben müßte, hat kein anderer als Plechanow in einem Artikel im Juni 1917, das heißt noch vor der Oktoberrevolution, hingewiesen.

Für Lenin bildete seine «Imperialismustheorie» aufgrund der revolutionären Lage in Rußland eine hinreichende Rechtfertigung für die gewaltsame Machtergreifung der bolschewistischen Partei in der «Oktoberrevolution», wobei das bestehende System der Sowjets, der Räte, als Grundlage für eine von Marx und Engels abgelehnte Minderheitsdiktatur diente, die bald den Charakter einer dauerhaften Einparteiherrschaft annehmen sollte.

Die für die spätere sowjetische Staatsordnung charakteristischen Institutionen bestanden bereits vor der Oktoberrevolution. Die Herausbildung eines Sowjetstaates mit einem sozialistischen Mehrparteiensystem wäre durchaus eine mögliche Alternative nicht nur zum parlamentarischen System, das mit der «Konstituierenden Versammlung» angestrebt wurde, sondern auch zu dem diktatorischen System, das sich nach der Oktoberrevolution herausbildete, gewesen. Erst mit der bolschewistischen Machtergreifung trat eine grundlegende Änderung in der Verfassungslage ein. Die gemäßigten sozialistischen Parteien, die rechten Sozialrevolutionäre, die bei den Wahlen zur Konstituierenden Versammlung, das heißt der Verfassunggebenden Nationalversammlung, im Dezember 1917 die absolute Mehrheit gewannen, und die Menschewisten schieden unter Protest gegen den von den Bolschewisten ausgelösten bewaffneten Aufstand aus dem Sowjetkongreß aus. Im Sommer 1918 folgten die linken Sozialrevolutionäre, die mit den Bolschewisten zunächst eine Koalitionsregierung eingegangen waren. Es verblieben so nur einzelne sozialistische Splittergruppen neben den Bolschewisten. Diese waren es, welche die Räte im Grunde genommen gegen ihren Willen in Staatsorgane, den Staat in einen Sowjetstaat verwandelten, gleichzeitig aber das alleinige Machtmonopol für sich beanspruchten.

Die gewaltsame Auseinandertreibung der Konstituierenden Versammlung bildete den Auftakt zum Bürgerkrieg zwischen Weiß und Rot, der erst 1922 mit dem Sieg der Bolschewisten ein Ende finden sollte. Soweit die Sowjets anfangs wirkliche Macht besaßen, was während der Bürgerkriegszeit noch der Fall war, ist sie ihnen schrittweise von der allein herrschenden bolschewistischen Partei entzogen worden, welche die gesamte Regierungs- und Organisationsgewalt in ihren Führungsgremien konzentrierte.

Von Lenin wurde die Machtkonzentration aufgrund der Einparteiherrschaft dazu benutzt, eine tiefgehende Umwälzung der gesellschaftlichen Verhältnisse in Rußland herbeizuführen. Sie kam im städtisch-industriellen Bereich in dem ersten Versuch einer durchgehenden Kommandowirtschaft und auf dem Lande in einer umfassenden Agrarreform zum Ausdruck. Wesentlich war, daß dabei der private Besitz der Bauern nach der

Aufteilung des Großgrundbesitzes bestehen blieb. Weitere Maßnahmen, die eine soziale Nivellierung förderten, waren kriegsbedingt und verstärkten die Spannungen zwischen dem bolschewistischen Regime und der überwiegenden Mehrheit der bäuerlichen Bevölkerung. Ihrer Überwindung diente die von Lenin auf dem X. Parteikongreß im März 1921 verkündete «Neue Ökonomische Politik» (russische Abkürzung NEP), die eine begrenzte Rückkehr zu dem unter dem «Kriegskommunismus» abgeschafften freien Markt bedeutete. Diese entscheidende wirtschaftspolitische Wendung war mit einer wesentlichen Verstärkung der autoritären Züge der bolschewistischen Einparteiherrschaft verbunden.

Im außenpolitischen Bereich bedeuteten die Bemühungen um eine Aufnahme des bolschewistischen Rußland in das bestehende Staatensystem zugleich die beginnende Einsicht, daß mit wesentlichen Fortschritten der Weltrevolution im europäischen Bereich nicht gerechnet werden konnte. Diese Entwicklung mußte die Kluft zwischen der bolschewistischen Auslegung der marxistischen Ideologie, wie sie im Parteiprogramm von 1919 ihren Niederschlag gefunden hatte, und der politischen und gesellschaftlichen Wirklichkeit deutlicher als bisher zutage treten lassen.

II
Das Parteiprogramm des «Kriegskommunismus» und seine vorwiegend linkskommunistische Kommentierung

Die bolschewistische Partei nannte sich seit ihrer 1912 erfolgten endgültigen organisatorischen Trennung von den Menschewisten «Sozialdemokratische Arbeiterpartei Rußlands» mit dem Klammerzusatz «Bolschewiki», abgekürzt SDAPR(B). Auf dem VII. Parteikongreß im März 1918 erfolgte ihre Umbenennung in «Kommunistische Partei Rußlands (Bolschewisten)», abgekürzt KPR(B). Es war der Parteitag, auf dem Lenin die Annahme des hart umkämpften Brest-Litowsker Friedensvertrages gegen die hauptsächlich von Bucharin geführte Opposition der «linken Kommunisten» durchsetzen konnte. Diese Gruppe vertrat auch in einer Reihe anderer Fragen eine Auffassung «links von Lenin». Die Auseinandersetzung kam in der Diskussion um ein Parteiprogramm, die seit den «April-Thesen» Lenins von 1917 geführt wurde, deutlich zum Ausdruck. An der Diskussion war neben Lenin vor allem Bucharin maßgebend beteiligt. Infolge des Bürgerkrieges zog sich die Annahme des Parteiprogramms hin. Sie erfolgte erst auf dem VIII. Parteikongreß im März 1919. Im gleichen Monat fand auch der Gründungskongreß der Kommunistischen Internationale, der Komintern, in Moskau statt.

Die Position der «linken Kommunisten» hatte Bucharin bereits vorher in der im Mai 1918 verfaßten Schrift

«Das Programm der Kommunisten (Bolschewiki)» zum Ausdruck gebracht. In dem Parteiprogramm von 1919, das in der Reihenfolge das zweite Programm der bolschewistischen Partei bildete, überwog die Grundeinstellung Lenins. Bucharin wollte seine Auffassung, die in einzelnen Fragen von derjenigen Lenins abwich, in einem Buch mit dem Titel «Das ABC des Kommunismus» stärker zur Geltung bringen. Er begann unmittelbar nach dem Parteitag mit dieser Arbeit, die er am 15. Oktober 1919, beim Beginn der Entscheidungsschlachten des Bürgerkrieges, abschließen konnte.

Der Mitverfasser der «populären Erläuterung» des Parteiprogramms war Jewgenij A. Preobraschenskij (1886–1937), ein junger Volkswirt aus dem Ural, der ebenfalls zur Gruppe der «linken Kommunisten» gehörte. Beide standen sich damals so nahe, daß sie im Vorwort die «volle Verantwortung füreinander» übernahmen. Der Standpunkt der «linken Kommunisten» kommt daher in diesem Kommentar in mehreren Fällen stärker zum Ausdruck als in dem offiziellen Parteiprogramm. Gemeinsam ist beiden, daß ihre Erläuterungen unter dem Eindruck des «Kriegskommunismus» und der Hoffnung auf Fortschritte der Weltrevolution in Europa abgefaßt worden sind. In der Kommentierung Bucharins finden sich Feststellungen, die erkennen lassen, daß er die Möglichkeit des Aufbaus einer kommunistischen Gesellschaftsordnung in Rußland, das heißt «in einem Lande» unabhängig vom Fortlauf der Weltrevolution, nicht ganz ausschloß.

Die Gliederung des «ABC des Kommunismus» folgt

dem Aufbau des Parteiprogramms. Im ersten Teil des Buches hat Bucharin die theoretische Einführung des Parteiprogramms allein kommentiert. Im zweiten Teil des Buches, der die Aufgaben der Partei auf den einzelnen Gebieten in Verbindung mit den unter bolschewistischer Herrschaft erzielten Ergebnissen näher behandelte, hatte sich Bucharin die Kommentierung mit Preobraschenskij aufgeteilt und sich dabei selber neben einführenden Ausführungen über die «Bedingungen der kommunistischen Aufbautätigkeit in Rußland» die in politischer Hinsicht wichtigen Abschnitte über «Die Sowjetmacht» und «Die Organisation der Industrie» vorbehalten.

Die übrigen Bereiche, abgesehen vom Gesundheitswesen, sind von Preobraschenskij bearbeitet worden. Dabei ist bei der Betrachtung des Verhältnisses von Eltern und Kindern, dem atheistischen Staat und den Religionsgemeinschaften und einigen anderen Stellen die radikale bolschewistische Einstellung besonders kraß zum Ausdruck gekommen. Die Behandlung der «nationalen Frage» hat Bucharin wahrscheinlich darum Preobraschenskij übertragen, um persönlich Lenin nicht zu sehr zu reizen, da er auch in der Gewerkschaftsfrage eine von diesem abweichende Auffassung vertrat.

Abgesehen von diesen Abweichungen wird es die sehr mechanistische und äußerst vereinfachende Darstellung der marxistischen Kritik am kapitalistischen System und der von Karl Marx entwickelten Wirtschaftstheorie durch Bucharin gewesen sein, die Lenin veranlaßte, sich kritisch über das «ABC» zu äußern.

Bucharin gab in der ideologischen Auseinandersetzung mit seinem Mitverfasser 1926 zu, daß sie beide mit Recht «eine ziemlich große Tracht Prügel von Lenin» für ihr Buch bezogen hätten. Er bezeichnete aber bestimmte Gedanken, die er damals erstmals ausgedrückt habe, weiterhin als wichtig. Dazu gehörte vor allem seine Auffassung, daß der Aufbau einer sozialistischen Gesellschaftsordnung in Rußland trotz der Schwierigkeiten, die durch eine längere Isolierung bei Verzögerung der Weltrevolution zu befürchten war, durchaus möglich sei und daher «sofort» in Angriff genommen werden müßte. Auch seine Einsicht, daß auf die Kleinproduzenten und damit auf das städtische Kleinbürgertum und die «Mittelbauern» beim inneren Aufbau stärker Rücksicht genommen werden müßte, trug zum Übergang zur «Neuen Ökonomischen Politik» bei, die Bucharin neidlos als eine originäre Idee Lenins anerkannte.

Auffallend sind bestimmte Unterschiede im Stil, in dem die Beiträge Bucharins in den beiden Teilen des «ABC des Kommunismus» abgefaßt worden sind. Obgleich Lenin bereits 1917 die niedere Phase der kommunistischen Gesellschaftsformation mit «Sozialismus» und die höhere mit «Kommunismus» gekennzeichnet hatte, spricht Bucharin im ersten Teil in Verbindung mit dem Bolschewismus immer nur von Kommunismus.

Lenins Kritik mag dazu beigetragen haben, daß sich Bucharin bemühte, die von ihm im «ABC des Kommunismus» gemachten wirtschaftstheoretischen Ausführungen in seiner «Ökonomik der Transformationsperiode», die er im Frühjahr 1920 fertigstellte, gründlicher darzustellen.

Es mag gerade an der leicht abgefaßten und zugleich undifferenzierten Darstellung Bucharins gelegen haben, daß das «ABC des Kommunismus», zusammen mit der «Theorie des historischen Materialismus», die er im September 1921 abschloß, zu seinen am meisten verbreiteten und bekanntesten Werken gehörte. Das «ABC» war programmatisch sehr wirkungsvoll und bildete das Grundwissen vieler junger Kommunisten innerhalb und außerhalb Rußlands. Es übte besonders starken Einfluß auf diejenigen unter ihnen aus, denen bis zum Ende der zwanziger Jahre leitende Funktionen in der internationalen kommunistischen Bewegung zufallen sollten.

Das Kernstück des ersten Kommentarteils, überschrieben «Entwicklung und Untergang des Kapitalismus», bildet die bereits erwähnte Imperialismustheorie, in der Lenin und Bucharin weitgehend übereinstimmten. Trotzdem liegt der Nachdruck bei Bucharin wesentlich stärker auf dem «Staatskapitalismus», das heißt auf der von ihm wahrgenommenen «Verschmelzung» zwischen dem Staat und dem Finanzkapital.

Die Umwandlung der in wirtschaftlicher Hinsicht fortgeschrittenen Staaten in «staatskapitalistische Trusts» habe zwar im Inneren zu einer Stabilisierung der Herrschaft der Bourgeoisie beigetragen, zugleich aber den Klassenkampf wesentlich verschärft. Nach außen würden die Gegensätze zwischen den «finanzpolitischen Staaten-Trusts», die bereits zum Ersten Weltkrieg geführt hätten, nach Ansicht Bucharins weiter zunehmen, da jeder dieser imperialistischen Staaten «eigentlich die ganze Welt erobern» möchte, um «ein Weltreich zu gründen».

Auf der einen Seite habe die «zentralistische Großproduktion» des «Staatskapitalismus» die notwendigen ökonomischen Grundlagen für eine kommunistische Gesellschaftsordnung geschaffen. Andererseits würde die imperialistische Politik zum Zusammenbruch des «Weltkapitalismus» und damit zur Weltrevolution entscheidend beitragen.

In organisatorischer Hinsicht setzt Bucharin den Staatskapitalismus, falls er auf der Verstaatlichung der Produktionsmittel beruht, mit einem «Staatssozialismus» weitgehend gleich. Es kommt für ihn letzten Endes auf den Klassencharakter des Staates an, der eine solche organisatorische Struktur aufweist. Die Herrschaft des Proletariats ist für ihn ein hinreichender Grund, um einen solchen «totalen Staat» als fortschrittlich anzusehen.

Bucharin hat sich zwar Gedanken über Gefahren der Bürokratisierung in einem zentralistisch aufgebauten Sowjetstaat gemacht, sie aber nicht in der autoritären Form einer Einparteiherrschaft gesehen, die er mit der Formel «führende Rolle des Proletariats» verdeckte. Vor allem konnte er sich in der revolutionären Aufbruchstimmung und im Getümmel des Bürgerkrieges, ebensowenig wie Preobraschenskij, vorstellen, daß die Umwandlung der «Diktatur des Proletariats» zu einer «Diktatur der Bürokratie», wie sie im Stalinismus vollzogen wurde, zu einem staatlichen Leviathan führen sollte, wie er ihn in früheren Überlegungen im Falle einer despotischen Form des bürgerlichen monokapitalistischen Staates durchaus als möglich angesehen hatte.

In seiner Schrift über «Imperialismus und Weltwirtschaft» hatte Bucharin den Sieg der proletarischen Revolution noch keineswegs für unvermeidlich gehalten. Mit seiner Schilderung der Alternative in Gestalt einer staatskapitalistischen Despotie hatte er die Entwicklung, die zum totalitären Einparteistaat stalinistischen Typs führen sollte, gleichsam vorweggenommen. Er schrieb: «Die Arbeiter verlieren ihre Freizügigkeit, das Recht zur Zugehörigkeit zu sogenannten ‹staatsfeindlichen› Parteien, das Recht der freien Wahl des Betriebes, in dem sie arbeiten wollen und so weiter. Sie verwandeln sich in Leibeigene, die nicht an den Boden, sondern an den Betrieb gefesselt sind. Sie werden zu weißen Sklaven des imperialistischen Raubstaates, der die gesamte Produktion in den Rahmen seiner Organisation hineingedrängt hat.»

Daß die gleiche Entwicklung auch in einem Staat, der auf der «Diktatur des Proletariats» beruhte, vor sich gehen könnte, war Bucharin nicht vorstellbar, zumal er auf das Verhältnis von Partei und Staat im Rahmen des sowjetischen Einparteisystems nicht näher eingegangen ist. Dagegen hatte Rosa Luxemburg bereits 1918 die «Diktatur des Proletariats» in Rußland, die faktisch eine permanente Parteidiktatur darstellte, als die «Diktatur einer Handvoll Politiker» bezeichnet und in Verbindung damit Lenin und Trotzkij vorgeworfen, den lebendigen

Quell, den das «aktive, ungehemmte, energische Leben der breiten Volksmassen darstellen würde», verschüttet zu haben.

Die Ansicht Bucharins, daß das Rätesystem eine volksnahere und damit vollkommenere Form einer Sowjetdemokratie darstellen würde, die er mit Lenin teilte, sollte sich im Hinblick auf eine stärkere Beteiligung der Massen am politischen Entscheidungsprozeß nicht als zutreffend erweisen.

Das Prinzip der Gewaltenkonzentration, das Bucharin am Beispiel des Zentralen Vollzugsausschusses (Zentrales Exekutivkomitee) besonders rühmte, hat in Verbindung mit der autoritären Auslegung des Prinzips des «demokratischen Zentralismus», das von ihm eigenartigerweise nicht erwähnt wird, eine wesentliche Verschlechterung und nicht eine Verbesserung der demokratischen Bedingungen gegenüber einem gewaltenteilenden parlamentarischen System gebracht. Die Abstände zwischen den Tagungen des Sowjetkongresses und dann auch des Zentralen Exekutivkomitees (ZEK) sind sehr bald immer länger, und die Tagungsdauer ist immer kürzer geworden. Die Ausübung ihrer Kompetenzen ging zugleich auf die kleinen ständigen Organe des ZEK, das Präsidium als kollegiales Staatsoberhaupt und den Rat der Volkskommissare als «Sowjetregierung» über.

Dieser Vorgang ist von sowjetischer Seite scherzweise als die «Entwicklung von der ‹Sowdepia› zur ‹Ispolkonnia›», die bei der «Bjurokratia» enden sollte, bezeichnet worden. Auch das Abberufungsrecht der Sowjetdeputierten durch ihre Wähler sollte sich nicht als hilfreich erweisen, da das «direkte Mandat» die Abhängigkeit der Deputierten von der allein herrschenden kommunistischen Partei verstärkte. Die zunehmende Personalunion bei Partei- und Staatsämtern ließ auch die von Bucharin befürwortete Rotation in den Führungsämtern sehr bald illusorisch werden.

Dem Vorschlag Bucharins, den Werktätigen eine tatsächliche Mitbestimmung durch Übertragung der Leitung der Produktionsorganisation über die Industrieverbände der Gewerkschaften unter deren Umwandlung in Staatsorgane zu gewähren, sollte kein Erfolg beschieden sein. Die «Verstaatlichung der Gewerkschaften», die er auf diese Weise anstrebte und die 1920 auch Trotzkij befürwortete, hätte nur den letzten Rest ihrer Eigenständigkeit beseitigt. Eine Arbeiterselbstverwaltung, wie sie die «Arbeiteropposition» in der Diskussion über die Gewerkschaftsfrage vorschlug, war für Bucharin, der zentralistisch dachte, nicht minder unannehmbar als für Lenin. So blieb nur der von dem Letzteren gewiesene Mittelweg, der die Bindung der Gewerkschaften an den Parteiapparat verstärkte, ihnen aber gegenüber dem Staatsapparat eine begrenzte Autonomie beließ.

Wie Trotzkij trat Bucharin im «ABC des Kommunismus» für eine stärkere Ausnutzung der bürgerlichen Fachleute im Sowjetsystem und zugleich für eine bessere Entlohnung der «Spezialisten» ein. Er war sich dessen bewußt, daß die von ihm angestrebte «Verschmelzung der Produktion mit der Wissenschaft» nur zu erreichen war, wenn die Sowjetmacht die technische Intelligenz in stärkerem Maße für sich gewann und ihre Anzahl durch eine verstärkte wissenschaftliche Ausbildung vermehrte. Den Abschnitt über die Organisation der Industrie schloß er bezeichnenderweise mit dem Satz ab: «Kommunismus bedeutet richtig, vernünftig, folglich wissenschaftlich aufgebaute Produktion.»

Der Zusammenfassung der zentralistisch aufgebauten Industrie durch einen gesamtstaatlichen Plan kam in den Überlegungen Bucharins eine entscheidende Bedeutung zu. Er hoffte, im Falle «des Sieges des Proletariats in Deutschland» ein «gemeinsames Organ» schaffen zu können, «das die gemeinsame Wirtschaftspolitik für die beiden Sowjetrepubliken führen würde». Auch wenn eine ähnliche Entwicklung im gesamteuropäischen Rahmen, die er sich erhoffte, nicht zu erreichen war, trat er für einen möglichst «engen Wirtschaftsbund» zwischen den Sowjetrepubliken ein, die «einen gemeinsamen Wirtschaftsplan besitzen» sollten. Dieses Ziel bezog er nicht nur auf die bestehenden, sondern auch auf die sich noch herausbildenden Sowjetrepubliken und unterstrich das mit dem Satz: «Die wirtschaftliche proletarische Zentralisation der Produktion im internationalen Maßstab – das ist unser Ziel.»

In dem Abschnitt über die «nationale Frage», der von Preobraschenskij bearbeitet worden war, wird vor allem die Auffassung wiedergegeben, die Bucharin in der Diskussion des Programmentwurfs vertreten hatte. Im Unterschied zu Lenin heißt es, daß es richtiger sei zu sagen: «Wir anerkennen nicht das Recht der Nationen auf Selbstbestimmung, sondern das Recht der arbeitenden Mehrheit der Nation.» Gleichzeitig wird gefordert, der Bourgeoisie das Abstimmungsrecht in den nationalen Angelegenheiten zu entziehen.

Lenin hat eine solche Auffassung aufs heftigste bekämpft, obgleich er den «sozialistischen» Interessen den unbedingten Vorrang vor den nationalen einräumte. In seinem Bericht über das Parteiprogramm auf dem VIII. Parteikongreß der KPR am 19. März 1919 erklärte er: «Das Selbstbestimmungsrecht der Nationen fallenlassen und statt dessen das Selbstbestimmungsrecht der Werktätigen setzen, ist grundfalsch, denn eine solche Konzeption berücksichtigt nicht, unter welchen Schwierigkeiten, auf welchen verschlungenen Wegen die Differenzierung innerhalb der Nation verläuft... Jede Nation muß das Selbstbestimmungsrecht erhalten, das trägt zur Selbstbestimmung der Werktätigen bei...»

Lenin grenzt deutlich die Frage des Trägers oder Subjekts des Selbstbestimmungsrechts von der jeweiligen Entscheidung über die Zweckmäßigkeit des Anspruchs auf Selbstbestimmung ab. Nur die Nationen in ihrer Gesamtheit und nicht die «Werktätigen» waren von seinem Standpunkt als Subjekte des Selbstbestimmungsrechts anzusehen. Nur eine gesamtnationale Repräsentanz konnte diesen Willen zum Ausdruck bringen. Der Kommunistischen Partei blieb lediglich vorbehalten, über die Zweckmäßigkeit der Förderung oder Gewährung des Selbstbestimmungsrechts im einzelnen Fall zu entscheiden.

Die Relativierung des Selbstbestimmungsrechts

durch die weltrevolutionäre Zielsetzung wurde damit in einem wesentlichen Punkt eingeschränkt. Während Bucharin unter Berufung auf das angebliche Selbstbestimmungsrecht der Werktätigen die Spaltung von Nationen, wie der im «ABC des Kommunismus» erwähnte Fall Bayern zeigt, zu rechtfertigen versuchte, schloß Lenin mit seiner Auffassung eine solche Möglichkeit als Mittel der weltrevolutionären Expansion aus. Von sowjetischer Seite ist immer wieder betont worden, daß der Wille nur von der Bevölkerung selbst, nicht aber von einer kleinen privilegierten Gruppe oder einheimischen Hilfsorganen einer Besatzungsmacht zum Ausdruck gebracht werden könnte.

Diese Grundeinstellung Lenins ist nach der 1923 erfolgten Selbstkritik Bucharins nie mehr in Frage gestellt worden. Seine Auffassung, daß nur die gesamte Nation als Subjekt des Selbstbestimmungsrechts anzusehen sei, die er 1919 zum Ausdruck brachte, ist daher auch weiterhin als ein integraler Bestandteil der marxistisch-leninistischen Ideologie in sowjetischer Auslegung anzusehen.

Auch im Hinblick auf den Föderalismus als einer Form zur Verwirklichung des Selbstbestimmungsrechts in einem Vielvölkerstaat ist im «ABC des Kommunismus» eine abweichende Einstellung festzustellen. Im Falle des «proletarischen Weltstaates», der vom kommunistischen Standpunkt aus ein der klassenlosen kommunistischen Weltgesellschaft vorgeschaltetes Fernziel bildete, das mit Hilfe der Weltrevolution erreicht werden sollte, wurde ein Verzicht auf einen föderativen Aufbau nicht ausgeschlossen. Sollte «die föderative Vereinigung für die Schaffung einer allgemeinen Weltwirtschaft nicht ausreichen», war von ihm die Form einer «einheitlichen sozialistischen Weltrepublik» vorgesehen.

Aufgrund dieser Zurückhaltung in der «nationalen Frage» unterschätzte Bucharin die Bedeutung des nationalen Faktors bei der Analyse des Imperialismus in einem sehr viel stärkeren Maße als Lenin. Beiden verschloß die einseitige Festlegung auf die ökonomischen Beweggründe die Einsicht, daß der Nationalismus in seiner integralen Erscheinungsform als die entscheidende Triebkraft des modernen Imperialismus anzusehen ist.

III
Das Parteiprogramm im Wandel
des Sowjetkommunismus

Die Einparteiherrschaft, wie sie sich unter Lenin herausgebildet hatte, wies zunächst eine autoritäre Form auf, die eine ganze Reihe von Freiräumen enthielt. Der allmähliche Übergang zu einer totalitären Form der Einparteiherrschaft ist wesentlich durch bestimmte Vorgänge gefördert worden, die sich für Stalin in seiner Auseinandersetzung mit der linken und rechten Opposition in der Partei von Vorteil erweisen sollten. Das gilt einerseits für den Ausbau des hauptamtlichen Parteiapparats und die Verstärkung der Repressionsgewalt des Sowjetstaates, andererseits für den revolutionären

Umbruch in der Wirtschafts- und Gesellschaftspolitik, der von Stalin herbeigeführt wurde.

Zu dieser Entwicklung hat auch der Mißerfolg der «Neuen Ökonomischen Politik» infolge der fehlenden Leistungsfähigkeit des verstaatlichten Kernbestandes der sowjetischen Industrie in Verbindung mit einer weitgehenden Isolierung von der Weltwirtschaft infolge der autarken Wirtschaftspolitik wesentlich beigetragen.

Die «Neue Ökonomische Politik», die unter Beibehaltung der kommunistischen Zielsetzung eine wesentliche Veränderung der im Parteiprogramm von 1919 enthaltenen Aussagen bedeutete, war auf unterschiedliche Weise interpretierbar. In ihr konnte eine langfristige Strategie gesehen werden, welche die schnellere privatkapitalistische Akkumulation zu einer finanziellen Stärkung des staatssozialistischen Wirtschaftssektors benutzte und zugleich ein allmähliches Hinüberwachsen der kleinbürgerlichen kapitalistischen Elemente, das heißt vor allem der Masse der Bauern, zu dem angestrebten Sozialismus ermöglichte. Das war die Position Bucharins, der nun zum führenden Repräsentanten des rechten Flügels der Partei wurde, die sich nach der Errichtung des sowjetischen Bundesstaates Kommunistische Partei der Sowjetunion (Bolschewisten), abgekürzt KPdSU(B) nannte.

Die NEP-Politik konnte andererseits auch als eine kurzfristige, taktisch bedingte Atempause gesehen werden, die möglichst bald weiteren Schritten zur Verwirklichung des Sozialismus Platz machen sollte. In einem solchen Fall mußte im Sinne der «ursprünglichen sozialistischen Akkumulation» die Ausweitung des staatssozialistischen Wirtschaftssektors auf Kosten der Kleinproduzenten und damit des Lebensstandards der Mehrheit der Bevölkerung, insbesondere der Bauern, erfolgen. Die verstärkte Industrialisierung sollte zu diesem Zweck durch eine Kollektivierung der Landwirtschaft ergänzt werden. Das war die Position Preobraschenskijs als des maßgebenden Wirtschaftstheoretikers der trotzkistischen Gruppe im linken Parteiflügel und damit der «vereinigten linken Opposition».

Es ist bemerkenswert, daß es gerade die Autoren des «ABC des Kommunismus» waren, welche diese gegensätzlichen Auffassungen über den weiteren Weg der Sowjetunion zu einer sozialistischen Gesellschaftsordnung im kommunistischen Sinn vertraten. Preobraschenskij war seiner anfänglichen Grundeinstellung, die auch in seiner Kommentierung zum Parteiprogramm von 1919 zum Ausdruck kam, treu geblieben. Bucharin war dagegen das einzige Mitglied der ursprünglichen Gruppe der «linken Kommunisten», der zu einem Vertreter des rechten Flügels der Partei und damit später der «rechten Opposition» wurde. Gemeinsam war ihnen beiden, daß sie die demokratischen Ansätze aus der Revolutionszeit erhalten und gegebenenfalls ausbauen wollten.

Bucharin sollte aus den früher geschilderten Gründen mit seinem Konzept keinen Erfolg haben. Das Konzept Preobraschenskijs, der als Angehöriger der «linken Opposition» freilich bereits 1927 aus der Partei ausgeschlossen wurde, ist jedoch von Stalin, der zunächst eine «zentristische» Position einnahm, im wesentlichen übernommen und ab 1929 gewaltsam mit Hilfe der Staatsmacht verwirklicht worden. Seine «Revolution von oben» sollte sich auf die Entwicklung Rußlands stärker auswirken als die Oktoberrevolution, die das Werk Lenins war.

Die gelenkte Wirtschaft, die im Rahmen der NEP in bestimmten Grenzen einen freien Markt zuließ, wurde erneut, wie im «Kriegskommunismus» durch eine Befehlswirtschaft abgelöst, die jetzt die Gestalt einer voll ausgebauten zentralen Planwirtschaft hatte. Die forcierte Industrialisierung auf vollsozialisierter Grundlage wurde mit einer Zwangskollektivierung der Landwirtschaft verbunden, die dem Privatbesitz in Händen der Kleinproduzenten bis auf wenige Reste ein Ende bereitete. Die totalitäre Form der Einparteiherrschaft bildete sich im Anschluß an diesen revolutionären Umbruch endgültig heraus. Die «Große Säuberung» von 1934 bis 1938 führte zur Alleinherrschaft Stalins und zur endgültigen Umwandlung der «Diktatur des Proletariats», die nur dem Schein nach bestehen blieb, zu einer «Diktatur der Bürokratie». Von den beiden Autoren des «ABC der Kommunismus» wurde erst Preobraschenskij und dann Bucharin, der «Liebling der Partei» (Lenin), Opfer dieser blutigen Säuberung, die zu Recht als «Hexensabbat» bezeichnet worden ist.

Der revolutionäre Umbruch im ökonomischen und politischen Bereich ist mit einem tiefgehenden sozialen Strukturwandel und einem Funktionswandel der Ideologie verbunden gewesen. Aus dem Marxismus, der in seiner leninistischen Ausprägung vorwiegend eine Antriebsideologie darstellte, ist im Stalinismus eine reine Rechtfertigungsideologie geworden. Bereits auf dem XVIII. Parteikongreß der KPdSU im März 1939 wurde die Ausarbeitung eines neuen Parteiprogramms beschlossen. Dieser Beschluß wurde auf dem XIX. Parteitag im Oktober 1952, auf dem der Zusatz «Bolschewisten» im Parteinamen wegfiel, erneuert. Zur Annahme dieses dritten Parteiprogramms ist es allerdings erst unter Chruschtschow auf dem XXII. Parteitag im Oktober 1961 gekommen.

In dem neuen Parteiprogramm fand erstens der auf dem XX. Parteikongreß der KPdSU im Februar 1956 ausgelöste Entstalinisierungsprozeß, der mit den Dezentralisierungsbestrebungen Chruschtschows verbunden war, seinen Ausdruck. Zweitens wurde in ihm die führende Rolle der Sowjetunion im «sozialistischen Weltsystem» in Verbindung mit der fortbestehenden weltrevolutionären Zielsetzung besonders betont. Drittens wies das Parteiprogramm einen ausgesprochen utopischen Charakter auf, der von einem schnellen Ergebnis beim umfassenden Aufbau einer kommunistischen Gesellschaft und im ökonomischen Wettstreit mit den Vereinigten Staaten ausging.

Die Nachfolger Chruschtschows sind von diesen utopischen Zügen des Parteiprogramms abgerückt. Sie haben es vorgezogen, seine Politik einer «gelenkten Evolution» auf einem niedrigeren Anspruchsniveau, das im Begriff der «entwickelten sozialistischen Gesellschaft» zum Ausdruck kam, fortzusetzen, dabei jedoch an seiner ideologisch fragwürdigen These, daß sich der Sowjetstaat von einer «Diktatur des Proletariats» zu einem «Staat des gesamten Volkes» und die KPdSU von einer «Avantgarde des Proletariats» zu einer «Partei des gesamten Volkes» gewandelt habe, festgehalten. Sie haben die «Entstalinisierung» zwar eingedämmt, aber die unter Chruschtschow herbeigeführte Auflockerung des autokratisch-totalitären Herrschafts- und Gesellschaftssystems nicht aufgegeben. Ihre Einsicht, daß mit einem Zusammenbruch des «staatsmonopolistischen Kapitalismus», soweit sie daran noch glauben, nicht so bald zu rechnen sei, dürfte mit den Auswirkungen der «wissenschaftlich-technischen Revolution» gewachsen sein. Auf der anderen Seite könnte sie ihr wachsendes Weltmachtbewußtsein aufgrund der größeren militärischen Stärke der Sowjetunion zu Fehlentschlüssen verleiten.

Noch unter Breshnew ist auf dem XXVI. Parteitag im Februar/März 1981 der Beschluß gefaßt worden, eine Neufassung des geltenden Parteiprogramms vorzunehmen, die der veränderten inneren und äußeren Lage Rechnung tragen soll. An dieser Totalrevision hat der 1984 zum Generalsekretär der KPdSU berufene Tschernenko bei seinem Amtsantritt nicht geringeres Interesse gezeigt als sein verstorbener Vorgänger Andropow.

Für die Entwicklung der Sowjetunion und ihr Verhältnis zur Welt wird das Parteiprogramm nach seiner Neufassung nur dann eine größere Wirkung entfalten können, wenn es den Realitäten wesentlich stärker als bisher Rechnung trägt und die bestehenden schwierigen innen- und außenpolitischen Probleme nicht ideologisch verschleiert oder propagandistisch verdreht. In jedem Fall wird es reizvoll sein, dieses Programm des «entwickelten» und angeblich auch «reifen» Sozialismus dem Programm aus der Zeit des Kriegskommunismus und seiner Kommentierung aus früherer bolschewistischer Sicht gegenüberzustellen.

LITERATUR

R. V. Daniels: Das Gewissen der Revolution. Kommunistische Opposition in Sowjetrußland, Köln 1962.
P. Knirsch: Die ökonomischen Anschauungen Nikolaj J. Bucharins, Berlin (West) 1959.
W. I. Lenin: Über das Parteiprogramm, Berlin (Ost) 1976.
A. G. Löwy: Die Weltgeschichte ist das Weltgericht. Bucharin – Vision des Kommunismus, Wien 1969.
B. Meissner: Das Parteiprogramm der KPdSU 1903 bis 1961, Köln, 1. Aufl. 1962, 3. Aufl. 1965 (Wortlaut des Parteiprogramms der KPR von 1919, S. 121–141).
B. Meissner: Das Verhältnis von Partei und Staat im Sowjetsystem, Opladen 1982.

Пролетарий всех стран, соединяйтесь!

Н. БУХАРИН
и
Е. ПРЕОБРАЖЕНСКИЙ

АЗБУКА КОММУНИЗМА

Популярное об'яснение программы

Российской Коммунистической Партии

(Большевиков)

Titelseite der russischen Originalausgabe

Proletarier aller Länder, vereinigt Euch!

N. BUCHARIN u. E. PREOBRASCHENSKY

DAS ABC DES Kommunismus

POPULÄRE ERLÄUTERUNG
DES PROGRAMMS DER
KOMMUNISTISCHEN PARTEI RUSSLANDS
===== (BOLSCHEWIKI) =====

WIEN, 1920
Im Verlage der Kommunistischen Partei Deutschösterreichs

Titelseite der deutschsprachigen Erstausgabe

Proletarier aller Länder, vereinigt Euch!

Der stahlharten Verkörperung der Größe und Macht
der Proletarierklasse, seinem Heroismus,
der Klarheit seines Klassenbewußtseins,
seiner Todfeindschaft gegen den Kapitalismus
und dem mächtigen Drang zur Schaffung
einer neuen Gesellschaft – und der großen
kommunistischen Partei widmen wir dieses Buch.

Wir widmen es der Partei, die eine Millionen-Armee
befehligt, in den Schützengräben haust,
einen ungeheuer großen Staat verwaltet,
an ihren «Samstagen» Holz verladet,
den Auferstehungstag der Menschheit vorbereitet.

Wir widmen es der alten in Kämpfen und Siegen
gestählten Parteigarde und den jungen Sprößlingen
der Partei, denen es beschieden ist,
unser Werk zu Ende zu führen.

Den Kämpfern und Märtyrern der Partei,
den an den vielen Fronten Gefallenen,
in den Gefängnissen zu Tode Gemarterten,
an Foltern Gestorbenen, den von unseren Feinden
für die Parteisache Gehängten und Erschossenen
widmen wir dieses Buch.

VORWORT

Das «ABC des Kommunismus» soll unserem Vorhaben nach das Elementar-Lehrbuch des kommunistischen Wissens sein. Die tägliche Erfahrung der Propagandisten und Agitatoren hat uns gezeigt, daß ein derartiges «Lehrbuch» zu einer dringenden Notwendigkeit geworden ist. Immer neue und neue Reihen schließen sich uns an. Aber es mangelt an Lehrkräften, und ebenso fehlt es an Lehrbüchern, sogar an den Parteischulen.

Die alte marxistische Literatur, wie das «Erfurter Programm», sind offensichtlich nicht mehr zu gebrauchen, und Antworten auf neue Fragen sind nur sehr schwer zu finden: All das ist in Zeitschriften, Büchern und Broschüren verstreut.

Diese Lücke wollen wir nun ausfüllen. Wir betrachten unser «ABC» als einen Elementarkurs, der in den Parteischulen durchgenommen werden soll; wir bemühen uns aber, so zu schreiben, daß es von jedem Arbeiter und Bauern selbständig gelesen werden kann, der das Programm unserer Partei kennenlernen will.

Jeder Genosse, der dieses Buch zur Hand nimmt, muß es auch zu Ende lesen, um eine Vorstellung über die Ziele und Aufgaben des Kommunismus zu gewinnen. Denn das Buch ist so geschrieben, daß die Anordnung des Stoffes der des Programmtextes entspricht.

Die grundlegenden Ausführungen sind in gewöhnlicher Schrift gedruckt; ausführlichere Erläuterungen, Beispiele, Zahlen usw. – in kleinerer Schrift*; letzteres ist hauptsächlich für jene Genossen-Arbeiter bestimmt, die selbständig aufzutreten pflegen und weder Zeit noch Gelegenheit haben, Tatsachenmaterial rasch zur Stelle zu haben.

Für diejenigen, die sich weiter ausbilden wollen, ist am Ende jedes Kapitels** die zugrunde liegende Literatur angegeben.

Die Verfasser sind sich dessen wohl bewußt, daß dieses Buch viele Mängel aufweisen wird; es wurde stückweise und «unter der Hand» geschrieben. Die Kommunisten sind überhaupt gezwungen, sich mit literarischen Arbeiten unter Verhältnissen zu befassen, die kaum normal genannt werden können, und in dieser Hinsicht ist dieses Buch ein interessantes Beispiel: das Manuskript wäre beinahe (samt seinen beiden Verfassern) bei der Explosion im Moskauer Komitee zugrunde gegangen... Doch trotz aller Mängel dieses Buches, erachten wir es als notwendig, dasselbe schleunigst erscheinen zu lassen. Nur möchten wir die Genossen ersuchen, uns ihre praktischen Erfahrungen zur Kenntnis zu bringen.

Der ganze theoretische (erste) Teil, der Anfang des

---

* Dieser Hinweis bezieht sich auf die deutschsprachige Ausgabe von 1920. In der vorliegenden Ausgabe sind diese Texte eingerückt wiedergegeben. [Anm. d. Vlg.]

** Da diese Literaturhinweise heute nur noch dokumentarischen Charakter haben, sind sie hier am Ende des Buches zusammengefaßt. [Anm. d. Vlg.]

zweiten, sowie die Kapitel über die Sowjet-Macht, über die Organisation der Industrie und den Schutz der Volksgesundheit, sind von Bucharin geschrieben, die restlichen – von Preobraschensky. Doch tragen wir selbstverständlich beide die volle Verantwortung füreinander.

Die Bezeichnung unseres Buches («ABC») ergibt sich aus jener Aufgabe, die wir uns stellten. Wenn unser Buch den Genossen Anfängern und Arbeiter-Propagandisten behilflich sein wird, so werden wir wissen, daß unsere Arbeit nicht vergebens war.

N. Bucharin   J. Preobraschenskij

Moskau, 15. Oktober 1919

ERSTER TEIL

Entwicklung und Untergang des Kapitalismus

EINLEITUNG

Unser Programm

§ 1. Was ist ein Programm?
§ 2. Wie war unser früheres Programm?
§ 3. Warum mußte man ein neues Programm schaffen?
§ 4. Die Bedeutung unseres Programms
§ 5. Der wissenschaftliche Charakter
unseres Programms

§ 1. Was ist ein Programm?

Jede Partei verfolgt bestimmte Ziele. Sei es eine Partei der Gutsbesitzer oder Kapitalisten, sei es eine Partei der Arbeiter oder Bauern – es ist ganz gleich. Jede Partei muß ihre Ziele haben, sonst ist es keine Partei. Ist es eine Partei, die die Interessen der Gutsbesitzer vertritt, so wird sie die Ziele der Gutsbesitzer verfolgen: wie man den Boden in Händen behalten soll, wie man den Bauern im Zaume halten kann; wie man das Getreide von den Gütern teurer verkaufen oder einen höheren Pachtzins erzielen kann und wie billige Landarbeiter beschafft werden können. Ist es eine Partei der Kapitalisten, der Fabrikanten, so hat sie gleichfalls eigene Ziele: billige Arbeitskräfte zu bekommen, die Fabrikarbeiter zu zügeln, Kunden ausfindig zu machen, denen man die Waren möglichst teuer verkaufen kann, möglichst viel Profit einzuheimsen, zu diesem Zwecke die Arbeiter länger arbeiten zu lassen, und hauptsächlich die Sache so einzurichten, daß es den Arbeitern nicht einfallen kann, an eine neue Ordnung zu denken; die Arbeiter sollen nur glauben, es habe immer Herren gegeben und es werde auch immer so bleiben. Dies sind die Ziele der Fabrikanten. Es versteht sich von selbst, daß die Arbeiter und Bauern ganz andere Ziele haben, weil ihre Interessen ganz andere sind. Früher pflegte man zu sagen: «Was für den Russen gesund ist, ist für den Deutschen der Tod.»*

---
* Russisches Sprichwort. [Der Übersetzer.]

In der Tat wäre es richtiger zu sagen: «Was für den Arbeiter gesund ist, bedeutet für den Gutsbesitzer und Kapitalisten den Tod.» Das heißt, der Arbeiter hat die eine Aufgabe, der Kapitalist eine andere, der Grundbesitzer wiederum eine andere. Doch nicht jeder Grundbesitzer denkt bis zu Ende, wie er den Bauern am bequemsten niederreiten soll: mancher säuft ununterbrochen und sieht nicht einmal an, was ihm sein Verwalter vorlegt. So geht es zuweilen mit den Bauern und Arbeitern. Es gibt solche, die da sagen: «Na, ja, wir werden uns schon irgendwie durchschlagen, was kümmert's uns; so haben unsere Ahnen von jeher gelebt, so werden auch wir leben.» Solche Menschen lassen sich in gar nichts ein und begreifen sogar ihre eigenen Interessen nicht. Diejenigen dagegen, die darüber nachdenken, wie man seine Interessen am besten vertritt, organisieren sich zu einer Partei. Der Partei gehört also nicht die ganze Klasse vollständig an, sondern ihr bester, energischster Teil: er führt die Übrigen. Der Arbeiterpartei (der Partei der Kommunisten-Bolschewiki) schließen sich die besten Arbeiter und armen Bauern an; der Partei der Gutsbesitzer und Kapitalisten («Kadetten», «Partei der Volksfreiheit») die energischsten Grundbesitzer, Kapitalisten und ihre Diener: Advokaten, Professoren, Offiziere, Generäle usw. Folglich stellt jede Partei den bewußtesten Teil ihrer Klasse dar. Deshalb wird ein Gutsbesitzer oder Kapitalist, der in einer Partei organisiert ist, viel erfolgreicher den Bauern und Arbeiter bekämpfen als ein unorganisierter. Genauso wird ein organisierter Arbeiter mit mehr Erfolg den Kapitalisten und Gutsbesitzer bekämpfen als ein unorganisierter; denn er hat die Ziele und Interessen der Arbeiterklasse gut durchdacht, er weiß, wie dieselben zu verfolgen sind und welches der kürzeste Weg ist.

Alle jene Ziele, welche eine Partei anstrebt, indem sie die Interessen ihrer Klasse vertritt, bilden eben das Parteiprogramm. Im Programm ist also verzeichnet, was eine bestimmte Klasse anzustreben hat. Im Programm der kommunistischen Partei wird somit gesagt, was die Arbeiter und armen Bauern anzustreben haben. Das Programm ist das Wichtigste für jede Partei. Nach dem Programm kann man immer urteilen, wessen Interessen diese Partei vertritt.

§ 2. Wie war unser altes Programm?

Unser gegenwärtiges Programm wurde am VIII. Parteikongreß Ende März 1919 angenommen.

Bis dahin hatten wir kein genaues, auf dem Papier stehendes Programm. Es gab nur das alte Programm, welches am II. Parteikongreß 1903 ausgearbeitet worden war. Als man dieses alte Programm verfaßte, bildeten die Bolschewiki und Menschewiki noch eine gemeinsame Partei und auch ihr Programm war ein gemeinsames. Die Arbeiterklasse begann erst damals sich zu organisieren. Fabriken und Werke gab es noch wenige. Es wurde damals sogar noch darüber gestritten, ob unsere Arbeiterklasse überhaupt wachsen wird. Die

Rosta-Plakat Nr. 5 (Dezember 1919)
(Übersetzung der russischen Bildunterschriften umseitig)

Rosta-Plakat Nr. 5 (Dezember 1919)
1. Rotarmist, wenn wir die Bourgeoisie um den letzten Halm bringen, geht sie unter.
2. Naja, man muß eben Frieden schließen!
3. Schmiede das Eisen, solange es heiß ist.
   Die Vergangenheit beklagen, ist eine Sache, die nicht lohnt.
4. Zeitungsmeldung: Wie zu hören ist, möchte Amerika an einer Diskussion der russischen Frage nicht teilnehmen.
   Aha, Wilson, Du willst die Suppe nicht auslöffeln, die Du Dir eingebrockt hast!?

«Narodniki»* (die Väter der gegenwärtigen Partei der Sozialisten-Revolutionäre) behaupteten, die Arbeiterklasse könne sich in Rußland nicht entwickeln, unsere Fabriken und Werke werden sich nicht vermehren. Die Marxisten**-Sozialdemokraten (sowohl die künftigen Bolschewiki, als auch die späteren Menschewiki) meinten dagegen, in Rußland, sowie in allen anderen Ländern, werde die Arbeiterklasse immer wachsen, und diese Arbeiterklasse werde die hauptsächlichste revolutionäre Macht bilden. Das Leben zeigte die Unrichtigkeit der Meinung der «Narodniki» und die Richtigkeit der Ansicht der Sozialdemokraten.

§ 3. Warum mußte man zu einem neuen Programm übergehen?

Seit jener Zeit sind bis zur Revolution 1917 viele Jahre verstrichen, und die Verhältnisse haben sich sehr stark geändert. Seither machte die Großindustrie in Rußland einen mächtigen Schritt nach vorwärts, und mit ihr wuchs auch die Arbeiterklasse. Schon in der Revolution von 1905 zeigte sie sich als mächtige Kraft. Und zur Zeit der zweiten Revolution wurde es klar, daß die Revolution nur dann siegen könne, wenn die Arbeiterschaft gesiegt hat. Doch konnte die Arbeiterklasse sich jetzt

---

* Partei der Volkstümler. [Der Übersetzer.]
** Marxisten – sind Schüler Karl Marx', des großen Gelehrten und Arbeiterführers.

nicht bloß damit zufriedengeben, was sie im Jahre 1905 befriedigt hätte. Sie wurde jetzt so mächtig, daß sie unbedingt die Übernahme der Fabriken und Werke, die Herrschaft der Arbeiter, die Zügelung der Kapitalistenklasse verlangen mußte. Das heißt, daß sich seit der Verfassung des ersten Programms die inneren Verhältnisse Rußlands gründlich geändert haben. Aber auch die äußeren Verhältnisse erlitten – was noch wichtiger ist – ebenfalls eine Änderung. Im Jahre 1905 herrschten in ganz Europa «Ruhe und Friede». Im Jahre 1917 mußte jeder denkende Mensch sehen, daß auf dem Boden des Weltkrieges die Weltrevolution im Entstehen begriffen sei. Im Jahre 1905 folgten der russischen Revolution bloß eine kleine Bewegung der österreichischen Arbeiter und Revolutionen in den zurückgebliebenen Ländern des Ostens: in Persien, Türkei und China. Der russischen Revolution des Jahres 1917 folgen Revolutionen nicht nur im Osten, sondern auch im Westen, wo die Arbeiterklasse unter dem Banner des Sturzes des Kapitals hervortritt. Folglich sind jetzt die äußeren und inneren Verhältnisse ganz andere als im Jahre 1903. Und es wäre lächerlich, wenn die Partei der Arbeiterklasse ein und dasselbe Programm für das Jahr 1903 und für die Jahre 1917–1919 aufrechterhalten würde, während sich die Verhältnisse ganz und gar geändert haben. Wenn uns die Menschewiki vorwerfen, wir hätten uns von unserem alten Programm «losgesagt» und folglich auch die Lehren Karl Marx' verlassen, so antworten wir darauf: die Lehre Marx' besteht darin, daß ein Programm nicht aus dem Kopf, sondern aus dem Leben geschaffen werden muß. Wenn sich das Leben stark geändert hat, so kann auch das Programm nicht dasselbe bleiben. Im Winter braucht der Mensch einen Pelz. Im Sommer wird nur ein Verrückter einen Pelz tragen. Dasselbe ist auch in der Politik. Gerade Marx hat uns gelehrt, jedesmal die Lebensbedingungen zu beachten und dementsprechend zu handeln. Daraus folgt nicht, daß wir unsere Überzeugungen wechseln müssen wie eine Dame ihre Handschuhe. Das wichtigste Ziel der Arbeiterklasse ist die Verwirklichung der kommunistischen Gesellschaftsordnung. Und dieses Ziel ist das ständige Ziel der Arbeiterschaft. Doch versteht es sich von selbst, daß, je nachdem, wie weit sie von diesem Ziel entfernt ist, auch die Forderungen, die sie aufstellt, verschieden sein werden. Während der Selbstherrschaft mußte die Arbeiterklasse geheim arbeiten, ihre Partei wurde wie eine Verbrecherpartei verfolgt. Jetzt ist die Arbeiterschaft an der Macht – und ihre Partei ist die regierende Partei. Nur ein unverständiger Mensch kann also auf ein und demselben Programm für 1903 und für unsere Tage bestehen. Die Änderung in den inneren Bedingungen des russischen Lebens und die Änderung der ganzen internationalen Lage haben also auch die Notwendigkeit der Änderung unseres Programms hervorgerufen.

§ 4. Die Bedeutung unseres Programms

Unser neues (Moskauer) Programm ist das erste Programm einer Partei der Arbeiterklasse, die bereits seit langem an der Macht ist. Darum mußte hier unsere Partei alle Erfahrungen verwerten, die die Arbeiterschaft im Verwalten und im Aufbau des neuen Lebens gewonnen hat. Das ist wichtig nicht nur für uns, für die russische Arbeiterklasse und die russischen Landarmen, sondern auch für die ausländischen Genossen. Denn an unseren Erfolgen und Mißerfolgen, an unseren Fehlern und Mißgriffen lernen nicht nur wir selbst, sondern lernt auch das ganze internationale Proletariat. Darum enthält unser Programm nicht nur das, was unsere Partei verwirklichen will, sondern auch das, was sie zum Teil verwirklicht hat. Unser Programm muß jedem Parteimitglied in allen Punkten bekannt sein. Es ist der wichtigste Führer in der Tätigkeit jeder kleinen Parteigruppe und jedes einzelnen Genossen. Denn Mitglied der Partei kann nur derjenige sein, der das Programm «anerkannt» hat, d. h. es für richtig hält. Für richtig kann es aber nur dann gehalten werden, wenn man es kennt. Natürlich gibt es viele Leute, die nie ein Programm gesehen haben, doch schleichen sie sich in die Reihen der Kommunisten und schwören auf den Kommunismus, weil sie bestrebt sind, irgendein überflüssiges Stückchen zu erwischen oder ein warmes Plätzchen zu ergattern. Solche Parteimitglieder brauchen wir nicht: sie schaden uns bloß. Ohne Kenntnis des Programms kann niemand ein wirklicher Kommunist-Bolschewik sein. Jeder bewußte russische Arbeiter und arme Bauer muß das Programm unserer Partei kennen. Jeder ausländische Proletarier muß es studieren, um die Erfahrungen der russischen Revolution zu verwerten.

§ 5. Der wissenschaftliche Charakter unseres Programms

Wir sagten bereits, daß ein Programm nicht aus dem Kopf erdichtet werden dürfe, sondern aus dem Leben genommen werden müsse. Vor Marx entwarfen die Leute, welche die Interessen der Arbeiterklasse vertreten, oft Zauberbilder von dem künftigen Paradies, fragten sich aber nicht, ob es zu erreichen und welches der richtige Weg für die Arbeiterklasse und die Dorfarmut sei. Marx lehrte ganz anders handeln. Er nahm die schlechte, ungerechte, barbarische Ordnung, wie sie noch bis jetzt in der ganzen Welt herrscht, und untersuchte, wie diese Ordnung beschaffen sei. Genauso, wie wenn wir irgendeine Maschine, oder sagen wir, eine Uhr untersuchen würden, so betrachtete Marx die kapitalistische Gesellschaftsordnung, in der die Fabrikanten und Gutsbesitzer herrschen, die Arbeiter und Bauern aber unterdrückt sind. Nehmen wir an, wir haben bemerkt, daß zwei Rädchen der Uhr schlecht zueinander passen und daß sie mit jeder Umdrehung immer mehr ineinander eingreifen. Dann können wir sagen, daß die Uhr brechen und stehenbleiben wird. Marx untersuchte nun nicht eine Uhr, sondern die kapitalistische Gesellschaft, er studierte sie, betrachtete das Leben, wie es sich unter der Herrschaft des Kapitals darstellt. Und aus diesem Studium erkannte er klar, daß das Kapital sich selbst das Grab schaufelt, daß diese Maschine bersten wird, und zwar wird sie bersten infolge der unabwendbaren Erhebung der Arbeiter, die die ganze Welt nach ihrer Art umändern werden. Allen seinen Schülern gebot Marx vor allem das Leben, so wie es ist, zu studieren. Erst dann kann man auch ein richtiges Programm aufstellen. Es ist daher auch selbstverständlich, daß unser Programm mit der Darstellung der Herrschaft des Kapitals beginnt.

Jetzt ist die Herrschaft des Kapitals in Rußland gestürzt. Das, was Marx vorausgesagt hat, vollzieht sich vor unseren Augen. Die alte Ordnung erlebt einen Krach. Die Kronen fliegen von den Köpfen der Könige und Kaiser herunter. Überall schreiten die Arbeiter der Revolution und der Einsetzung der Sowjet-Herrschaft entgegen. Um genau zu begreifen, wie all das gekommen ist, muß man gut wissen, wie die kapitalistische Ordnung war. Dann werden wir sehen, daß sie unvermeidlich zusammenbrechen mußte. Wenn wir aber erkannt haben, daß es zum alten kein Zurück mehr gibt, daß der Sieg der Arbeiter gesichert ist, dann werden wir mit mehr Kraft und Entschlossenheit den Kampf für die neue Gesellschaftsordnung der Arbeit führen.

ROSTA-Plakat Nr. 132 (Juli 1920)

1. Die Waffen der Entente – Geld
2. Die Waffen der Weißgardisten – Lüge
3. Die Waffen der Menschewiki – ein Dolch in den Rücken
4. Prawda*
5. Offene Augen
6. und Gewehre – das sind die Waffen der Kommunisten

* Prawda (dt. Wahrheit), kommunistisches Parteiorgan.

Rosta-Plakat Nr. 132 (Juli 1920)
(Übersetzung der russischen Bildunterschriften gegenüber)

I. KAPITEL

Die kapitalistische Gesellschaftsordnung

§ 6. Warenwirtschaft
§ 7. Monopolisierung der Produktionsmittel
durch die Kapitalistenklasse
§ 8. Lohnarbeit
§ 9. Kapitalistische Produktionsverhältnisse
§ 10. Ausbeutung der Arbeitskraft
§ 11. Das Kapital
§ 12. Der kapitalistische Staat
§ 13. Die Widersprüche
der kapitalistischen Gesellschaftsordnung

§ 6. Warenwirtschaft

Wenn wir uns die Wirtschaft näher betrachten, wie sie sich unter der Herrschaft des Kapitalismus entwickelt hat, so werden wir vor allem sehen, daß in derselben Waren erzeugt werden. Nun, was ist denn dabei bemerkenswert? wird jemand fragen. Das Bemerkenswerte besteht hier darin, daß die Ware nicht einfach ein beliebiges Produkt ist, sondern ein Produkt, welches für den Markt erzeugt wird.

Ein Produkt ist keine Ware, solange es für den eigenen Bedarf erzeugt wird. Wenn der Bauer Korn anbaut, die Ernte einbringt, dann drischt, das Korn vermahlt und für sich Brot bäckt, so ist dieses Brot noch keine Ware: es ist einfach Brot.

Zur Ware wird es nur dann werden, wenn es gekauft und verkauft werden wird, d. h. für den Käufer, für den Markt erzeugt werden wird: wer es kaufen wird, dem wird es gehören.

In der kapitalistischen Gesellschaftsordnung werden alle Produkte für den Markt erzeugt, sie werden alle zu Waren. Jede Fabrik, jedes Werk oder jede Werkstätte erzeugen gewöhnlich nur irgendein bestimmtes Produkt, und jeder wird leicht begreifen, daß hier die Ware nicht für den eigenen Bedarf erzeugt wird. Wenn der Besitzer einer Leichenbestattungs-Unternehmung eine Werkstatt zur Erzeugung von Särgen betreibt, so ist es klar, daß er diese Särge nicht für sich und seine Familie erzeugt, sondern für den Markt. Wenn der Fabrikant

DIE KAPITALISTISCHE GESELLSCHAFT

Rizinusöl erzeugt, so ist es wiederum klar, daß, wenn er auch jeden Tag an Verdauungsstörung leiden würde, er auch kaum den geringsten Teil jenes Quantums an Rizinusöl verbraucht, welches seine Fabrik erzeugt. Ganz genauso steht es unter dem Kapitalismus auch mit allen anderen beliebigen Produkten.

In einer Knopffabrik werden Knöpfe erzeugt, aber diese Millionen von Knöpfen werden nicht darum fabriziert, damit sie an die Weste des Knopffabrikanten angenäht werden, sondern zum Verkauf. Alles, was in der kapitalistischen Gesellschaft erzeugt wird, wird für den Markt erzeugt; dorthin kommen auch Handschuhe und gekochte Wurst, Bücher und Schuhpasta, Maschinen und Schnaps, Brot, Stiefel und Gewehre – kurz, alles, was erzeugt wird.

Die Warenwirtschaft setzt unbedingt das Privateigentum voraus. Der Handwerker und Gewerbetreibende, der Waren erzeugt, besitzt seine Werkstatt und seine Werkzeuge; der Fabrikant und Werksbesitzer – seine Fabrik und sein Werk mit allen Bauten, Maschinen und sonstigem Gut. Und sobald es ein Privateigentum und eine Warenwirtschaft gibt, so gibt es auch immer einen Kampf um den Käufer, oder eine Konkurrenz unter den Verkäufern. Als es noch keine Fabrikanten, Werksbesitzer und Großkapitalisten gab, sondern bloß arbeitende Handwerker, führten auch diese untereinander einen Kampf um den Käufer. Und wer kräftiger und geschickter war, wer bessere Werkzeuge besaß, besonders aber wer Kleingeld erspart hatte, der kam immer empor, gewann für sich die Kunden, richtete die anderen Handwerker zugrunde und kam selbst in die Höhe. Das kleine Arbeitseigentum und die auf ihm begründete Warenwirtschaft bargen also in sich den Keim des Großbesitzes und richteten viele zugrunde.

Als erstes Merkmal der kapitalistischen Gesellschaftsordnung erscheint also die Warenwirtschaft, d. h. eine Wirtschaft, die für den Markt erzeugt.

§ 7. Monopolisierung der Produktionsmittel durch die Kapitalistenklasse

Zur Charakteristik des Kapitalismus genügt es nicht, eines der Merkmale der Warenwirtschaft anzuführen. Es kann eine derartige Warenwirtschaft geben, ohne daß es Kapitalisten gibt, wie z. B. die Wirtschaft der arbeitenden Handwerker. Sie arbeiten für den Markt und verkaufen ihre Erzeugnisse; diese Produkte sind also Waren, und die ganze Produktion ist eine Warenproduktion. Und trotzdem ist diese Warenwirtschaft noch keine kapitalistische, sondern eine bloß einfache Warenproduktion. Damit diese einfache Warenproduktion zur kapitalistischen wird, müssen einerseits die Produktionsmittel (Werkzeuge, Maschinen, Gebäude, Grund und Boden usw.) sich in das Eigentum einer kleinen Klasse reicher Kapitalisten verwandeln, andererseits zahlreiche selbständige Handwerker und Bauern untergehen und zu Arbeitern werden.

Wir haben bereits gesehen, daß die einfache Warenwirtschaft in sich den Keim des Unterganges der einen

DIE KAPITALISTISCHE GESELLSCHAFT

und der Bereicherung der anderen trägt. Dies ist auch zur Tatsache geworden. In allen Ländern sind die arbeitenden Handwerker und die kleinen Meister größtenteils zugrunde gegangen. Derjenige, der ärmer war, verkaufte zuletzt sein «Zeug», wurde aus einem Meister zu einem Menschen, der nichts als ein Paar Hände besitzt. Diejenigen aber, die etwas reicher waren, wurden noch reicher; sie bauten ihre Werkstätten um, erweiterten sie, stellten bessere Bänke, später auch Maschinen auf, begannen viele Arbeiter einzustellen und verwandelten sich zu Fabrikanten.

Langsam geriet in die Hände dieser Reichen alles, was für die Produktion notwendig ist: Fabrikgebäude, Rohstoffe, Warenlager und Magazine, Häuser, Werke, Erzlager, Eisenbahnen, Dampfschiffe, – kurz, alles, was für die Produktion unentbehrlich ist. Alle diese Produktionsmittel wurden das ausschließliche Eigentum der Kapitalistenklasse (oder, wie man sagt, – «Monopol» der Kapitalistenklasse). Ein kleines Häuflein Reicher beherrscht alles; die Mehrzahl der Armen besitzt nur die Arbeitskraft. Dieses Monopol der Kapitalistenklasse auf die Produktionsmittel ist das zweite Merkmal der kapitalistischen Gesellschaftsordnung.

§ 8. Lohnarbeit

Die zahlreiche Klasse der Menschen, die ohne jedes Eigentum geblieben sind, hat sich zu Lohnarbeitern des Kapitals verwandelt. Was sollte auch der verarmte Bauer oder Handwerker beginnen? Er konnte sich entweder als Knecht beim Kapitalisten-Gutsbesitzer verdingen oder in die Stadt gehen und dort in eine Fabrik oder ein Werk in Lohn eintreten. Einen anderen Ausweg gab es nicht. So entstand die Lohnarbeit – das dritte Merkmal der kapitalistischen Gesellschaftsordnung.

Was ist denn Lohnarbeit? Früher, als es Leibeigene oder Sklaven gab, konnte man jeden Leibeigenen oder Sklaven kaufen oder verkaufen. Menschen mit Haut, Haaren, Beinen und Armen waren Privateigentum des Herrn. Der Herr prügelte im Stall seinen Leibeigenen zu Tode, genauso, wie er z. B. im Rausch einen Sessel oder Lehnstuhl zu zertrümmern pflegte. Der Leibeigene oder der Sklave war einfach ein Ding. Die alten Römer teilten auch tatsächlich alles Herrengut, das für die Produktion notwendig war, in «stumme Arbeitsmittel» (Sachen), «halbsprechende Arbeitsmittel» (Arbeitsvieh, Schafe, Kühe, Ochsen usw., kurz, solche, die nur Laute von sich geben konnten), «sprechende Arbeitsmittel» (Sklaven, Menschen) ein. Die Schaufel, der Ochs und der Sklave waren für den Herren im gleichen Maße Arbeitsmittel, welche er verkaufen, kaufen, zerstören oder vernichten konnte.

In der Lohnarbeit wird der Mensch selbst weder gekauft noch verkauft. Gekauft und verkauft wird nur seine Arbeitskraft, seine Arbeitsfähigkeit, nicht er selbst. Der Lohnarbeiter ist persönlich frei; der Fabrikant kann ihn nicht im Stall prügeln oder seinem Nachbar verkaufen, noch ihn gegen einen jungen Jagdhund eintauschen, was unter der Leibeigenschaft möglich war. Der Arbeiter wird bloß aufgedungen. Anscheinend sieht es sogar aus, wie wenn Kapitalist und Arbeiter gleich wären: «willst du nicht – so arbeite nicht, niemand zwingt dich dazu», so sagen die Herren Fabrikanten. Sie behaupten sogar, die Arbeiter zu ernähren, indem sie ihnen Arbeit geben.

Tatsächlich befinden sich aber Arbeiter und Kapitalisten nicht in gleichen Bedingungen. Die Arbeiter sind durch den Hunger angekettet. Der Hunger zwingt sie, sich zu verdingen, d. h. ihre Arbeitskraft zu verkaufen. Der Arbeiter hat keinen anderen Ausweg, er kann nichts anderes wählen. Mit den bloßen Händen allein kann keine «eigene» Produktion betrieben werden; versuche es einmal, ohne Maschinen und Werkzeuge Stahl zu schmieden oder zu weben oder Waggons zu bauen! Selbst der ganze Grund und Boden befindet sich unter dem Kapitalismus in privaten Händen: es ist unmöglich, irgendwo stehenzubleiben, um eine Wirtschaft zu führen. Die Freiheit des Arbeiters, seine Arbeitskraft zu verkaufen, die Freiheit für den Kapitalisten, sie zu kaufen, die «Gleichheit» des Kapitalisten und Arbeiters – all das ist in der Tat eine Hungerkette, die für den Kapitalisten zu arbeiten zwingt.

Sonach besteht das Wesen der Lohnarbeit im Verkaufe der Arbeitskraft oder in der Verwandlung der Arbeitskraft zur Ware. In der einfachen Warenwirtschaft, von der früher die Rede war, konnte man am Markt Milch, Brot, Stoffe, Stiefel usw. finden, aber keine Arbeitskraft. Die Arbeitskraft wurde nicht verkauft. Ihr Eigentümer, der Handwerker, besaß außer ihr noch ein Häuschen und

Werkzeuge. Er arbeitete selbst, führte seine Arbeitswirtschaft, setzte seine eigene Arbeitskraft in seiner eigenen Wirtschaft in Bewegung.

Ganz anders ist es unter dem Kapitalismus. Derjenige, der hier arbeitet, besitzt keine Produktionsmittel; er kann seine Arbeitskraft nicht in seiner eigenen Wirtschaft verwenden. Er muß, um nicht vor Hunger zu sterben, seine Arbeitskraft dem Kapitalisten verkaufen. Neben dem Markt, wo Baumwolle, Käse oder Maschinen verkauft werden, entsteht nun der Arbeitsmarkt, wo die Proletarier, d. h. Lohnarbeiter, ihre Arbeitskraft verkaufen. Folglich unterscheidet sich die kapitalistische Wirtschaft von der einfachen Warenwirtschaft dadurch, daß in der kapitalistischen Wirtschaft auch die Arbeitskraft selbst zur Ware wird.

Als drittes Merkmal der kapitalistischen Gesellschaftsordnung erscheint also die Lohnarbeit.

§ 9. Kapitalistische Produktionsverhältnisse

Als Kennzeichen der kapitalistischen Gesellschaftsordnung erscheinen also 3 Merkmale: die Erzeugung für den Markt (Warenproduktion); die Monopolisierung der Produktionsmittel durch die Kapitalistenklasse; Lohnarbeit, d. h. Arbeit, gegründet auf dem Verkauf der Arbeitskraft.

Alle diese Merkmale stehen in Verbindung mit der Frage, in welche Beziehungen die Menschen zueinander treten, wenn sie Produkte erzeugen oder verteilen. Was bedeutet es, wenn gesagt wird, «Warenwirtschaft» oder «Produktion für den Markt»? Es bedeutet, daß die Menschen füreinander arbeiten, doch erzeugt jeder in seiner Wirtschaft für den Markt, ohne vorher zu wissen, wer ihm seine Ware abkaufen wird. Nehmen wir z. B. den Handwerker A und den Bauern B an. Der Handwerker A trägt die von ihm gemachten Stiefel auf den Markt und verkauft sie an B; für das erhaltene Geld kauft er beim B Brot. Als A zu Markte ging, wußte er nicht, daß er dort dem B begegnen werde, und B wußte nicht, daß er dort mit A zusammentreffen werde; sowohl der eine, wie der andere ging einfach auf den Markt. Als A das Brot und B die Stiefel gekauft hatte, sah es so aus, wie wenn B für den A gearbeitet hätte und umgekehrt. A für den B, nur war es nicht gleich zu merken. Das Marktgetümmel verbirgt es, daß sie eigentlich einer für den anderen arbeiten und als ob einer ohne den anderen nicht leben könnte. In der Warenwirtschaft arbeiten die Menschen füreinander, bloß unorganisiert und unabhängig voneinander, ohne selbst zu wissen, daß sie aufeinander angewiesen sind. In der Warenproduktion sind also die Rollen der Menschen auf eine besondere Art verteilt, stehen die Menschen in bestimmten Beziehungen zueinander; hier handelt es sich also um die gegenseitigen Beziehungen der Menschen.

Wenn man von der «Monopolisierung der Produktionsmittel» oder «der Lohnarbeit» spricht, so handelt es sich ebenfalls um die gegenseitigen Beziehungen der Menschen. Und in der Tat, was bedeutet diese «Monopolisierung»? Sie bedeutet, daß die Menschen unter der

Bedingung Waren erzeugen, daß die Arbeitenden mit fremden Produktionsmitteln arbeiten; daß die Produzierenden den Besitzern dieser Produktionsmittel, d. h. den Kapitalisten, unterworfen sind, usw. Kurz, auch hier handelt es sich um die gegenseitigen Beziehungen der Menschen in der Erzeugung von Produkten. Diese Beziehungen der Menschen untereinander während (im Verlauf) der Produktion nennt man Produktionsverhältnisse.

Es ist nicht schwer einzusehen, daß die Produktionsverhältnisse nicht immer gleich waren. Früher einmal, vor sehr langer Zeit, lebten die Menschen in kleinen Gemeinden; sie arbeiteten kameradschaftlich gemeinsam (jagten, fischten, sammelten Obst und Wurzeln) und teilten dann alles untereinander. Das ist die eine Art der Produktionsverhältnisse. Als die Sklaverei existierte, da waren andere Produktionsverhältnisse vorherrschend. Unter dem Kapitalismus wieder andere usw. Demnach gibt es verschiedene Arten der Produktionsverhältnisse. Diese Arten der Produktionsverhältnisse nennt man den ökonomischen Aufbau (Struktur) der Gesellschaft oder die Produktionsweise. «Die kapitalistischen Produktionsverhältnisse», oder, was dasselbe ist, «die kapitalistische Struktur der Gesellschaft», oder, «die kapitalistische Produktionsweise» – das sind die Beziehungen der Menschen in der Warenwirtschaft, in dem Monopolbesitz der Produktionsmittel seitens eines kleinen Häufleins von Kapitalisten und in der Lohnarbeit der Arbeiterklasse.

§ 10. Ausbeutung der Arbeitskraft

Es entsteht die Frage, wozu und warum die Kapitalistenklasse Arbeiter aufnimmt. Jeder weiß, daß es durchaus nicht darum geschieht, weil die Fabrikanten die hungrigen Arbeiter füttern wollen, sondern weil sie aus denselben Profit herauspressen wollen. Des Profites wegen baut der Fabrikant seine Fabrik, des Profites wegen nimmt er Arbeiter auf, dem Profite zuliebe schnüffelt er überall herum, wo teurer gezahlt wird. Der Profit bewegt alle seine Absichten. Darin äußert sich auch ein sehr interessanter Zug der kapitalistischen Gesellschaft. Hier erzeugt ja nicht die Gesellschaft selbst, was sie braucht und was ihr nützlich ist, sondern die Kapitalistenklasse zwingt die Arbeiter zu erzeugen, wofür mehr gezahlt wird, wovon ein größerer Profit zu erzielen ist. Schnaps z. B. ist ein sehr schädliches Ding, und Spiritus sollte nur für technische Zwecke und für Medikamente erzeugt werden. Doch in der ganzen Welt werfen sich die Kapitalisten mit aller Macht auf seine Erzeugung. Warum? Weil man aus der Trunksucht des Volkes einen großen Profit herausschlagen kann.

Nun müssen wir uns klarwerden, wie der Profit entsteht. Zu diesem Zwecke wollen wir die Frage eingehender betrachten. Der Kapitalist erhält den Profit in Gestalt des Geldes, wenn er die in seiner Fabrik erzeugte Ware verkauft. Wieviel Geld bekommt er für seine Ware? Das hängt von dem Preise der Ware ab. Nun entsteht die Frage: wodurch wird dieser Preis bestimmt? Warum ist der Preis der einen Ware hoch, der anderen – niedrig? Es ist nicht schwer zu erkennen, daß, nachdem in irgendeinem Produktionszweig neue Maschinen eingeführt wurden und die Arbeit dabei ergiebiger, oder, wie man sagt, leistungsfähiger wurde, auch die Preise der Waren sinken. Ist umgekehrt die Produktion erschwert und werden weniger Waren erzeugt, ist die Arbeit weniger ergiebig oder weniger leistungsfähig, steigen die Preise der Waren.*

Muß die Gesellschaft im Durchschnitt viel Arbeit aufwenden, um ein Stück Ware hervorzubringen, so steht der Preis der Ware hoch; ist wenig Arbeit verbraucht worden, steht der Preis der Ware niedrig. Die Menge der bei mittlerer Höhe der Technik (d. h. weder bei den allerbesten, noch bei den allerschlechtesten Maschinen und Werkzeugen) aufgewendeten gesellschaftlichen Arbeit zur Erzeugung der Ware bestimmt den Wert dieser Ware. Jetzt sehen wir, daß der Preis durch den Wert bestimmt ist. In der Wirklichkeit ist der Preis bald höher, bald tiefer als der Wert, doch können

---

* Wir sprechen jetzt von der Änderung der Preise ohne Rücksicht auf das Geld und ohne Rücksicht darauf, ob es viel oder wenig Geld, ob es Gold- oder Papiergeld gibt. Diese Änderungen der Preise können sehr groß sein, doch äußern sie sich dann in allen Waren zugleich, was den Unterschied der Warenpreise untereinander noch nicht erklärt. Z. B. hat die große Menge des Papiergeldes die Preise in allen Ländern emporgeschnellt. Diese allgemeine Teuerung erklärt aber noch nicht, warum die eine Ware teurer ist als die andere.

DIE KAPITALISTISCHE GESELLSCHAFT

wir der Einfachheit halber annehmen, daß es eines und dasselbe ist.

Nun erinnern wir uns, was wir von der Aufnahme der Arbeiter sagten. Die Aufnahme der Arbeiter ist ein Verkauf einer besonderen Ware, die den Namen «Arbeitskraft» trägt. Ist die Arbeitskraft einmal Ware geworden, so gilt für sie alles das, was für alle anderen Waren gilt: «Hast dich Pilz genannt, so steige in den Korb.»* Wenn der Kapitalist den Arbeiter aufdingt, so bezahlt er ihm den Preis für seine Arbeitskraft (oder, der Einfachheit halber ihren Wert). Wodurch ist dieser Wert bestimmt? Wir haben gesehen, daß der Wert aller Waren durch die Menge der Arbeit bestimmt wird, die zu ihrer Erzeugung verwendet wurde. Dasselbe gilt auch für die Arbeitskraft. Was versteht man aber unter Erzeugung der Arbeitskraft? Die Arbeitskraft wird ja nicht in einer Fabrik hergestellt, sie ist ja kein Leinen, keine Schuhwichse, keine Maschine. Wie ist es nun zu verstehen? Es genügt, das gegenwärtige Leben unter dem Kapitalismus anzusehen, um zu begreifen, um was es sich handelt. Nehmen wir an, die Arbeiter haben gerade Feierabend gemacht. Sie sind erschöpft, alle Säfte sind aus ihnen ausgepreßt, sie können nicht mehr arbeiten. Ihre Arbeitskraft ist beinahe verbraucht. Was ist notwendig, um sie wiederherzustellen? Essen, ausruhen, schlafen, den Organismus stärken und auf diese Weise «die Kräfte wiederherstellen». Erst damit wird die Mög-

---

* Ein russisches Sprichwort. [Der Übersetzer.]

lichkeit zu arbeiten geschaffen, die Arbeitsfähigkeit oder die Arbeitskraft ist wieder hergestellt. Nahrung, Kleidung, Wohnung usw. – kurz, die Befriedigung der Bedürfnisse des Arbeiters stellen also die Erzeugung der Arbeitskraft dar. Es kommen aber da noch andere Dinge hinzu, wie die Ausgaben für eine eventuelle Lehrzeit, wenn es sich um besonders abgerichtete Arbeiter handelt usw.

Alles, was die Arbeiterklasse verbraucht, um ihre Arbeitskraft zu erneuern, hat einen Wert... Folglich bilden der Wert der Bedarfsartikel und die Ausgaben für die Lehre den Wert der Arbeitskraft. Verschiedene Waren haben auch verschiedene Werte. Genauso hat jede Art der Arbeitskraft einen anderen Wert. Die Arbeitskraft des Buchdruckers einen andern wie die des Hilfsarbeiters usw.

Nun kehren wir in die Fabrik zurück. Der Kapitalist kauft Rohstoffe, Heizmaterial für die Fabrik, Maschinen und Öl für die Schmierung derselben und andere unentbehrliche Sachen; dann kauft er die Arbeitskraft, «er dingt Arbeiter auf». Alles bezahlt er in barem Gelde. Es beginnt die Produktion, die Arbeiter arbeiten, die Maschinen laufen, das Heizmaterial verbrennt, das Öl wird verbraucht, das Fabrikgebäude abgenutzt, die Arbeitskraft erschöpft. Dafür kommt aus der Fabrik eine neue Ware heraus. Diese Ware hat, wie alle Waren, einen Wert. Wie hoch ist nun dieser Wert? Erstens hat die Ware in sich den Wert der verbrauchten Produktionsmittel, die für ihre Erzeugung notwendig waren – Rohstoffe, das verbrauchte Heizmaterial, die abgenützten Maschinenteile usw. – eingesogen. All das ist jetzt in den Wert der Ware übergegangen. Zweitens ist darin die Arbeit der Arbeiter enthalten. Wenn 30 Arbeiter an der Herstellung der Ware je 30 Stunden arbeiteten, so verwendeten sie insgesamt 900 Arbeitsstunden; der gesamte Wert der erzeugten Ware wird also bestehen aus dem Werte der aufgebrauchten Materialien (nehmen wir z. B. an, dieser Wert ist gleich 600 Stunden) und aus dem neuen Werte, den die Arbeiter durch ihre Arbeit (900 Stunden) hinzugefügt haben, d. h. er wird gleich sein 600 + 900 Stunden = 1500 Stunden.

Wieviel kostet aber den Kapitalisten diese Ware? Für die Rohstoffe bezahlt er alles, d. h. jenen Geldbetrag, der dem Werte von 600 Stunden Arbeitsstunden entspricht. Und für die Arbeitskraft? Hat er denn die ganzen 900 Stunden bezahlt? Da liegt eben die Lösung des Ganzen. Er bezahlt, laut unserer Annahme, den vollen Wert der Arbeitskraft für die Tage der Arbeit. Wenn 30 Arbeiter 30 Stunden – drei Tage zu 10 Stunden täglich – arbeiten, so bezahlt ihnen der Fabrikant eine Summe, die zur Erneuerung ihrer Arbeitskraft für diese Tage notwendig ist. Wie groß ist aber diese Summe? Die Antwort ist einfach: sie ist bedeutend geringer als der Wert von 900 Stunden. Warum? Weil jene Menge Arbeit, die zur Aufrechterhaltung unserer Arbeitskraft, meiner Arbeitskraft notwendig ist, eine Sache für sich ist; was anderes ist wieder jene Arbeitsmenge, die ich leisten kann. Ich kann täglich 10 Stunden arbeiten. Verzehren, Kleider – verbrauchen usw. kann ich täglich im großen und ganzen im Werte von 5 Stunden. Ich kann also viel mehr arbeiten, als an Aufwand zur Aufrechterhaltung meiner Arbeitskraft verbraucht wird. In unserem Beispiel verbrauchen die Arbeiter in drei Tagen Lebensmittel und Kleider im Werte von, sagen wir, 450 Arbeitsstunden und leisten Arbeit im Werte von 900 Stunden; 450 Stunden verbleiben dem Kapitalisten; sie bilden eben die Quelle seines Profites. Und tatsächlich kostet die Ware den Kapitalisten, wie wir gesehen haben, (600 + 450) = 1050 Stunden, und er verkauft sie um den Wert von (600 + 900) = 1500 Stunden; diese 450 Stunden sind der Mehrwert, der durch die Arbeitskraft geschaffen wird. Die halbe Arbeitszeit (bei zehnstündigem Arbeitstag 5 Stunden) arbeiten also die Arbeiter, indem sie das wiederherstellen, was sie für sich selbst verbrauchen, und die andere Hälfte verwenden sie ganz und gar für den Kapitalisten. Betrachten wir nun die ganze Gesellschaft. Uns interessiert ja nicht, was der einzelne Fabrikant oder der einzelne Arbeiter macht. Uns interessiert, wie diese ganze Riesenmaschine eingerichtet ist, deren Name – die kapitalistische Gesellschaft ist. Die Kapitalistenklasse beschäftigt die ihrer Zahl nach ungeheuer große Arbeiterklasse. In Millionen von Fabrikgebäuden, in Schächten, Erzgruben, Wäldern und Feldern arbeiten wie die Ameisen Hunderte Millionen von Arbeitern. Das Kapital bezahlt ihnen ihren Arbeitslohn, den Wert ihrer Arbeitskraft, der ununterbrochen diese Arbeitskraft für den Dienst des Kapitals erneuert. Die Arbeiterklasse bezahlt durch ihre Arbeit nicht nur sich selbst, sondern schafft auch das Einkommen der höheren Klassen, schafft den Mehrwert. In Tausenden von

Bächlein fließt dieser Mehrwert in die Taschen des Herrschenden: einen Teil bekommt der Kapitalist selbst – das ist der Unternehmergewinn; einen Teil bekommt der Gutsbesitzer-Landeigentümer, ein Teil gelangt in Form von Steuern in die Hände des kapitalistischen Staates, ein Teil zu den Händlern, Kaufleuten, Krämern, in die Kirchen und Freudenhäuser, zu den Schauspielern und Clowns, den bürgerlichen Skribenten usw. Auf Kosten dieses Mehrwertes leben alle Schmarotzer, die von der kapitalistischen Gesellschaftsordnung gezüchtet werden.

Ein Teil des Mehrwertes wird aber von den Kapitalisten wieder verwendet. Sie schlagen ihn zu ihrem Kapital – das Kapital vergrößert sich. Sie erweitern ihre Unternehmungen. Sie stellen mehr Arbeiter ein. Sie beschaffen bessere Maschinen. Eine größere Arbeiterzahl schafft ihnen einen noch größeren Mehrwert. Die kapitalistischen Unternehmungen werden immer größer und größer. So schreitet das Kapital mit jeder Zeitumdrehung immer weiter vorwärts und vorwärts, Mehrwert anhäufend. Indem das Kapital Mehrwert aus der Arbeiterschaft herauspreßt, indem es dieselbe ausbeutet, wächst es ununterbrochen in seiner Größe.

§ 11. Das Kapital

Jetzt sehen wir deutlich, was Kapital ist. Vor allem ist es ein bestimmter Wert, entweder in Form von Geld oder Maschinen, Rohstoffen, Fabrikgebäuden oder aber in

Form von fertigen Waren. Nur ist es ein derartiger Wert, der zur Erzeugung eines neuen Wertes, des Mehrwertes, dient. Das Kapital ist ein Wert, der den Mehrwert erzeugt. Die kapitalistische Produktion ist die Produktion des Mehrwertes.

In der kapitalistischen Gesellschaft erscheinen die Maschinen und Fabrikbauten als Kapital. Sind aber Maschinen und Gebäude immer Kapital? Selbstredend – nicht. Wenn es eine kameradschaftliche Wirtschaft der ganzen Gesellschaft geben würde, die alles für sich selbst erzeugte, dann würden weder Maschinen, noch Rohstoffe Kapital sein, weil sie keine Mittel zum Herausschlagen von Profit für ein kleines Häuflein reicher Leute darstellen würden. Es ist also so, daß z. B. die Maschinen erst dann Kapital werden, wenn sie Privateigentum der Kapitalistenklasse sind, wenn sie als Bedingung für die Ausbeutung der Lohnarbeit, zur Erzeugung des Mehrwertes gelten. Die Form des Wertes ist dabei gleichgültig: dieser Wert kann in Gestalt runder Scheibchen – Münzen – oder in Papiergeld bestehen, für welches der Kapitalist die Produktionsmittel und die Arbeitskraft kauft; dieser Wert kann auch als Maschinen, mit denen die Arbeiter arbeiten, oder als Rohstoffe, aus denen sie Waren erzeugen, oder als fertige Ware erscheinen, die später verkauft werden wird. Wenn dieser Wert zur Erzeugung des Mehrwertes dient, so ist er Kapital.

Gewöhnlich wechselt das Kapital seine äußere Hülle. Betrachten wir nun, wie diese Umwandlung vor sich geht.

I. Der Kapitalist hat noch keine Arbeitskraft und keine Produktionsmittel gekauft. Er brennt aber darauf, Arbeiter einzustellen, sich mit Maschinen zu versorgen, sich Rohstoffe erster Güte und Kohle in ausreichendem Maße zu beschaffen. Vorläufig hat er in seiner Hand nichts als Geld. Hier tritt das Kapital in seiner Geldhülle auf.

II. Mit diesem Geldvorrat marschiert er (natürlich nicht er selbst; dazu gibt es Telephon oder Telegraph) auf den Markt. Hier erfolgt der Einkauf der Produktionsmittel und der Arbeitskraft. In die Fabrik kehrt der Kapitalist ohne Geld, dafür aber mit Arbeitern, Maschinen, Rohstoffen und Heizmaterial zurück. Jetzt sind alle diese Dinge keine Waren mehr. Sie haben aufgehört Waren zu sein: sie werden nicht weiterverkauft. Das Geld verwandelte sich in Produktionsmittel und Arbeitskraft; die Geldhülle ist abgeworfen; das Kapital steht vor uns in der Form des Industriekapitals.

Dann beginnt die Arbeit. Die Maschinen bewegen sich, die Räder rotieren, die Hebel laufen, die Arbeiter und Arbeiterinnen triefen von Schweiß, die Maschinen werden abgenützt, die Rohstoffe verbraucht, die Arbeitskraft wird ausgenützt.

III. Dann verwandeln sich alle Rohstoffe, alle abgenützten Maschinenteile, verwandelt sich die Arbeitskraft, die Arbeit erzeugt, langsam in Warenmassen. Da verläßt die stoffliche Hülle des Fabrikzugehörs wieder das Kapital, und das Kapital erscheint als ein Warenhaufen. Das ist das Kapital in seiner Warenform. Aber jetzt, nach der Produktion, hat es nicht nur seine Hülle gewechselt. Es wurde in seinem Werte größer, denn es vermehrte sich während der Produktionsdauer um den Mehrwert.

IV. Der Kapitalist läßt aber die Waren nicht für den eigenen Bedarf, sondern für den Markt, für den Verkauf erzeugen. Das, was in seinem Lager angehäuft wurde, muß verkauft werden. Zuerst ging der Kapitalist auf den Markt als Käufer. Jetzt muß er als Verkäufer hingehen. Im Anfange hatte er Geld in der Hand und wollte Waren (Arbeitsmittel) bekommen. Jetzt hat er Waren in der Hand und will Geld erhalten. Wenn seine Ware verkauft wird, so springt das Kapital wieder aus der Warenform in die Geldform über. Nur ist die Geldmenge, die der Kapitalist bekommt, eine andere, als er ursprünglich ausgegeben hat, weil sie um den Betrag des ganzen Mehrwertes größer ist.

Damit ist aber die Bewegung des Kapitals noch nicht abgeschlossen. Das vergrößerte Kapital wird wieder in Bewegung gesetzt und erhält noch eine größere Menge des Mehrwertes. Dieser Mehrwert wird teilweise zum Kapital zugeschlagen und beginnt einen neuen Kreislauf usw. Das Kapital rollt wie ein Schneeball immer weiter und weiter, und mit jeder Umdrehung bleibt eine immer größere Menge des Mehrwertes an ihm haften. Das heißt, die kapitalistische Produktion wächst und breitet sich aus.

So saugt das Kapital den Mehrwert aus der Arbeiterklasse heraus und verbreitet sich überall. Sein rasches Wachsen ist aus seinen besonderen Eigenschaften zu erklären. Ausbeutung einer Klasse durch die andere gab es ja auch früher. Nehmen wir aber z. B. einen Gutsbesitzer während der Leibeigenschaft oder einen Sklavenhalter des Altertums an. Sie ritten auf ihren Leibeigenen und Sklaven. Nur wurde alles, was jene erzeugten, entweder von diesen selbst oder von deren Hofstaat und ihren zahlreichen Schmarotzern verzehrt, ausgetrunken, verbraucht. Die Warenproduktion war sehr schwach entwickelt. Es konnte nirgends verkauft werden. Wenn die Grundbesitzer und Sklavenhalter ihre Leibeigenen oder Sklaven gezwungen hätten, Berge von Brot, Fleisch, Fischen usw. zu erzeugen, so wäre das alles verfault. Die Produktion beschränkte sich damals auf die Befriedigung der Magenbedürfnisse des Grundbesitzers und seiner Sippe. Ganz anders ist es unter dem Kapitalismus. Da wird nicht zur Befriedigung der Bedürfnisse produziert, sondern um des Profites willen. Hier wird die Ware erzeugt, um sie zu verkaufen, um eine Losung zu erzielen, um Profit anhäufen zu können. Je mehr Profit, desto besser. Daher diese wahnsinnige Jagd der Kapitalistenklasse nach Profit. Diese Gier kennt keine Grenzen. Sie ist die Achse, die wichtigste Triebfeder der kapitalistischen Produktion.

§ 12. Der kapitalistische Staat

Die kapitalistische Gesellschaft ist, wie wir gesehen haben, auf der Ausbeutung der Arbeiterklasse aufgebaut. Eine kleine Gruppe von Menschen beherrscht alles; die Mehrheit der Arbeiter besitzt nichts. Die

Kapitalisten befehlen. Die Arbeiter gehorchen. Die Kapitalisten beuten aus. Die Arbeiter werden ausgebeutet. Das ganze Wesen der kapitalistischen Gesellschaft besteht eben in dieser schonungslosen, immer wachsenden Ausbeutung.

Die kapitalistische Produktion ist eine wirksame Pumpe zur Ausschöpfung des Mehrwertes. Wodurch erhält sich bis zu einer gewissen Zeit diese Pumpe? Auf welche Art und Weise dulden die Arbeiter diese Ordnung der Dinge?

Auf diese Frage ist es nicht leicht, sofort eine Antwort zu geben. Im allgemeinen handelt es sich aber dabei um zwei Ursachen: erstens um die Organisiertheit und Macht in den Händen der Kapitalistenklasse; zweitens darum, daß die Bourgeoisie häufig die Gehirne der Arbeiterklasse beherrscht.

Als sicherstes Mittel dient der Bourgeoisie dabei ihre Staatsorganisation. In allen kapitalistischen Ländern ist der Staat nichts anderes als eine Vereinigung der Unternehmer. Nehmen wir irgendein beliebiges Land: England oder die Vereinigten Staaten, Frankreich oder Japan her. Minister, hohe Beamte, Abgeordnete sind überall die gleichen Kapitalisten, Grundbesitzer, Werksunternehmer, Bankiers oder ihre treuen, gut bezahlten Diener, die ihnen nicht aus Furcht, sondern aus Gewissenhaftigkeit dienen: Advokaten, Bankdirektoren, Professoren, Generäle, Erzbischöfe und Bischöfe.

Die Vereinigung aller dieser der Bourgeoisie angehörenden Leute, die das ganze Land umfaßt und es in ihren Händen hält, heißt Staat. Diese Organisation der Bourgeoisie hat zwei Ziele: Erstens – und das ist die Hauptsache – die Unruhen und Aufstände der Arbeiter zu unterdrücken, die ruhige Auspressung des Mehrwertes aus der Arbeiterklasse zu sichern und die Befestigung der kapitalistischen Produktionsweise zu ermöglichen, und zweitens andere ähnliche Organisationen (d. h. andere bürgerliche Staaten) wegen der Verteilung des herausgepreßten Mehrwertes zu bekämpfen. Der kapitalistische Staat ist also eine Unternehmervereinigung, die die Ausbeutung sichert. Einzig und allein die Interessen des Kapitals leiten die Tätigkeit dieser Räubervereinigung.

Gegen diese Auffassung des bürgerlichen Staates kann folgendes erwidert werden:

Ihr sagt, der Staat beruhe ganz auf den Interessen des Kapitals. Nun seht aber zu: in allen kapitalistischen Ländern gibt es Fabrikgesetze, durch die die Kinderarbeit ganz verboten oder beschränkt, der Arbeitstag gegen früher verkürzt wird usw.; in Deutschland z. B. gab es zu Zeiten Wilhelms II. eine verhältnismäßig gute staatliche Arbeiterversicherung; in England führte gerade der eifrige bürgerliche Minister Lloyd George eine Versicherung und Altersversorgung ein; in allen Bourgeoisiestaaten werden Krankenhäuser, Heilanstalten und Spitäler für Arbeiter errichtet; es werden Eisenbahnen gebaut, auf denen alle, reich und arm, fahren können, es werden Wasserleitungen gebaut, in den Städten wird die Kanalisation durchgeführt usw. Das genießen alle. Also – werden manche sagen – sogar in den Ländern, wo das Kapital herrscht, handelt der Staat doch nicht nur im Interesse des Kapitals, sondern auch im Interesse der Arbeiter. Der Staat bestraft sogar manchmal die Fabrikanten, wenn sie die Fabrikgesetze verletzen.

Solche Erwiderungen sind unrichtig. Und zwar aus folgenden Gründen: Es ist wahr, daß auch die bürgerliche Gewalt manchmal Gesetze und Verordnungen erläßt, die auch für die Arbeiterklasse nützlich sind. Doch geschieht dies alles im Interesse der Bourgeoisie selbst. Und tatsächlich. Nehmen wir das Beispiel mit den Eisenbahnen. Sie werden auch von den Arbeitern benützt, sie nützen auch den Arbeitern. Gebaut werden sie aber nicht um der Arbeiter willen. Die Kaufleute, Fabrikanten brauchen sie für den Transport ihrer Waren, zum Überführen ihrer Ladungen, für Truppenverschiebungen, zum Befördern der Arbeiter usw. Das Kapital braucht Eisenbahnen – es baut sie und folgt dabei seinen eigenen Interessen. Sie sind auch für die Arbeiter nützlich, doch werden sie nicht deswegen vom kapitalistischen Staate gebaut. Oder nehmen wir die Reinigung der Städte, das sogenannte «städtische Wohlfahrtswesen» und die Spitäler vor. Hier sorgt die Bourgeoisie auch für die Arbeiterviertel. Allerdings, im Vergleich zu den Bourgeoisievierteln im Zentrum der Städte, herrschen in den Arbeitervorstädten Schmutz und Unrat, Krankheiten usw. Doch etwas tut auch die Bourgeoisie. Warum? Ganz einfach, weil sich sonst die Krankheiten und Seuchen über die ganze Stadt ausbreiten würden, und auch die

Rosta-Plakat Nr. 149 (Juli 1920)
(Übersetzung der russischen Bildunterschriften umseitig)

ROSTA-Plakat Nr. 149 (Juli 1920)

1. Wenn wir das weiße Gesindel nicht zu Klumpen schlagen,
2. kommt das weiße Gesindel wieder auf die Beine.
3. Wenn wir den Pan* schlagen und dann die Hände falten,
4. streckt Wrangell die Hand nach dem Arbeiter aus.
5. Solange die rote Fahne sich noch nicht durchgesetzt hat,
6. darf das Gewehr nicht beiseite gelegt werden.

* Polnisches Wort für Herr.

Bourgeoisie darunter zu leiden haben würde. Da verfolgen also der bürgerliche Staat und seine städtischen Organe die Interessen der Bourgeoisie selbst. Oder noch ein Beispiel. In Frankreich lernten die Arbeiter in den letzten Jahrzehnten von der Bourgeoisie die Kindergeburten künstlich zu beschränken: es werden entweder überhaupt keine Kinder geboren oder nicht mehr als zwei. Die Not ist unter den Arbeitern so groß, daß es sehr schwer oder beinahe unmöglich ist, eine große Familie zu erhalten. Das Resultat davon ist, daß die Bevölkerung Frankreichs beinahe nicht zunimmt. Der französischen Bourgeoisie mangelt es an Soldaten. Sie erhebt Lärm: «Die Nation geht zugrunde! Die Deutschen vermehren sich rascher als wir! Sie werden mehr Soldaten haben!» Nebenbei bemerkt, waren auch die, die zur Armee kamen, von Jahr zu Jahr immer minderwertiger: kleingewachsen, mit schwacher Brust, kraftlos. Die Bourgeoisie wurde auf einmal «freigiebig»: sie begann selbst auf Besserungen für die Arbeiterklasse zu drängen, damit sich die Arbeiter ein wenig erholen und mehr Kinder zur Welt bringen. Denn, wenn man die Henne abschlachtet, so hört sie auf, Eier zu legen.

In allen diesen Beispielen wendet die Bourgeoisie selbst Maßnahmen an, die für die Arbeiter nützlich sind, dabei verfolgt sie aber ihre eigenen Interessen. Es gibt aber auch andere Fälle, wo alle diese nützlichen Maßnahmen durch den Bourgeoisiestaat unter dem Drucke der Arbeiterklasse getroffen werden. Solcher

Gesetze gibt es viele. Fast alle «Fabrikgesetze» wurden auf diese Weise erzielt – durch Drohungen seitens der Arbeiter. In England wurde die erste Verkürzung des Arbeitstages – auf 10 Stunden – unter dem Druck der Arbeiter erreicht; in Rußland gab die zaristische Regierung die ersten Fabrikgesetze eingeschüchtert durch Arbeiterunruhen und Streiks heraus. Dabei rechnet der der Arbeiterklasse feindliche Staat, diese Unternehmerorganisation, in der Verfolgung der eigenen Interessen folgendermaßen: «Es ist besser, heute nachzugeben, als morgen doppelt soviel zu bewilligen oder die eigene Haut zu riskieren.» Genauso, wie der Fabrikant, der den Streikenden nachgibt und ihnen noch ein Sechstel bewilligt, nicht aufhört, Fabrikant zu bleiben, genauso hört der bürgerliche Staat nicht auf, bürgerlich zu sein, wenn er, unter der Drohung von Arbeiterunruhen, einen kleinen Knochen hinwirft.

Der kapitalistische Staat ist nicht nur die größte und mächtigste Organisation der Bourgeoisie, er ist gleichzeitig auch die komplizierteste Organisation, die zahlreiche Abteilungen besitzt, von denen nach allen Richtungen Fühler ausgestreckt werden. Und all das dient dem Hauptzweck: dem Schutz, der Befestigung und Erweiterung der Ausbeutung der Arbeiterklasse. Gegen die Arbeiterklasse stehen sowohl die Mittel des brutalen Zwanges, als auch der geistigen Versklavung zur Verfügung; sie bilden eben die wichtigsten Organe des kapitalistischen Staates.

Von den Mitteln der brutalen Gewalt müssen vor allem die Armee, Polizei und Gendarmerie, die Gefängnisse und Gerichte und ihre Hilfsorgane verzeichnet werden: Spione, Lockspitzel, die Organisation der Streikbrecher und bezahlter Mörder usw.

Die Armee des kapitalistischen Staates ist auf besondere Art organisiert. An der Spitze steht die Körperschaft der Offiziere, «der Goldaufschläge». Sie werden aus den Reihen der Söhne der adeligen Gutsbesitzer, der Großbourgeoisie und zum Teil auch der Intellektuellen angeworben. Das sind die erbittertsten Feinde des Proletariats, die bereits in ihren Knabenjahren in besonderen Schulen unterrichtet wurden (bei uns in den Kadettenkorps und den Junkerschulen), wie man Soldaten ohrfeigt, wie man «die Ehre des Offiziersrockes» wahrt, d. h. wie man die Soldaten in vollständiger Sklaverei hält und sie zu Schachfiguren verwandelt. Die Allerwürdigsten der Adeligen und Großbourgeoisie sind Generäle, Admiräle von Rang, mit Orden und Bändern.

Die Offiziere stammen auch nicht aus den armen Klassen. Sie halten die ganze Masse der Soldaten in ihren Händen. Und die Soldaten werden so bearbeitet, daß sie auch nicht zu fragen wagen, wofür sie zu kämpfen haben, sondern «mit beiden Augen auf die Obrigkeit starren». Eine derartige Armee ist in erster Linie zur Zügelung der Arbeiter bestimmt.

In Rußland diente die Armee wiederholt als Mittel zur Niederzwingung der Arbeiter und Bauern. Unter Alexander II. gab es vor der Befreiung der Bauern viele Bauernaufstände – sie wurden von der Armee unterdrückt. Im Jahre 1905 wurden Arbeiter während des Aufstandes in Moskau von der Armee niedergeschossen; die Armee vollführte die Strafexpeditionen im Baltikum, am Kaukasus, in Sibirien; in den Jahren 1906–1908 unterdrückte sie die Aufstände der Bauern gegen die Grundbesitzer und schützte das Vermögen der Grundbesitzer usw. Während des Krieges wurden von ihr die Arbeiter von Iwanowo-Wosnesseask, Kostroma usw. niedergeschossen. Besonders schädlich waren überall die Offiziere und Generäle. Im Auslande – dieselbe Geschichte. In Deutschland trat die Armee des kapitalistischen Staates als Würgerin der Arbeiter auf. Der erste Matrosenaufstand wurde von der Armee erstickt. Die Erhebungen der Arbeiter in Berlin, Hamburg, München und in ganz Deutschland werden ebenfalls von der Armee unterdrückt. In Frankreich wurden von der Armee häufig Streikende zusammengeschossen, jetzt werden Arbeiter, russische revolutionäre Soldaten niedergeknallt. In England hat in der letzten Zeit die Armee mehrmals die Aufstände der irländischen Arbeiter, der ägyptischen Halbsklaven, der Inder in Blut ertränkt und in England selbst Arbeiterversammlungen überfallen. In der Schweiz werden bei jedem Streik die Maschinengewehr-Kommandos und die sogenannte Miliz (die Schweizer Armee) mobilisiert; es kam nicht einmal vor, daß diese Miliz auf Proletarier schoß. In den Vereinigten Staaten Amerikas hat die Armee häufig ganze Arbeiteransiedlungen niedergebrannt und sie der Erde gleichgemacht (z. B. während des Streiks in Colorado). Die Armeen der kapitalistischen Staaten erdrosseln jetzt gemeinsam die Arbeiterrevolution in Rußland, Ungarn, in den Balkanländern, in Deutschland, unterdrücken die Erhebung in der ganzen Welt.

Polizei und Gendarmerie. Der kapitalistische Staat besitzt, außer der regulären Armee, noch eine Armee ausgesuchter Schurken und ein besonders abgerichtetes Militär, eigens eingeübt zum Kampf gegen die Arbeiter. Diese Institutionen (z. B. die Polizei) haben zwar auch den Kampf gegen Diebstahl und den Schutz der sogenannten «persönlichen und materiellen Sicherheit der Bürger zum Ziele»; aber gleichzeitig werden sie auch ausgehalten zum Herausholen, zur Verfolgung und Bestrafung unzufriedener Arbeiter. In Rußland waren die Schutzleute der sicherste Schutz der Gutsbesitzer und des Zaren. Besonders brutal arbeitet in allen kapitalistischen Staaten die Geheimpolizei («politische Polizei», bei uns hieß sie «Ochrana») und das Gendarmeriekorps. Zusammen mit ihnen arbeiten auch eine Menge Spitzel, Provokateure, Geheimspione, Streikbrecher u. dgl.

Interessant sind in dieser Beziehung die Mittel der amerikanischen Geheimpolizei. Sie steht in Verbindung mit einer unzähligen Menge privater und halbstaatlicher «Detektivbüros». Die berühmten Abenteuer des Nat Pinkerton waren eigentlich Unternehmungen gegen die Arbeiter. Die Spitzel unterschoben den Arbeiterführern Bomben, überredeten sie zur Ermordung von Kapitalisten usw. Diese Spitzel werben auch ganze Haufen Streikbrecher an (in Amerika heißen sie Skabes) und Trupps bewaffneter Vagabunden, die bei Gelegenheit streikende Arbeiter ermorden. Es gibt keine Schandtat, die diese Mordbuben nicht tun würden im Dienste des «demokratischen» Staates der amerikanischen Kapitalisten.

Das Gericht des Bourgeoisiestaates ist ein Mittel des Klassenselbstschutzes der Bourgeoisie; in erster Linie rechnet es mit denen ab, die es wagen, an dem kapitalistischen Eigentum oder der kapitalistischen Gesellschaftsordnung zu rütteln. Dieses Gericht verurteilte Liebknecht zur Zwangsarbeit, Liebknechts Mörder dagegen wurden freigesprochen. Die staatlichen Gefängnisbehörden vollführen diese Abrechnung genauso wie die Scharfrichter des bürgerlichen Staates. Nicht gegen die Reichen, sondern gegen die Armen ist ihre Spitze gerichtet.

So sehen die Einrichtungen des kapitalistischen Staates aus, die die unmittelbare brutale Unterdrückung der Arbeiterklasse zur Aufgabe haben.

Von den Mitteln der geistigen Versklavung der Arbeiterklasse, die dem Kapitalistenstaate zur Verfügung stehen, wären noch als die drei wichtigsten zu erwähnen: die staatliche Schule, die staatliche Kirche und die staatliche oder vom bürgerlichen Staate unterstützte Presse.

Die Bourgeoisie versteht sehr wohl, daß sie mit bloßer Gewalt die Arbeitermassen nicht überwältigen kann. Es ist nötig, auch die Gehirne der Massen von allen Seiten mit einem dünnen Spinngewebe zu umspinnen. Der bürgerliche Staat betrachtet die Arbeiter als ein Arbeitsvieh: es ist nötig, daß dieses Vieh arbeitet, aber es darf nicht beißen. Deshalb wird es nicht nur gepeitscht und erschossen, sobald es beißt, sondern auch dressiert, gezähmt, wie es besondere Leute in den Menagerien tun. Genauso züchtet auch der Kapitalistenstaat Fachleute für Verblödung, Verdummung und Bändigung des Proletariats: bürgerliche Lehrer und Professoren, Pfaffen und Bischöfe, bürgerliche Skribenten und Zeitungsmacher. In der Schule lehren diese Fachleute die Kinder schon in den jüngsten Jahren dem Kapital zu gehorchen, «die Rebellen» zu verachten und zu hassen; den Kindern werden verschiedene Märchen von der Revolution und der revolutionären Bewegung aufgetischt, die Kaiser, Könige, Industrielle usw. werden verherrlicht; die Pfaffen, die vom Staate ihren Sold beziehen, predigen in den Kirchen das Gebot «es gibt keine Gewalt, die nicht von Gott wäre»; die bürgerlichen Blätter trompeten in beide Ohren tagaus, tagein diese bourgeoise Lüge (Arbeiterzeitungen werden vom kapitalistischen Staate gewöhnlich unterdrückt). Ist es denn unter solchen Umständen für den Arbeiter leicht, aus diesem Sumpf herauszukommen? ... Ein deutscher imperialistischer Räuber schrieb: «Wir brauchen nicht nur die Beine der Soldaten, sondern auch ihre Gehirne und Herzen.» Der bürgerliche Staat ist auch bestrebt, die Arbeiterklasse zu einem

Haustier zu erziehen, welches wie ein Pferd arbeiten, Mehrwert erzeugen und stiller als Wasser sein soll. Auf diese Art sichert sich der kapitalistische Staat seine Entwicklung. Die Ausbeutungsmaschine bewegt sich. Aus der Arbeiterklasse wird unaufhörlich Mehrwert herausgepreßt. Und der kapitalistische Staat steht Wache und paßt auf, daß sich die Lohnsklaven nicht empören.

§ 13. Die Widersprüche der kapitalistischen Gesellschaftsordnung

Jetzt ist es notwendig zu untersuchen, ob die kapitalistische, bürgerliche Gesellschaft gut aufgebaut ist. Jede Sache ist nur dann fest und gut, wenn alle ihre Teile zueinanderpassen. Nehmen wir einen Uhrmechanismus. Er arbeitet richtig und ohne Störung erst dann, wenn ein Rad dem anderen, Zahn für Zahn, angepaßt ist.

Betrachten wir jetzt die kapitalistische Gesellschaft. Da werden wir ohne Mühe bemerken, daß die kapitalistische Gesellschaft lange nicht so fest aufgebaut ist, wie es scheint, im Gegenteil, sie weist sehr große Widersprüche und gewaltige Sprünge auf. Vor allem gibt es unter dem Kapitalismus keine organisierte Produktion und Verteilung der Produkte, sondern eine «Anarchie der Produktion». Was heißt das? Das heißt, daß jeder kapitalistische Unternehmer (oder jede Kapitalistenvereinigung) unabhängig von dem andern Waren erzeugt. Nicht die ganze Gesellschaft berechnet, wieviel und was sie braucht, sondern die Fabrikanten lassen ganz einfach mit der Berechnung erzeugen, einzig mehr Profit zu bekommen und ihre Gegner auf dem Markte zu schlagen. Deshalb kommt es manchmal vor, daß zuviel Waren erzeugt werden (es handelt sich natürlich um die Vorkriegszeit), sie können nirgends abgesetzt werden (die Arbeiter können nicht kaufen: sie haben nicht genügend Geld). Dann tritt eine Krise ein: die Fabriken werden geschlossen, die Arbeiter aufs Pflaster gesetzt. Die Anarchie der Produktion zieht den Kampf auf dem Markt nach sich: jeder will dem anderen die Käufer abfangen, sie auf seine Seite ziehen, den Markt erobern. Dieser Kampf nimmt verschiedene Formen, verschiedene Gestalten an; er beginnt mit dem Kampf zweier Fabrikanten untereinander und schließt mit dem Weltkriege zwischen den kapitalistischen Staaten um die Verteilung der Märkte in der ganzen Welt ab. Da erfolgt nicht nur kein Ineinandergreifen der Bestandteile der kapitalistischen Gesellschaft, sondern ein direkter Zusammenstoß derselben.

Der erste Grund der Zerfahrenheit des Kapitalismus liegt also in der Anarchie der Produktion, was in den Krisen, der Konkurrenz und den Kriegen zum Ausdruck kommt.

Der zweite Grund der Zerfahrenheit der kapitalistischen Gesellschaft liegt im Klassenaufbau. Im Grunde genommen ist doch die kapitalistische Gesellschaft nicht einheitlich, sondern in zwei Gesellschaften gespalten: die Kapitalisten – einerseits, die Arbeiter und die Armut – andererseits. Sie befinden sich in ständiger, unversöhnlicher, nie aufhörender Feindschaft, deren Ausdruck der Klassenkampf ist. Auch hier sehen wir, daß die verschiedenen Teile der kapitalistischen Gesellschaft nicht nur einander nicht angepaßt sind, sondern umgekehrt, sich in ununterbrochenem Gegensatz befinden.

Wird der Kapitalismus zusammenbrechen oder nicht? Die Antwort auf diese Frage hängt von Folgendem ab: Wenn wir die Entwicklung des Kapitalismus betrachten, die er im Laufe der Zeit genommen hat, und finden, daß seine Zerfahrenheit immer geringer wird, dann können wir auf sein langes Leben ein «Hoch!» ausrufen; wenn wir aber umgekehrt entdecken werden, daß mit der Zeit die einzelnen Teile der kapitalistischen Gesellschaft unabwendbar immer stärker und stärker aufeinanderprallen und die Sprünge in dieser Gesellschaft sich unvermeidlich in Abgründe verwandeln werden, dann können wir ihm ein Requiem anstimmen.

Es muß also die Frage über die Entwicklung des Kapitalismus untersucht werden.

II. KAPITEL

Die Entwicklung der kapitalistischen Gesellschaftsordnung

§ 14. Der Kampf zwischen Klein- und Großbetrieb
§ 15. Die Abhängigkeit des Proletariats,
die Reserve-Armee, Frauen- und Kinderarbeit
§ 16. Anarchie der Produktion, Konkurrenz, Krisen
§ 17. Die Entwicklung des Kapitalismus
und die Klassenscheidung.
Die Verschärfung der Klassengegensätze
§ 18. Konzentration und Zentralisation des Kapitals
als Bedingungen für die Verwirklichung
der kommunistischen Gesellschaftsordnung

§ 14. Der Kampf zwischen Klein- und Großbetrieb (zwischen dem persönlichen Arbeitseigentum und dem kapitalistischen arbeitslosen Eigentum)

a) *Kampf zwischen Klein- und Großbetrieb in der Industrie.* Große Fabriken, die manchmal über zehntausend Arbeiter zählen, mit riesengroßen, ungeheuerlichen Maschinen, gab es nicht immer. Sie entstanden allmählich und erwuchsen aus den Überresten des fast gänzlich untergegangenen Handwerkes und der Kleinindustrie. Um zu verstehen, warum es so gekommen ist, muß vor allem der Umstand berücksichtigt werden, daß unter dem Privateigentum und in der Warenwirtschaft der Kampf um den Käufer, die Konkurrenz, unvermeidlich ist. Wer siegt in diesem Kampfe? Derjenige, der es versteht, den Käufer für sich zu gewinnen und ihn von seinem Konkurrenten (Gegner) wegzulocken. Einen Käufer kann man aber hauptsächlich durch den billigeren Preis der Waren für sich gewinnen.* Wer kann aber zu einem viel billigeren Preise verkaufen? Diese Frage eben muß vor allem beantwortet werden. Es ist klar, daß der größere Fabrikant eher zum billigeren Preise verkaufen kann als der kleine Fabrikant oder Handwerker, weil ihn die Ware billiger zu stehen kommt. Der Großbe-

---
* Hier handelt es sich um die Vorkriegszeit; nach der Kriegsverwüstung läuft nicht der Verkäufer dem Käufer nach, sondern umgekehrt der Käufer dem Verkäufer.

trieb hat hier eine Menge Vorteile. Vor allem den, daß der kapitalistische Unternehmer in der Lage ist, bessere Maschinen aufzustellen, bessere Werkzeuge und bessere Vorrichtungen zu verwenden. Der Handwerker, der kleine Meister, schlägt sich mit Mühe und Not durch; er arbeitet gewöhnlich mit handbetriebenen Maschinen; er wagt nicht einmal an große, gute Maschinen zu denken, er hat keine Mittel dazu. Der kleine Kapitalist ist ebenfalls nicht in der Lage, die neuesten Maschinen einzuführen.

Je größer das Unternehmen ist, desto vollkommener ist also die Technik, desto erfolgreicher die Arbeit, desto billiger kommt jedes Stück Ware den Unternehmer zu stehen.

In den großen Fabriken Amerikas und Deutschlands gibt es sogar eigene wissenschaftliche Laboratorien, wo ununterbrochen neue Verbesserungen erfunden werden und auf diese Art die Wissenschaft mit der Produktion verbunden wird; diese Erfindungen sind Geheimnisse des betreffenden Unternehmens und dienen nur zu seinem Nutzen; im Klein- und Handbetrieb erzeugt ein und derselbe Arbeiter beinahe das ganze Produkt von Anfang bis zu Ende; bei Maschinenarbeit und bei vielen Arbeitern macht der eine bloß einen Teil, der andere – einen anderen Teil, der dritte – einen dritten usw. Da geht die Arbeit viel rascher vor sich (man nennt das Arbeitsteilung). Welcher Vorteil dabei erzielt wird, ist aus einer amerikanischen Untersuchung zu ersehen, die noch im

Jahre 1908 angestellt wurde. Hier sind die Ergebnisse: Die Erzeugung von 10 Pflügen: Handarbeit: 2 Arbeiter, die 11 verschiedene Arbeiten verrichtet haben, arbeiteten insgesamt 1180 Stunden und erhielten 54 Dollar. Dasselbe bei Maschinenbetrieb: 52 Arbeiter, 97 verschiedene Arbeiten (je mehr Arbeiter, desto mehr verschiedene Arten der Arbeiten), arbeiteten 37 Stunden, 28 Minuten, erhielten 7,9 Dollar (folglich wurde unvergleichlich weniger Zeit verwendet, und die Arbeit kam bedeutend billiger zu stehen). Die Erzeugung von 100 Garnituren Uhrrädchen: Handarbeit: 14 Arbeiter, 453 Arbeitsarten, 341 866 Stunden, 80 822 Dollar. Maschinenbetrieb: 10 Arbeiter, 1088 Arbeitsarten, 8 343 Stunden, 1 799 Dollar. Erzeugung von 500 Yards karierten Stoffes: Handarbeit: 3 Arbeiter, 19 Operationen (verschiedene Arbeitsarten), 7 534 Stunden, 135,6 Dollar. Maschinenbetrieb: 252 Arbeiter, 43 Operationen, 84 Stunden, 6,81 Dollar.

Man könnte noch sehr viele solcher Beispiele anführen. Außerdem ist den kleinen Unternehmern und Handwerkern eine Reihe von Produktionszweigen überhaupt nicht zugänglich, wo man nur mit Hilfe der hohen Technik arbeiten kann, z. B.: der Bau von Lokomotiven, Panzerschiffen; Bergwerke usw.

Der Großbetrieb erspart überall: bei den Bauten, Maschinen, Rohstoffen, bei der Beleuchtung und Beheizung an Arbeitskräften, der Verwertung der Abfälle usw. Stellen wir uns tatsächlich tausend kleine Werkstätten und eine große Fabrik vor, die soviel Waren erzeugt wie diese tausend Werkstätten; es ist leichter, ein großes Gebäude aufzuführen als tausend kleine; an Rohstoffen wird in tausend Kleinbetrieben mehr verbraucht (geht verloren, wird unbrauchbar, verschwendet usw.); es ist leichter, eine große Fabrik zu beleuchten und zu beheizen als tausend kleine Hütten; das Aufräumen, Fegen, Bewachen, Ausbessern usw. ist ebenfalls viel leichter. Kurz, überall werden im Großbetriebe Ersparnisse erzielt, die mit dem Ausdruck Ökonomie bezeichnet werden. Beim Einkauf der Rohstoffe und sonstiger Erfordernisse der Produktion ist der Großbetrieb wiederum im Vorteil. Im Großen kauft man billiger ein, und auch die Ware ist von besserer Qualität; außerdem hat der große Fabrikant auch bessere Marktkenntnisse, er weiß, wo und wie billiger zu kaufen ist. Genauso ist der Kleinbetrieb auch beim Verkauf seiner Ware im Nachteile. Der Großunternehmer weiß nicht nur besser, wo teurer verkauft werden kann (zu diesem Zwecke hält er Reiseagenten, steht er in Beziehungen zur Börse, wo alle Nachrichten über Warennachfrage einlaufen, hat er Verbindungen beinahe in der ganzen Welt); außerdem kann er auch abwarten. Wenn z. B. die Preise für seine Waren zu tief stehen, so kann er diese Waren auf Lager halten, die Zeit abwartend, in welcher die Preise wieder steigen werden. Das kann ein kleiner Meister nicht machen. Er lebt von dem, was er verkauft hat. Hat er die Ware verkauft – so beginnt er sofort mit dem erhaltenen Geld zu leben; überflüssig hat er keines. Darum muß er um jeden Preis verkaufen, sonst muß er verhungern.

Es ist klar, daß er unter solchen Verhältnissen stark leidet.

Endlich besitzt der Großbetrieb noch einen Vorteil im Kreditwesen. Wenn der Großunternehmer dringend Geld benötigt, so kann er es immer ausleihen. «Einer soliden Firma» wird jede Bank, und um verhältnismäßig geringe Zinsen, immer leihen. Dem kleinen Mann dagegen wird fast niemand trauen.

Wenn sich aber auch jemand findet, so verlangt er gottlos hohe, wucherische Zinsen. Auf diese Weise gerät der Kleinunternehmer leicht in Wucherhände.

Alle diese Vorzüge der Großwirtschaft erklären uns, warum die Kleinproduktion in der kapitalistischen Gesellschaft unvermeidlich untergeht. Das Großkapital treibt es in die Enge, richtet es zugrunde und verwandelt seinen Besitzer in einen Proletarier und Vagabunden. Selbstverständlich versucht der kleine Meister sich an das Leben zu klammern. Er kämpft mit Anspannung aller Kräfte, arbeitet selbst und zwingt seine Arbeiter und seine Familie, über ihre Kräfte zu arbeiten, doch zuletzt muß er seinen Platz dem Großkapital räumen. Häufig glauben wir, einen dem Äußeren nach scheinbar selbständigen Meister vor uns zu sehen, während er in Wirklichkeit ganz vom Großkapitalisten abhängt, für denselben arbeitet und keinen Schritt ohne ihn machen kann. Der kleine Unternehmer ist häufig vom Wucherer abhängig: seine Selbständigkeit ist nur eine scheinbare, denn tatsächlich arbeitet er für diesen Blutsauger; bald hängt er vom Einkäufer ab, der von ihm die Waren zusammenkauft, bald vom Geschäfte, für welches er arbeitet; er ist bloß dem Scheine nach selbständig, tatsächlich hat er sich in einen Lohnarbeiter des kapitalistischen Geschäftsinhabers verwandelt; es kommt auch vor, daß der Kapitalist ihm manchmal auch Rohstoffe und Werkzeuge zur Verfügung stellt (so war es häufig mit unseren Heimarbeitern); da sieht man bereits ganz klar, daß der Heimarbeiter zu einem einfachen Anhängsel des Kapitals geworden ist. Es gibt auch andere Arten der Unterwerfung unter das Kapital: um die Großunternehmungen lassen sich häufig kleine Reparaturwerkstätten nieder; in diesem Falle sind sie einfache Schräubchen in dem Fabrikgetriebe, sonst nichts. Auch hier sind sie nur dem Scheine nach selbständig. Manchmal kann man sehen, wie zugrunde gerichtete kleine Meister, kleine Handwerker, Heimarbeiter, Händler, kleine Kapitalisten, aus einem Produktions- und Handelszweig verdrängt, in einen anderen übergehen, wo das Großkapital noch nicht so mächtig ist. Besonders häufig werden untergegangene kleine Meister zu kleinen Händlern, Straßenverkäufern usw. So verdrängt das Großkapital Schritt für Schritt die Kleinproduktion von überall. Es wachsen riesengroße Unternehmungen empor, die Tausende, manchmal auch Zehntausende von Arbeitern zählen. Das Großkapital wird zum Weltbeherrscher. Das persönliche Arbeitseigentum verschwindet. Seinen Platz nimmt das großkapitalistische Eigentum ein.

Als Beispiel des Unterganges des Kleinbetriebes in Rußland können die Heimarbeiter dienen. Manche

Heimarbeiter arbeiteten mit eigenen Rohstoffen (Kürschner, Korbflechter usw.) und verkauften sie jedem beliebigen. Dann beginnt der Heimarbeiter für einen bestimmten (nur einen) Kapitalisten zu arbeiten (Moskauer Hutmacher, Spielwaren- und Bürstenerzeuger usw.). Dann erhält er von seinem Arbeitgeber Rohstoffe und kommt in förmliche Knechtschaft (die Schloßmacher von Pawlowsk, die Schlosser von Burmakino). Endlich wird er vom Besteller stückweise bezahlt (z. B. die Nagelschmiede von Twer, die Schuster von Kimry, Plachenerzeuger in Makarjew, Messerschmiede in Pawlow). In eine solche Knechtschaft gerieten auch die Handweber. In England erhielt der absterbende Kleinbetrieb die Bezeichnung «Schwitzsystem» – so schlecht geht es ihm. In Deutschland verringerte sich die Zahl der Kleinbetriebe für die Zeit vom Jahre 1882 bis zum Jahre 1895 um 8,6 Prozent, die Zahl der Mittelbetriebe (von 6 bis 50 Arbeiter) vergrößerte sich um 64,1 Prozent, die der Großbetriebe – um 90 Prozent. Seit jener Zeit wurde auch eine beträchtliche Anzahl Mittelbetriebe verdrängt. In Rußland verdrängte die Fabrik den Heimarbeiter ebenfalls ziemlich rasch. Einer der wichtigsten Produktionszweige in Rußland ist die Textilindustrie (Weberei). Wenn wir vergleichen, wie sich in der Baumwollindustrie die Zahl der Fabrik- und Heimarbeiter geändert hat, so sehen wir, wie schnell die Fabrik den Heimarbeiter verdrängt.

Hier sind die Zahlen:

Im Jahre	Anzahl der in den Fabriken Beschäftigten	Anzahl der Heimarbeiter
1866	94566	66178
1879	162691	50152
1894–95	242051	20475

Im Jahre 1886 entfielen auf je hundert in der Baumwollindustrie beschäftigte Fabrikarbeiter 70 Heimarbeiter, in den Jahren 1894–95 nur mehr 8. In Rußland wuchs die Großproduktion viel stärker an, und zwar deswegen, weil das Fremdkapital sofort Großbetriebe gegründet hat. Schon im Jahre 1902 beschäftigten die Großbetriebe beinahe die Hälfte (40 Prozent) aller Industriearbeiter.

Im Jahre 1903 machten die Fabriken, die über 100 Arbeiter beschäftigten, im europäischen Rußland 17 Prozent aller Fabriken und Werke aus und beschäftigten 76,6 Prozent der Gesamtzahl der Industriearbeiter.

Der Sieg der Großproduktion in allen Ländern ist von den Leiden der Kleinerzeuger begleitet. Manchmal sterben beinahe ganze Bezirke und Berufe aus (z. B. die schlesischen Weber in Deutschland, die Weber in Indien usw.).

b) *Der Kampf zwischen Klein- und Großbetrieb in der Landwirtschaft.* Der gleiche Kampf, der zwischen Klein- und Großbetrieb in der Industrie geführt wird, spielt sich unter dem Kapitalismus auch in der Landwirtschaft ab. Der Gutsbesitzer, der seine Wirtschaft genauso führt wie der Kapitalist seine Fabrik, der Großbauer-Blutsauger, der Mittelbauer, die Dorfarmen, die selbst häufig eine Nebenarbeit beim Grundbesitzer oder Großbauern aufnehmen, und die Bauernknechte – das ist alles genau dasselbe wie in der Industrie der Großkapitalist, der mittlere Werksbesitzer, Handwerker, Heim- und Lohnarbeiter. Auf dem Lande wie in der Stadt ist der große Besitz besser gestellt als der kleine.

Der Großeigentümer kann sich gute technische Einrichtungen leisten. Landwirtschaftliche Maschinen (elektrische und Dampfpflüge, Getreide- und Grasmäher, Garbenbinder, Sä- und Dreschmaschinen usw.) sind häufig den kleinen Landwirten und Bauern fast unzugänglich. So wie es keinen Sinn hat, in der kleinen Werkstatt des Handwerkers eine teure Maschine aufzustellen (es ist auch kein Geld da, um sie zu kaufen, und sie würde sich auch nicht bezahlt machen), genauso kann sich der Bauer keinen Dampfpflug kaufen; es hätte auch keinen Sinn; damit sich eine so solide Maschine bezahlt macht, ist viel Boden notwendig, nicht aber ein Landfleck, wo kaum eine Henne gefüttert werden kann.

Die vollständige Ausnützung der Maschinen und Geräte hängt von der Landmenge ab.

Ein Pferdepflug wird gehörig ausgenützt bei einem Landstück von 30 Hektar (1 Hektar = 9/10 Deßjatinen); eine Reihensämaschine, Mäh- und Dreschmaschine – bei 70 Hektar; eine Dampfdreschmaschine bei 250 Hektar; ein Dampfpflug bei 1000 Hektar. In neuester Zeit werden für die Bodenbearbeitung elektrische Maschinen verwendet; sie können aber auch nur beim Großbetrieb verwendet werden.

Die Bewässerung, die Trockenlegung der Sümpfe, Drainage (Legen von Tonröhren für den Abfluß überschüssigen Wassers), der Bau von Feldbahnen u. dgl. kann meistens nur der große Landwirt vornehmen. Die Großwirtschaft erspart, genauso wie in der Industrie, an Geräten, Materialien, Arbeitskraft, Beleuchtung, Beheizung usw.

In der Großwirtschaft entfallen auf die Deßjatine ebenfalls weniger Raine, Planken und Zäune, es gehen weniger Samen verloren, die auf den Rain geraten.

Außerdem kann der Besitzer großer Ländereien auch gelernte Landwirte anstellen und seine Wirtschaft nach allen Regeln der Wissenschaft betreiben.
Auf dem Gebiete des Handels und des Kredites geht dasselbe vor wie in der Industrie: der Großunternehmer kennt besser den Markt, kann ausharren, kauft billiger alles Notwendige ein und weiß teurer zu verkaufen. Dem Kleinen bleibt nur eines: kämpfen mit Anspannung aller Kräfte. Der kleine Landbesitz fristet halbhungrig sein Dasein nur durch die erhöhte Arbeit und die Verringerung seiner Bedürfnisse. Nur auf diese Weise kann er sich unter der Herrschaft des Kapitalismus behaupten. Seine Verelendung wird durch die hohen Steuern beschleunigt. Der kapitalistische Staat bürdet dem kleinen Landbesitz eine riesige Last auf: es genügt,

sich dessen zu erinnern, was die zaristischen Steuern für die Bauern bedeuteten, – «Verkaufe alles, doch bezahle die Steuer.»

Im allgemeinen kann gesagt werden, daß die Kleinproduktion in der Landwirtschaft viel widerstandsfähiger ist als in der Industrie. In den Städten gehen die Handwerker und kleinen Unternehmer ziemlich rasch zugrunde, in den Dörfern aber steht die Bauernwirtschaft in allen Ländern auf kräftigeren Beinen. Doch die Verarmung der Mehrheit geht auch hier vor sich, nur fällt es nicht so sehr auf. Manchmal sieht eine Wirtschaft ihrer Landmenge nach nicht groß aus, in der Tat ist sie sehr groß, ist mit viel Kapital ausgestattet und hat einen großen Arbeiterstand (z. B. bei den Gärtnern in der Nähe der Großstädte). Manchmal dagegen scheint es, als ob wir vor uns viele ganz selbständige kleine Landwirte hätten, tatsächlich sind sie aber fast alle Lohnarbeiter: sie verdingen sich entweder auf dem benachbarten Gut oder als Saisonarbeiter oder sie gehen in die Stadt. Unter der Bauernschaft aller Länder geht dasselbe vor wie unter den Handwerkern und den Heimarbeitern. Ein kleiner Teil von ihnen wird zu Wucherern-Blutsaugern (Wirtschaftsbesitzer, Wucherer, die langsam ihren Besitz abrunden); die anderen halten durch oder gehen ganz zugrunde, verkaufen die Kuh, das Pferd, verwandeln sich in Pferdlose; dann verschwindet auch der Landanteil, der Mann geht entweder für immer in die Stadt oder wird Bauernknecht. Der Pferdlose wird zum Lohnarbeiter, der Blutsauger-Wucherer, der Arbeiter hält, wird Grundbesitzer oder Kapitalist.

So befindet sich in der Landwirtschaft eine Menge Land, Geräte, Maschinen, Vieh im Besitz eines kleinen Häufleins der größten kapitalistischen Gutsbesitzer, und Millionen Arbeiter arbeiten für sie, Millionen Bauern sind von ihnen abhängig.

In Amerika, wo das Kapital am stärksten entwickelt ist, gibt es große Güter, auf denen wie in einer Fabrik gearbeitet wird. Wie in den Fabriken, wird auch hier nur ein bestimmtes Produkt erzeugt. Es gibt große Felder, die bloß für Gartenerdbeeren oder für Obstbäume bestimmt sind; ferner gibt es spezielle Güter für Geflügelzucht; dort, wo Weizen angebaut ist, wird mit Maschinen gearbeitet. Viele Zweige sind in wenigen Händen vereinigt. So gibt es z. B. einen «König der Küchlein» (einen Kapitalisten, in dessen Händen beinahe die ganze Produktion der Küchlein vereinigt ist), einen «Eierkönig» u. dgl.

§ 15. Die Abhängigkeit des Proletariats, die Reserve-Armee, die Frauen- und Kinderarbeit

Immer größere und größere Volksmassen verwandeln sich unter dem Kapitalismus in Lohnarbeiter. Die verelendeten Handwerker, Heimarbeiter, Bauern, Händler, mittlere Kapitalisten, die einen Zusammenbruch erlebt hatten – kurz, alle, die über Bord geschleudert wurden, alle, die vom Kapital in die Enge gejagt worden sind, landen in den Reihen des Proletariats. Je nachdem sich die Reichtümer in den Händen einiger weniger Kapitalisten anhäufen, verwandeln sich die Volksmassen immer mehr zu ihren Lohnsklaven.

Dank dem fortwährenden Untergange der mittleren Schichten und Klassen wird die Zahl der Arbeiter viel größer, als das Kapital braucht. Dadurch wird der Arbeiter an das Kapital gekettet. Er muß für den Kapitalisten arbeiten. Wenn er es nicht will, so werden an seiner Stelle hundert andere zu finden sein.

Diese Abhängigkeit vom Kapital wird aber auch auf andere Weise befestigt, nicht nur durch den Untergang neuer Bevölkerungsschichten. Die Herrschaft des Kapitals über die Arbeiterklasse wird immer größer noch dadurch, daß das Kapital fortwährend überflüssige Arbeiter aufs Pflaster setzt und für sich einen Vorrat an Arbeitskräften schafft. Wie geschieht das? Auf folgende Art: Wir haben bereits früher gesehen, daß jeder Fabrikant bestrebt ist, die Selbstkosten der Waren zu verringern. Deswegen werden eben immer mehr neue Maschinen eingeführt. Eine Maschine ersetzt aber gewöhnlich einen Arbeiter, macht einen Teil der Arbeiter überflüssig. Wird eine neue Maschine eingeführt, so heißt es: ein Teil der Arbeiter wird entlassen. Die Arbeiter, die in der Fabrik beschäftigt waren, verwandeln sich in Arbeitslose. Da aber neue Maschinen ununterbrochen bald in dem einen, bald in dem anderen, bald in einem dritten Produktionszweige eingeführt werden, so ist es klar, daß die Arbeitslosigkeit unter dem Kapitalismus immer existieren muß. Der Kapitalist ist ja nicht darum besorgt, allen Arbeit zu geben oder alle mit Waren zu versehen, sondern darum, möglichst viel Profit herauszupressen. So ist begreiflich, daß er die Arbeiter brotlos macht, die nicht mehr imstande sind, ihm denselben Profit zu liefern wie früher.

Und tatsächlich sehen wir in allen kapitalistischen Ländern, daß es in den Großstädten immer eine große Zahl Arbeitsloser gibt. Da sind chinesische und japanische Arbeiter, die aus untergegangenen Bauernreihen stammen und von meilenweit gekommen sind, um Arbeit zu suchen; Dorfburschen, die gerade in die Stadt gekommen sind, gewesene Händler und Handwerker; wir finden hier aber auch Metallarbeiter, Buchdrucker und Weber, die jahrelang in Fabriken gearbeitet hatten und wegen Einstellung neuer Maschinen auf die Straße gesetzt wurden. Alle zusammen bilden eine Vorratsquelle an Arbeitskräften für das Kapital, oder, wie Marx es nannte, die industrielle Reserve-Armee. Das Vorhandensein einer Reserve-Armee, die ständige Arbeitslosigkeit, erlaubt es den Kapitalisten, die Abhängigkeit und die Unterdrückung der Arbeiterklasse zu vergrößern. Aus dem einen Teil der Arbeiter schlägt das Kapital mit Hilfe der Maschinen mehr Gold heraus als früher, dafür sind die anderen vor das Tor gesetzt. Aber auch aufs Pflaster geworfen, dienen sie den Händen des Kapitals als Geißel, die die Zurückgebliebenen antreibt.

Die industrielle Reserve-Armee liefert Beispiele vollkommener Verwilderung, Verarmung, des Hungers, Aussterbens, sogar des Verbrechens. Diejenigen, die jahrelang keine Arbeit finden können, beginnen allmählich zu trinken, werden zu Vagabunden, Bettlern usw. In den Großstädten – London, New York, Hamburg, Berlin, Paris – gibt es ganze Stadtviertel, die von solchen Arbeitslosen bevölkert sind. In Moskau kann als ein derartiges Beispiel der Chitrow-Markt dienen. Statt des Proletariats entsteht hier eine neue Schicht, die das Arbeiten bereits verlernt hat. Dieses Produkt der kapitalistischen Gesellschaft nennt man Lumpenproletariat.

Die Einführung der Maschinen brachte auch die Frauen- und Kinderarbeit mit sich, die besonders billig und deswegen für die Kapitalisten rentabler ist. Früher, vor den Maschinen, war bei der Arbeit eine besondere Geschicklichkeit notwendig, manchmal mußte man sogar lange lernen. Manche Maschinen aber können auch von Kindern bedient werden: es ist nichts anderes zu tun, als bis zur Ohnmacht den Arm zu schwingen oder ein Bein zu bewegen. Das ist der Grund, warum nach der Erfindung der Maschinen die Frauen- und Kinderarbeit eine verbreitete Anwendung gefunden hat. Außerdem können die Frauen und Kinder dem Kapitalisten keinen derartigen Widerstand leisten wie die männlichen Arbeiter. Sie sind zahmer, schüchterner, glauben häufiger den Pfaffen und an alles, was ihnen die Obrigkeit sagt. Darum ersetzt der Fabrikant oft die Männer durch Frauen und zwingt kleine Kinder, ihr Blut in Goldscheiben des Profites zu verwandeln.

Im Jahre 1913 gab es erwerbstätige und angestellte Frauen: in Frankreich – 6 800 000, in Deutschland – 9 400 000, in Österreich-Ungarn – 8 200 000, in Italien – 5 700 000, Belgien – 930 000, in den Vereinigten Staaten von Nordamerika – 8 000 000, in England und Wales – 6 000 000. In Rußland wuchs die Zahl der arbeitenden Frauen immer mehr. Im Jahre 1900 betrug die Zahl der arbeitenden Frauen – 25 Prozent (d. h. ein Viertel) aller Fabrikarbeiter und -arbeiterinnen, im Jahre 1908 – 31 Prozent, d. h. fast ein Drittel, im Jahre 1912 – 45 Prozent; in einigen Produktionszweigen bilden die Frauen die Mehrheit. In der Textilindustrie z. B. waren im Jahre 1912 von 870 000 Beschäftigten 453 000 Frauen, d. h. mehr als die Hälfte (über 52 Prozent). Während der Kriegsjahre wuchs die Zahl der arbeitenden Frauen in ungeheurem Maße. Was die Kinderarbeit anbelangt, so blüht sie, trotz des Verbots, in vielen Gegenden. In dem am meisten kapitalistisch entwickelten Lande – in Amerika – kann man der Kinderarbeit auf jedem Schritt und Tritt begegnen.

Das führt zur Zersetzung der Arbeiterfamilie. Sobald die Frau, oft auch das Kind, in der Fabrik ist, wo kommt da das Familienleben hin?!

Wenn eine Frau in die Fabrik kommt, zur Arbeiterin wird, unterliegt sie, so wie der Mann, zeitweilig allen Greueln der Arbeitslosigkeit. Auch sie wird von den Kapitalisten vor die Tür gesetzt; auch sie tritt in die Reihen der industriellen Reserve-Armee ein; auch sie kann, wie der Mann, moralisch ganz verkommen. In Verbindung mit dieser Erscheinung steht auch die Prostitution, wo sich die Frauen in den Straßen jedem beliebigen verkaufen. Nichts zum Essen, keine Arbeit, von überall verjagt, muß die Frau ihren Körper verkaufen; und wenn auch Arbeit vorhanden ist, ist der Lohn oft so gering, daß sie durch den Verkauf des eigenen Körpers dazuverdienen muß. Und der neue Beruf wird mit der Zeit zur Gewohnheit. So entsteht die Schicht der Berufs-Prostituierten.

In den Großstädten bilden die Prostituierten eine sehr bedeutende Zahl. Städte wie Hamburg und London zählen Zehntausende dieser Unglücklichen. Sie bilden eine Quelle des Profites und der Bereicherung für das Kapital, welches große kapitalistisch-organisierte Freudenhäuser errichtet.

Es existiert ein ausgedehnter internationaler Handel mit weißen Sklavinnen. Die Mittelpunkte dieses Handels waren die Städte Argentiniens (in Süd-Amerika). Besonders abscheulich ist die Kinderprostitution, die in allen europäischen und amerikanischen Städten blüht.

Je nachdem also in der kapitalistischen Gesellschaft immer mehr und bessere Maschinen erfunden, immer größere und größere Fabriken errichtet werden und die Menge der Waren immer größer wird, wird auch das Joch des Kapitals immer drückender, die Armut und das Elend der industriellen Reserve-Armee, die Abhängigkeit der Arbeiterschaft von ihren Ausbeutern immer größer.

Gäbe es kein Privateigentum, sondern wäre alles im gemeinsamen Besitze aller, würde alles ganz anders aussehen. Dann würden die Menschen einfach ihre Arbeitszeit verringern, würden ihre Kräfte schonen, mit ihrer Arbeit sparsam umgehen, um ihre Ruhe sorgen. Wenn aber der Kapitalist Maschinen einstellt, so denkt er an den Profit: er verkürzt nicht den Arbeitstag, da er nur verlieren würde. Unter der Herrschaft des Kapitals befreit die Maschine nicht den Menschen, sondern sie versklavt ihn.

Mit der Entwicklung des Kapitalismus wird ein immer größerer Teil des Kapitals für Maschinen, Apparate, verschiedene Bauten, Fabriktrakte, ungeheuer große Hochöfen usw. verwendet; dagegen wird für die Entlohnung der Arbeiter ein immer kleinerer Teil des Kapitals ausgesetzt. Früher, bei der Handarbeit, waren die Ausgaben für Bänke und sonstiges Zubehör nur gering; fast das ganze Kapital ging für die Entlohnung der Arbeiter auf. Jetzt ist es umgekehrt: der größte Teil ist für verschiedene Bauten und Maschinen bestimmt. Das heißt aber, daß der Bedarf an Arbeitskräften nicht in dem Maße steigt, wie die Zahl der verarmten Leute zunimmt, die zu Proletariern werden. Je mehr sich die Technik unter dem Kapitalismus entwickelt, desto schwerer lastet der Druck des Kapitals auf der Arbeiterklasse, weil es schwierig ist, Arbeit zu finden.

§ 16. Anarchie der Produktion, Konkurrenz, Krisen

Das Elend der Arbeiterschaft wächst immer mehr mit der Entwicklung der Technik, die, statt allen Nutzen zu bringen, unter dem Kapitalismus die Vermehrung des Profites für das Kapital, Arbeitslosigkeit und Untergang für viele Arbeiter bedeutet. Aber dieses Elend wächst auch infolge anderer Ursachen.

Wir haben vorhin gesehen, daß die kapitalistische Gesellschaft sehr schlecht aufgebaut ist. Es herrscht das Privateigentum ohne einen allgemeinen Plan. Jeder Fabrikant führt sein Geschäft unabhängig von den anderen. Mit den anderen kämpft er um den Käufer, er «konkurriert» mit ihnen.

Es entsteht jetzt die Frage, ob dieser Kampf sich mit der Entwicklung des Kapitalismus abschwächt oder verstärkt.

Für den ersten Blick kann es erscheinen, daß dieser Kampf schwächer wird. Die Zahl der Kapitalisten wird ja tatsächlich immer kleiner; die großen verschlingen die kleinen; früher kämpften miteinander Zehntausende verschiedener Unternehmer – die Konkurrenz war erbittert; jetzt gibt es wenige dieser Gegner – die Konkurrenz sollte nicht mehr so erbittert sein. So möchte man glauben. Doch in Wirklichkeit ist es nicht so. Tatsächlich ist die Sache gerade umgekehrt. Die Zahl der Gegner wird allerdings geringer. Doch jeder von ihnen wurde viel größer und stärker als seine früheren

Gegner. Und ihr Kampf wurde nicht kleiner, sondern größer, nicht ruhiger, sondern erbitterter als früher. Wenn in der ganzen Welt bloß ein, zwei Kapitalisten herrschen würden, würden diese kapitalistischen Staaten miteinander raufen. Letzten Endes ist es ja auch dazu gekommen. Gegenwärtig geht die Gegnerschaft unter den riesengroßen Kapitalistenvereinigungen, unter ihren Staaten. Und sie kämpfen da nicht bloß mit billigen Preisen, sondern auch mit bewaffneter Macht. Die Konkurrenz verringert sich also mit der Entwicklung des Kapitalismus bloß der Zahl der Gegner nach, sie wird aber immer erbitterter und zerstörender.*

Es ist notwendig, noch eine Erscheinung zu unterstreichen: das sind die sogenannten Krisen. Was sind die Krisen? Die Sache ist folgende: Eines schönen Tages stellt es sich heraus, daß verschiedene Waren in viel zu großen Mengen erzeugt worden sind. Die Preise sinken, und die Waren können nirgends abgesetzt werden. Die Magazine sind übervoll von den verschiedensten Produkten, die nicht verkauft werden können, da es keine Käufer gibt. Außerdem gibt es viele hungrige Arbeiter, die bloß wenige Groschen bekommen, für die sie sich nichts kaufen können, nur das, was sie sonst zu kaufen pflegten. Da beginnt das Elend. In einem Industriezweig brechen zuerst die kleinen und mittleren Unternehmungen zusammen und müssen gesperrt werden, die größeren folgen nach. Eine Industrie ist aber auf die Waren der

---

* Ausführlicher darüber siehe § 29: Der imperialistische Krieg.

anderen angewiesen, sie kaufen eine von der anderen. Z. B. kaufen die Schneiderunternehmungen die Stoffe bei den Stofferzeugern, diese kaufen wieder bei den Unternehmungen ein, die Wolle erzeugen usw. Gehen die Schneiderunternehmungen zugrunde, so heißt das, daß niemand bei den Stoffunternehmungen kaufen kann; die Textilindustrie bricht zusammen. Dasselbe tritt dann auch in der Wollproduktion ein. Überall werden die Fabriken und Werke geschlossen, Zehntausende von Arbeitern auf die Straße geworfen, die Arbeitslosigkeit steigt ins Ungemessene, das Leben der Arbeiter verschlechtert sich. Und doch sind viele Waren da. Die Speicher brechen unter ihrer Last. So war es wiederholt vor dem Kriege; die Industrie hebt sich, die Geschäfte der Fabrikanten gehen ausgezeichnet, auf einmal – Krach, Elend, Arbeitslosigkeit, Stillstand in den Geschäften; dann erholt sich die Industrie wieder, es geht wieder glänzend – auf einmal wieder ein Krach usw.

Wie ist diese unsinnige Ordnung zu erklären, in welcher die Menschen im Überfluß und Reichtum zu Bettlern werden?

Die Frage ist nicht so einfach zu beantworten. Wir haben bereits oben gesehen, daß in der kapitalistischen Gesellschaft ein Wirrwarr, eine Anarchie in der Produktion herrscht. Jeder Unternehmer erzeugt Waren unabhängig von den anderen, auf eigene Gefahr und Verantwortung. Bei dieser Art der Produktion stellt sich dann früher oder später heraus, daß zuviel Waren erzeugt werden (Überproduktion der Waren). Als man nur

Güter erzeugte und keine Waren, d. h. als die Produktion nicht für den Markt bestimmt war, da war die Überproduktion nicht gefährlich. Ganz anders ist es bei der Warenproduktion. Da muß jeder Fabrikant, um für die weitere Produktion Waren kaufen zu können, zuerst die von ihm erzeugten Waren verkaufen. Bleibt die Maschine aber in dem Wirrwarr der Produktion an einer Stelle stecken, so überträgt sich das sofort auf einen anderen Industriezweig, usw.; – es bricht eine allgemeine Krise aus.

Diese Krisen wirken sehr verheerend. Große Warenmengen gehen zugrunde. Die Reste der Kleinproduktion werden wie mit einem eisernen Besen weggefegt. Auch große Firmen können sich oft nicht behaupten und brechen zusammen.

Ein Teil der Fabriken wird ganz geschlossen, ein anderer Teil verringert seine Produktion und arbeitet nicht die volle Woche, ein dritter wird vorübergehend gesperrt. Die Zahl der Arbeitslosen steigt. Die industrielle Reserve-Armee vergrößert sich. Und gleichzeitig wächst auch das Elend und die Unterdrückung der Arbeiterklasse. Während der Krisen verschlechtert sich die ohnehin schlechte Lage der Arbeiterklasse noch mehr.

Wir führen z. B. die Daten über die Krise 1907–1910 an, die ganz Europa und Amerika – kurz, die ganze kapitalistische Welt – erfaßt hatte. In den Vereinigten Staaten wuchs die Zahl der Arbeitslosen unter den Mitgliedern der Gewerkschaften folgendermaßen: im

Juni 1907 – 8,1%, im Oktober – 18,5%, im November – 22%, im Dezember – 32,7% (in der Bauindustrie – 42%, in der Konfektionsindustrie – 43,6%, in der Tabakindustrie – sogar 55%); selbstverständlich war die allgemeine Arbeitslosigkeit (unter Berücksichtigung nicht nur der organisierten Arbeiter allein) noch größer. In England war der Prozentsatz der Arbeitslosen im Sommer 1907 3,4–4%; im November erreichte er 5%, im Dezember 6,1%; im Juni 1908 betrug er 8,2%; in Deutschland war Anfang Januar 1908 der Prozentsatz der Arbeitslosen doppelt so hoch wie in den vorhergehenden Jahren. Dasselbe konnte man auch in den übrigen Ländern beobachten.

Was die Verringerung der Produktion anbelangt, so sank z. B. die Erzeugung des Gußeisens in den Vereinigten Staaten von 26 Millionen Tonnen im Jahre 1907 auf 16 Millionen Tonnen im Jahre 1908.

Während der Krisen sinken die Preise der Waren. Um den Profit nicht zu verlieren, sind die Herren Kapitalisten auch zur Schädigung der Produktion bereit. In Amerika ließen sie z. B. die Hochöfen kalt werden. Die Besitzer der Kaffee-Plantagen in Brasilien warfen, um den hohen Kaffeepreis aufrechtzuerhalten, Säcke mit Kaffee ins Meer. Gegenwärtig leidet die ganze Welt unter Hunger und Mangel an Produkten als Resultat des kapitalistischen Krieges. Hunger und Mangel wurden vom Kapitalismus geboren, der diesen zerstörenden Krieg heraufbeschworen hatte. In Friedenszeiten erstickte der Kapitalismus am Überfluß der Produkte, die allerdings nicht den Arbeitern zugute kamen, denn diese konnten sie wegen ihrer zu mageren Tasche nicht kaufen. Von diesem Überfluß bekam der Arbeiter nur eines ab: die Arbeitslosigkeit mit allen ihren Greueln.

§ 17. Die Entwicklung des Kapitalismus und die Klassenscheidung. Die Verschärfung der Klassengegensätze

Wir sahen, daß die kapitalistische Gesellschaft an zwei Grundübeln krankt: erstens ist sie «anarchisch» (es fehlt ihr an Organisiertheit; zweitens besteht sie aus zwei feindlichen Gesellschaften (Klassen). Wir sahen auch, daß mit der Entwicklung des Kapitalismus die Anarchie der Produktion, die im Konkurrenzkampf zum Ausdruck kommt, zu einer immer größeren Verschärfung, zur Zerrüttung und Zerstörung führt. Die Zerfahrenheit der Gesellschaft verringert sich nicht, sondern wächst. Ebenso erweitert und vertieft sich die Kluft, die die Gesellschaft in zwei Teile, in Klassen, spaltet. Auf der einen Seite – bei den Kapitalisten – häufen sich alle Reichtümer der Erde an, auf der anderen Seite – bei den unterdrückten Klassen – sind nur Elend, Kummer und Tränen zu finden. Die industrielle Reserve-Armee umfaßt herabgekommene, verwilderte, bis auf den Grund verarmte Menschenschichten. Aber auch die Arbeitenden unterscheiden sich in ihrer Lebenshaltung immer mehr von den Kapitalisten. Der Unterschied zwischen Proletariat und Bourgeoisie wird immer größer. Früher einmal gab es verschiedene mittlere und kleine Kapitalisten, viele von ihnen standen in nahen Beziehungen zu den Arbeitern, sie lebten nicht viel besser als die Arbeiter. Jetzt ist es nicht mehr der Fall. Die großen Herren leben jetzt so, wie es früher niemand auch nur geträumt hatte. Allerdings, auch die Lage der Arbeiter hat sich mit der Entwicklung des Kapitalismus gebessert; bis zu Beginn des 20. Jahrhunderts stieg im allgemeinen der Arbeitslohn. In der gleichen Zeit aber stieg der Profit des Kapitalisten noch rascher. Jetzt ist die Arbeitermasse von dem Kapitalisten so weit entfernt wie der Himmel von der Erde. Und je mehr sich der Kapitalismus entwickelt, desto höher wächst das kleine Häuflein der reichsten Kapitalisten empor, desto tiefer wird die Kluft zwischen dieser Schar der ungekrönten Könige und der Millionenmasse der versklavten Proletarier.

Wir sagten, daß der Arbeitslohn zwar steige, daß aber der Profit sich viel rascher mehre und daß darum sich die Kluft zwischen den beiden Klassen immer mehr vergrößere. Doch seit Beginn des 20. Jahrhunderts wächst der Arbeitslohn nicht mehr, im Gegenteil: er sinkt. In derselben Zeit nahmen aber die Profite zu, wie nie zuvor verschärfte sich also die gesellschaftliche Ungleichheit in der letzten Zeit besonders rasch.

Es ist begreiflich, daß die wachsende Ungleichheit früher oder später zu einem Zusammenstoß mit den Kapitalisten und Arbeitern führen muß. Wenn der Unterschied zwischen ihnen schwinden und die wirtschaftliche Lage der Arbeiter sich der der Kapitalisten nähern würde, könnte natürlich «Friede und Wohlgefallen auf Erden» eintreten. Das ist es aber eben, daß die Arbeiter in der kapitalistischen Gesellschaft sich nicht den Kapitalisten nähern, sondern sich von denselben entfernen. Das heißt aber, daß auch der Klassenkampf zwischen Proletariat und Bourgeoisie sich unvermeidlich verschärfen muß.

Gegen diese Auffassung hatten die bürgerlichen Gelehrten sehr viel einzuwenden. Sie wollten beweisen, daß der Arbeiter in der kapitalistischen Gesellschaft immer besser leben werde. Bald darauf haben auch die rechten Sozialisten in dasselbe Horn geblasen. Die einen wie die anderen behaupten, die Arbeiter werden allmählich reicher und können auch selber kleine Kapitalisten werden. Diese Ansicht stellte sich bald als falsch heraus. Tatsächlich verschlechterte sich die Lage der Arbeiter im Verhältnis zu der der Kapitalisten immer mehr. An einem Beispiel aus dem entwickeltesten kapitalistischen Staat, den Vereinigten Staaten Nordamerikas, soll das aufgezeigt werden. Wenn wir die Kaufkraft des Verdienstes (d. h. die Menge der Gebrauchsgegenstände, die sich ein Arbeiter kaufen kann, bezogen auf ihren Preis) in den Jahren 1890–1899 mit 100 annehmen, so stellt sich die Kaufkraft des Verdienstes, nach Jahren geordnet, folgendermaßen dar: 1890 – 98,6; 1895 – 100,6; 1900 – 103,0; 1905 – 101,4; 1907 – 101,5. Das heißt, die Höhe der Lebenshaltung der Arbeiterschaft ist beinahe nicht gestiegen. Sie blieb fast unverändert. Soviel Nahrung,

Kleidung usw. wie im Jahre 1890 erhielt der Arbeiter auch in den folgenden Jahren; nur um ein geringes – 3% – stieg die Kaufkraft seines Lohnes. In derselben Zeit aber heimsten die amerikanischen Milliardäre (die größten Industriellen) ungeheure Profite ein, und der Mehrwert, den sie einsackten, wuchs ins Ungemessene. Natürlich stieg damit auch die Lebenshaltung der Kapitalisten.

Der Klassenkampf baut sich auf den Interessengegensätzen zwischen der Bourgeoisie und dem Proletariat auf. Diese Gegensätze sind ebenso unversöhnlich wie die Gegensätze zwischen den Schafen und Wölfen.

Jeder wird leicht einsehen, daß es sich für den Kapitalisten lohnt, die Arbeiter möglichst lange arbeiten zu lassen und ihnen möglichst wenig zu zahlen; dem Arbeiter kommt es aber darauf an, möglichst wenig zu arbeiten und möglichst viel Lohn zu bekommen. Es ist daher klar, daß schon mit der Entstehung der Arbeitermasse der Kampf um die Erhöhung des Arbeitslohnes und um die Verkürzung des Arbeitstages einsetzte.

Dieser Kampf wurde nie unterbrochen und nie ganz eingestellt. Er beschränkte sich aber nicht allein auf den Kampf noch um ein paar Heller Lohn. Überall dort, wo sich die kapitalistische Gesellschaftsordnung entwickelte, kamen die Arbeitermassen zur Überzeugung, daß es notwendig sei, mit dem Kapitalismus selbst ein Ende zu machen. Die Arbeiter begannen darüber nachzudenken, wie diese verhaßte Ordnung durch eine gerechte,

Rosta-Plakat Nr. 188 (Juli 1920)
(Übersetzung der russischen Bildunterschriften umseitig)

ROSTA-Plakat Nr. 188 (Juli 1920)

1. Früher gab es einen nationalen Krieg,
2. nun gibt es einen Klassenkrieg.
3. Jeder Bourgeois will seinesgleichen die Hand zur Freundschaft geben.
4. Jeder Proletarier liebt den anderen.
5. Kampf den Pans und ihrem Anhang, aber nicht den polnischen Werktätigen!
6. Nicht mit den Pans wollen wir Frieden machen, dem Proletariat wollen wir die Hand reichen.
7. Tut euch zusammen, russische und polnische Proletarier, damit wir dies erreichen und nicht mehr kämpfen.

kameradschaftliche Arbeitsordnung ersetzt werden könne. So entstand die kommunistische Bewegung der Arbeiterklasse.

Der Kampf der Arbeiterschaft war oft von Niederlagen begleitet. Doch birgt die kapitalistische Gesellschaft in sich selbst den endlichen Sieg des Proletariats. Warum? Einfach deswegen, weil die Entwicklung des Kapitalismus die Verwandlung der breitesten Volksmassen in Proletarier nach sich zieht. Der Sieg des Großkapitals bedeutet den Niedergang des Handwerkers, Händlers, Bauern; er vergrößert immer mehr die Reihen der Lohnarbeiter. Mit jedem Schritt der kapitalistischen Entwicklung wächst die Zahl des Proletariats. Es ist wie die vielköpfige Schlange, die Hydra, der, wenn ein Kopf weggeschlagen wird, sofort zehn neue wachsen. Schlägt die Bourgeoisie die Arbeitererhebungen nieder, befestigt sie dadurch die kapitalistische Gesellschaftsordnung. Die Entwicklung dieser kapitalistischen Gesellschaftsordnung richtet aber Zehntausende, Millionen kleiner Besitzer und Bauern zugrunde, sie wirft sie unter die Füße der Kapitalisten. Aber gerade dadurch vergrößert sich die Zahl der Proletarier, der Feinde der kapitalistischen Gesellschaft. Die Arbeiterklasse wird aber nicht bloß zahlenmäßig stärker, sie wird auch immer mehr zusammengeschweißt. Warum? Gerade darum, weil mit der Entwicklung des Kapitalismus auch die großen Fabriken wachsen. Und jede große Fabrik vereinigt in ihren Mauern Tausende, manchmal auch Zehntausende von Arbeitern. Diese Arbeiter arbeiten Schulter an Schulter, Seite an Seite. Sie sehen, wie der kapitalistische Unternehmer sie ausbeutet. Sie sehen, wie ein Arbeiter dem anderen Freund und Genosse ist. Bei der Arbeit lernen die Arbeiter, vereinigt durch die Arbeit, gemeinsam handeln. Sie können sich auch rascher verständigen. Darum wächst eben mit der Entwicklung des Kapitalismus nicht nur die Zahl, sondern auch die Geschlossenheit der Arbeiterklasse.

Je rascher die großen Fabriken wachsen, je mehr sich der Kapitalismus entwickelt, desto schneller gehen die Handwerker, ländlichen Heimarbeiter und Bauern unter. Um so rascher wachsen die riesengroßen Millionenstädte. Schließlich sammeln sich auf einem verhältnismäßig kleinen Raum – in den Großstädten – ungeheure Menschenmassen an, und in diesem Volke bildet das Fabrikproletariat die große Mehrheit. Es füllt alle schmutzigen, rauchigen Viertel, und die kleine Schar der alles besitzenden Herren lebt in prunkhaften Villen. Die Arbeiter werden immer zahlreicher, sie schließen sich immer enger zusammen.

Unter solchen Bedingungen muß die unvermeidliche Verschärfung des Kampfes mit einem Siege der Arbeiterschaft enden. Früher oder später kommt es zu einem scharfen Zusammenprall zwischen Bourgeoisie und Proletariat; die Bourgeoisie wird vom Throne gestürzt, das Proletariat zerstört den Räuberstaat und errichtet eine neue, kommunistische Arbeitsordnung.

Der Kapitalismus führt also in seiner Entwicklung unvermeidlich zur kommunistischen Revolution des Proletariats.

Der Klassenkampf des Proletariats gegen die Bourgeoisie nimmt verschiedene Formen an. Drei Hauptformen der Arbeiterorganisation sind in diesem Kampfe entstanden: Gewerkschaften, die die Arbeiter nach ihren Berufen vereinigen; Genossenschaften, hauptsächlich Konsumgenossenschaften, die ihr Ziel in der Befreiung von den Zwischenhändlern sehen; endlich – politische Parteien der Arbeiterklasse (sozialistische, sozialdemokratische, kommunistische Parteien), die zu ihrem Programm den Kampf um die politische Herrschaft der Arbeiterklasse gemacht haben. Je mehr sich der Kampf zwischen den Klassen verschärfte, um so mehr mußten sich alle Formen der Arbeiterbewegung auf ein Ziel einigen: – auf den Sturz der Herrschaft der Bourgeoisie. Jene Führer der Arbeiterbewegung, die am richtigsten die Sache erfaßt hatten, bestanden immer auf eine enge Zusammenfassung und Mitarbeit in allen Arbeiterorganisationen. Sie sagten z. B., es sei eine Einheitlichkeit in der Tätigkeit der Gewerkschaften und der politischen Partei notwendig, und darum dürfen die Gewerkschaften nicht «neutral» (d. h. in politischer Beziehung gleichgültig) sein, sondern müssen mit der Partei der Arbeiterklasse zusammengehen.

In letzter Zeit wurden von der Arbeiterbewegung neue Formen geschaffen, deren wichtigste die Arbeiterräte sind. Darüber werden wir später sprechen.

Aus den Beobachtungen über die Entwicklung der kapitalistischen Gesellschaftsordnung können wir also, ohne zu irren, folgendes feststellen: die Zahl der Kapitalisten verringert sich, doch werden sie immer reicher und mächtiger; die Zahl der Arbeiter wächst immer mehr, wobei auch deren Geschlossenheit, wenn auch nicht im selben Maße, größer wird; der Unterschied zwischen den Kapitalisten und Arbeitern wird immer krasser. Die Entwicklung des Kapitalismus führt daher unvermeidlich zum Zusammenstoß dieser Klassen, d. h. zur kommunistischen Revolution.

§ 18. Konzentration und Zentralisation des Kapitals als Bedingungen für die Verwirklichung der kommunistischen Gesellschaftsordnung

Wie wir gesehen haben, schaufelt der Kapitalismus sich selbst das Grab, indem er sich seine eigenen Totengräber – die Proletarier – heranzieht, und je mehr er sich entwickelt, desto mehr Todfeinde erzeugt und vereinigt er gegen sich. Aber er züchtet nicht nur seine Feinde, er bereitet auch den Boden vor für eine neue, kameradschaftliche, kommunistische Wirtschaft. Auf welche Weise? Darauf werden wir sofort die Antwort geben. Wir haben früher gesehen (siehe § 11: «Das Kapital»), daß das Kapital an Größe immer wächst. Ein Teil des Mehrwertes, den der Kapitalist aus dem Arbeiter herausschlägt, fügt er seinem Kapital hinzu. Dadurch wird das Kapital größer. Hat sich aber das Kapital vergrößert, so kann die Produktion erweitert werden. Diese Vergrößerung des Kapitals, sein Anwachsen in einer und derselben Hand, nennt man Anhäufung oder Konzentration des Kapitals.

Wir haben auch gesehen (siehe § 14: «Der Kampf zwischen Klein- und Großbetrieb»), daß mit der Entwicklung des Kapitalismus die kleine und mittlere Produktion vernichtet wird; die kleinen und mittleren Unternehmer und Händler gehen zugrunde, von den Handwerkern schon gar nicht zu reden – sie alle werden vom Großkapital vollständig aufgefressen. Das, was diese kleinen und mittleren Kapitalisten besessen haben, ihr Kapital, entgleitet ihren Händen und sammelt sich auf verschiedenen Wegen in den Händen der großen Räuber an. Dadurch vergrößert sich das Kapital der letzteren. Das Kapital, welches früher auf mehrere Besitzer verteilt war, vereinigt sich nun in einer Hand, in der Faust, die im Kampfe gesiegt hat. Diese Ansammlung des früher zerstreuten Kapitals nennt man die Zentralisation des Kapitals.

Die Konzentration und Zentralisation des Kapitals, d. h. seine Anhäufung in einigen wenigen Händen bedeutet noch nicht die Konzentration und Zentralisation der Produktion. Nehmen wir an, daß der Kapitalist um den aufgehäuften Mehrwert die kleine Fabrik des Nachbarn gekauft hat und sie weiter arbeiten läßt wie vorhin. Hier erfolgt eine Anhäufung, doch wird die Produktion weitergeführt, so wie früher. Gewöhnlich ist es aber so, daß der Kapitalist auch die Produktion umgestaltet, erweitert und die Fabriken selbst vergrößert, so erfolgt nicht bloß eine Vergrößerung des Kapitals, sondern auch der Produktion selbst. Die Produktion wird erweitert, umfaßt eine Menge von Maschinen, vereinigt mehrere Tausend von Arbeitern. Es kommt auch vor, daß einige Dutzend größerer Fabriken den ganzen Warenbedarf eines Landes decken. Dem Wesen nach erzeugen hier die Arbeiter für die ganze Gesellschaft, die Arbeit wird, wie man sagt, vergesellschaftet. Die Verwaltung aber und der Profit gehören dem Kapitalisten.

Eine derartige Zentralisation und Konzentration der Produktion ermöglicht eine wirklich kameradschaftliche Produktion erst nach der proletarischen Revolution. Wenn es diese Vereinigung der Produktion nicht geben und das Proletariat die Macht ergreifen würde in einer Zeit, in welcher die Produktion in hunderttausend kleine Werkstätten mit zwei bis drei Arbeitern zersplittert ist, wäre es unmöglich, diese Werkstätten zu organisieren, sie auf eine gesellschaftliche Grundlage zu stellen. Je mehr der Kapitalismus entwickelt und die Produktion zentralisiert ist, desto leichter können sie nach dem Siege des Proletariats von diesem beherrscht werden.

Der Kapitalismus erzeugt also nicht nur seine Feinde und führt nicht nur zur kommunistischen Revolution, sondern schafft auch die ökonomische Grundlage zur Verwirklichung der kommunistischen Gesellschaftsordnung.

III. KAPITEL

Kommunismus und Diktatur des Proletariats

§ 19. Charakteristik
der kommunistischen Gesellschaftsordnung.
Die Produktion unter dem Kommunismus
§ 20. Die Verteilung
in der kommunistischen Gesellschaftsordnung
§ 21. Die Verwaltung
in der kommunistischen Gesellschaftsordnung
§ 22. Die Entwicklung der Produktivkräfte
in der kommunistischen Gesellschaftsordnung.
Vorteile des Kommunismus
§ 23. Die Diktatur des Proletariats
§ 24. Die Eroberung der politischen Macht
§ 25. Die Kommunistische Partei und
die Klassen der kapitalistischen Gesellschaft

§ 19. Charakteristik der kommunistischen Gesellschaftsordnung. Die Produktion unter dem Kommunismus

Wir haben gesehen, warum die kapitalistische Gesellschaftsordnung untergehen mußte (und wir sehen sie jetzt vor uns untergehen). Sie geht zugrunde, weil in ihr zwei Gegensätze wirksam sind: einerseits die Anarchie der Produktion, die zur Konkurrenz, zu Krisen und Kriegen führte; andererseits der Klassencharakter der Gesellschaft, der unabwendbar den Klassenkampf zur Folge hat. Die kapitalistische Gesellschaft ist wie eine konstruierte Maschine, bei der immer ein Teil in den andern störend eingreift. (S. § 13: «Die Widersprüche der kapitalistischen Gesellschaftsordnung».) Darum muß diese Maschine früher oder später zusammenbrechen.

Es ist klar, daß die neue Gesellschaft viel fester zusammengefügt sein muß als der Kapitalismus. Sobald die herrschenden Gegensätze den Kapitalismus in die Luft sprengen, muß auf den Ruinen dieses Kapitalismus eine neue Gesellschaft entstehen, die jene Gegensätze nicht kennt, die in der alten wirksam waren. Die Merkmale der kommunistischen Produktionsweise sind folgende:
1. sie muß eine organisierte Gesellschaft sein; in ihr darf es keine Anarchie in der Produktion, keine Konkurrenz der Privatunternehmer, keine Kriege und Krisen geben;
2. sie muß eine Gesellschaft ohne Klassen sein; sie darf nicht aus zwei Hälften bestehen, die einander immerfort bekämpfen, sie kann nicht eine Gesellschaft sein, wo

eine Klasse durch eine andere ausgebeutet wird. Eine solche Gesellschaft, in der es keine Klassen gibt und in der die ganze Produktion organisiert ist, kann nur eine kameradschaftlich arbeitende, kommunistische Gesellschaft sein.

Betrachten wir diese Gesellschaft näher. Die Grundlage der kommunistischen Gesellschaft ist das gesellschaftliche Eigentum an den Produktions- und Verkehrsmitteln, d. h., daß die Maschinen, Apparate, Lokomotiven, Dampfschiffe, Fabrikgebäude, Magazine, Getreidespeicher, Erzgruben, Telegraph und Telephon, Grund und Boden und die Arbeitstiere im Besitz der Gesellschaft sind, die über sie verfügt. Weder ein einzelner Kapitalist, noch eine Vereinigung einzelner reicher Leute hat das Verfügungsrecht über diese Mittel, sondern die Gesellschaft in ihrer Gesamtheit. Was heißt es: die Gesellschaft in ihrer Gesamtheit? Es heißt, daß auch nicht eine einzelne Klasse der Eigentümer ist, sondern alle Menschen, die die Gesellschaft bilden. Unter solchen Verhältnissen verwandelt sich die Gesellschaft in eine große kameradschaftliche Arbeitsgenossenschaft. Hier gibt es keine Zersplitterung der Produktion und keine Anarchie. Im Gegenteil. Erst eine derartige Ordnung ermöglicht die Organisierung der Produktion. Da gibt es keinen Konkurrenzkampf unter den Unternehmern, denn alle Fabriken, Werke, Erzgruben und sonstige Einrichtungen sind in der kommunistischen Gesellschaft nur eine Art Abteilung einer großen Volkswerkstätte, die die ganze Volkswirtschaft umfaßt. Es versteht sich von selbst, daß eine so ungeheuer große

Organisation einen allgemeinen Produktionsplan voraussetzt. Wenn alle Fabriken, Werke, die ganze Landwirtschaft, eine riesengroße Genossenschaft bilden, so muß natürlich genau überlegt werden, wie die Arbeitskräfte unter den verschiedenen Industriezweigen zu verteilen, welche und wieviel Produkte zu erzeugen sind, wie und wohin die technischen Kräfte aufgeteilt werden müssen usw. Alles das muß im vorhinein, wenn auch nur annähernd, ausgerechnet sein und dementsprechend muß gehandelt werden. Darin äußert sich ja gerade die Organisation der kommunistischen Produktion. Ohne gemeinsamen Plan und gemeinsame Leitung, ohne genaue Verrechnung gibt es keine Organisation. Gerade in der kommunistischen Gesellschaftsordnung gibt es einen derartigen Plan. Aber die Organisation allein genügt noch nicht. Das Wesen der Sache liegt ja noch darin, daß diese Organisation – eine kameradschaftliche Organisation aller Genossenschaftsmitglieder ist. Außer durch die Organisation unterscheidet sich die kommunistische Gesellschaftsordnung noch dadurch, daß sie die Ausbeutung vernichtet, daß sie die Klassenteilung der Gesellschaft aufhebt. Man kann sich ja die Organisation der Produktion z. B. auf folgende Art vorstellen: eine kleine Kapitalistengruppe beherrscht alles, beherrscht es aber gemeinschaftlich; die Produktion ist organisiert, kein Kapitalist bekämpft den anderen, er konkurriert nicht mit ihm und pumpt gemeinsam mit ihm den Mehrwert aus seinen Arbeitern aus, die zu Halbsklaven geworden sind. Hier gibt es zwar eine Organisation, aber auch eine Ausbeutung einer Klasse durch die andere. Es gibt hier wohl ein Gemeineigentum an den Produktionsmitteln, doch im Interesse bloß einer Klasse, der Ausbeuterklasse. Darum ist das kein Kommunismus, trotzdem hier eine Organisation der Produktion vorliegt. Eine derartige Organisation der Gesellschaft würde nur ein Grundübel der Gesellschaft – die Anarchie der Produktion – beseitigen, würde aber das andere Übel des Kapitalismus, die Teilung der Gesellschaft in zwei Kampflager, stärken, der Klassenkampf würde sich noch mehr verschärfen. Diese Gesellschaft wäre nur in einer Beziehung organisiert; die Klassenspaltung aber wäre nicht aufgehoben. Die kommunistische Gesellschaft organisiert nicht nur die Produktion, sie befreit auch die Menschen von der Unterdrückung durch andere Menschen. Sie ist in allen ihren Teilen organisiert.

Der gesellschaftliche Charakter der kommunistischen Produktion kommt auch in allen Einzelheiten dieser Organisation zum Ausdruck. Unter dem Kommunismus wird es z. B. keine ständigen Fabrikverwalter geben oder Leute, die ihr Leben lang eine und dieselbe Arbeit verrichten. Gegenwärtig ist es ja so: Ist ein Mensch Schuster, so macht er sein ganzes Leben Stiefel und sieht außer seinen Leisten nichts; ist er Zuckerbäcker, so bäckt er sein ganzes Leben lang Kuchen; ist er Fabrikdirektor, so verwaltet und befiehlt er die ganze Zeit; ist er einfacher Arbeiter, so hat er sein ganzes Leben lang zu gehorchen und fremde Befehle auszuführen. In der kommunistischen Gesellschaft gibt es das nicht. Da genießen alle Menschen eine vielseitige Bildung und alle

Rosta-Plakat Nr. 213 (August 1920)

1. Nehmt Rücksicht auf die Gefangenen.
2. Denkt daran, Rotarmisten: Wenn sie die Waffen niederlegen,
3. sind die polnischen Arbeiter unsere Brüder.
4. Denkt daran, wenn ihr sie im Kampf trefft:
5. Sie sind nicht aus freien Stücken bei uns.
6. So werden die Arbeiter in Polen behandelt.

7. Wie Vieh hält man sie dort.
8. Mit der Knute werden sie in den Kampf getrieben.
9. Auf unserem Boden werden ihnen die Augen aufgehen.
10. Mit uns zusammen werden sie auf die Pans einschlagen.
11. Schlagt die Pans, der Sieg wird uns gehören.
12. Aber nehmt Rücksicht auf die gefangenen Arbeiter.

finden sich in allen Produktionszweigen zurecht; heute verwalte ich, indem ich berechne, wie viele Filzschuhe oder Semmeln für den nächsten Monat zu erzeugen sind; morgen arbeite ich in einer Seifensiederei, nächste Woche vielleicht in einem Gemeinde-Treibhaus, und noch drei Tage später – in einer elektrischen Zentrale. – Das wird nur möglich sein, wenn alle Mitglieder der Gesellschaft die entsprechende Bildung genießen werden.

§ 20. Die Verteilung in der kommunistischen Gesellschaftsordnung

Die kommunistische Produktionsweise setzt auch nicht eine Produktion für den Markt voraus, sondern für den eigenen Bedarf. Nur erzeugt hier nicht jeder einzelne für sich selbst, sondern die ganze riesengroße Genossenschaft für alle. Folglich gibt es hier keine Waren, sondern bloß Produkte. Diese erzeugten Produkte werden nicht gegeneinander eingetauscht; sie werden weder gekauft, noch verkauft. Sie kommen einfach in die gemeinschaftlichen Magazine und werden denjenigen gegeben, die sie benötigen. Das Geld wird also hier unnötig sein. Wieso denn? – wird jeder fragen. So wird ja der eine eine Unmenge nehmen und der andere ganz wenig. Welchen Vorteil wird man denn von dieser Verteilung der Produkte haben? Da muß nun folgendes gesagt werden: In der ersten Zeit, vielleicht die ersten 20 bis 30 Jahre, wird man natürlich verschiedene Regeln einführen müssen, und es werden z. B. bestimmte Produkte nur denjenigen

DIKTATUR DES PROLETARIATS 139

zugewiesen, die einen entsprechenden Vermerk im Arbeitsbuch oder ihre Arbeitskarten vorgezeigt haben. Später, wenn sich die kommunistische Gesellschaft befestigt und entwickelt hat, wird das alles überflüssig sein. Jedes Produkt wird reichlich vorhanden, alle Wunden werden längst geheilt sein, und jeder wird dann soviel nehmen können, als er braucht. Werden aber die Menschen nicht ein Interesse haben, mehr zu nehmen, als sie es brauchen? Gewiß nicht. Gegenwärtig fällt es ja auch niemandem ein, z. B. in der Tramway 3 Fahrscheine zu kaufen und dann nur einen Platz zu besetzen und zwei unbesetzt zu lassen. Ebenso wird es dann mit allen Produkten sein. Der Betreffende hat aus dem gemeinschaftlichen Magazin so und soviel genommen, als er braucht, und Schluß. Den Überfluß zu verkaufen hat ja auch niemand ein Interesse: denn jeder kann, was er braucht, wann er will, bekommen. Auch das Geld wird dann keinen Wert haben. Folglich werden zu Beginn der kommunistischen Gesellschaft die Produkte wahrscheinlich nach der Arbeitsleistung und später einfach nach den Bedürfnissen der Bürger-Genossen verteilt werden.

Sehr häufig wird gesagt, daß in der zukünftigen Gesellschaft das Recht jedes einzelnen auf sein volles Arbeitsprodukt verwirklicht werden wird: was du geleistet hast, das bekommst du auch. Das ist unrichtig und könnte niemals ganz durchgeführt werden. Warum? Wenn alle das bekommen würden, was sie geleistet haben, wäre es nie möglich, die Produktion zu entwickeln, zu erweitern und zu verbessern. Ein Teil der geleisteten Arbeit muß immer zur Erweiterung und Verbesserung der Produktion verwendet werden. Wenn wir alles verzehren und verbrauchen würden, was wir geleistet haben, könnte man ja keine Maschinen erzeugen; sie werden ja weder gegessen, noch getragen. Es ist jedem verständlich, daß sich das Leben mit der Verbreitung und Ausgestaltung der Maschinen verbessern wird. Das bedeutet aber, daß ein Teil der Arbeit, die in den Maschinen enthalten ist, zu dem, der gearbeitet hat, nicht zurückkehren wird. Es kann also niemals jeder einzelne den vollen Ertrag seiner Arbeit erhalten können. Das ist ja auch gar nicht notwendig. Mit Hilfe guter Maschinen wird die Produktion so eingerichtet werden, daß alle Bedürfnisse befriedigt werden.

In der ersten Zeit wird also die Verteilung der Produkte nach der verrichteten Arbeit (wenn auch nicht «nach dem vollen Arbeitsertrag») und später – nach den Bedürfnissen erfolgen; es wird weder Not noch Mangel geben.

§ 21. Die Verwaltung in der kommunistischen Gesellschaftsordnung

In der kommunistischen Gesellschaft wird es keine Klassen geben. Wenn es aber keine Klassen geben wird, so heißt das, daß es auch keinen Staat geben wird. Wir sagten bereits früher, daß der Staat eine Klassenorganisa-

DIKTATUR DES PROLETARIATS

tion der Herrschaft ist; der Staat wurde immer von einer Klasse gegen die andere gebraucht: ist der Staat bürgerlich, ist er gegen das Proletariat gerichtet; ist er proletarisch, so ist er gegen die Bourgeoisie gerichtet. In der kommunistischen Gesellschaft gibt es aber weder Gutsbesitzer, noch Kapitalisten, noch Lohnarbeiter, es gibt nur einfache Menschen – Genossen. Es gibt keine Klassen, auch keinen Klassenkampf, keine Klassenorganisationen. Folglich gibt es auch keinen Staat; er ist hier überflüssig, da es keinen Klassenkampf gibt, es ist niemand im Zaum zu halten, und niemand kann es auch tun. Nun wird man aber fragen: «Wie kann sich denn eine so große Organisation ohne jede Führung bewegen? Wer wird denn den Plan der gemeinschaftlichen Wirtschaft ausarbeiten? Wer wird die Arbeitskräfte verteilen? Wer wird die gesellschaftlichen Einnahmen und Ausgaben berechnen? Kurz, wer wird über die ganze Ordnung wachen?»

Darauf ist nicht schwer zu antworten. Die Hauptleitung wird in verschiedenen Rechnungskanzleien und statistischen Büros liegen. Dort wird Tag für Tag über die ganze Produktion und ihre Bedürfnisse Rechnung gelegt werden; es wird auch angegeben werden, wo die Zahl der Arbeitskräfte zu vergrößern, wo zu verringern und wieviel zu arbeiten ist. Und weil alle von Kindheit her die gemeinsame Arbeit gewohnt sein und begreifen werden, daß diese Arbeit notwendig und das Leben am leichtesten ist, wenn alles nach einem durchdachten Plan vor sich geht, so werden auch alle nach den Anordnungen dieser Berechnungsbüros arbeiten. Da braucht man keine eigenen Minister, keine Polizei, Gefängnisse, Gesetze, Erlässe – nichts. So wie in einem Orchester alle dem Dirigentenstock folgen und danach handeln, so werden auch hier alle den Berechnungstabellen folgen und dementsprechend ihre Arbeit verrichten.

Es gibt also hier keinen Staat mehr. Es existiert keine Gruppe und keine Klasse, die über allen anderen Klassen steht. Außerdem werden ja in diesen Rechnungsbüros heute die, morgen jene Personen sein. Die Bürokratie, die ständige Beamtenschaft, wird verschwinden. Der Staat wird absterben.

So wird es selbstredend in der Zeit der entwickelten, erstarkten kommunistischen Gesellschaftsordnung sein, nach dem vollständigen und endgültigen Sieg des Proletariats und da auch nicht so schnell darauf. Die Arbeiterklasse wird ja sehr lange gegen alle ihre Feinde zu kämpfen haben, vor allem gegen die Überreste der Vergangenheit, wie Müßiggang, Nachlässigkeit, Verbrechertum, Überhebung. Es werden noch zwei bis drei unter den neuen Bedingungen erzogene Generationen vergehen müssen, bis die Gesetze und Strafen, die Unterdrückung durch den Arbeiterstaat aufgehoben und alle Reste der kapitalistischen Vergangenheit verschwinden werden. Wenn bis dahin der Arbeiterstaat unentbehrlich ist, so wird in der entwickelten Gesellschaftsordnung, in der die Spuren des Kapitalismus bereits völlig verschwunden sind, auch die Staatsgewalt des Proletariats absterben. Das Proletariat selbst wird sich mit allen anderen Schichten vermengen, denn alle werden allmählich in die gemeinsame Arbeit einbezogen werden, und nach 20–30 Jahren wird eine neue Welt erstehen, wird es andere Menschen, andere Sitten geben.

§ 22. Die Entwicklung der Produktivkräfte in der kommunistischen Gesellschaftsordnung. Vorteile des Kommunismus

Die kommunistische Gesellschaftsordnung wird, nachdem sie gesiegt und alle Wunden geheilt hat, die Entwicklung der Produktivkräfte schnell vorwärts bewegen. Der rascheren Entwicklung der Produktivkräfte in der kommunistischen Gesellschaft liegen folgende Ursachen zugrunde: Erstens: eine große Menge menschlicher Energie wird frei werden, die früher für den Klassenkampf verbraucht wurde. Stellen wir uns nur vor, wieviel Nervenkraft, Energie und Arbeit gegenwärtig für Politik, Streiks, Aufstände, Unterdrückung der Aufstände, Gerichte, Polizei, Staatsgewalt, für die tagtägliche Kräfteanspannung der einen und der anderen Seite verlorengehen! Der Klassenkampf verschlingt ungeheuer viel Kräfte und Mittel. Diese Kräfte werden frei: die Menschen werden dann nicht gegeneinander kämpfen. Die freigewordenen Kräfte werden für produktive Arbeit verwendet werden. Zweitens: bleiben jene Kräfte und Mittel erhalten, die in der Konkurrenz, in den Krisen und Kriegen zerstört und verbraucht werden. Wenn man bloß die Kriegsverluste allein berechnen wollte, würde das eine Riesensumme ergeben. Und wieviel Verluste erleidet die Gesellschaft durch den Kampf unter den Verkäufern, der Käufer untereinander, der Verkäufer gegen die Käufer! Wieviel Kraft geht zwecklos in den Krisen verloren! Wie viele überflüssige Energieausgaben erwachsen aus dem Mangel an Organisation und dem Wirrwarr in der Produktion! Alle diese Kräfte, die jetzt verlorengehen, bleiben in der kommunistischen Gesellschaft erhalten. Drittens bewahren die Organisation und ein zweckentsprechender Plan nicht nur vor überflüssigen Verlusten (die Großproduktion ist immer sparsamer!), sie ermöglicht auch die Verbesserung der technischen Produktion. Die Produktion wird in den größten Betrieben, mit den allerbesten technischen Hilfsmitteln geführt werden. Denn unter dem Kapitalismus gibt es ja sogar auch bestimmte Grenzen für die Einführung der Maschinen. Der Kapitalist führt nur dann Maschinen ein, wenn Mangel an billigen Arbeitskräften ist. Sind diese aber vorhanden, dann braucht der Kapitalist keine Maschinen einzuführen: er erzielt ja ohnehin einen schönen Profit. Er benötigt die Maschine nur dann, wenn sie ihm die teure Arbeitskraft erspart. Da aber unter dem Kapitalismus die Arbeitskräfte im allgemeinen billig sind, wird die schlechte Lage der Arbeiterklasse zum Hindernis für die Verbesserung der Technik. Besonders deutlich kommt das in der Landwirtschaft zum Ausdruck. Dort waren und sind die Arbeitskräfte immer billig und deswegen geht die Entwicklung der Maschinenarbeit nur sehr langsam vor sich. Die kommunistische Gesellschaft sorgt aber nicht für den Profit, sondern für die Arbeitenden selbst. Da wird jede Verbesserung sofort aufgegriffen und durchgeführt. Der Kommunismus geht nicht den Weg, den der Kapitalismus geht. Die technischen Erfindungen werden unter dem Kommunismus ebenfalls fortschreiten; denn alle werden eine gute Bildung genießen und diejenigen, die unter dem Kapitalismus aus Not zugrunde gehen (z. B. begabte Arbeiter), werden die Möglichkeit besitzen, ihre Fähigkeiten voll zu entfalten.

In der kommunistischen Gesellschaft wird jedes Schmarotzertum verschwinden, d. h. die Existenz von Menschen-Mitessern, die nichts tun und auf Kosten anderer leben, wird aufhören. Was in der kapitalistischen Gesellschaft von den Kapitalisten verzecht, verfressen und versoffen wird, wird in der kommunistischen Gesellschaft für produktive Bedürfnisse verwendet werden. Die Kapitalisten, ihre Lakaien und ihr Hofstaat, die Pfaffen, Prostituierten usw. werden verschwinden, und alle Mitglieder der Gesellschaft werden produktive Arbeit leisten.

Die kommunistische Produktionsweise wird eine ungeheure Entwicklung der Produktivkräfte bedeuten, so daß auf jeden Arbeiter der kommunistischen Gesellschaft weniger Arbeit entfallen wird als früher. Der Arbeitstag wird immer kürzer und die Menschen von den Ketten, die ihnen die Natur auferlegt hat, befreit werden. Sobald die Menschen nur wenig Zeit verbrauchen werden, um sich zu nähren und zu kleiden, werden sie einen großen Teil der Zeit der geistigen Entwicklung widmen. Die menschliche Kultur wird eine nie dagewesene Höhe erreichen. Sie wird wirklich eine menschliche, nicht eine Klassenkultur sein. Gleichzeitig mit dem Verschwinden der Unterdrückung eines Menschen durch den anderen wird auch die Herrschaft der Natur über den Menschen schwinden. Die Menschheit wird dann zum erstenmal ein wirklich vernünftiges, nicht tierisches Leben führen.

Die Gegner des Kommunismus haben denselben immer als eine ausgleichende Verteilung dargestellt. Sie sagen, die Kommunisten wollen alles beschlagnahmen und untereinander gleichmäßig verteilen: den Grund und Boden und andere Produktionsmittel, ebenfalls alle Gebrauchsmittel. Es gibt nichts Unsinnigeres als diese Auffassung. Vor allem ist eine derartige Neuverteilung unmöglich: man kann das Land, die Arbeitstiere, Geld verteilen. Man kann aber keine Eisenbahnen, Maschinen, Dampfschiffe, komplizierte Apparate usw. verteilen. Das ist eins. Zweitens bringt eine Teilung nicht nur nichts Gutes, sie wirft die Menschheit auch zurück. Diese Teilung würde die Bildung einer Unzahl kleiner Eigentümer bedeuten. Wir wissen aber bereits, daß aus dem Kleinbesitz und der Konkurrenz der Kleinbesitzer der Großbesitz entsteht. Wenn also die allgemeine Teilung verwirklicht werden würde, ginge es wieder von vorne an, und die Menschheit würde das alte Lied von neuem zu singen haben. Der proletarische Kommunismus (oder der proletarische Sozialismus) ist eine große kameradschaftliche Gemeinwirtschaft. Er ergibt sich aus der ganzen Entwicklung der kapitalistischen Gesellschaft und aus der Lage des Proletariats in dieser Gesellschaft. Vom proletarischen Kommunismus ist zu unterscheiden:

1. *Der lumpenproletarische Sozialismus (Anarchismus).* Die Anarchisten werfen den Kommunisten vor, daß der Kommunismus in der künftigen Gesellschaft die Staatsgewalt aufrechterhalten wolle. Wie wir sahen, stimmt es nicht. Der tatsächliche Unterschied besteht darin, daß die Anarchisten ihr Augenmerk mehr der Verteilung als der Organisation der Erzeugung widmen; und diese Organisation der Erzeugung denken sie sich nicht als eine riesengroße kameradschaftliche Wirtschaft, sondern als eine Menge kleiner, «frei» sich selbstverwaltender Kommunen. Eine derartige Gesellschaftsordnung kann natürlich die Menschheit nicht vom Joche der Natur befreien: in einer derartigen Gesellschaft können die Produktivkräfte nicht jene Höhe erreichen, die sie unter dem Kapitalismus erreicht hatten, weil der Anarchismus die Produktion nicht vergrößert, sondern zersplittert. Es ist daher nicht verwunderlich, wenn die Anarchisten in der Praxis häufig zu einer Verteilung der Gebrauchsgegenstände geneigt sind und sich oft gegen die Organisation der Großproduktion wenden. Sie bringen nicht die Interessen und Bestrebungen der Arbeiterklasse, sondern des sogenannten Lumpenproletariats, des Landstreicher-Proletariats, zum Ausdruck, dem es unter dem Kapitalismus schlecht geht, das aber zu keiner selbständigen schöpferischen Arbeit fähig ist.

2. Der kleinbürgerliche Sozialismus (des städtischen Kleinbürgertums). Er stützt sich nicht auf das Proletariat, sondern auf die untergehenden Handwerker, städtischen Kleinbürger, zum Teil auf die Intellektuellen. Er protestiert gegen das Großkapital, aber im Namen «der Freiheit» des Kleinunternehmertums. Meistens verteidigt er die bürgerliche Demokratie gegen die sozialistische Revolution, indem er seine Ideale auf «friedlichem Wege» zu erreichen sucht: durch die Entwicklung der Genossenschaften, die Vereinigung der Heimarbeiter usw. Unter dem Kapitalismus arten häufig die genossenschaftlichen Unternehmungen in gewöhnliche kapitalistische Organisationen aus, und die Genossenschafter selbst unterscheiden sich dann beinahe gar nicht von dem Bourgeois.

3. Der bäuerliche Agrarsozialismus nimmt verschiedene Formen an; manchmal nähert er sich dem Bauernanarchismus. Das Charakteristische für ihn ist, daß er sich den Sozialismus nie als eine Großwirtschaft vorstellt und sich der Verteilung und Ausgleichung nähert; vom Anarchismus unterscheidet er sich hauptsächlich durch die Forderung nach einer starken Gewalt, die ihn einerseits vor dem Grundbesitzer, andererseits vor dem Proletariat schützen soll; diese Art des «Sozialismus» ist die «Sozialisierung des Grund und Bodens» der Sozialisten-Revolutionäre, die für ewig die Kleinproduktion befestigen und das Proletariat und die Verwandlung der gesamten Volkswirtschaft zu einer kameradschaftlichen großen Vereinigung fürchtet. Übrigens gibt es in einigen Bauernschichten auch noch andere Arten des Sozialismus, die sich mehr oder weniger dem Anarchismus nähern, die Staatsgewalt nicht anerkennen, sich aber durch ihren friedlichen Charakter unterscheiden (so der Kommunismus der Sektierer, Duchobozen usw.). Die bäuerlich-agrarischen Stimmungen können nur im Laufe vieler Jahre überwunden werden, wenn die Bauernmasse die Vorteile der Großwirtschaft erfaßt haben wird (darüber werden wir später nochmals sprechen).

4. *Der sklavenhalterische und großkapitalistische «sogenannte» Sozialismus.* Hier ist nicht einmal ein Schatten des Sozialismus zu finden. Wenn in den drei oben angeführten Gruppen noch Spuren von demselben zu finden sind und wenn sie doch noch einen Protest gegen die Unterdrückung enthalten, so ist es in diesem Falle bloß ein Wort, das betrügerisch gebraucht wird, um die Karten besser mischen zu können. Diese Methode wurde von den bürgerlichen Gelehrten eingeführt und von den Versöhnungssozialisten (teilweise sogar von Kautsky u. Co. übernommen). Von solcher Art ist z. B. der «Kommunismus» des altgriechischen Philosophen Plato. Er besteht darin, daß die Organisation der Sklavenhalter «kameradschaftlich» und «gemeinsam» die Masse der rechtlosen Sklaven ausbeutet. Unter den Sklavenhaltern – vollkommene Gleichheit und alles gemeinschaftlich.

Die Sklaven haben nichts; sie sind zu Tieren geworden. Natürlich riecht es hier nicht einmal nach Sozialismus. Einen ähnlichen «Sozialismus» predigen auch einige bürgerliche Professoren unter dem Namen «Staatssozialismus», bloß mit dem Unterschied, daß zum Sklaven das moderne Proletariat wird und, statt der Sklavenhalter, die größten Kapitalisten obenauf sitzen. In Wirklichkeit ist hier nicht einmal eine Spur vom Sozialismus zu finden; es ist staatlicher Kapitalismus der Zwangsarbeit (davon wird noch später die Rede sein).

Der kleinbürgerliche, agrarische und lumpenproletarische Sozialismus hat einen gemeinsamen Zug: alle diese Arten des nichtproletarischen Sozialismus berücksichtigen den tatsächlichen Entwicklungsgang nicht. Der Gang der Entwicklung führt zur Vergrößerung der Produktion. Bei ihnen beruht aber alles auf der Kleinproduktion. Darum ist dieser Sozialismus nichts als ein Traum, «Utopie», die keine Wahrscheinlichkeit ihrer Verwirklichung besitzt.

§ 23. Die Diktatur des Proletariats

Für die Verwirklichung der kommunistischen Gesellschaftsordnung muß das Proletariat die gesamte Gewalt und die ganze Macht in seiner Hand haben. Es kann nicht die alte Welt stürzen, solange es nicht im Besitze dieser Macht ist, solange es nicht auf eine gewisse Zeit zur herrschenden Klasse geworden ist. Es versteht sich von selbst, daß die Bourgeoisie kampflos ihre Stellungen nicht räumen wird. Denn der Kommunismus bedeutet ja für sie den Verlust der früheren Machtstellung, den Verlust auf «die Freiheit», Schweiß und Blut aus dem Arbeiter herauszupressen, den Verlust des Rechtes auf Profit, Zinsen, Renten u. dgl. Die kommunistische Revolution des Proletariats, die kommunistische Umformung der Gesellschaft stößt deshalb auf den wütendsten Widerstand der Ausbeuter. Die Aufgabe der Arbeiterherrschaft besteht nun darin, diesen Widerstand schonungslos zu unterdrücken. Da aber dieser Widerstand unvermeidlich sehr stark sein wird, so muß auch die Herrschaft des Proletariats eine Diktatur der Arbeiter sein. Unter «Diktatur» hat man eine strenge Regierungsart und Entschlossenheit in der Niederdrückung der Feinde zu verstehen. Selbstverständlich kann bei dieser Sachlage keine Rede von «der Freiheit» für alle Menschen sein. Die Diktatur des Proletariats ist unvereinbar mit der Freiheit der Bourgeoisie. Diese Diktatur ist gerade dazu nötig, um die Bourgeoisie der Freiheit zu berauben und sie an Händen und Füßen zu fesseln, um ihr jede Möglichkeit zu nehmen, das revolutionäre Proletariat zu bekämpfen. Und je größer der Widerstand der Bourgeoisie ist, je verzweifelter sie ihre Kräfte sammelt, je gefährlicher sie wird, desto härter und unerbittlicher muß die proletarische Diktatur sein, die im äußersten Falle auch nicht vor dem Terror haltmachen darf. Erst nach der vollständigen Niederhaltung der Ausbeuter, nach der Unterdrückung ihres Widerstandes, wenn es für die Bourgeoisie keine Möglichkeit mehr geben wird, der Arbeiterklasse zu schaden, wird die proletarische Diktatur milder werden. Inzwischen wird sich die frühere Bourgeoisie allmählich mit dem Proletariat vermengt haben, der Arbeiterstaat wird langsam absterben, und die ganze Gesellschaft wird sich in eine kommunistische Gesellschaft, ohne jede Klassenscheidung, verwandeln.

Unter der Diktatur des Proletariats, die nur eine vorübergehende Einrichtung ist, gehören die Produktionsmittel, wie es im Wesen der Sache selbst liegt, nicht ausnahmslos der ganzen Gesellschaft, sondern dem Proletariate, seiner staatlichen Organisation. Vorübergehend monopolisiert die Arbeiterklasse, d. h. die Mehrheit der Bevölkerung, alle Produktionsmittel. Deswegen gibt es hier keine vollständig kommunistischen Produktionsverhältnisse. Hier existiert noch die Klassenscheidung der Gesellschaft; es gibt noch eine herrschende Klasse, das Proletariat, eine Monopolisierung aller Produktionsmittel durch diese neue Klasse, eine Staatsgewalt (proletarische Gewalt), die ihre Feinde unterdrückt. In dem Maße aber, als der Widerstand der ehemaligen Kapitalisten, Grundbesitzer, Bankiers, Generäle und Bischöfe gebrochen wird, geht die Gesellschaftsordnung der proletarischen Diktatur ohne jede Revolution in den Kommunismus über.

Die proletarische Diktatur ist nicht nur eine Waffe zur Unterdrückung des Feindes, sondern auch ein Hebel zur wirtschaftlichen Umwälzung. Durch diese Umwälzung muß ja das Privateigentum an den Produktionsmitteln durch das gesellschaftliche Eigentum ersetzt werden;

diese Umwälzung muß der Bourgeoisie die Produktions- und Verkehrsmittel entreißen («expropriieren»). Wer soll und muß es aber vollführen? Selbstverständlich keine Einzelperson. Wenn dies Einzelpersonen oder sogar einzelne kleine Gruppen tun würden, so würde bestenfalls eine Verteilung entstehen, und schlimmstenfalls würde es in einen einfachen Raub ausarten. Es ist daher begreiflich, daß die Expropriation der Bourgeoisie durch die organisierte Gewalt des Proletariats durchgeführt werden muß. Und diese organisierte Gewalt ist ja gerade der diktatorische Arbeiterstaat.

Gegen die proletarische Diktatur erhebt sich von allen Seiten Widerspruch. Vor allem seitens der Anarchisten. Sie sagen, daß sie jede Herrschaft und jeden Staat bekämpfen, während die Kommunisten (Bolschewiki) die Macht der Sowjets vertreten. Jede Herrschaft sei aber eine Vergewaltigung und Einschränkung der Freiheit. Darum müssen die Bolschewiki, die Sowjet-Macht und die Diktatur des Proletariats gestürzt werden. Es ist keine Diktatur, kein Staat notwendig. So reden die Anarchisten, und glauben, revolutionär zu sein. Das sieht aber nur so aus. In Wirklichkeit sind die Anarchisten nicht linker, sondern rechter als die Kommunisten. Wozu brauchen wir denn die Diktatur? Um organisiert der Herrschaft der Bourgeoisie den letzten Stoß zu versetzen, um die Feinde des Proletariats zu vergewaltigen. (Wir sagen das ganz offen.) Die Diktatur des Proletariats ist die Axt in seiner Hand. Wer gegen die Diktatur ist, der fürchtet entschlossene Taten, dem tut es leid, die Bourgeoisie zu verletzen, der ist kein Revolutionär. Wenn die Bourgeoisie gänzlich besiegt sein wird, werden wir keine proletarische Diktatur mehr brauchen. Solange aber der Kampf auf Leben und Tod geht, liegt die heilige Pflicht der Arbeiterklasse in der entschlossenen Niederringung ihrer Feinde. Zwischen dem Kommunismus und dem Kapitalismus muß es eine Epoche der proletarischen Diktatur geben.

Gegen die Diktatur treten auch die Sozialdemokraten, besonders die Menschewiki, auf. Diese Herren haben ganz vergessen, was sie selbst darüber seinerzeit geschrieben haben. In unserem alten Programm, das wir gemeinsam mit den Menschewiki ausgearbeitet hatten, steht ausdrücklich: «Die unabwendbare Bedingung der sozialen Revolution besteht in der Diktatur des Proletariats, d. h. in der Eroberung der politischen Gewalt durch das Proletariat, jener politischen Gewalt, die es ihm ermöglicht, jeden Widerstand der Ausbeuter zu brechen.» Das unterschrieben (dem Namen nach) auch die Menschewiki. Kommt es aber zu Taten, dann beginnen sie zu schreien über die Verletzung der Freiheit der Bourgeoisie, über das Verbot bürgerlicher Blätter, über den «bolschewistischen Terror» usw. Seinerzeit hat allerdings sogar Plechanow die schonungslosesten Maßnahmen gegen die Bourgeoisie ganz gern gebilligt; er sagte, wir dürfen der Bourgeoisie ihr Wahlrecht nehmen u. dgl. All das ist jetzt von den Menschewiki vergessen, die in das Lager der Bourgeoisie übergegangen sind.

DIKTATUR DES PROLETARIATS

Endlich erwidern uns manche vom Standpunkte der Moral. Man sagt, wir urteilen wie die Hottentotten. Der Hottentotte sagt: «Wenn ich meinem Nachbar das Weib entführe, so ist es gut; wenn er mir mein Weib entführt, so ist es schlecht.» Und die Bolschewiki, heißt es, unterscheiden sich in nichts von den Wilden, denn sie sagen ja: «Wenn die Bourgeoisie das Proletariat vergewaltigt, so ist es schlecht; wenn das Proletariat die Bourgeoisie vergewaltigt, so ist es gut.»

Die so sprechen, begreifen gar nicht, um was es sich handelt. Bei den Hottentotten handelt es sich um zwei gleiche Menschen, die einander aus denselben Erwägungen ihre Weiber entführen. Das Proletariat ist eine riesengroße Klasse, die Bourgeoisie – ein kleines Häuflein. Das Proletariat kämpft für die Befreiung der ganzen Menschheit, die Bourgeoisie – für die Aufrechterhaltung der Unterdrückung, der Ausbeutung, der Kriege, das Proletariat kämpft für den Kommunismus, die Bourgeoisie für die Erhaltung des Kapitalismus. Wären Kapitalismus und Kommunismus ein und dasselbe, dann würde für die Bourgeoisie und das Proletariat das gelten können, was über die zwei Hottentotten gesagt wurde. Das Proletariat kämpft aber allein für die neue Gesellschaftsordnung; alles, was ihm in diesem Kampfe hinderlich ist, ist schädlich.

§ 24. Die Eroberung der politischen Macht

Das Proletariat verwirklicht seine Diktatur durch die Eroberung der Staatsgewalt. Was heißt aber die Eroberung der Gewalt? Viele glauben, daß es ganz einfach sei, der Bourgeoisie die Macht zu entreißen, so, wie wenn man einen Spielball aus einer Tasche in die andere gibt.

Diese Ansicht ist ganz unrichtig, und bei einigem Nachdenken werden wir sehen, wo der Irrtum ist.

Die Staatsgewalt ist eine Organisation. Die bürgerliche Staatsgewalt ist eine bürgerliche Organisation, in der allen Menschen ganz bestimmte Rollen zugewiesen sind: in der Armee sitzen die Generäle in der Verwaltung, die Minister aus den Reihen der Reichen obenan usw. Wenn das Proletariat um die Macht kämpft, gegen wen kämpft es da? In erster Linie gegen die bürgerliche Organisation. Wenn es diese aber bekämpft, so besteht seine Aufgabe darin, ihr Schläge zu versetzen, sie zu vernichten. Da aber die Hauptmacht des Staates in der Armee liegt, so ist vor allem zur Besiegung der Bourgeoisie nötig, die bürgerliche Armee zu unterwühlen und zu zerstören. Die deutschen Kommunisten können Scheidemann und Noske nicht stürzen, wenn nicht vorher die weißgardistische Armee zerstört ist. Solange die Armee des Gegners unversehrt bleibt, kann die Revolution nicht siegen; wenn die Revolution siegt, zersetzt sich und zerfällt die Armee der Bourgeoisie. Darum bedeutete z. B. der Sieg über den Zarismus nur eine teilweise Zerstörung des zaristischen Staates und des Verfalls der Armee; erst der Sieg der Oktoberrevolution vollendete endgültig die Zerstörung der Staatsorganisation der Provisorischen Regierung und die Auflösung der Kerenskischen Armee.

Die Revolution zerstört also die alte und schafft eine neue Gewalt. Selbstverständlich nimmt die neue Gewalt einige Bestandteile der alten mit, doch finden diese eine andere Verwendung. Die Eroberung der Staatsgewalt ist also nicht eine Eroberung der alten Organisation, sondern die Schöpfung einer neuen, einer Organisation derjenigen Klasse, die im Kampf gesiegt hat.

Diese Frage hat eine ungeheure praktische Bedeutung. Den deutschen Bolschewiki wird z. B. vorgeworfen (wie seinerzeit den russischen), daß sie die Armee zerstören und das Sinken der Disziplin, den Ungehorsam den Generälen gegenüber begünstigen usw. Das schien und scheint vielen auch noch jetzt eine schwere Beschuldigung zu sein. Es ist aber nichts Schreckliches daran. Die Armee, die gegen die Arbeiter auf Befehl der Generäle und der Bourgeoisie marschiert, muß, wenn auch die letzteren unsere Landsleute sind, vernichtet werden. Sonst bedeutet sie für die Revolution den Tod. Wir haben also von dieser Zerstörung der bürgerlichen Armee nichts zu befürchten, und ein Revolutionär muß es sich als ein Verdienst anrechnen, den Staatsapparat der Bourgeoisie zerstört zu haben. Dort, wo die bürgerliche Disziplin unangetastet ist, ist die Bourgeoisie unbesiegbar.

Will man die Bourgeoisie niederringen, so darf man nicht davor zurückschrecken, ihr ein wenig weh zu tun.

§ 25. Die Kommunistische Partei und die Klassen der kapitalistischen Gesellschaft

Damit das Proletariat in einem Lande siegt, ist es notwendig, daß es geschlossen und organisiert ist, daß es seine eigene kommunistische Partei besitzt, die klar sehen muß, wohin die Entwicklung des Kapitalismus führt, die die tatsächlichen politischen Verhältnisse und die wirklichen Interessen der Arbeiterklasse erfaßt und sie über die Lage aufklärt, in die Schlacht führt und diese Schlacht leitet. Nie und nirgends hat irgendeine Partei alle Mitglieder ihrer Klasse in ihren Reihen vereinigt: diese Höhe des Bewußtseins hat keine Klasse erreicht.

Gewöhnlich treten in eine Partei die «fortgeschrittensten» Klassenangehörigen ein, die kühnsten, energischesten und im Kampfe ausdauerndsten, die am richtigsten ihre Klasseninteressen erfassen. Auf diese Weise ist eine Partei, der Zahl ihrer Mitglieder nach, immer viel kleiner als die Klasse, deren Interessen sie vertritt. Da aber die Partei gerade diese als richtig erkannten Interessen zu vertreten hat, so spielen die Parteien gewöhnlich eine führende Rolle. Sie führen die ganze Klasse, und der Kampf der Klassen um die Macht kommt im Kampfe der politischen Parteien um die Herrschaft zum Ausdruck. Um die Natur der politischen Parteien zu verstehen, muß man die Lage jeder einzelnen Klasse in der kapitalistischen Gesellschaft untersuchen. Aus dieser Lage ergeben sich bestimmte Klasseninteressen, und die Vertretung derselben bildet eben das Wesen der politischen Parteien.

Gutsbesitzer. In der ersten Periode der kapitalistischen Entwicklung beruhte ihre Wirtschaft auf der halbsklavischen Arbeit der Bauern. Sie verpachteten ihr Land den Bauern gegen Natural- (z. B. durch Arbeit auf ihren Gütern) oder Geldabgabe. Die Gutsbesitzerklasse war daran interessiert, daß die Bauern nicht in die Stadt gehen; sie stellte sich allen Neuerungen entgegen, indem sie die alten halbsklavischen Verhältnisse im Dorfe aufrechterhielt; darum war sie auch eine Gegnerin der sich entwickelnden Industrie. Solche Gutsbesitzer besaßen alte Adelsgüter; größtenteils führten sie ihre Wirtschaft nicht selbst, sondern lebten als Schmarotzer von der Arbeit der Bauern. Entsprechend dieser Lage waren die Parteien der Gutsbesitzer immer die Stützen der schwärzesten Reaktion und sind es noch jetzt. Das sind die Parteien, die überall die Rückkehr der alten Ordnung, die Herrschaft der Gutsbesitzer, des Gutsbesitzer-Zaren (Monarchen), das Überwiegen «des wohlgeborenen Adels», die vollständige Versklavung der Bauern und Arbeiter zurückwünschen. Das sind die sogenannten konservativen oder richtiger reaktionären Parteien.

Da seit jeher die Militaristen aus den Reihen der adeligen Gutsbesitzer hervorgegangen sind, ist es nicht verwunderlich, wenn die Parteien der Gutsbesitzer mit den Generälen und den Admiralen sehr befreundet sind. So ist es in allen Ländern.

Als Muster dafür kann das preußische «Junkertum» (in Preußen versteht man unter Junker die Großgrundbesitzer) dienen, aus dem das Offizierskorps gebildet wird, sowie unser russischer Adel, die sogenannten wilden Gutsbesitzer, oder «Auerochsen» in der Art des Duma-Abgeordneten Markow des Zweiten, Krupenskis u. a. Der zarische Staatsrat bestand zum größten Teile aus Vertretern dieser Gutsbesitzerklasse. Die Großgrundbesitzer aus den alten Geschlechtern, die Fürsten, Grafen usw. sind die Erben ihrer Ahnen, die Tausende leibeigener Sklaven besaßen. In Rußland gab es folgende Gutsbesitzerparteien: den Verband des russischen Volkes, die Partei der «Nationalisten» (mit Krupenski an der Spitze), die rechten Oktobristen usw. usw.

Die kapitalistische Bourgeoisie. Ihr Interesse ist darauf gerichtet, aus der sich entwickelnden «vaterländischen Industrie» einen möglichst hohen Profit zu erzielen, d. h. aus der Arbeiterschaft Mehrwert herauszupressen. Es ist klar, daß ihre Interessen sich nicht ganz mit denen der Gutsbesitzer decken. Wenn das Kapital in das Dorf eindringt, zerstört es dort die alten Verhältnisse; es zieht den Bauer aus dem Dorf in die Stadt, schafft in der Stadt ein riesengroßes Proletariat, erweckt im Dorfe neue Bedürfnisse; die früher bescheidenen Bauern beginnen «ungebärdig zu werden». Darum passen dem Gutsbesitzer alle diese Neuerungen nicht. Die kapitalistische Bourgeoisie sieht hingegen darin Anzeichen ihres Wohlstandes. Je mehr die Stadt aus dem Dorf Arbeiter heranzieht, desto mehr Arbeitskräfte stehen dem Kapitalisten zur Verfügung, desto billiger können sie entlohnt werden. Je mehr das Dorf zugrunde geht, je mehr die kleinen Besitzer aufhören, für sich verschiedene Produkte selbst zu erzeugen, desto mehr werden sie darauf angewiesen, alles von den großen Fabrikanten zu kaufen; je rascher also die alten Verhältnisse, wo das Dorf für sich alles selbst erzeugt, schwinden, desto mehr erweitert sich der Absatzmarkt für die Fabrikwaren, desto höher ist der Profit der Kapitalistenklasse.

Darum murrt die Kapitalistenklasse gegen die alten Gutsbesitzer. Es gibt auch kapitalistische Gutsbesitzer, die ihre Wirtschaft mit Hilfe von Lohnarbeit und Maschinen führen; ihren Interessen nach stehen sie der Bourgeoisie näher, und sie treten gewöhnlich in die Parteien der Großbourgeoisie ein. Selbstverständlich ist ihr Hauptkampf gegen die Arbeiterklasse gerichtet. Wenn die Arbeiterklasse ihren Kampf hauptsächlich gegen die Gutsbesitzer richtet und die Bourgeoisie nur wenig bekämpft, steht ihr diese mit Wohlwollen gegenüber (z. B. im Jahre 1904 bis zum Oktober 1905). Wenn aber die Arbeiter ihre kommunistischen Interessen zu verwirklichen beginnen und gegen die Bourgeoisie auftreten, dann vereinigt sich die Bourgeoisie mit den Gutsbesitzern gegen die Arbeiterschaft. Gegenwärtig führen in allen Ländern die Parteien der kapitalistischen Bourgeoisie (die sogenannten liberalen Parteien) einen erbitterten Kampf gegen das revolutionäre Proletariat und bilden den politischen Generalstab der Konterrevolution.

Als solche Parteien erscheinen in Rußland die «Partei der Volksfreiheit», auch die «Konstitutionell-demokratische», oder einfach die «Kadetten»-Partei genannt*, und die beinahe verschwundene Partei der «Oktobristen»**. Die industrielle Bourgeoisie, kapitalistischen Gutsbesitzer, Bankiers sowie ihre Verteidiger – die Intellektuellen (Professoren, gut bezahlte Advokaten und Schriftsteller, Fabrik- und Werksdirektoren) –, sie alle bildeten den Kern dieser Parteien. Im Jahre 1905 murrten sie gegen die Selbstherrschaft, doch fürchteten sie schon die Arbeiter und Bauern; nach der Februar-Revolution stellten sich die Kadetten an die Spitze aller Parteien, die gegen die Partei der Arbeiterklasse, d. h. gegen die Bolschewiki* (Kommunisten) auftraten. In den Jahren 1918 und 1919 leitete die Partei der K.-D. alle Verschwörungen gegen die Sowjet-Macht und beteiligte sich an den Regierungen des General Denikin und des Admiral Koltschak. Kurz, sie wurde zur Führerin der blutigen Reaktion und verschmolz sich vollständig mit den Parteien der Gutsbesitzer. Denn unter dem Drucke der Arbeiterschaft vereinigen sich alle Gruppen der Großeigentümer zu einem schwarzen Heerlager, an

---

* Dieser Name rührt von den Anfangsbuchstaben der Bezeichnung «Konstitutionell-demokratische Partei» (K.-D.) her. [Der Übersetzer]
** Diese Partei führt ihre Entstehung auf das Verfassungsmanifest des Zaren Nikolaus II. vom 17. (20.) Oktober 1905 zurück. [Der Übersetzer]

dessen Spitze sich gewöhnlich die energischste Partei stellt.

Die städtische Kleinbourgeoisie und die kleinbürgerlichen Intellektuellen. Hierher gehören die Handwerker und kleinen Krämer, die kleinen Angestellten-Intellektuellen und das kleine Beamtentum. Es ist eigentlich keine Klasse, sondern ein bunter Haufen. Alle diese Elemente werden vom Kapital mehr oder weniger ausgebeutet und arbeiten oft über ihre Kräfte hinaus. Viele von ihnen gehen im Laufe der kapitalistischen Entwicklung zugrunde. Ihre Arbeitsbedingungen sind aber derartig, daß sie sich der Hoffnungslosigkeit ihrer Lage unter dem Kapitalismus größtenteils gar nicht bewußt werden. Nehmen wir z. B. einen Handwerker. Er ist arbeitsam wie ein Pferd. Das Kapital beutet ihn auf verschiedene Weise aus: er wird vom Wucherer ausgebeutet, vom Geschäft, für welches er arbeitet, ausgenützt usw. Doch fühlt sich der Handwerker als «selbständiger Herr»: er arbeitet mit eigenen Werkzeugen, er ist dem Scheine nach «unabhängig»; er bemüht sich, nicht mit den Arbeitern verschmolzen zu werden, und ahmt nicht den Arbeitern, sondern den Herren nach, weil er in seinem Innern die Hoffnung hegt, ebenfalls ein Herr zu werden. Das ist es, was ihn, trotzdem er arm ist wie eine Kirchenmaus, häufig seinen Ausbeutern näher bringt als der Arbeiterklasse. Die kleinbürgerlichen Parteien treten gewöhnlich unter der Flagge der «radikalen», «republikanischen», manchmal auch der «sozialistischen» Parteien auf. (Siehe auch § 22, das mit Einzug

Gesetzte.) Es kostet viel Mühe, den kleinen Meister von seiner unrichtigen Stellungnahme abzudrängen, die nicht seine «Schuld», sondern sein Unglück ist.

In Rußland pflegten die kleinbürgerlichen Parteien sich häufiger als anderswo hinter einer sozialistischen Masse zu verstecken, so die Parteien der «Volkssozialisten», der «Sozialisten-Revolutionäre», und – zum Teil – der Menschewiki. Bemerkt muß werden, daß sich die «Sozialisten-Revolutionäre» hauptsächlich auf die mittleren und wucherischen Elemente des flachen Landes stützten.

Das Bauerntum. Das Bauerntum nimmt am flachen Lande eine Stellung ein, die derjenigen der Kleinbourgeoisie in den Städten ähnlich ist. Das Bauerntum ist eigentlich auch keine Klasse für sich, weil es unter dem Kapitalismus fortwährend in Klassen zerfällt. In jedem Dorfe muß immer ein Teil der Bauern auf die Suche nach Arbeit gehen, der sich später endgültig in Proletarier verwandelt oder zu schmarotzenden Wucherern wird. Die mittleren Bauern sind auch ein solches Element: die einen sinken und kommen in die Kategorie der Pferdlosen, später werden sie Bauernknechte, Hilfsarbeiter, Industriearbeiter, die anderen erholen sich ein wenig, arbeiten sich herauf und werden Wirtschaftsbesitzer, nehmen Knechte auf, stellen Maschinen ein – kurz, werden Unternehmer, Kapitalisten. Das Bauerntum bildet aber keine Klasse. Man muß in ihm zumindestens drei Gruppen unterscheiden: die landwirtschaftliche Bourgeoisie, die Lohnarbeit ausbeutet; die Mittleren, die eine selbständige Wirtschaft führen, aber keine Lohnarbeiter ausbeuten, und endlich die Halbproletarier und Proletarier.

Es ist nicht schwer einzusehen, daß alle diese Gruppen, ihrer Lage entsprechend, sich verschieden zum Klassenkampfe zwischen Proletariat und Bourgeoisie stellen. Die Wucherer stehen gewöhnlich im Bündnis mit der Bourgeoisie, häufig auch mit den Gutsbesitzern (in Deutschland z. B. sind die «Großbauern» in einer und derselben Organisation mit den Pfaffen und Gutsbesitzern; dasselbe ist auch in der Schweiz, in Österreich, teilweise auch in Frankreich der Fall; in Rußland haben im Jahre 1918 die Dorfwucherer alle konterrevolutionären Verschwörungen unterstützt). Die halbproletarischen und proletarischen Schichten unterstützen natürlich die Arbeiter in ihrem Kampfe gegen die Bourgeoisie und die Dorfwucherer. Bei den Mittelbauern aber ist die Sache komplizierter.

Wenn die Mittelbauern es verstehen würden, daß es für die Mehrheit von ihnen unter dem Kapitalismus keinen Ausweg gibt, daß bloß wenige von ihnen sich zu Dorfreichen emporschwingen können, während die anderen fast ein Bettlerleben führen müssen, dann würden sie alle entschlossen die Arbeiter unterstützen. Ihr Unglück besteht aber darin, daß mit ihnen genau dasselbe vorgeht wie mit den Handwerkern und der städtischen Kleinbourgeoisie. Jeder von ihnen hofft in der Tiefe seiner Seele, reich zu werden. Andererseits wird er aber vom Kapitalisten, Gutsbesitzer, Dorfwucherer unterdrückt. Darum pendelt der Mittelbauer zwischen dem Proletariat und der Bourgeoisie hin und her. Er kann nicht ganz den Standpunkt der Arbeiterschaft einnehmen; andererseits aber fürchtet er den Gutsbesitzer mehr als das Feuer.

Besonders klar kann man das in Rußland sehen, die mittleren Bauern stützten die Arbeiter gegen den Gutsbesitzer und Dorfwucherer; dabei fürchteten sie aber, daß es ihnen in der «Kommune» schlechter gehen werde und traten gegen die Arbeiter auf; es gelang den Wucherern sie zu verlocken; als aber dann die Gutsbesitzergefahr drohte (Denikin, Koltschak), begannen sie wieder den Arbeitern zu helfen.

Dieselben Verhältnisse äußerten sich auch in dem Kampf der Parteien. Bald gingen die Mittelbauern mit der Arbeiterpartei, Bolschewiki (Kommunisten), bald mit der Partei der Dorfwucherer und Großbauern – den Sozialisten-Revolutionären.

Die Arbeiterklasse (das Proletariat) bildet die Klasse, die «nichts zu verlieren hat als ihre Ketten». Sie wird nicht nur von den Kapitalisten ausgebeutet, sondern auch, wie wir bereits sahen, durch den Lauf der geschichtlichen Entwicklung zu einer gewaltigen Macht zusammengeschmiedet, die gewöhnt ist, zusammen zu arbeiten und gemeinsam zu kämpfen. Darum ist die Arbeiterklasse die fortschrittlichste Klasse in der kapitalistischen Gesellschaft. Darum ist auch ihre Partei die fortschrittlichste, die revolutionärste Partei, die es geben kann.

Es ist auch natürlich, daß das Ziel dieser Partei die kommunistische Revolution ist. Zu diesem Zwecke muß die Partei des Proletariats unversöhnlich sein. Ihre Aufgabe ist nicht, mit der Bourgeoisie zu feilschen, sondern sie zu stürzen und den Widerstand dieser Bourgeoisie zu brechen. Diese Partei muß «den unüberbrückbaren Gegensatz zwischen den Interessen der Ausbeuter und denen der Ausgebeuteten aufdecken» (so stand es in unserem alten Programm, welches auch von den Menschewiki unterschrieben wurde; leider haben sie es gründlich vergessen und liebäugeln jetzt mit der Bourgeoisie).

Welche Haltung muß unsere Partei der Kleinbourgeoisie gegenüber einnehmen?

Aus dem oben Angeführten ist unsere Haltung klar. Wir müssen auf jede Art beweisen und aufklären, daß jede Hoffnung auf ein besseres Leben unter dem Kapitalismus Lüge oder Selbstbetrug ist. Wir müssen geduldig und ununterbrochen dem Mittelbauer klarmachen, daß er entschlossen in das Lager des Proletariats übergehen, mit ihm gemeinsam, ohne Rücksicht auf alle Schwierigkeiten, kämpfen muß; wir haben die Pflicht, darauf hinzuweisen, daß bei einem Siege der Bourgeoisie nur die Dorfwucherer gewinnen werden, die zu neuen Gutsbesitzern werden. Mit einem Wort, wir müssen alle Arbeitenden zur Verständigung mit dem Proletariat rufen und sie auf den Standpunkt der Arbeiterschaft bringen. Die Kleinbourgeoisie und das mittlere Bauerntum sind voller Vorurteile, die auf dem Boden ihrer Lebensverhältnisse entstanden sind. Unsere Pflicht besteht darin, die wirkliche Lage der Dinge aufzudecken: die Lage des Handwerkers und des arbeitenden Bauern ist unter dem Kapitalismus hoffnungslos. Unter dem Kapitalismus wird auf dem Nacken des Bauern ein Gutsbesitzer sitzen, einzig und allein nach dem Siege und der Befestigung der Herrschaft des Proletariats kann das Leben auf eine neue Art eingerichtet werden. Da aber das Proletariat nur dank seiner Geschlossenheit und seiner Organisation und mit Hilfe einer starken, entschlossenen Partei siegen kann, so müssen wir in unsere Reihen alle Arbeitenden rufen, denen das neue Leben wertvoll ist und die gelernt haben, proletarisch zu leben und zu kämpfen.

Welche Bedeutung das Vorhandensein einer geschlossenen und kampfbereiten kommunistischen Partei hat, ist an dem Beispiel Deutschlands und Rußlands zu sehen. In Deutschland, das ein entwickeltes Proletariat hatte, gab es trotzdem vor dem Kriege keine derartig kämpfende Partei der Arbeiterklasse, wie die russischen Kommunisten (Bolschewiki). Erst während des Krieges gingen die Genossen Karl Liebknecht, Rosa Luxemburg und andere daran, eine eigene kommunistische Partei aufzubauen. Darum gelang es während der Jahre 1918 und 1919 den deutschen Arbeitern nicht, trotz einer Reihe von Aufständen, die Bourgeoisie zu besiegen. In Rußland gab es aber eine unversöhnliche Partei, die unsere. Darum besaß das russische Proletariat eine so gute Führung. Und trotz aller Schwierigkeiten war es doch das erste Proletariat, welches so geschlossen aufzutreten und so schnell zu siegen wußte. Unsere Partei kann in dieser Hinsicht als Muster für andere kommunistische Parteien dienen. Ihre Geschlossenheit und Disziplin sind überall bekannt. Sie ist in der Tat die kampffähigste und führende Partei der proletarischen Revolution.

IV. KAPITEL

Wie die Entwicklung des Kapitalismus zur kommunistischen Revolution führte

(Imperialismus, Krieg und Zusammenbruch des Kapitalismus)

§ 26. Das Finanzkapital
§ 27. Der Imperialismus
§ 28. Der Militarismus
§ 29. Der imperialistische Krieg der Jahre 1914 bis 1918
§ 30. Der Staatskapitalismus und die Klassen
§ 31. Der Zusammenbruch des Kapitalismus und die Arbeiterklasse
§ 32. Der Bürgerkrieg
§ 33. Die Formen des Bürgerkrieges und seine Kosten
§ 34. Allgemeine Auflösung oder Kommunismus?

§ 26. Das Finanzkapital

Wie wir bereits gesehen haben, gab es zwischen den einzelnen Unternehmern ununterbrochen heftige Kämpfe um den Käufer; und in diesen Kämpfen siegten immer die Großunternehmer. Die Kleinkapitalisten unterlagen und gingen zugrunde, während sich das Kapital und die ganze Produktion in den Händen der größten Kapitalisten konzentrierten (Konzentration und Zentralisation des Kapitals). Gegen Anfang der achtziger Jahre des vorigen Jahrhunderts war das Kapital schon ziemlich gut zentralisiert. An Stelle der früheren Einzelunternehmer tauchten in großer Anzahl bereits Aktiengesellschaften, d. h. «Genossenschaften auf Anteilscheine» auf; natürlich waren diese «Genossenschaften» Gesellschaften der Kapitalisten. Welchen Sinn hatten sie? Wo ist ihr Ursprung zu suchen? Die Antwort darauf ist nicht schwer. Jede neue Unternehmung mußte sofort über ein ziemlich großes Kapital verfügen. Wurde irgendwo ein schwächliches Unternehmen gegründet, so war seine Lebensfähigkeit sehr unwahrscheinlich, denn von allen Seiten kreisten es sofort starke und mächtige Gegner, die Großfabrikanten, ein. Ein neues Unternehmen mußte also, wenn es nicht zugrunde gehen, sondern im Gegenteil leben und gedeihen wollte, von allem Anfang an großzügig organisiert sein. Das war aber nur dann möglich, wenn zu diesem Zwecke sofort ein großes Kapital vorhanden war. Aus diesem Bedürfnis heraus entstand die Aktiengesellschaft. Ihr Wesen besteht darin, daß hier einige großen Kapitalisten die Kapitalien der Kleinen, ja selbst die geringen Ersparnisse der nicht kapitalistischen Gruppen (der Angestellten, Bauern, Beamten usw.) ausnützen. Das geschieht auf folgende Weise: Jeder zahlt einen oder mehrere Anteile ein und erhält dafür einen Zettel, «die Aktie», die ihm das Recht gibt, einen gewissen Teil der Einkünfte zu beanspruchen. Auf diese Weise erhält man sofort durch Anhäufung von Summen ein großes «Aktienkapital».

Als die Gesellschaften auftauchten, erklärten manche bürgerlichen Gelehrten, nach ihnen auch die Versöhnungssozialisten, daß jetzt eine neue Zeit angebrochen sei: das Kapital führe nicht zur Herrschaft eines Häufleins von Kapitalisten, sondern jeder Angestellte könne für seine Ersparnisse Aktien kaufen und auf diese Weise zum Kapitalisten werden. Das Kapital werde eben immer «demokratischer», und letzten Endes werde der Unterschied zwischen dem Kapitalisten und dem Arbeiter ohne jede Revolution verschwinden.

Das alles stellte sich als blanker Unsinn heraus. Die Wirklichkeit zeigte gerade das Gegenteil. Die großen Kapitalisten nützten einfach die kleinen zu ihren Zwecken aus, und die Zentralisation des Kapitals ging noch schneller vor sich als früher, denn jetzt nahmen schon die großen Aktiengesellschaften den Kampf untereinander auf.

Es ist leicht zu verstehen, warum die großkapitalistischen Anteilbesitzer die kleinen Anteilbesitzer zu ihren Handlangern gemacht haben. Da der kleine Teilhaber oft in einer andern Stadt lebt, ist er nicht in der Lage, Hunderte von Werst zur allgemeinen Aktionärsversammlung zu reisen. Wenn aber auch eine gewisse Anzahl solcher Anteilbesitzer kommt, so sind sie nicht organisiert. Die großen Anteilbesitzer sind dagegen organisiert und setzen immer nach ihrem gemeinsamen Plan alles, was sie wollen, durch. Die Erfahrung hat bewiesen, daß es genügt, wenn sie ein Drittel aller Aktien besitzen; sie können dann unumschränkte Herren und Gebieter des ganzen Unternehmens sein.

Doch die Entwicklung der Konzentration und der Zentralisation des Kapitals machte dabei nicht halt. In den letzten Jahrzehnten traten an Stelle einzelner Unternehmer und Aktiengesellschaften ganze Kapitalistenverbände: Syndikate (oder Kartelle) und Trusts.

Nehmen wir an, in irgendeinem Produktionszweige – sagen wir in der Textil- oder Metallindustrie – seien alle kleinen Kapitalisten schon verschwunden; es sind nur fünf oder sechs der größten Unternehmungen, die beinahe alle Waren der Textil- und Metallindustrie erzeugen, übriggeblieben. Sie führen unter sich einen Konkurrenzkampf, setzen zu diesem Zwecke die Preise herunter und erzielen somit einen kleineren Profit. Nehmen wir jetzt an, einige von diesen Unternehmungen seien kräftiger und größer als die übrigen. Dann werden die größeren den Konkurrenzkampf so lange führen, bis die schwächeren Unternehmungen vernichtet sind. Nehmen wir aber an, daß alle Unternehmungen ungefähr gleich stark sind: sie besitzen den gleichen Umfang der Produktion, gleiche Maschinen, beinahe die gleiche Arbeiterzahl, und der Selbstkostenpreis eines Stückes der Ware stellt sich ebenfalls allen gleich hoch.

Was geschieht nun dann? In diesem Falle kann der Kampf für kein Unternehmen siegreich ausgehen, er erschöpft sie alle in gleichem Maße, bei allen nimmt der Profit ab. Die Kapitalisten gelangen zu der Schlußfolgerung: weshalb sollen wir uns gegenseitig die Preise verderben? Täten wir nicht besser, uns zu vereinigen und gemeinsam das Publikum auszuplündern? Denn wenn wir uns vereinigen, wird es keine Konkurrenz mehr geben, die gesamten Waren sind in unseren Händen, und wir können die Preise beliebig hoch hinaufschrauben.

So entsteht eine Vereinigung von Kapitalisten: das Syndikat oder der Trust. Ein Syndikat unterscheidet sich vom Trust im folgenden: wenn sich ein Syndikat organisiert, dann machen die an ihm teilnehmenden Kapitalisten unter sich aus, die Waren nicht unter einem bestimmten Preise zu verkaufen, gemeinsam die Bestellungen zu verteilen oder den Markt unter sich aufzuteilen (du verkaufst nur dort und ich nur hier) usw. Die Syndikatsleitung ist aber dabei nicht berechtigt, irgendein Unternehmen, sagen wir, zu schließen, jedes ist ein Glied des Verbandes, verfügt aber noch über einen gewissen Grad von Selbständigkeit. In einem Trust aber sind alle Unternehmen derart eng miteinander verknüpft, daß das einzelne Unternehmen seine Selbständigkeit ganz verliert: die Trustleitung ist berechtigt, das Unternehmen zu schließen, auf eine andere Grundlage zu stellen, an jeden beliebigen Ort zu verlegen, wenn es nur dem ganzen Trust zum Vorteil gereicht. Der Kapitalist dieses Unternehmens bezieht selbstverständlich seinen Profit ununterbrochen weiter, der letztere vermehrt sich sogar, aber über alles waltet der enge, fest gefügte Bund der Kapitalisten, der Trust.

Die Syndikate und Trusts beherrschen den Markt beinahe gänzlich. Sie fürchten keine Konkurrenz, da sie doch jede Konkurrenz vernichtet haben. An Stelle der Konkurrenz ist das kapitalistische Monopol, d. h. die Herrschaft eines Trusts, getreten.*

Auf diese Weise wurde die Konkurrenz durch die Konzentration und Zentralisation des Kapitals allmählich beseitigt. Die Konkurrenz zehrte sich selbst auf. Je wahnsinniger sie sich entwickelte, desto schneller ging die Zentralisation vor sich, weil die schwächeren Kapitalisten um so schneller zugrunde gingen. Zuallerletzt tötete die Zentralisation des Kapitals die durch die Konkurrenz hervorgerufen worden war, diese Konkurrenz selbst. An die Stelle «des freien Wettbewerbes», d. h. der freien Konkurrenz, trat die Herrschaft der monopolistischen Unternehmerverbände – der Syndikate und Trusts.

---

* Das Wort «Monopol» stammt aus dem Griechischen «monos» (einzig) und «polis» (Staat, Verwaltung, Herrschaft).

Es genügt, nur einige Beispiele anzuführen, um die Riesenmacht der Trusts und Syndikate aufzuzeigen. In den Vereinigten Staaten von Amerika betrug der Anteil der Syndikate an der Produktion im Jahre 1900, d. h. schon im Anfang des 20. Jahrhunderts, in der Textilindustrie mehr als 50%, in der Glasindustrie 54%, in der Papierindustrie 60%, in der Metallindustrie (außer Eisen und Stahl) 84%, in der Eisenindustrie und in den Stahlgießereien 84%, in der chemischen Industrie 81% usw. Selbstverständlich hat sich jetzt ihr Anteil an der Produktion unermeßlich gesteigert. Tatsächlich ist jetzt die ganze Produktion Amerikas in den Händen zweier Trusts, und zwar des Naphtha- und des Stahltrusts, konzentriert; von diesen Trusts hängen alle übrigen ab. In Deutschland lagen im Jahre 1913 92,6% der Kohlengewinnung im rheinisch-westfälischen Kohlenrevier in den Händen eines einzigen Syndikates; das Stahlsyndikat erzeugte beinahe die Hälfte der im Lande produzierten Stahlmenge; der Zuckertrust lieferte 70% des inneren und 80% des ausländischen Absatzes usw.

Ja sogar in Rußland befand sich schon eine ganze Reihe von Produktionszweigen unter der Alleinherrschaft der Syndikatsherren. Das Syndikat «Produgol» lieferte 60% der gesamten Donezkohle; das Syndikat «Prodameta» vereinigte in sich 88–93%, «Krowlja» 60% (Dachblech), «Prodwagon» zentralisierte 14 von den 16 Bauunternehmungen, das Kupfersyndikat 90%, das Zuckersyndikat die gesamte Zuckerproduktion (100%) usw. Nach den Berechnungen eines

Schweizer Gelehrten, die sich auf den Anfang des 20. Jahrhunderts beziehen, befand sich schon die Hälfte aller Kapitalien der Welt in den Händen von Syndikaten und Trusts.

Die Syndikate und Trusts zentralisieren nicht nur gleichartige Unternehmen. Immer häufiger tauchen Trusts auf, die zugleich einige Produktionszweige erfassen. Wie geht dies vor sich?

Alle Produktionszweige sind miteinander vor allem durch Kauf und Verkauf verbunden. Nehmen wir nun die Gewinnung des Eisenerzes und der Steinkohle. Hier wird ein Produkt gefördert, das den Eisenhütten und den metallurgischen Fabriken als Rohmaterial dient; diese Werke erzeugen ihrerseits, sagen wir, Maschinen; die letzteren finden Verwendung als Produktionsmittel in einer Reihe von anderen Produktionszweigen usw. usw. Nehmen wir nun an, wir wären im Besitze einer Eisengießerei. Diese kauft Eisenerze und Steinkohle. Sie ist also daran interessiert, dieses Erz und diese Kohle zu billigem Preise zu kaufen. Wenn sich aber das Erz und diese Kohle in den Händen eines anderen Syndikats befinden? In diesem Falle entbrennt ein Kampf zwischen den beiden Syndikaten, der entweder mit dem Siege des einen über den anderen oder mit der Verschmelzung beider endet. In dem einen wie in dem anderen Falle entsteht ein neues Syndikat, das gleichzeitig zwei Produktionszweige in sich vereinigt. Es ist selbstverständlich, daß auf diese Weise nicht nur zwei, sondern auch drei, auch zehn Produktionszweige sich vereinigen können. Solche Unternehmungen nennt man zusammengesetzte (auch «kombinierte») Unternehmungen.

Somit organisieren die Syndikate und Trusts nicht nur einzelne Produktionszweige, sondern sie vereinigen auch die verschiedenartigen zu einer Organisation, verknüpfen einen Produktionszweig mit dem zweiten, dritten, vierten usw. Früher waren die Unternehmer auf allen Gebieten voneinander unabhängig und die ganze Produktion war in Hunderttausenden von kleinen Fabriken zerstückelt. Gegen den Anfang des 20. Jahrhunderts war diese Produktion schon konzentriert in riesenhaften Trusts, die viele Produktionszweige in sich vereinigten.

Die Verbindungen zwischen den verschiedenen Produktionszweigen entstanden nicht allein durch Bildung von «kombinierten» Unternehmungen. Hier müssen wir einer Erscheinung unsere Aufmerksamkeit zuwenden, die wichtiger ist als diese kombinierten Unternehmungen. Das ist die Herrschaft der Banken. Doch vorher muß einiges über diese Banken gesagt werden.

Wir haben schon gesehen, daß, nachdem die Konzentration und Zentralisation des Kapitals eine ziemlich hohe Entwicklungsstufe erreichten, das Bedürfnis nach Kapital entstand, um neue Unternehmungen sogleich in großzügiger Weise ins Werk zu setzen. (Aufgrund dieses Bedürfnisses entstanden, nebenbei gesagt, die Aktiengesellschaften.) Die Organisation von neuen Unternehmungen erforderte also immer größere Kapitalsummen.

Betrachten wir nun, was der Kapitalist mit seinem Profit macht. Wir wissen, daß der Kapitalist einen Teil davon für seine eigene Person aufwendet, für Verpflegung, Kleider usw., den Rest häuft er auf. Wie macht er das? Ist er imstande, in jedem beliebigen Augenblick sein Unternehmen zu erweitern, diesen Teil des Profites dem Betrieb zuzuführen? Nein, das kann er aus folgenden Gründen nicht: das Geld strömt ihm zwar ununterbrochen, aber doch nur allmählich zu. Wird eine Warenpartie abgesetzt, kommt Geld in die Kasse, eine zweite – fließt die nächste Summe Geldes ein. Diese Gelder müssen eine gewisse Summe erreicht haben, um zur Erweiterung des Unternehmens verwendet werden zu können. Bis dahin können die Gelder nicht ausgenützt werden, sie liegen zwecklos in der Kasse. Und so ist es nicht nur bei einem oder zwei Kapitalisten, sondern bei allen. Es gibt immer ein freies Kapital. Wie wir aber oben gesehen haben, ist auch eine Nachfrage nach dem Kapital vorhanden. Auf einer Seite gibt es überflüssige Summen, die unnütz liegen, auf der andern besteht ein Bedürfnis nach ihnen. Je schneller sich das Kapital zentralisiert, desto größer ist das Bedürfnis nach großen Summen, um so größer wird die Menge des freien Kapitals. Eben diese Umstände erhöhen auch die Bedeutung der Banken. Damit das Geld nicht zwecklos liegenbleibt, gibt es der Industrielle in eine Bank, diese aber leiht dieses Geld jenen Industriellen aus, die es zur Erweiterung von alten oder zur Organisation von neuen Unternehmungen benötigen. Mit Hilfe des erhaltenen Kapitals pressen die Kapitalisten Mehrwert heraus; den

Rosta-Plakat Nr. 223 (August 1920)
(Übersetzung der russischen Bildunterschriften umseitig)

Rosta-Plakat Nr. 223 (August 1920)

1. Mit Dummköpfen ist kein Pan zu schlagen,
2. mit Mützen ist kein Wrangell zu stürzen,
3. Mützen allein genügen nicht.
4. Den Bajonetten muß man Arbeit geben.
5. Denkt an Wrangell, Bewohner der Städte,
6. denkt an die Pans, Bewohner der Hütten,
7. wer Brot und Heim gern schützen möchte, ruft «Auf zur Front!».

einen Teil davon geben sie der Bank als Zinsen für das Darlehen zurück; die Bank zahlt ihrerseits einen Teil der erhaltenen Summe ihren Einlegern aus, den andern hält sie für sich als Bankgewinn zurück. So greifen die Räder der Maschine ineinander. In der letzten Zeit ist die Rolle der Banken, ihre Bedeutung und Tätigkeit, außerordentlich gestiegen. Die Banken saugen immer größere und größere Kapitalsummen in sich auf und legen immer größere Kapitalien in der Industrie an. Das Bankkapital «arbeitet» fortwährend in der Industrie, es wird selbst zum Industriekapital. Die Industrie gerät in die Abhängigkeit der Banken, die sie unterstützen und mit ihrem Kapital nähren. Das Bankkapital verwächst mit dem industriellen Kapital und wird zum Finanzkapital.

Das Finanzkapital verbindet durch die Banken alle Industriezweige in noch größerem Maße, als es durch die kombinierten Unternehmungen geschieht.

Warum?

Nehmen wir irgendeine Großbank an. Diese Großbank vergibt Kapitalien nicht nur an eine, sondern an sehr viele Unternehmen oder Syndikate (sie «finanziert»). Sie ist deshalb daran interessiert, daß diese Unternehmen sich nicht gegenseitig in den Haaren liegen; die Bank einigt sie; ihre Politik ist ununterbrochen darauf gerichtet, die Verbindung dieser Unternehmungen zu einem einheitlichen Ganzen unter ihrer Leitung, der Leitung der Bank, durchzusetzen; die Bank erhält die Herrschaft über die ganze Industrie, über eine ganze Reihe von Produktionszweigen: Vertrauensleute der Bank werden zu Direktoren von Trusts, Syndikaten und einzelnen Unternehmungen ernannt.

Zum Schluß erhalten wir folgendes Bild: die Industrie des ganzen Landes ist in Syndikaten, Trusts und kombinierten Unternehmungen vereinigt; all das wird durch die Banken verbunden; an die Spitze des ganzen Wirtschaftslebens tritt ein Häuflein der größten Bankiers, die über die ganze Industrie walten. Und die Staatsgewalt erfüllt ganz den Willen dieser Bank- und Syndikatsherren.

Das kann man sehr gut an Amerika beobachten. In den Vereinigten Staaten ist die «demokratische» Regierung Wilsons einfach ein Diener der amerikanischen Trusts. Das Parlament nimmt nur das an, was schon früher in den Beratungen hinter den Kulissen von den Syndikats- und Bankherren beschlossen worden ist. Die Trusts geben Riesengelder für die Bestechung der Abgeordneten aus, für die Wahlkampagne u. dgl. Ein amerikanischer Schriftsteller (Mayers) berichtet, daß im Jahre 1904 die Versicherungstrusts «Mutual» für Bestechungen 364 254 Dollar, «Equitable» 172 698, «New-York» 204 019 Dollar ausgegeben haben. Der Schwiegersohn Wilsons und Finanzminister Mac Adu ist einer der größten Bank- und Syndikatsherren. Senatoren, Minister, Abgeordnete, sie sind einfach Angestellte oder Teilhaber der großen Trusts. Die Staatsgewalt, «die freie Republik», ist nichts als eine Werkstätte zur Beraubung des Publikums.

Somit können wir sagen, daß das kapitalistische Land unter der Herrschaft des Finanzkapitals sich selbst zur Gänze in einen riesigen kombinierten Trust verwandelt, an dessen Spitze die Banken stehen und als dessen Vollzugsausschuß die bürgerliche Staatsgewalt zu betrachten ist. Amerika, England, Frankreich, Deutschland usw. sind nichts anderes als staatskapitalistische Trusts, mächtige Organisationen der Syndikats- und Bankherren, die Hunderte Millionen von Arbeitern, Lohnsklaven, ausbeuten und beherrschen.

§ 27. Der Imperialismus

Das Finanzkapital beseitigt bis zu einem gewissen Grade die Anarchie der kapitalistischen Produktion im einzelnen Lande. Die einzelnen sich bekämpfenden Unternehmer vereinigen sich zum staatskapitalistischen Trust.

Wie steht es aber dann mit einem der Grundwidersprüche des Kapitalismus? Denn wir haben wiederholt gesagt, daß der Kapitalismus seinen Untergang finden muß, weil es ihm an Organisiertheit fehlt und weil in ihm der Klassenkampf herrscht. Wenn nun aber der eine von diesen Widersprüchen (siehe § 13) wegfällt, ist dann die Prophezeiung vom Untergang des Kapitals begründet?

Das Wichtigste für uns liegt jetzt im folgenden: in Wirklichkeit werden die Anarchie der Produktion und die Konkurrenz gar nicht beseitigt; oder besser gesagt, sie werden an einer Stelle beseitigt, um desto krasser an einer anderen Stelle wieder aufzutreten. Versuchen wir, diese Frage ausführlich zu erklären.

Der gegenwärtige Kapitalismus ist ein Weltkapitalismus. Alle Länder sind aufeinander angewiesen: die einen kaufen bei den anderen. Es gibt jetzt auf der Erde kein Plätzchen, das nicht unter die Ferse des Kapitals geraten wäre, kein Land, das restlos alles für seinen Bedarf selbst erzeugen würde.

Eine ganze Reihe von Produkten kann nur in bestimmten Orten erzeugt werden: Orangen wachsen nicht in kalten Ländern, das Eisenerz kann nur dort gefördert werden, wo sich ein solches im Boden vorfindet; Kaffee, Kakao, Kautschuk können nur aus heißen Ländern bezogen werden. Die Baumwolle wird in den Vereinigten Staaten von Amerika, in Indien, Ägypten, Turkestan usw. gepflanzt, von wo sie nach allen Weltteilen ausgeführt wird. Über Kohle verfügen England, Deutschland, die Vereinigten Staaten, die Tschechoslowakei und Rußland; Italien besitzt z. B. keine Kohle und ist deshalb völlig auf die englische oder deutsche Kohle angewiesen. Der Weizen wird nach allen Ländern aus Amerika, Indien, Rußland und Rumänien ausgeführt usw.

Außerdem sind die einen Länder fortgeschrittener als die anderen. Deshalb werden durch die ersteren allerlei Erzeugnisse der städtischen Industrie auf die Märkte der rückständigen Länder geworfen; z. B. Eisenwaren werden der ganzen Welt hauptsächlich von England, den Vereinigten Staaten und Deutschland geliefert; chemische Produkte liefert vor allem Deutschland.

Auf diese Weise hängt ein Land vom andern ab. Wie weit diese Abhängigkeit gehen kann, sehen wir an England, welches drei Viertel bis vier Fünftel des ganzen ihm unentbehrlichen Getreides und die Hälfte der ihm notwendigen Fleischmenge einführt, den größeren Teil seiner Industrieerzeugnisse aber aus dem Lande ausführen muß.

Wird die Konkurrenz auf dem Weltmarkte durch das Finanzkapital beseitigt? Schafft dasselbe eine Weltorganisation, wenn es die Kapitalisten im einzelnen Lande vereinigt? Das ist nicht der Fall. Die Anarchie der Produktion und die Konkurrenz hören zwar im einzelnen Lande mehr oder weniger auf, weil sich die größten Unternehmer zum staatskapitalistischen Trust organisieren. Um so heftiger entbrennt aber der Kampf zwischen den staatskapitalistischen Trusts selbst. Das ist immer bei der Zentralisation des Kapitals zu beobachten: geht der kleine Mann zugrunde, so vermindert sich die Zahl der Konkurrenten, denn es bleiben allein die Großen zurück; diese kämpfen nun mit großen Mitteln; an Stelle des Konkurrenzkampfes der einzelnen Fabrikanten tritt dann das Ringen der einzelnen Trusts. Die Zahl der letzteren ist selbstverständlich geringer als die der Fabrikanten. Ihr Kampf wird aber dagegen gewaltiger, erbitterter und zerstörender. Haben aber die Kapitalisten eines Landes alle kleinen Leute aus dem Sattel gehoben und sich in einem staatskapitalistischen Trust organisiert, dann schrumpft die Zahl der Konkurrenten noch mehr zusammen. Als Konkurrenten treten jetzt die riesenstarken kapitalistischen Mächte auf. Und ihr Konkurrenzkampf ist mit solch fabelhaften Kosten und Verwüstungen verbunden wie kein anderer. Denn die Konkurrenz der staatskapitalistischen Trusts drückt sich im «Frieden» im Rüstungswetteifer aus und mündet zuletzt in verheerende Kriege.

Somit vernichtet das Finanzkapital die Konkurrenz innerhalb der einzelnen Staaten, führt aber zu einer ungeheuren, erbitterten Konkurrenz dieser Staaten untereinander.

Warum muß die Konkurrenz der kapitalistischen Staaten untereinander am Ende zur Eroberungspolitik, zum Kriege führen? Warum kann diese Konkurrenz nicht friedlich sein? Wenn zwei Fabrikanten miteinander konkurrieren, gehen sie doch auch nicht mit dem Messer aufeinander los, sondern suchen sich im friedlichen Kampfe die Käufer gegenseitig abzufangen. Warum hat denn die Konkurrenz auf dem Weltmarkte eine solch erbitterte und bewaffnete Form angenommen? Da müssen wir uns vor allem ansehen, wie sich die Politik der Bourgeoisie mit dem Übergange vom alten Kapitalismus, in dem die freie Konkurrenz blühte, zum neuen, in welchem das Finanzkapital seine Herrschaft antrat, ändern mußte.

Fangen wir bei der sogenannten Zollpolitik an. Im Kampfe der Länder untereinander hat die Staatsgewalt, die immer ihre eigenen Kapitalisten schützt, für die Bourgeoisie in den Zöllen schon längst ein Kampfmittel gefunden. Wenn z. B. die russischen Textilfabrikanten befürchteten, daß ihre englischen oder deutschen Konkurrenten Waren einführen und dadurch die Preise in Rußland herabdrücken würden, belegte die diensteifrige Regierung sofort das englische und deutsche Gewerbe mit einem Zolle. Das erschwerte selbstverständlich den ausländischen Waren den Zutritt nach Rußland. Die Fabrikanten erklärten aber, daß die Zölle zum Schutze der heimischen Industrie notwendig wären. Wenn wir aber die verschiedenen Länder genau betrachten, ersehen wir, daß sie sich dabei von einer ganz anderen Absicht leiten ließen. Es war kein Zufall, daß gerade die größten und mächtigsten Länder, mit Amerika an der Spitze, am meisten nach hohen Zöllen riefen und sie auch einführten. Hätte ihnen wirklich die ausländische Konkurrenz schaden können?

Nehmen wir an, die Textilproduktion ist in irgendeinem Lande in einem Syndikat oder Trust monopolisiert. Was geschieht nun bei der Einführung eines Zolles? Die kapitalistischen Syndikatsherren dieses Landes schlagen nun zwei Fliegen auf einmal tot: Erstens werden sie die fremde Konkurrenz los; zweitens können sie die Preise ihrer eigenen Ware ohne jedes Risiko um den Zoll erhöhen. Nehmen wir an, der Zoll wird für einen Meter Gewebe um einen Rubel erhöht. In diesem Falle können die Syndikatsbarone der Textilindustrie ruhig auf den Preis ihrer eigenen Ware noch einen Rubel oder 90 Kopeken für einen Meter aufschlagen. Würde es kein Syndikat geben, könnte die Konkurrenz der Kapitalisten untereinander die Preise sofort herabdrücken. So aber kann das Syndikat ruhig diesen Aufschlag durchführen: der Ausländer bleibt ferne, da der Zoll zu hoch ist, und die Konkurrenz ist im eigenen Lande ausgeschaltet. Der Staat der Syndikatsherrn kommt durch die Zölle zu Einnahmen und das Syndikat selbst durch den Preisaufschlag zu einem Mehrgewinn. Infolge dieses Mehrgewinnes sind die Syndikatsherrn nun imstande, ihre Waren in andere Länder auszuführen und dort mit einem Verluste für sich selbst abzusetzen, nur um ihre Gegner aus den fremden Ländern zu verdrängen. So hat z. B. das russische Syndikat der Zuckerfabrikanten die Preise auf den Zucker in Rußland verhältnismäßig hoch gehalten, ihn aber in England um eine Kleinigkeit verkauft, nur um die dortigen Konkurrenten zu beseitigen. Es war ein Sprichwort im Umlauf, daß man in England mit dem russischen Zucker Schweine füttere. Mit Hilfe der Zölle ist es also den Syndikatsherrn möglich, ihre eigenen Landsleute aus Leibeskräften zu plündern und die ausländischen Käufer unter ihre Herrschaft zu bringen.

Das alles zieht große Folgen nach sich. Es ist klar, daß der Mehrgewinn der Syndikatsherren mit der Zahl der Schafe, die sich scheren lassen und die durch die Zollgrenze eingeschlossen sind, wächst. Umfaßt die Zollgrenze einen kleinen Kreis, dann ist nicht viel zu holen. Umfaßt sie dagegen weite Länder mit einer großen Bevölkerungszahl, ist viel zu verdienen, dann kann man auf dem Weltmarkte kühn vorgehen und darf auf einen großen Erfolg hoffen. Doch fällt die Zollgrenze gewöhnlich mit der Staatsgrenze zusammen. Wie kann aber die letztere erweitert werden? Wie kann man ein Stück fremden Bodens wegnehmen und seiner eigenen Grenze, seinem eigenen Staatsverbande einverleiben? Durch den Krieg. Somit ist die Herrschaft der Syndikatsherren unbedingt mit Eroberungskriegen verbunden. Jeder räuberische Kapitalstaat trachtet «seine Grenzen zu erweitern»: das erfordern die Interessen der Syndikatsherren, die Interessen des Finanzkapitals. Die Grenzen erweitern – das ist gleichbedeutend mit Kriegführen.

Auf diese Weise führt die Zollpolitik der Syndikate und Trusts, die mit ihrer Politik auf dem Weltmarkte in Verbindung steht, zu den heftigsten Zusammenstößen. Doch wirken hier auch noch andere Ursachen mit.

Wir haben gesehen, daß die Entwicklung der Produktion die ununterbrochene Ansammlung von Mehrwert zur Folge hat. In jedem entwickelten kapitalistischen Lande wächst deshalb unaufhörlich das überschüssige Kapital, das einen geringeren Profit abwirft als in einem rückständigen Lande. Je größer der Kapitalsüberschuß in einem Lande ist, desto größer ist das Bestreben, das Kapital auszuführen, es in einem anderen Lande anzulegen. Das wird im höchsten Maße durch die Zollpolitik begünstigt.

Die Grenzzölle behinderten die Wareneinfuhr. Wenn z. B. russische Fabrikanten auf deutsche Waren hohe Zölle einführten, so war es für die deutschen Fabrikanten schwierig geworden, ihre Waren in Rußland abzusetzen.

Wurde den deutschen Kapitalisten aber der Warenabsatz erschwert, so fanden sie einen anderen Ausweg; sie begannen ihre Kapitalien nach Rußland auszuführen; sie bauten Fabriken und Werke, kauften Aktien russischer Unternehmungen oder gründeten mit ihrem Kapital neue. Waren ihnen dabei die Zölle hinderlich? Ganz und gar nicht. Im Gegenteil, nicht nur daß sie nicht hindern, sie helfen ihnen, dienen als Lockmittel für die Kapitaleinfuhr. Und zwar aus folgenden Gründen: Besaß der deutsche Kapitalist eine Fabrik in Rußland und war er noch dazu Mitglied eines russischen Syndikats, so halfen ihm die russischen Zölle, den Mehrgewinn einzustecken; sie waren ihm bei Ausplünderung des Publikums ebenso nützlich wie seinem russischen Kollegen.

Das Kapital wird aus einem Lande in ein anderes ausgeführt, nicht nur um dort Unternehmungen zu gründen und zu unterstützen. Sehr oft wird es dem andern Staate für bestimmte Zinsen geliehen (d. h. der andere Staat vergrößert seine Staatsschuld, er wird zum Schuldner des ersteren Staates). In solchen Fällen verpflichtet sich auch gewöhnlich der Schuldnerstaat, alle Anleihen (besonders für Kriegszwecke) bei den Industriellen desjenigen Staates zu machen, welcher ihm das Geld geliehen hat. So strömen riesige Kapitalien aus einem Staate in den anderen über, teils in Bauten und Unternehmungen, teils in Staatsschuld angelegt. Unter der Herrschaft des Finanzkapitals erreicht die Ausfuhr (Export) des Kapitals eine ungeahnte Höhe.

Als Beispiel wollen wir einige Zahlen anführen, die zwar jetzt schon veraltet sind, uns aber doch manches sagen. Frankreich besaß im Jahre 1902 in 26 Staaten 35

Milliarden Francs angelegtes Kapital, davon ungefähr die Hälfte in Form von Staatsanleihen. Der Löwenanteil von dieser Anleihe entfiel auf Rußland (10 Milliarden). (Nebenbei gesagt ist die französische Bourgeoisie gerade deshalb so wütend, weil Sowjet-Rußland die Zarenschulden aufgehoben und ihre Bezahlung an die französischen Wucherer verweigert hat.) Im Jahre 1905 betrug die Summe des ausgeführten Kapitals schon mehr als 40 Milliarden. England besaß im Jahre 1911 im Auslande gegen eine Milliarde sechshundert Millionen Pfund Sterling (1 £ entspricht nach dem Friedenskurs zirka 10 Rubel [20 Mark]), rechnet man auch die englischen Kolonien dazu, so übersteigt diese Zahl drei Milliarden Pfund Sterling. Deutschland hatte im Auslande vor dem Kriege ungefähr 35 Milliarden Mark usw. Mit einem Worte, jeder kapitalistische Staat führte ungeheuerliche Summen von Kapital aus seinem Lande aus, um damit die fremden Völker auszuplündern.

Die Ausfuhr von Kapital zieht ebenfalls große Folgen nach sich. Die verschiedenen mächtigen Staaten beginnen um jene Länder, wohin sie ihr Kapital ausführen wollen, zu kämpfen. Doch hier müssen wir auf folgendes aufmerksam machen: Wenn die Kapitalisten ihr Kapital in ein «fremdes» Land ausführen, riskieren sie nicht den Verlust einer Warenpartie, sondern riesiger Summen, die nach Millionen und Milliarden zählen. Selbstverständlich macht sich bei ihnen deshalb stark der Wunsch bemerkbar, die kleinen Länder, in denen sie ihr Kapital angelegt haben, ganz in ihre Hände zu bekommen, ihre eigenen Heere zu zwingen, diese Kapitalien zu schützen. Die ausführenden Staaten haben das Bestreben, diese Länder um jeden Preis ihrer eigenen Staatsgewalt unterzuordnen, die Länder zu erobern. Die verschiedenen großen Raubstaaten laufen nun gegen diese schwachen Länder Sturm, und es ist klar, daß die Räuber schließlich aufeinanderstoßen müssen. (Was auch tatsächlich geschehen ist.) Es führt also die Kapitalausfuhr ebenfalls zum Krieg.

Mit der Einführung von Syndikatszöllen hat sich der Kampf um den Absatzmarkt von Waren ungeheuer verschärft. Freie Länder, nach welchen man entweder Waren oder Kapital hätte ausführen können, gab es schon gegen Ende des 19. Jahrhunderts beinahe nicht mehr. Die Preise der Rohstoffe stiegen, ebenso die der Metalle, Schafwolle, Holz, Kohle und Baumwolle. In den letzten Jahren vor Ausbruch des Weltkrieges begann ein wildes Jagen nach Absatzmärkten und ein Kampf um neue Rohstoffquellen. Die Kapitalisten rannten in der ganzen Welt auf der Suche nach neuen Gruben, Erzlagern und neuen Märkten herum, um sowohl Metallerzeugnisse als auch Gewebe und andere Waren ausführen und ein neues «frisches» Publikum plündern zu können. In früheren Zeiten konkurrierten oft in einem Lande mehrere Firmen «friedlich» miteinander und vertrugen sich dabei ganz gut. Mit der Herrschaft der Banken und Trusts hatte sich die Sache geändert. Nehmen wir z. B. an, daß neue Kupfererzlager entdeckt werden. Sofort geraten diese in die Klauen irgendeiner

Bank oder eines Trusts, die sie sofort zur Gänze an sich ziehen und über sie ihre Monopolherrschaft errichten. Den Kapitalisten der anderen Länder bleibt da nichts übrig, als sich zu sagen: «Was vom Wagen heruntergefallen ist – ist verloren!»* Dasselbe geschieht nicht nur mit den Rohstoffquellen, sondern auch mit den Absatzmärkten. Nehmen wir an, es dringt in irgendeine ferne Kolonie ausländisches Kapital. Der Warenabsatz wird hier sogleich in großzügigster Weise organisiert. Gewöhnlich nimmt wieder irgendeine Riesenfirma die Sache in die Hand, errichtet dort sofort ihre Filialen und sucht mit Hilfe eines Druckes auf die örtliche Gewalt und durch tausenderlei Kniffe und Schliche den ganzen Warenabsatz als Monopol in ihre Hände zu bekommen, wobei sie ihre Konkurrenten fernhält. Es ist doch klar: das monopolistische Kapital, die Trusts und Syndikate müssen sich doch syndikatsmäßig aufführen. Das sind nicht mehr die «alten guten Zeiten»: das sind die Kämpfe der monopolistischen Räuber und Diebe um den Weltmarkt.

Deshalb mußte mit dem Wachsen des Finanzkapitals auch der Kampf um die Absatz- und Rohstoffmärkte sich verschärfen und zu den heftigsten Zusammenstößen führen.

Im letzten Viertel des 19. Jahrhunderts rissen die großen Raubstaaten fremde Länder, die den kleinen Völkern gehörten, an sich. Von 1876 bis 1914 haben die

---

* Ein russisches Sprichwort. [Der Übersetzer]

sogenannten «Großmächte» gegen 25 Millionen Quadratkilometer zusammengerafft; sie haben soviel fremde Länder geraubt, daß deren Gesamtfläche mehr als das Doppelte eines ganzen Erdteiles, Europas, beträgt. Die ganze Welt war zwischen den großen Räubern aufgeteilt: alle Länder haben sie zu ihren Kolonien, zu ihren Tributpflichtigen und Sklaven gemacht.

Hier einige Beispiele.

England erwarb vom Jahre 1870 an in Asien – Beludschistan, Birma, Cypern, Nordborneo, Gebiete gegenüber Hongkong, vergrößerte seine «Straits-Settlements», brachte die Sinaihalbinsel an sich usw.; in Australien erwarb es eine Reihe von Inseln, den östlichen Teil von Neu-Guinea, den größeren Teil der Salomoninseln, die Insel Tonga usw.; in Afrika – Ägypten, Sudan mit Uganda, Ostafrika, das «britische» Somali, Sansibar, Pemba; es verschlang die beiden Burenrepubliken, Rhodesia, das «Britisch-Zentralafrika», besetzte Nigeria usw. usw.

Frankreich unterwarf sich vom Jahre 1870 an Aunam, eroberte Tongking, annektierte Laos, Tunis, Madagaskar, weite Strecken der Sahara, des Sudans und von Guinea; erwarb Gebiete an der Elfenbeinküste, in Dagomé, Somali usw. Die französischen Kolonien hatten zu Beginn des 20. Jahrhunderts einen größeren Flächenraum als Frankreich selbst (mehr als das Zwanzigfache). In England waren die Kolonien hundertmal größer als das englische Mutterland.

Deutschland beteiligte sich seit dem Jahre 1884 an

dem Raubgeschäft, und es ist ihm in dieser kurzen Zeit gelungen, gleichfalls große Länderstrecken zusammenzurauben.

Das zaristische Rußland hat ebenfalls in großem Maßstab räuberische Politik getrieben, zuletzt hauptsächlich in Asien, was zum Zusammenstoß mit Japan führte, das Asien vom anderen Ende aus plündern wollte.

Die Vereinigten Staaten brachten zuerst zahlreiche Inseln in der Nähe von Amerika in ihren Besitz, dann gingen sie auf fremdes Gebiet auf dem Festland über. Besonders empörend ist ihre räuberische Politik in Mexiko.

Der Flächenraum der sechs Großmächte betrug im Jahre 1914 16 Millionen Quadratkilometer an Eigenbesitz, während die Kolonien 81 Millionen Quadratkilometer umfaßten.

Diese Raubzüge trafen selbstverständlich zuallererst die kleinen, schutzlosen und schwachen Länder. Sie gingen zuerst zugrunde. So wie im Kampf zwischen Fabrikanten und kleinen Handwerkern die letzteren am frühesten vernichtet wurden, so war es auch hier: die großen Staaten-Trusts, die großen, räuberischen und organisierten Kapitalisten zertrümmerten und unterwarfen sich zuerst die kleinen Staaten. Auf diese Weise vollzog sich die Zentralisation des Kapitals in der Weltwirtschaft; die kleinen Staaten gingen unter, die größten Raubstaaten bereicherten und vergrößerten sich und gewannen an Ausdehnung und Macht.

Als sie aber die ganze Welt ausgeplündert hatten, verschärfte sich der Kampf nun zwischen ihnen selbst. Der Kampf um die Neuaufteilung der Welt unter den Räubern mußte beginnen, ein Kampf auf Leben und Tod, der nun zwischen den ungeheuerlichen Räuberstaaten, die übriggeblieben waren, ausgefochten wurde.

Die Eroberungspolitik, die das Finanzkapital im Kampf um die Absatzmärkte, um die Rohstoffquellen und die Anlageplätze für das Kapital führt, nennt man Imperialismus. Der Imperialismus wächst aus dem Finanzkapital heraus. Wie der Tiger sich nicht vom Grase nähren kann, geradeso konnte und kann das Finanzkapital keine andere Politik treiben als die der Eroberung, des Raubes, der Gewalt und des Krieges. Jeder der finanzkapitalistischen Staaten-Trusts will eigentlich die ganze Welt erobern, ein Weltreich gründen, in dem das Häuflein Kapitalisten der Siegernation einzig und allein herrschen solle. Der englische Imperialismus träumt z. B. vom «Großen Britannien», das die ganze Welt beherrschen solle, wo die englischen Syndikatsherren Neger und Russen, Deutsche und Chinesen, Inder und Armenier, mit einem Worte Hunderte von verschiedenen schwarzen, gelben, weißen und roten Sklaven unter ihre Knute halten sollen. England ist jetzt auch fast schon so weit. Mit dem Essen kommt ihm der Appetit. Dasselbe sehen wir auch bei den anderen Imperialisten. Die russischen Imperialisten träumen vom «Großen Rußland», die deutschen vom «Großen Deutschland» usw.

Es ist klar, daß auf diese Weise die Herrschaft des

Finanzkapitals die ganze Menschheit in den blutigen Abgrund der Kriege zu Nutzen und Frommen der Bankiers und Syndikatsherren stürzen mußte – in Kriege nicht zur Verteidigung des eigenen Landes, sondern zur Plünderung fremder Länder, um die Welt dem Finanzkapital des siegreichen Landes zu unterwerfen. Ein solcher Krieg war eben der große Weltkrieg 1914–1918.

§ 28. Der Militarismus

Die Herrschaft des Finanzkapitals, der Bank- und Syndikatsherren kommt noch in einer anderen, sehr bemerkenswerten Sache zum Ausdrucke: in dem unerhörten Anwachsen der Rüstungsausgaben der Armee, der See- und Luftflotte. Das ist ja auch ganz klar. In früheren Zeiten wäre es keinem der Räuber eingefallen, von einer Weltherrschaft auch nur zu träumen. Jetzt aber hoffen die Imperialisten ihren Traum zu verwirklichen. Es ist selbstverständlich, daß diese Staaten alle Mittel aufboten, um für diesen Kampf gerüstet zu sein. Die Großmächte raubten ununterbrochen fremdes Gut und sahen sich dabei fortwährend um: ob sie nicht etwa der Nachbar, ein ebensolches Raubtier wie sie selber, beißen werde. Deshalb mußte jede Großmacht eine Armee aufstellen, nicht nur für die Kolonien und gegen ihre eigenen Arbeiter, sondern auch zum Kampfe gegen ihren Raubgenossen. Führte die eine Macht ein neues Waffensystem ein, sofort suchte die andere Macht sie zu überflügeln, um nicht den kürzeren zu ziehen. So entstand der wahnsinnige Rüstungswettlauf: ein Staat trieb den andern an. Es wachsen die Riesenunternehmungen und Trusts der Kanonenfürsten: der Putilows, Krupps, Armstrongs, Wikkers usw. Die Kanonentrusts stecken kolossale Profite ein, stehen mit den Generalstäben in Verbindung und suchen auf jede Weise auch ihrerseits das Feuer zu schüren, indem sie jedweden Konflikt anfachen: denn vom Kriege hängt ja das Wohl ihrer Profite ab.

Die Staaten-Trusts umgaben sich mit einem Wald von Bajonetten; zu Land, zu Wasser und in der Luft war alles zum Weltkampfe bereit; unter den Staatsausgaben nahmen die Ausgaben für Armee und Flotte einen immer größeren Platz ein. In England bildeten die Ausgaben z. B. für Kriegszwecke im Jahre 1875 38,6%, d. h. etwas weniger als ein Drittel, und im Jahre 1907/1908 schon 48,8%, d.h. fast die Hälfte aller Staatsausgaben; in den Vereinigten Staaten betrugen sie 56,9%, d. h. mehr als die Hälfte. Ebenso war es auch in den anderen Staaten. Der «Preußische Militarismus» blühte in allen großen Staaten-Trusts. Die Kanonenfürsten schoren ihre Schäflein, die ganze Welt näherte sich mit ungeheurer Geschwindigkeit dem blutigsten der Kriege, dem imperialistischen Weltgemetzel.

Besonders interessant war der Rüstungswettkampf zwischen der englischen und deutschen Bourgeoisie. England beschloß im Jahre 1912 auf je zwei Panzerdreadnougths, die in Deutschland gebaut werden, drei eigene herzustellen.

Die Ausgaben für die Armee und Flotte wuchsen wie folgt:

	Millionen Rubel im Jahre 1888	im Jahre 1908
Rußland	210	470
Frankreich	300	415
Deutschland	180	405
Österreich-Ungarn	100	200
Italien	75	120
England	150	280
Japan	7	90
Vereinigte Staaten	100	200

Innerhalb von 20 Jahren vergrößerten sich die Ausgaben um das Doppelte, in Japan um das Dreizehnfache. Knapp vor Kriegsausbruch artete das Rüstungsfieber in Rüstungswahnsinn aus. Frankreich gab im Jahre 1910 502 Millionen Rubel für Kriegszwecke aus, im Jahre 1914 740 Millionen Rubel; Deutschland im Jahre 1906 478 Millionen Rubel und im Jahre 1914 943 Millionen Rubel, d. h. im Laufe von 8 Jahren zweimal soviel. In noch größerem Maße rüstete England. 1900 verbrauchte es dafür 499 Millionen Rubel, im Jahre 1910 schon 694 Millionen und im Jahre 1914 804 Millionen Rubel; im Jahre 1913 gab England für seine Flotte allein mehr aus als alle Mächte im Jahre 1886 zusammen. Die militärischen Ausgaben des zaristischen Rußlands betrugen im Jahre 1892 293 Millionen Rubel, im Jahre 1912 421 Millionen, im Jahre 1906 529 Millionen Rubel; im Jahre 1914 erreichte das Budget des Kriegsmarineministeriums die Summe von 975 Millionen Rubel.

Die Ausgaben für Kriegszwecke verschlangen einen großen Teil der Steuergelder. Rußland verbrauchte z. B. darauf fast ein Drittel aller seiner Ausgaben, und bei Einrechnung von Anleihezinsen noch mehr.

Von je 100 Rubel entfielen im zaristischen Rußland:

Auf Armee, Flotte, Bezahlung von Anleihezinsen		40,14 Rubel
Auf Volksbildung	(der dreizehnte Teil)	3,86 Rubel
Auf Bodenkultur	(der zehnte Teil)	4,06 Rubel
Auf Verwaltung, Gerichtswesen, Diplomatie, Eisenbahnverwaltung, Handel und Industrie, Finanzwesen usw.		51,94 Rubel
Summe		100,— Rubel

Dasselbe sehen wir auch in anderen Staaten. Nehmen wir das «demokratische» England. Im Jahre 1904 entfielen von je 100 Rubeln:

Auf Armee u. Flotte	53,80 Rubel	
Auf Bezahlung von Anleihezinsen und Tilgung von Staatsschulden	22,50 Rubel	im Ganzen 76,30 Rubel
Auf die Zivilämter	23,80 Rubel	
Summe	100,— Rubel	

§ 29. Der imperialistische Krieg der Jahre 1914 bis 1918

Der imperialistischen Politik, die die «Großmächte» führten, mußte früher oder später der Zusammenstoß folgen. Es ist ganz klar, daß diese räuberische Politik aller «Großmächte» die Kriegsursache war. Nur ein Narr kann jetzt daran glauben, daß der Krieg deshalb ausgebrochen ist, weil die Serben den österreichischen Thronfolger ermordet hatten oder weil Deutschland Belgien überfallen hatte. Zu Beginn des Krieges wurde viel darüber gestritten, wer am Kriege schuld ist. Die deutschen Kapitalisten behaupteten, daß Rußland Deutschland überfallen hätte, und die russischen Händler trompeteten nach allen Seiten hin, daß Rußland von Deutschland überfallen worden sei. In England sagte man, daß es zum Schutze des kleinen, vom Unglück betroffenen Belgiens Krieg führe. In Frankreich wurde ebenfalls davon geschrieben, geschrien und gesungen, wie edel Frankreich handle, indem es für das heldenhafte belgische Volk eintrete. Und zu ebenderselben Zeit wurde in Österreich und Deutschland weit und breit erzählt, daß sie sich vor dem Überfall der russischen Kosaken schützen und nun einen heiligen Verteidigungskrieg führen müssen.

Das alles war vom Anfang bis zum Ende dummes Zeug und ein Betrug an den arbeitenden Massen. Diesen Betrug brauchte die Bourgeoisie, um die Soldaten zwingen zu können, in den Krieg zu ziehen. Die Bourgeoisie bediente sich nicht das erste Mal dieses Mittels. Wir haben schon oben gesehen, wie die Syndikatsherren hohe Zölle einführten, um mit Hilfe der Beraubung eigener Landsleute den Kampf auf den fremden Märkten besser führen zu können. Die Zölle waren also für sie ein Mittel des Angriffes. Die Bourgeoisie schrie aber, daß sie die «vaterländische Industrie» verteidigen wollte. So ist es auch mit dem Kriege. Das Wesen des imperialistischen Krieges, der die Welt der Herrschaft des Finanzkapitals unterwerfen sollte, lag gerade darin, daß in ihm alle die Angreifer waren. Jetzt ist es doch ganz klar. Die Zarenlakaien sagten, daß sie sich «verteidigten». Als aber die Oktoberrevolution die Geheimfächer in den Ministerien aufbrach, da wurde dort dokumentarisch festgestellt, daß sowohl der Zar als auch Kerenski im trauten Vereine mit den Engländern und Franzosen den Krieg um des Raubes wegen geführt hatten, daß sie das fremde Konstantinopel nehmen, die Türkei und Persien ausplündern und dem österreichischen Staate Galizien entreißen wollten.

Die deutschen Imperialisten haben sich ebenfalls entlarvt. Man muß sich nur des Brest-Litowsker Friedens erinnern; daran, welche Raubzüge die Deutschen in Polen, Litauen, der Ukraine und Finnland unternommen hatten. Die deutsche Revolution hat auch manches aufgedeckt und jetzt wissen wir ebenfalls aufgrund von Dokumenten, daß Deutschland sich des Raubes wegen zum Überfall vorbereitet und mit dem Gedanken getragen hatte, beinahe alle fremden Kolonien und Länder an sich zu reißen.

Rosta-Plakat Nr. 425 (Oktober 1920)

Alle gegen Wrangell
1. Die Waffen bereit!
2. Warme Sachen, – für die andere Front beschaffen!
3. Seht Euch vor, – dort ist immer noch der Baron!
4. Die Hand ans Gewehr, die in Polen frei wurde!
   Macht Schluß mit der Front im Süden!

Und die «edlen» Verbündeten? Auch sie sind jetzt völlig entlarvt. Nachdem sie Deutschland durch den Frieden von Versailles ganz ausgeraubt, 125 Milliarden Kontribution auferlegt, die ganze Flotte, alle Kolonien, fast alle Lokomotiven weggenommen und Milchkühe für Rechnung der Kontribution davongejagt hatten, so wird natürlich kein Mensch an ihren Edelmut glauben. Und Rußland plündern sie gleichfalls aus, im Norden und Süden. Auch sie haben also des Raubes wegen Krieg geführt.

Das alles haben die Kommunisten (Bolschewiki) schon zu Beginn des Krieges vorausgesagt. Doch wenige glaubten damals daran. Jetzt sieht es aber jeder halbwegs vernünftige Mensch ein. Das Finanzkapital ist ein gieriger, blutrünstiger Räuber, gleichgültig, welcher Herkunft er ist: ob russischer, deutscher, französischer, japanischer oder amerikanischer.

Es ist also lächerlich, bei einem imperialistischen Krieg zu sagen, daß wohl der eine Imperialist schuldig sei, der andere aber nicht: oder daß die einen Imperialisten angreifen und die anderen sich verteidigen. Das alles war ausgedacht, nur um die Arbeiter zu foppen. In Wirklichkeit griffen alle in erster Linie die kleinen Kolonialvölker an, alle trugen sich mit dem Gedanken, die ganze Welt auszuplündern und dem Finanzkapital des eigenen Landes zu unterwerfen.

Dieser Krieg mußte ein Weltkrieg werden. Beinahe die ganze Welt war zerstückelt und unter die «Großmächte» aufgeteilt, und alle Mächte waren miteinander durch die gemeinsame Weltwirtschaft verbunden. Kein

Wunder also, wenn der Krieg fast alle Erdteile ergriffen hat.

England, Frankreich, Italien, Belgien, Rußland, Deutschland, Österreich-Ungarn, Serbien, Bulgarien, Rumänien, Montenegro, Japan, die Vereinigten Staaten, China und Dutzende anderer kleiner Staaten wurden in den blutigen Strudel hineingezogen. Die Bevölkerungszahl der ganzen Erde beträgt ungefähr anderthalb Milliarden Menschen. Und alle diese anderthalb Milliarden erduldeten direkt oder indirekt die Leiden des Krieges, den ihnen ein Häuflein kapitalistischer Verbrecher aufgezwungen hatte. Solche Riesenarmeen, wie sie zu Land aufgestellt wurden, solche ungeheuerliche Mordwaffen hatte die Welt noch nie vorher gesehen. Auch eine solche Kapitalsmacht hatte die Welt niemals gekannt. England und Frankreich zwangen nicht nur allein Engländer und Franzosen, ihrem Geldsack zu dienen, sondern auch die vielen Hunderte von schwarz- und gelbhäutigen Kolonialsklaven. Die zivilisierten Räuber schreckten selbst davor nicht zurück, Menschenfresser für ihre Zwecke zu gebrauchen. Und das alles wurde mit den edelsten Losungen bemäntelt.

Der Krieg vom Jahre 1914 hatte seine Vorgänger in den Kolonialkriegen. Ein solcher war der Kriegszug der «zivilisierten» Mächte gegen China, der spanischamerikanische Krieg, der russisch-japanische Krieg im Jahre 1904 (wegen Korea, Port-Arthur, der Mandschurei usw.), der türkisch-italienische Krieg im Jahre 1912 (wegen der afrikanischen Kolonie Tripolis), der

Burenkrieg zu Beginn des 20. Jahrhunderts, in dem das «demokratische» England in bestialischer Weise die beiden Burenrepubliken erdrosselte; es gab eine Reihe von Fällen, wo der Krieg bald zu einem Riesenbrande zu entflammen drohte. Die Länderaufteilung in Afrika führte beinahe zu einem Kriege zwischen England und Frankreich (um Faschoda), ferner zwischen Deutschland und Frankreich (wegen Marokko). Zwischen dem zaristischen Rußland und England kam es seinerzeit beinahe zum Kriege wegen der Länderaufteilung in Mittel-Asien.

Schon zu Beginn des Weltkrieges traten die Interessengegensätze zwischen England und Deutschland wegen der Länderherrschaft in Afrika, Kleinasien und auf der Balkanhalbinsel scharf hervor. Und die Umstände gestalteten sich so, daß mit England auch Frankreich zusammenging, das Deutschland Elsaß-Lothringen entreißen wollte, und Rußland, welches auf der Balkanhalbinsel und in Galizien sein Schäfchen scheren wollte. Der räuberische deutsche Imperialismus fand seinen Hauptverbündeten in Österreich-Ungarn. Der amerikanische Imperialismus mengte sich erst später ein, da er auf die gegenseitige Schwächung der europäischen Staaten lauerte.

Außer dem Militarismus ist das gewöhnlichste Kampfmittel der imperialistischen Mächte die Geheimdiplomatie, die zu Geheimverträgen und Verschwörungen ihre Zuflucht nimmt, ohne selbst Mordtaten, Sprengungen usw. zu verschmähen. Die eigentlichen Ziele des imperialistischen Krieges waren gerade in diesen Geheimverträgen enthalten, die einerseits zwischen England, Frankreich und Rußland, andererseits Deutschland, Österreich-Ungarn, Türkei und Bulgarien bestanden. Die Ermordung des österreichischen Thronfolgers vor dem Kriege erfolgte offenbar nicht ohne Wissen der Geheimagenten der Entente. Aber auch die deutsche Diplomatie hatte dagegen nichts einzuwenden gehabt: der deutsche Imperialist schrieb: «Wir müssen es als großes Glück betrachten, daß die große deutschfeindliche Verschwörung durch die Ermordung des Thronfolgers Franz Ferdinand vor der beabsichtigten Frist ausgebrochen ist. Zwei Jahre später wäre für uns der Krieg viel schwieriger gewesen.» Die deutschen Provokateure wären bereit gewesen, selbst ihren eigenen Prinzen zu opfern, nur um einen Krieg hervorzurufen.

§ 30. Der Staatskapitalismus und die Klassen

Die imperialistische Kriegführung zeichnete sich nicht nur durch ihre Dimensionen und Verwüstungen aus, sondern auch dadurch, daß die ganze Wirtschaft des Landes, das den imperialistischen Krieg führte, den Kriegsinteressen untergeordnet wurde. Früher konnte die Bourgeoisie Krieg führen, wenn sie nur Geld dazu hatte. Der Weltkrieg aber war so ungeheuer groß und wurde von derart entwickelten Ländern geführt, daß das Geld allein nicht ausreichte. Dieser Krieg erforderte, daß die Stahlgießereien ausschließlich mit dem Gießen von Kanonen, eine ungeheuerlicher als die andere, beschäftigt waren, daß die Kohle in den Schächten nur für den Kriegsbedarf gewonnen, Metalle, Gewebe, Leder usw. nur für den Krieg verwendet wurden. Es ist daher selbstverständlich, daß derjenige der staatskapitalistischen Trusts auf den Sieg hoffen konnte, bei dem die Industrie und das Transportwesen dem Kriege besser angepaßt waren. Wie war das zu erreichen? Nur durch Zentralisation der ganzen Produktion. Die Produktion mußte glatt vor sich gehen, gut organisiert sein, unmittelbar der Obersten Heeresleitung und ihren Vorschriften unterstellt werden, und die Anweisungen der Herren mit den Achselstücken und Sternen mußten genau ausgeführt werden.

Die Bourgeoisie konnte das sehr einfach zustandebringen. Sie mußte zu diesem Zwecke die private Produktion und die einzelnen privaten Syndikate und Trusts ihrem bürgerlichen Räuberstaate zur Verfügung stellen. Das wurde auch während des Krieges tatsächlich getan.

Die Industrie wurde «mobilisiert» und «militarisiert», d.h. sie wurden dem Staate und den militärischen Behörden zur Verfügung gestellt. Wieso? wird jemand einwenden. Das Bürgertum würde doch seiner Einkünfte verlustig werden? Das wäre doch Nationalisierung! Wenn alles dem Staate übergeben wird, was hat dann die Bourgeoisie davon und wie wird sie auf ein solches Geschäft eingehen? Die Bourgeoisie ist aber doch darauf eingegangen. Es ist doch nichts Verwunderliches daran. Denn die privaten Syndikate übergaben alles ja nicht dem Arbeiterstaate, sondern ihrem eigenen imperialistischen Staate. Was sollte die Bourgeoisie davor abschrecken? Sie legte bloß ihre Schätze aus einer ihrer Taschen in die andere: die Schätze wurden dabei um nichts kleiner.

Man muß sich immer den Klassencharakter des Staates vor Augen halten. Der Staat ist nicht irgendeine «dritte Macht», die über den Klassen steht, sondern eine Klassenorganisation vom Scheitel bis zur Sohle. Unter der Diktatur der Arbeiter ist er eine Organisation der Arbeiter. Unter der Herrschaft der Bourgeoisie ist er eben eine Unternehmerorganisation wie ein Trust oder Syndikat.

Somit hat die Bourgeoisie, als sie die privaten Syndikate in die Hände ihres eigenen (nicht proletarischen, sondern ihres räuberischen und kapitalistischen) Staates legte, gar nichts verloren. Ist es nicht ein und dasselbe, ob der Fabrikant Schulz oder Schmidt seinen Profit aus der Syndikatskanzlei oder aus der Kassa der Reichsbank erhält? Die Bourgeoisie gewann, ohne etwas zu verlieren. Sie gewann, weil bei einer derartigen Zentralisation die Kriegsmaschine besser arbeitete und sich die Wahrscheinlichkeit des Erfolges in diesem Raubkrieg erhöhte.

Kein Wunder, daß sich in allen kapitalistischen Ländern während des Krieges an Stelle der privaten Syndikate der Staatskapitalismus entwickelte. Deutschland konnte z. B. nur darum seine Siege erringen, solange dem Ansturm der ihm überlegenen gegnerischen Kräfte standhalten, weil seine Bourgeoisie es verstand, diesen Staatskapitalismus glänzend zu organisieren.

Der Übergang zum Staatskapitalismus vollzog sich in verschiedenen Formen und auf verschiedene Weise. Am häufigsten wurden Staatsmonopole auf dem Gebiet der Produktion und des Handels geschaffen, d. h. Produktion und Handel gingen in ihrer Gesamtheit in den Besitz des bürgerlichen Staates über. Manchmal vollzog sich der Übergang nicht sofort, sondern allmählich, indem der Staat nur einen Teil der Aktien eines Syndikates oder Trusts kaufte.

Ein solches Unternehmen war zur Hälfte staatlich, zur Hälfte privat, und der bürgerliche Staat führte dort seine Politik durch. Außerdem wurden dann oft den Unternehmungen, die in privatem Besitz verblieben, Zwangsvorschriften auferlegt; so waren z. B. Unternehmen nach dem neuen Gesetz verpflichtet, bei bestimmten Firmen einzukaufen, und diese durften den ersteren nur bestimmte Mengen und zu einem bestimmten Preis verkaufen; der Staat schrieb obligatorische Arbeitsmethoden, Material usw. vor und führte Bezugsscheine auf alle wichtigen Produkte ein. So wuchs an Stelle des privaten der Staatskapitalismus empor.

> Unter der Herrschaft des Staatskapitalismus tritt an Stelle der gesonderten Organisationen der Bourgeoisie ihre einheitliche Organisation, ihr Staat. Bis zum Krieg bestand in den kapitalistischen Ländern die bürgerliche Staatsorganisation, und getrennt von ihr organisierten sich die Syndikate, Trusts, Unterneh-

merverbände, Organisationen der Großgrundbesitzer, bürgerliche politische Parteien, Verbände der bürgerlichen Journalisten, Gelehrten, Künstler, Kirchenvereine, Pfaffenverbände, weißgardistische Jugendvereinigungen, private Detektivbüros u. dgl. Im Staatskapitalismus verschmelzen alle diese gesonderten Organisationen mit dem bürgerlichen Staat, sie werden zu seinen Filialen, verfolgen seine Pläne, unterstellen sich der «Obersten Heeresleitung». In den Schächten und Fabriken wird ausgeführt, was der Generalstab befiehlt; die Zeitungen bringen, was der Generalstab verlangt; in den Kirchen wird gepredigt, was die Räuber dieses Generalstabes für nützlich finden; man zeichnet, dichtet und singt, was ebenderselbe Generalstab vorschreibt; es werden Maschinen, Geschosse, Geschütze, Gase erfunden, die wieder er, der Generalstab, benötigt. Auf diese Weise wird das ganze Leben militarisiert, um der Bourgeoisie den Gewinn ihres blutbeschmutzten Geschäftes zu sichern.

Der Staatskapitalismus bedeutet eine riesige Erstarkung der Großbourgeoisie. Wie unter der Diktatur des Proletariats die Arbeiterklasse um so stärker ist, je inniger die Sowjetmacht, die Gewerkschaften, die kommunistische Partei usw. zusammenarbeiten, so ist unter der Diktatur der Bourgeoisie die bürgerliche Klasse um so mächtiger, je fester alle bürgerlichen Organisationen miteinander verkettet sind. Indem der Staatskapitalismus die bürgerlichen Organisationen zentralisiert und sie in Organe

Rosta-Plakat Nr. 426 (Oktober 1920)

1. Wir werden das Soldatenleben vergessen!
2. Wir werden den Hunger vergessen!
3. Wir werden Kälte und Kummer vergessen!
4. Wir müssen nur den Baron ins Schwarze Meer werfen.

einer einzigen, einheitlichen Organisation umwandelt, verhilft er dem Kapital zu seiner Riesenmacht. Gerade hier feiert die Diktatur der Bourgeoisie ihren Triumph.

Der Staatskapitalismus entstand während des Krieges in allen großen kapitalistischen Ländern. Auch im zaristischen Rußland war er im Entstehen begriffen (Kriegsindustriekomitees, Monopole usw.). Später jedoch befürchtete die russische Bourgeoisie, eingeschüchtert durch die Revolution, daß zugleich mit der Staatsgewalt auch die Produktion in die Hände des Proletariats übergehen könnte. Daher verhinderte sie nach der Februarrevolte die Organisation der Produktion.

Wir sehen, daß der Staatskapitalismus die Ausbeutung nicht nur nicht beseitigt, sondern die Macht der Bourgeoisie ungemein verstärkt. Nichtsdestoweniger predigten die Scheidemänner in Deutschland und andere Versöhnungssozialisten, daß diese Zwangsarbeit Sozialismus sei. Wenn sich einmal alles im Besitze des Staates befinden werde, so sei der Sozialismus verwirklicht. Sie sahen nicht, daß wir es hier nicht mit einem proletarischen Staate zu tun haben, sondern mit einer Organisation, in der der ganze staatliche Machtapparat in den Händen der erbittertsten Todfeinde und Mörder des Proletariats ist.

Dadurch, daß der Staatskapitalismus die Bourgeoisie einigt und organisiert und ihre Macht erhöht, schwächt er die Kraft der Arbeiterklasse. Die Arbeiter wurden unter dem Staatskapitalismus zu weißen Sklaven des Räuberstaates. Sie wurden des Streikrechts beraubt, mobilisiert und militarisiert; wer gegen den Krieg auftrat, wurde sofort wegen Hochverrates verurteilt; in vielen Ländern wurde ihnen das Recht auf Freizügigkeit genommen, der Übertritt von einem Unternehmen in das andere verboten usw. Der «freie» Lohnarbeiter wurde leibeigen und war verurteilt, auf den Schlachtfeldern nicht für seine eigene Sache, sondern für die Sache seiner Feinde zu sterben, sich zu Tode zu arbeiten, aber nicht in seinem eigenen Interesse, noch im Interesse seiner Genossen, seiner Kinder, sondern für das Interesse seiner Peiniger.

§ 31. Der Zusammenbruch des Kapitalismus und die Arbeiterklasse

Dadurch beschleunigte der Krieg im Anfange die Zentralisation und Organisation der kapitalistischen Wirtschaft. Das, was die Syndikate, Trusts und kombinierten Unternehmungen noch nicht vollendet hatten, trachtete der Staatskapitalismus eilig zu vollbringen. Er schuf ein Netz von verschiedenen Organen, die die Produktion und Verteilung regulierten, und bereitete so den Boden vor, auf welchem das Proletariat die zentralisierte Großproduktion übernehmen kann.

Aber der Krieg, der sich mit seiner ganzen Last auf die Arbeiterklasse wälzte, mußte unvermeidlich die Empörung der Proletariermassen auslösen. Vor allem war der

Krieg ein in der Geschichte nie dagewesenes Menschengemetzel. Nach verschiedenen Berechnungen erreichte die Zahl der Toten, Verwundeten und Vermißten bis März 1917 allein 25 Millionen Menschen; bis 1. Januar 1918 zählte man gegen 8 Millionen Tote. Um die Menschenverluste genau festzustellen, müßte man noch einige Millionen Kranker hinzufügen. Die Syphilis, die sich während des Krieges in unerhörtem Maße verbreitete, hat allein beinahe die ganze Menschheit verseucht. Die Menschen wurden nach dem Krieg körperlich minderwertiger. Den größten Schaden trugen selbstverständlich die Arbeiterklasse und die Bauernschaft davon.

In den großen Zentren der kriegführenden Staaten haben sich sogar kleine Ortschaften aus besonders krüppelhaft Verunstalteten und Kriegsbeschädigten gebildet: ohne Menschenantlitz, nur mit dem Schädeldach geschützt, sitzen, in Masken gehüllt, diese unglücklichen Menschenstümpfe da – das lebendige Zeugnis der bürgerlichen «Kultur».

Das Proletariat wurde aber nicht allein in wilden Kämpfen hingeschlachtet. Auf die Schultern der noch Lebenden wurden unglaubliche Lasten gewälzt. Der Krieg erforderte wahnsinnige Kosten. Während die Fabrikanten und Werksbesitzer fabelhafte Gewinne, «Kriegsgewinne», einheimsten, wurden den Arbeitern Riesensteuern auferlegt, um die ungeheuerlichen Kriegsausgaben zu decken. Der französische Finanzminister erklärte der Friedenskonferenz im Herbst 1919, daß sich die Kriegskosten aller kriegführenden Mächte auf eine Trillion Francs belaufen. Nicht jedem ist die Bedeutung dieser Zahlen klar, manchem ist sogar die Berechnung fremd. Früher wurden die Entfernungen der Sterne voneinander nach solchen Zahlen bemessen, und jetzt berechnet man nach ihnen die Kosten des verbrecherischen Gemetzels. Eine Trillion enthält eine Million von Billionen. Nach anderen Berechnungen stellten sich die Kriegskosten wie folgt:

	In Milliarden Rubel
Kosten des I. Kriegsjahres	91,—
Kosten des II. Kriegsjahres	136,50
Kosten des III. Kriegsjahres	204,70
Kosten der ersten Hälfte des IV. Kriegsjahres (31. Juli bis 31. Dezember 1917)	153,50
Summe	585,70

Natürlich stiegen seitdem die Kriegskosten noch mehr. Kein Wunder, daß die kapitalistischen Staaten nun der Arbeiterklasse entsprechend hohe Steuern aufzubürden begannen: entweder als direkte Steuern oder durch Besteuerung der Waren, oder, da ja auch die Bourgeoisie etwas hergeben sollte – durch die vom patriotischen Geist getragene Erhöhung der Warenpreise. Die Teuerung nahm zu. Die Fabrikanten aber, besonders diejenigen, die für den Kriegsbedarf arbeiteten, heimsten unerhörte Profite ein.

Die russischen Fabrikanten erhöhten ihre Dividenden um mehr als das Doppelte, einzelne Unternehmungen begannen fabelhafte Dividenden auszuzahlen.

Hier einige Zahlen: die Naphthagesellschaft Brüder Mirsojeff verteilte 40 % Dividende; die Aktiengesellschaft Brüder Danischewsky 30 %; die Tabakfabrik Kalfa 30 % usw. In Deutschland betrug der Reingewinn der Unternehmungen im Jahre 1913/1914 in vier Industriezweigen (chemische, metallurgische, Sprengstoff- und Automobilindustrie) 133 Millionen, im Jahre 1915/1916 schon 259 Millionen, d. h. er nahm im Laufe eines Jahres um das Doppelte zu. In den Vereinigten Staaten vergrößerte sich der Gewinn des Stahltrusts innerhalb eines Jahres, 1915/1916, um das Dreifache. Im Jahre 1917 erhöhte sich der Gewinn von 98 Millionen Dollars im Jahre 1915 auf 478 Millionen Dollars. Sehr oft wurden zweihundertprozentige Dividenden ausgezahlt. Ebenso ungeheuerlich wuchsen auch die Bankgewinne. In der Kriegszeit ging der kleine Mann zugrunde, während sich die großen Haifische unglaublich bereicherten. Das Proletariat geriet unter das Joch der Steuern und der Teuerung.

Während des Krieges wurden hauptsächlich Schrappnells, Dynamit, Kanonen, Panzerautos, Aeroplane, Stickgase, Pulver usw. produziert. In den Vereinigten Staaten entstanden sogar ganz neue Städte um die Pulverfabriken. Diese Städte waren in aller Eile aufgebaut, die Fabriken schnell aufgeführt worden, so daß es oft zu katastrophalen Explosionen kam; man beeilte sich zu sehr mit der Pulvererzeugung und dem Geldverdienen. Kein Wunder, daß die Kanonen- und Pulverfabrikanten glänzende Geschäfte machten und Riesenprofite einsteckten. Doch fürs Volk wurde es immer schlimmer. Denn von den eigentlichen Gütern, die man zur Ernährung, Bekleidung usw. gebraucht hätte, wurde immer weniger und weniger erzeugt. Mit Pulver und Kugeln kann man zwar schießen und zerstören, aber niemanden nähren und kleiden. Alle Kräfte der Kriegführenden gingen aber in der Erzeugung von Pulver und anderen Mordwerkzeugen auf. Die regelrechte, nützliche Produktion verschwand immer mehr und mehr. Die Arbeitskräfte wanderten in die Armee, und die ganze Industrie arbeitete für den Kriegsbedarf. Nützliche Waren wurden immer seltener, so daß Hungersnot und Teuerung auftraten. Brothunger, Kohlenhunger, Hunger nach allen nützlichen Gütern, dazu die Welthungersnot und die Erschöpfung der gesamten Menschheit – das sind die Folgen des verbrecherischen imperialistischen Gemetzels.

Hier einige Beispiele aus den verschiedenen Ländern:

In Frankreich nahm die landwirtschaftliche Produktion in den ersten Kriegsjahren wie folgt ab:

	In Zentnern	
	1914	1916
Getreide	42 272 500	15 300 500
Wurzelfrüchte	46 639 000	15 660 000
Industriepflanzen	59 429 000	20 448 000

In England erschöpften sich die Ersatzvorräte wie folgt:

Gegen Ende 1912 waren 241 000 Tonnen vorhanden
Gegen Ende 1913 waren 138 000 Tonnen vorhanden
Gegen Ende 1914 waren 108 000 Tonnen vorhanden
Gegen Ende 1915 waren 113 000 Tonnen vorhanden
Gegen Ende 1916 waren   3 000 Tonnen vorhanden
Gegen Ende 1917 waren   600 Tonnen vorhanden

In Deutschland betrug die Erzeugung von Gußeisen im Jahre 1913 19,3 Millionen Tonnen; im Jahre 1916 nur mehr 13,3 Millionen; im Jahre 1917 13,1 Millionen; im Jahre 1918 12 Millionen und im Jahre 1919 noch weniger.

In die verzweifeltste Lage geriet aber die ganze Weltindustrie durch den Kohlenmangel. In Europa war England der Steinkohlenlieferant. Aber in England nimmt die Kohlengewinnung schon um die Mitte des Jahres 1918 um 13% ab; schon im Jahre 1917 standen die lebenswichtigen Industrien fast ohne Kohle da: die elektrischen Werke erhielten den sechsten Teil der erforderliche Kohlenmenge, die Textilindustrie den elften Teil ihres Friedensbedarfes. Zur Zeit der Versailler «Friedens»konferenz durchlebten fast alle Länder eine furchtbare Kohlenkrise: die Fabriken wurden aus Mangel an Heizmaterial gesperrt, der Eisenbahnverkehr wurde eingeschränkt. So entstand die große Zerrüttung der Industrie und des Transportwesens.

In Rußland sah es geradeso aus. Schon im Jahre 1917 war es durch den Krieg um die Kohlengewinnung sehr schlecht bestellt. Der Moskauer Industrierayon erforderte 12 Millionen Pud monatlich. Die Kerenski-Regierung versprach zwar 6 Millionen (die Hälfte) zu beschaffen, in Wirklichkeit wurde aber folgendes geliefert: im Januar 1,8 Millionen Pud, im Februar 1,3 Millionen Pud, im März 0,8 Millionen Pud. Kein Wunder, daß die russische Industrie verfiel. Es begann, so wie in der ganzen Welt, der Auflösungsprozeß des Kapitalismus.

Im Jahre 1917 (unter Kerenski) wurde in Rußland die folgende Anzahl von Fabriken gesperrt:

Monate	Fabrikanzahl	Arbeiterzahl
März	74	6646
April	55	2916
Mai	108	8701
Juni	125	38455
Juli	206	47754

Der Zerfall ging mit Riesenschritten vor sich.

Um das Anwachsen der Teuerung, die durch die geringe Warenmenge und die große Menge des Papiergeldes hervorgerufen wurde, zu übersehen, genügt es, einen Blick auf das Land, das im Krieg am wenigsten gelitten hatte, zu werfen, und zwar auf England.

Die Durchschnittspreise für die fünf wichtigsten Lebensmittel (Tee, Zucker, Butter, Brot, Fleisch) betrugen:

---

* Alte russische Gewichtseinheit; 1 Pud entspricht 16,358 kg. (Anm. d. Vlg.)

		Tee, Zucker	Brot, Fleisch, Butter
Durchschnittspreis	1901–1905	500	300
Ende Juli	1914	579	350
Ende Januar	1915	786	413
Ende Januar	1916	946,5	465
Ende Januar	1917	1310	561
Ende Januar	1918	1221,5	681
Ende Mai	1919	1247	777,5

Im Laufe des Krieges erhöhten sich die Preise selbst in England um mehr als das Doppelte, während die Arbeitslöhne in derselben Zeit nur um 18% zunahmen. Die Warenpreise stiegen also sechsmal so schnell wie die Arbeitslöhne. Besonders schlecht war die Lage in Rußland, wo der Krieg das Land verwüstet und dank der Kapitalisten in ein armseliges, nacktes Bettelweib verwandelt hatte. Selbst in Amerika, das am wenigsten unter dem Krieg gelitten hatte, stiegen die Preise der 15 wichtigsten Produkte im Zeitraum von 1913 bis einschließlich 1918 um 160%, die Arbeitslöhne aber nur um 80%.

Schließlich kam auch die Kriegsindustrie aus Mangel an Kohle, Stahl und allem Unentbehrlichen in Zerrüttung. Die Länder der ganzen Welt, mit Ausnahme von Amerika, verarmten vollständig. Hunger, Zerstörung und Kälte nahmen ihren Siegeszug fast über die ganze Erde. Alle diese Leiden trafen die Arbeiterklasse besonders schwer. Sie versuchte zwar, dagegen zu protestieren, doch stürmte der Krieg auf sie mit der ganzen Macht des bürgerlichen Räuberstaates ein. Die Arbeiterklasse war in allen Ländern – in den monarchistischen wie in den demokratischen – unerhörten Verfolgungen ausgesetzt. Die Arbeiter wurden nicht nur des Streikrechtes beraubt, sondern auch schon beim geringsten Protestversuch schonungslos niedergeschlagen. Auf diese Weise führte die Herrschaft des Kapitalismus zum Bürgerkrieg zwischen den Klassen.

Die Verfolgungen der Arbeiterklasse während der Kriegszeit werden in der Resolution der Dritten Internationale über den weißen Terror glänzend gekennzeichnet: «Gleich zu Beginn des Krieges haben die herrschenden Klassen, die auf den Schlachtfeldern mehr als 10 Millionen Menschen morden und verkrüppeln ließen, auch im Innern ihrer Länder das Regime der blutigen Diktatur aufgerichtet. Die russische zaristische Regierung hängte die Arbeiter, sie schoß auf sie, sie organisierte Judenpogrome. Die österreichische Monarchie erdrosselte den Aufstand der ukrainischen und tschechischen Arbeiter und Bauern. Die englische Bourgeoisie schlachtete die besten Vertreter des irländischen Volkes ab. Der deutsche Imperialismus wütete im Innern seines Landes, und die revolutionären Matrosen waren die ersten Todesopfer dieser Bestie. In Frankreich knallte man die russischen Soldaten nieder, die nicht willig waren, die Profite der französischen Bankiers zu verteidigen. In Amerika lynchte die Bourgeoisie die

Internationalisten, verurteilte sie Hunderte der besten Leute des Proletariats zu 20 Jahren Zuchthaus und schoß die streikenden Arbeiter nieder.

Die kapitalistische Ordnung krachte in allen Fugen. Die Anarchie der Produktion führte zum Kriege, der eine ungeheure Verschärfung der Klassengegensätze hervorrief; auf diese Weise führte der Krieg zur Revolution. Der Kapitalismus begann nach zwei Hauptrichtungen (siehe § 13) zu zerfallen. Die Epoche des Zusammenbruchs des Kapitalismus begann.

Sehen wir uns diesen Zusammenbruch etwas näher an.

Die kapitalistische Gesellschaft war in allen ihren Teilen nach einer Schablone aufgebaut: die Fabrik war genauso organisiert wie die Kanzlei oder das Regiment der imperialistischen Armee: oben die Reichen, die befehlen, unten die Armen, Arbeiter und Angestellte, die gehorchen; zwischen ihnen die Ingenieure, Unteroffiziere und höhere Angestellte. Daraus ersieht man, daß die kapitalistische Gesellschaft sich solange behaupten kann, als der Arbeiter-Soldat sich dem Gutsbesitzer-General oder -Offizier, einem Adels- oder Bourgeoisiesöhnchen fügt und solange der Fabriksarbeiter den Befehlen des Herrn Direktors, der ein Riesengehalt bezieht, oder den Anordnungen des Inhabers selbst, der aus ihnen seinen Mehrwert herauspreßt, nachkommt. Sobald aber die arbeitenden Massen erkennen, daß sie nur Schachfiguren in den Händen ihrer Feinde sind, beginnen die Fäden, die den Soldaten mit dem General, den Arbeiter mit dem Fabrikanten verbinden, zu reißen. Die Arbeiter hören auf, ihren Fabrikanten zu gehorchen, ebenso die Soldaten ihren Offizieren, die Angestellten ihren Vorgesetzten. Nun beginnt die Periode des Verfalles der alten Disziplin, mit der die Reichen die Armen beherrschten und die Bourgeoisie sich aus der Hand der Proletarier Riemen schnitt. Diese Periode wird unvermeidlich solange dauern, bis die neue Klasse, das Proletariat, sich die Bourgeoisie unterworfen und gezwungen hat, den Werktätigen zu dienen, bis das Proletariat die neue Disziplin geschaffen hat.

Dieses Durcheinander, in dem das Alte zerstört und das Neue noch nicht geschaffen ist, kann nur mit dem vollen Sieg des Proletariats im Bürgerkrieg endigen.

§ 32. Der Bürgerkrieg

Der Bürgerkrieg ist ein verschärfter Klassenkampf, der sich in Revolution umwandelt. Der imperialistische Weltkrieg zwischen den einzelnen Gruppen der Bourgeoisie um die Teilung und Neuaufteilung der Welt wurde mit Hilfe der Kapitalssklaven geführt. Er wälzte den Arbeitern aber solche Lasten auf, daß der Klassenkampf in den Bürgerkrieg der Unterdrückten gegen die Unterdrücker überging, der schon von Marx als der einzig gerechte Krieg genannt wurde.

Es ist ganz natürlich, daß der Kapitalismus zum Bürgerkrieg führt und der imperialistische Krieg zwischen den bürgerlichen Staaten den Klassenkrieg zur

Ausschnitt aus ROSTA-Plakat Nr. 409 (Oktober 1920)
(siehe Rückseite)

Genossen! Der Weg zur Kommune ist dornig!

Rosta-Plakat Nr. 409 (Oktober 1920)

1. Genossen! Der Weg zur Kommune ist dornig!
2. Wir müssen den Vortrupp der Kommune gut beschuhen.
3. Dann zertritt der Fuß des Rotarmisten die Dornen,
4. und Du schreite ohne Zögern zur Kommune.

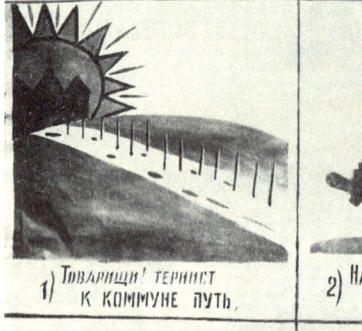

Folge hat. Unsere Partei hat das schon im Anfang des Krieges, im Jahre 1914, vorausgesagt, als noch niemand an die Revolution auch nur dachte. Es war aber klar, daß einerseits die unerhörten, durch den Krieg der Arbeiterklasse aufgebürdeten Lasten die Empörung des Proletariats herausfordern werden und daß andererseits die Bourgeoisie, infolge der allzugroßen Interessengegensätze zwischen den verschiedenen Gruppen dieser Räuber, nicht imstande sein wird, einen dauerhaften Frieden zu schaffen.

Unsere Vorhersage geht jetzt voll und ganz in Erfüllung. Nach den schrecklichen Jahren des Blutbades, der Grausamkeiten und der Verwilderung brach der Bürgerkrieg gegen die Unterdrücker aus. Dieser Bürgerkrieg eröffnete die russische Revolution im Februar und Oktober des Jahres 1917; die finnländische, ungarische, österreichische und deutsche Revolution setzte ihn fort; dann begann die Revolution auch in den anderen Ländern... Indessen ist aber die Bourgeoisie offenkundig nicht imstande, einen dauernden Frieden zu schaffen. Die Verbündeten besiegten Deutschland schon im November 1918; den Versailler Raubfrieden unterschrieben sie erst nach vielen Monaten; und wann er endlich gebilligt sein wird, ist unbekannt. Alle sehen, daß dieser Friede nicht von Dauer sein kann; nach ihm haben sich schon die Südslaven mit den Italienern, die Polen mit den Tschechoslowaken, die Polen mit den Litauern, die Letten mit den Deutschen gebalgt. Und alle bürgerlichen Staaten zusammen fallen über die Republik der sieghaften russischen Arbeiter her. So endet der imperialistische Krieg mit dem Bürgerkrieg, aus dem das Proletariat als Sieger hervorgehen muß.

Der Bürgerkrieg ist keine Laune irgendeiner Partei, auch kein Zufall: er ist der Ausdruck der Revolution, die unvermeidlich ausbrechen mußte, weil der imperialistische Raubkrieg den großen Arbeitermassen endlich die Augen geöffnet hat.

Wenn man glaubt, daß die Revolution ohne Bürgerkrieg möglich sei, so ist es dasselbe, wie wenn man an die Möglichkeit einer «friedlichen» Revolution glauben würde. Diejenigen, die so denken (z. B. die Menschewiki, die von der Schädlichkeit des Bürgerkrieges schreien), kehren von Marx zu den vorsintflutlichen Sozialisten zurück, die glauben, daß es möglich sei, den Fabrikanten zu überreden. Das ist geradeso, wie wenn man glaubt, daß man den Tiger durch «Streicheln» dazu bringen könnte, sich von Gras zu nähren und die Kälblein in Ruhe zu lassen. Marx war ein Anhänger des Bürgerkrieges, d. h. des bewaffneten Kampfes des Proletariates gegen die Bourgeoisie. Anläßlich der Pariser Kommune (des Aufstandes der Pariser Arbeiter im Jahre 1871) schrieb Marx, daß die Kommunards nicht entschlossen genug waren; in dem von Marx verfaßten Aufruf der Ersten Internationale heißt es im Tone des Tadels: «Selbst die Polizeisergeanten, statt, wie sich's gebührte, entwaffnet und eingesperrt zu werden, fanden die Tore von Paris weit geöffnet, um sicher nach Versailles zu entkommen. Nicht allein, daß den Ordnungsmännern (so wurden die Konterrevolutionäre genannt) nichts geschah, man erlaubte ihnen sogar, sich wieder zu sammeln und mehr als einen starken Posten mitten in Paris zu besetzen... In seinem Widerstreben, den durch Thiers' (französischer Denikin) nächtlichen Einbruch in Montmartre eröffneten Bürgerkrieg aufzunehmen, machte sich das Zentralkomitee diesmal eines entscheidenden Fehlers dadurch schuldig, daß es nicht sofort auf das damals vollständig hilflose Versailles marschierte und damit den Verschwörungen des Thiers und seiner Krautjunker ein Ziel setzte. Statt dessen erlaubte man der ‹Ordnungspartei› nochmals, ihre Stärke an der Wahlurne zu versuchen, als am 26. März die Kommune gewählt wurde.» Hier spricht sich Marx offen für die Vernichtung der Weißgardisten im Bürgerkrieg mit den Waffen in der Hand aus.

Die Lehrer des Sozialismus nahmen also die Revolution sehr ernst. Es war ihnen klar, daß das Proletariat die Bourgeoisie nicht überreden könne, daß es dieser seinen Willen durch den Krieg in dem mit «Gewehren, Bajonetten und Kanonen geführten Bürgerkriege aufzwingen müsse».

Der Bürgerkrieg läßt die Klassen der kapitalistischen Gesellschaft infolge ihrer Interessengegensätze mit Waffen in der Hand gegeneinander aufmarschieren. Die Tatsache, daß die kapitalistische Gesellschaft in zwei Teile gespalten ist, daß sie ihrem Wesen nach mindestens zwei Gesellschaften darstellt – diese Tatsache blieb in gewöhnlichen Zeiten verborgen. Warum? Weil die Sklaven ohne Murren ihren Herren gehorchten. Im Bürgerkrieg nimmt aber dieses Schweigen ein Ende, und der unterdrückte Teil der Gesellschaft erhebt sich gegen den unterdrückenden.

Unter diesen Umständen ist selbstverständlich an kein «friedliches Zusammenleben» der Klassen zu denken; die Armee zerfällt in Weißgardisten (aus Adel, Bourgeoisie, der reichen Intelligenz usw. zusammengesetzt) und in Rotgardisten (aus Arbeitern und Bauern bestehend); jede Nationalversammlung, wie sie auch sein mag, in welcher Fabrikanten und Arbeiter zusammensitzen, wird unmöglich: wie sollen sie «friedlich» in der Konstituante sitzen, während sie in den Straßen aufeinander schießen?

Im Bürgerkrieg erhebt sich Klasse gegen Klasse. Deshalb kann er wohl mit dem vollen Siege der einen Klasse über die andere, aber keineswegs mit einer Verständigung, irgendeinem Kompromiß enden. Und was wir im Bürgerkrieg in Rußland und in den anderen Ländern (Deutschland, Ungarn) gesehen haben, bestätigt das vollkommen: jetzt gibt es entweder nur die Diktatur des Proletariates oder die Diktatur der Bourgeoisie und der Generäle. Die Regierung der Mittelklassen und ihrer Parteien (Sozial-Revolutionäre, Menschewiki usw.) stellt nur eine Übergangsbrücke nach einer von den beiden Seiten dar. Als in Ungarn die Räteregierung mit Hilfe der Menschewiki gestürzt worden war, wurde sie sofort von einer «Koalition» abgelöst, der bald darauf die Reaktion folgte. Gelang es den konstitutionellen Sozial-Revolutionären auf einige Zeit Ufa, das Gebiet jenseits der Wolga und Sibirien in ihren Besitz zu bekommen – in vierundzwanzig Stunden waren sie vom Admiral Koltschak, der sich auf die Großbourgeoisie und die Gutsbesitzer stützte, hinausgejagt. An die Stelle der Diktatur der Arbeiter und Bauern setzte er die Diktatur der Gutsbesitzer und der Bourgeoisie.

Der entscheidende Sieg über den Feind und die Verwirklichung der proletarischen Diktatur – das ist das unvermeidliche Resultat des Welt-Bürgerkrieges.

§ 33. Die Formen des Bürgerkrieges und seine Kosten

Die Epoche der Bürgerkriege wurde von der russischen Revolution eröffnet, die nur eine Teilerscheinung, der Beginn der allgemeinen, der Weltrevolution war. In Rußland brach die Revolution früher aus als in den anderen Ländern, weil sich dort der Kapitalismus früher zu zersetzen begann. Die russische Bourgeoisie und die russischen Gutsbesitzer, die Konstantinopel und Galizien erobern wollten und mit den französischen und englischen Bundesgenossen das Blutbad angezettelt hatten, brachen infolge ihrer Schwäche und Unorganisiertheit früher zusammen; die allgemeine Zerrüttung und Hungersnot traten früher auf. Deshalb war es gerade dem russischen Proletariat leichter, mit seinen Feinden fertig zu werden, als erstes den Sieg davonzutragen und seine Diktatur zu verwirklichen.

Daraus folgt aber durchaus nicht, daß die russische kommunistische Revolution die vollkommenste in der Welt sei und der Kommunismus um so eher verwirklicht werden könne, je unentwickelter der Kapitalismus in einem Lande sei. Nach dieser Beurteilung müßte sich der Sozialismus zuerst in China, Persien, der Türkei und anderen kapitalistisch unentwickelten Ländern verwirklichen, wo es fast gar kein Proletariat gibt. Die ganze Lehre von Marx wäre falsch.

Wer so denkt, verwechselt den Beginn der Revolution mit ihrem Charakter, ihrer «Vollendung». In Rußland brach die Revolution infolge der schwachen Entwicklung des Kapitalismus früher aus. Aber gerade diese Schwäche, die Rückständigkeit unseres Landes, die Minderheit, in welcher sich das Proletariat befindet, die vielen Kleinhändler usw. machen es uns schwer, die kommunistische Wirtschaft zu organisieren. In England wird die Revolution später eintreten. Doch dort wird das Proletariat nach seinem Siege den Kommunismus schneller organisieren können, denn es bildet dort die überwiegende Mehrheit, ist an gesellschaftliche Arbeit gewöhnt. Die Produktion ist in England unvergleichlich zentralisierter. Die Revolution wird zwar in England später beginnen, doch höher, entwickelter sein als in Rußland.

Viele glauben, daß die Grausamkeit des Bürgerkrieges die Folge des russischen «Asiatentums», der russischen Rückständigkeit sei. Die Gegner der Revolution in

Westeuropa predigen immer, daß in Rußland der «asiatische Sozialismus» blühe und daß die Revolution in anderen Ländern sich ohne Grausamkeiten vollziehen werde. Das ist dummes Gerede. In einem kapitalistisch entwickelten Land muß der Widerstand der Bourgeoisie stärker sein; auch die Intellektuellen (Techniker, Ingenieure, Offiziere usw.) sind mit dem Kapital enger verknüpft und deshalb dem Kommunismus feindlicher gesinnt. Der Bürgerkrieg wird darum in diesen Ländern unvermeidlich heftiger sein als in Rußland. Wir sehen es ja auch schon in Deutschland. Dort hat die Revolution bewiesen, daß der Kampf kapitalistisch entwickelter Länder heftigere Formen annimmt.

Diejenigen, die sich über den Terror der Bolschewiki beklagen, vergessen, daß die Bourgeoisie, um sich ihren Geldbeutel zu erhalten, vor nichts zurückschreckt. Die Resolution des internationalen kommunistischen Kongresses sagt darüber folgendes: «Als der imperialistische Krieg sich in den Bürgerkrieg zu verwandeln begann und den herrschenden Klassen, den größten Verbrechern, die die Geschichte der Menschheit kennt, die Gefahr des Unterganges ihrer Blutherrschaft vor Augen stand, wurde ihre Bestialität noch grausamer...»

Die russischen Generäle – diese lebendige Verkörperung des Zarenregimes – schossen und schießen auch jetzt die Arbeiter massenhaft nieder, mit direkter und indirekter Unterstützung der Sozial-Verräter. Während der Herrschaft der Sozial-Revolutionäre und Menschewiki in Rußland füllten Tausende von Arbeitern und Bauern die Gefängnisse, und die Generäle rotteten wegen Ungehorsams ganze Regimenter aus. Jetzt haben Kraßnow und Denikin, die die wohlwollende Unterstützung der Ententemächte genießen, Zehntausende von Arbeitern totgeschlagen und gehängt, «jeden Zehnten» niedergeschossen, ja, sie ließen sogar die Leichen der Gehängten noch drei Tage am Galgen hängen, um die andern abzuschrekken. Im Ural und Wolgagebiet schnitten die tschechoslowakisch-weißgardistischen Banden den Gefangenen die Arme und Beine ab, ersäuften sie in der Wolga, begruben sie lebendig in der Erde. In Sibirien schlugen die Generäle Tausende von Kommunisten nieder und vernichteten unzählige Arbeiter und Bauern. Die deutschen und österreichischen Bourgeois und die Sozial-Verräter haben ihre Kannibalennatur zur Genüge gezeigt, als sie in der Ukraine auf transportablen eisernen Galgen die von ihnen beraubten Arbeiter und Bauern, die Kommunisten, ihre eigenen Landsleute – unsere österreichischen und deutschen Genossen – hängten. In Finnland, dem Lande des bürgerlichen Demokratismus, haben sie den finnischen Bourgeois geholfen, 13 000–14 000 Proletarier niederzuschießen und mehr als 15 000 in den Gefängnissen zu Tode zu martern. In Helsingfors trieben sie Frauen und Kinder als Schutz gegen Maschinengewehrfeuer vor sich her. Durch ihre Unterstützung wurde den finnischen Weißgardisten und deren schwedischen Helfershelfern die Abhaltung blutiger

Orgien gegen das besiegte finnische Proletariat möglich gemacht. In Tammerfors zwang man die zum Tode verurteilten Frauen, ihre Gräber selbst zu graben, in Wiborg mähte man Hunderte von russischen und finnischen Männern, Frauen und Kindern nieder.

Im Innern des Landes haben deutsche Bourgeois und deutsche Sozialdemokraten durch die blutige Unterdrückung des kommunistischen Arbeiteraufstandes, durch die bestialische Ermordung Liebknechts und Rosa Luxemburgs, durch Totschlag und Vernichtung der spartakistischen Arbeiter die äußerste Stufe der reaktionären Wut erklommen. Der Massen- und der Einzelterror der Weißen – das ist die Fahne, unter der die Bourgeoisie marschiert.

Dasselbe Bild zeigt sich auch in anderen Ländern. In der demokratischen Schweiz ist alles zur Niedermetzelung der Arbeiter bereit, falls sie es wagen sollten, das kapitalistische Gesetz zu verletzen. In Amerika erscheinen das Zuchthaus, das Lynchgericht (Selbstgericht) und der elektrische Stuhl zur Hinrichtung als auserwählte Symbole der Demokratie und der Freiheit. In Ungarn und in England, in der Tschechoslowakei und in Polen – überall das gleiche. Die bürgerlichen Mörder schrecken vor keiner Schandtat zurück. Zur Befestigung ihrer Herrschaft entfachen sie den Chauvinismus und organisieren sie die ukrainische bürgerliche Demokratie mit dem Menschewiken Petljura, stützen sie die polnische Demokratie mit dem Sozial-Patrioten Pilsudsky an der Spitze, setzen sie ungeheure Judenpogrome in Szene, die in ihrer Grausamkeit weit über die von den zaristischen Polizisten organisierten Pogrome hinausgehen. Und wenn die polnischen, reaktionären und «sozialistischen» Verbrecher die Vertreter des russischen Roten Kreuzes ermordet haben, so ist das nur ein Tropfen im Meere der Verbrechen und Greueltaten, die der untergehende bürgerliche Kannibalismus (Menschenfresserei) täglich noch begeht.

In dem Maße, als der Bürgerkrieg fortschreitet, nimmt er auch neue Formen an. Ist das Proletariat in allen Ländern unterdrückt, so führt es diesen Krieg in Form von Aufständen gegen die Staatsmacht der Bourgeoisie. Wenn das Proletariat nun in dem einen oder anderen Land gesiegt und sich der Staatsgewalt bemächtigt hat, was geschieht dann? Es hat dann die organisierte Staatsgewalt, die proletarische Armee, den ganzen Machtapparat zu seiner Verfügung, es kämpft mit seiner eigenen Bourgeoisie, die gegen das Proletariat Verschwörungen und Aufstände organisiert. Es kämpft aber dann auch als Staat mit den bürgerlichen Staaten. Der Bürgerkrieg nimmt also hier eine neue Form an, die des wirklichen Klassenkrieges, in welchem der proletarische Staat mit den bürgerlichen Staaten kämpft. Die Arbeiter erheben sich nicht bloß gegen die Bourgeoisie des eigenen Landes, sondern der Arbeiterstaat führt einen regelrechten Krieg gegen die imperialistischen Kapitalstaaten. Dieser Krieg wird nicht zum Raube von fremdem Gute, sondern für den Sieg des Kommunismus, für die Diktatur der Arbeiterklasse geführt.

So ist es auch tatsächlich. Nach der russischen Oktober-Revolution fielen alle kapitalistischen Staaten von allen Seiten über die Sowjet-Macht her: Deutschland und Frankreich, Amerika und Japan usw. Je mehr die russische Revolution durch ihr Beispiel die Arbeiter der anderen Länder ansteckte, desto fester schloß sich das internationale Kapital gegen die Revolution zusammen und suchte gegen das Proletariat einen räuberischen Kapitalistenbund zu organisieren.

Einen solchen Versuch machten die Kapitalisten auf Anregung Wilsons, des klugen und durchtriebenen Schelmen und Führers des amerikanischen Kapitals, auf der sogenannten Friedenskonferenz zu Versailles. Sie gaben diesem räuberischen Bunde den Namen «Liga der Nationen» d. h. «Völkerbund». In Wirklichkeit ist er aber kein Bund der Völker, sondern der Kapitalisten der verschiedenen Länder und ihrer Staatsmächte.

Dieser Bund ist ein Versuch, einen ungeheuerlichen Welttrust zu schaffen, der unseren ganzen Planet umspannen, die ganze Welt ausbeuten und allerorts die Empörung der Arbeiterklasse und ihre Revolution in der grausamsten Weise unterdrücken würde. Alles Gerede davon, daß dieser Bund der Friedenssache wegen gegründet wird, ist eine dumme Fabel. Sein eigentliches Ziel ist erstens die schonungslose Ausbeutung des ganzen Weltproletariats, aller Kolonien mit ihren Kolonialsklaven und zweitens die Erdrosselung der sich entwickelnden Weltrevolution.

Die erste Geige in dem «Völkerbunde» spielt Amerika, das sich im Krieg ungeheuer bereichert hat. Amerika ist jetzt der Gläubiger aller bürgerlichen Staaten Europas. Ferner ist Amerika auch deshalb eine Macht, weil es über Rohstoffe, Heizmaterial und Getreide verfügt. Damit will es alle anderen Räuber in Abhängigkeit von sich halten. Im «Völkerbunde» ist ihm die führende Rolle gesichert.

Es ist interessant festzustellen, wie die Vereinigten Staaten ihre leitende räuberische Politik mit allerlei edlen Worten decken. Der Eintritt in den Raubkrieg vollzog sich unter der Losung der «Rettung der Menschheit» usw. Den Vereinigten Staaten war es vorteilhaft, ein zerstückeltes Europa vor sich zu haben, das in Dutzende, dem Scheine nach «selbständige», doch von Amerika abhängige Staaten geteilt ist. Und dieses räuberische Interesse legte sich die edle Maske «des Selbstbestimmungsrechtes der Nationen» an. Die kapitalistische Gendarmerie, die weiße Garde und die Polizei, die nach Wilsons Plan überall die Revolution zu würgen hätte, wurde unter der Phrase der Strafe für «Friedensbruch» aufgestellt. Im Jahre 1919 wurden plötzlich alle Imperialisten friedliebend und erklärten unter ungeheurem Geheul, daß die wirklichen Imperialisten und Gegner des Friedens die Bolschewiki seien. Hier verbarg sich die direkte Erwürgung der Revolutionäre hinter der Maske der «Friedensliebe» und der «Demokratie».

Der «Völkerbund» hat sich auch tatsächlich schon als internationaler Gendarm und Henker erwiesen.

Seine Vollstrecker haben die ungarische Räterepublik in Ungarn und der Slowakei erdrosselt. Sie suchen fortwährend das russische Proletariat zu erwürgen: die englischen, amerikanischen, japanischen, französischen und andere Heere gingen im Norden und im Süden, im Westen und im Osten Rußlands zusammen mit den Henkern der Arbeiterklasse vor. Selbst Negersklaven ließ der «Völkerbund» auf die russischen und ungarischen Arbeiter los (Odessa, Budapest).

Welche Stufe der Niedertracht der «Völkerbund» erreichen kann, sehen wir z. B. daraus, daß die «zivilisierten» Räuber in Handschuhen einen «Mörderbund» unterhielten, mit dem General Judenitsch an der Spitze, dem Haupte der sogenannten «nordwestrussischen Regierung». Der Völkerbund hetzt Finnland, Polen usw. gegen Sowjetrußland auf, organisiert mit Hilfe von Konsuln der fremden Mächte Verschwörungen; seine Agenten sprengen Brücken, werfen Bomben auf Kommunisten usw. Es gibt keine Niedertracht, deren der «Völkerbund» nicht fähig wäre.

Je stärker der Ansturm des Proletariats ist, desto enger schließt sich die Kapitalistenbande zusammen. Im «Kommunistischen Manifest» schrieben Marx und Engels: «Ein Gespenst geht um in Europa, das Gespenst des Kommunismus. Alle Mächte des alten Europa haben sich zu einer heiligen Hetzjagd gegen dieses Gespenst verbündet, der Papst und der Zar, Metternich und Guizot, französische Radikale und deutsche Polizisten.» Seit jener Zeit sind viele Jahre verstrichen. Das Gespenst des Kommunismus wird zu Fleisch und Blut. Und gegen sie zieht nicht nur das «alte Europa», sondern die ganze kapitalistische Welt zu Felde. Der «Völkerbund» wird jedoch nicht imstande sein, seine beiden Aufgaben zu vollenden: die Organisation der ganzen Weltwirtschaft zu einem einzigen Trust und die Erwürgung der aufflammenden Weltrevolution. Unter den Großmächten selbst herrscht keine volle Einigkeit. Amerika und Japan stehen einander feindlich gegenüber, und beide Mächte setzen ihre Rüstungen fort. Es wäre lächerlich zu glauben, daß das zermalmte Deutschland freundschaftliche Gefühle zu den «uneigennützigen» Räubern der Entente hegen könnte. Es bleibt also auch hier ein Riß offen. Die Kleinstaaten bekriegen sich gegenseitig. Aber noch wichtiger ist, daß in den Kolonien Aufstände und Kriege beginnen: in Indien, in Ägypten, in Irland usw. Die unterjochten Länder erheben sich gegen ihre «zivilisierten» europäischen Unterdrücker. Dem Bürger- und Klassenkrieg, den das Proletariat gegen die imperialistische Bourgeoisie führt, schließen sich die Aufstände in den Kolonien an, welche die Herrschaft des Weltimperialismus mit untergraben und vernichten. Das imperialistische System kracht also einerseits unter dem Druck des sich erhebenden Proletariats, den Kriegen der proletarischen Republiken, den Aufständen und Kriegen der durch den Imperialismus unterjochten Nationen, andererseits infolge der Gegensätze und Uneinigkeiten unter den kapitalistischen

Großmächten. Statt des «dauerhaften Friedens» – völliges Chaos; statt der Bändigung des Weltproletariats – erbitterter Bürgerkrieg. In diesem Bürgerkrieg wachsen die Kräfte des Proletariats, indes die Kräfte der Bourgeoisie abnehmen. An seinem Ende steht unabwendbar der Sieg des Proletariats.

Der Sieg der proletarischen Diktatur kann aber keineswegs ohne Opfer errungen werden. Der Bürgerkrieg erfordert, so wie jeder andere Krieg, Opfer an Menschen und materiellen Gütern. Jede Revolution ist mit solchen Kosten verbunden. Es wird darum in den ersten Zeiten dieses Bürgerkrieges die durch den imperialistischen Krieg hervorgerufene Zerrüttung sich da und dort noch mehr verschärfen. Denn die besten Arbeiter müssen, statt zu arbeiten und die Produktion zu organisieren, mit dem Gewehr in der Hand an der Front stehen und sich gegen die Grundbesitzer und Generäle verteidigen; darunter leidet natürlich das Fabrikleben. Doch das ist in jeder Revolution unvermeidlich. In der bürgerlichen französischen Revolution in den Jahren 1789–1793, in der die Bourgeoisie die französischen Gutsbesitzer stürzte, hatte der Bürgerkrieg große Zerstörungen zur Folge. Nach der Niederwerfung des feudalen (adeligen) Gutsbesitzes aber begann Frankreich rasch emporzusteigen.

Es wird jeder einsehen, daß in einer solch ungeheuren Revolution, wie es die Weltrevolution des Proletariats ist, in der die im Laufe von Jahrhunderten aufgerichtete Gesellschaftsordnung der Unterdrückung zusammenbricht, die Opfer der Revolution besonders groß sein müssen. Der Bürgerkrieg wird heute im Weltmaßstab geführt; zum Teil geht er in einen Krieg zwischen den bürgerlichen und proletarischen Staaten über. Die proletarischen Staaten, die sich gegen die Räuberimperialisten verteidigen, führen einen Klassenkrieg, der heilig ist. Er erfordert aber Blutopfer. Und je weiter der Krieg um sich greift, desto mehr Opfer fallen, desto mehr schreitet die Zerrüttung fort.

Die Kosten einer Revolution können jedoch keineswegs als Beweisgrund gegen diese Revolution angesehen werden. Die im Laufe von Jahrhunderten aufgerichtete kapitalistische Ordnung hat zudem das ungeheuerliche imperialistische Menschengemetzel heraufbeschworen, in dem Meere von Blut vergossen wurden. Welcher Bürgerkrieg kann sich mit dieser wilden Zerstörung und Vernichtung aller von der Menschheit aufgehäuften Güter vergleichen? Die Menschheit muß ein für allemal mit dem Kapitalismus ein Ende machen. Um dessentwillen lohnt es sich, die Zeit der Bürgerkriege durchzuhalten, dem Kommunismus den Weg zu bahnen, der alle Wunden heilen und die Entwicklung der Produktivkräfte der menschlichen Gesellschaft schnell vorwärts bringen wird.

§ 34. Allgemeine Auflösung oder Kommunismus?

Die sich entwickelnde Revolution wird aus denselben Gründen zu einer Weltrevolution, aus welchen der imperialistische Krieg zum imperialistischen Weltkrieg wurde. Alle wichtigen Länder sind miteinander verknüpft, stellen Glieder der Weltwirtschaft dar, wurden in den Krieg verwickelt und durch diesen Krieg auf besondere Weise miteinander verbunden; in allen Ländern verursachte der Krieg furchtbare Verheerungen, führte er zur Hungersnot, zur Knechtung des Proletariats, zur allmählichen Zersetzung und zum Verfall des Kapitalismus, zur Auflösung der Knütteldisziplin in der Armee, in den Fabriken und Werken. Und mit derselben unerbittlichen Unabwendbarkeit führt er zur kommunistischen Revolution des Proletariats.

Haben einmal die Auflösung des Kapitalismus und die kommunistische Revolution begonnen, so können sie durch nichts aufgehalten werden. Jeder Versuch, die menschliche Gesellschaft in die alten kapitalistischen Bahnen zu lenken, ist im voraus zum vollen Mißerfolg verurteilt. Das Bewußtsein der proletarischen Massen hat eine solche Höhe erreicht, daß sie für das Kapital und seine Interessen, für die Erwerbung und Unterdrückung von Kolonien usw. weder arbeiten, noch einander morden wollen und werden.

Heute ist es unmöglich, in Deutschland die Armee Wilhelms wiederherzustellen. Und so wie es unmöglich ist, die imperialistische Disziplin im Heere wiederherzustellen, indem man den proletarischen Soldaten zwingt, sich dem Joch des adeligen (feudalen) Generals zu unterwerfen, ist es nicht möglich, die kapitalistische Arbeitsdisziplin wiederherzustellen und den Arbeiter zu zwingen, für den Kapitalisten oder Gutsbesitzer zu arbeiten. Die neue Armee kann nur vom Proletariat geschaffen, die neue Arbeitsdisziplin nur durch die Arbeiterklasse verwirklicht werden.

Es ist jetzt nur eines möglich: entweder allgemeiner Verfall, völliges Chaos, weitere Verwilderung, Unordnung und Anarchie oder Kommunismus. Alle Versuche, den Kapitalismus in einem Lande aufzurichten, wo die Massen schon einmal im Besitze ihrer eigenen Macht waren, bestätigen das. Weder die finnische Bourgeoisie, noch die ungarische, weder Koltschak noch Denikin, noch Skoropadsky waren imstande, das wirtschaftliche Leben in Gang zu bringen, sie vermochten selbst nicht ihre eigene blutige Ordnung aufzurichten.

Der einzige Ausweg für die Menschheit ist der Kommunismus. Und da er nur durch das Proletariat verwirklicht werden kann, so ist dasselbe heute der wahre Retter der Menschheit vor den Schrecknissen des Kapitalismus, vor der barbarischen Ausbeutung, vor der Kolonialpolitik, vor stehenden Heeren, Hungersnot, Verwilderung und Vertierung und allem, was das Finanzkapital und der Imperialismus an Schrecklichem mit sich geführt haben. Darin liegt die große historische Bedeutung des Proletariats. Es kann in einzelnen Schlachten, ja selbst in einzelnen Ländern Niederlagen erleiden, doch sein Sieg ist ebenso unabwendbar, wie der Untergang der Bourgeoisie unvermeidlich ist.

Aus dem Vorangeführten geht klar hervor, daß alle Gruppen, Klassen und Parteien, die an die Wiederherstellung des Kapitalismus denken oder glauben, daß jetzt die Zeit für den Sozialismus nicht gekommen sei, in Wirklichkeit eine konterrevolutionäre, eine reaktionäre Rolle spielen, ob sie es wollen oder nicht, ob sie sich dessen bewußt sind oder nicht. Dazu gehören alle Parteien der Verständigungs-Sozialisten. Darüber siehe auch das folgende Kapitel.

V. KAPITEL

Die Zweite und die Dritte Internationale

§ 35. Der Internationalismus der Arbeiterbewegung
als Bedingung für den Sieg
der kommunistischen Revolution
§ 36. Der Zusammenbruch der Zweiten Internationale
und dessen Ursachen
§ 37. Die Losungen der Vaterlandsverteidigung
und des Pazifismus
§ 38. Die Sozialchauvinisten
§ 39. Das «Zentrum»
§ 40. Die Dritte Kommunistische Internationale

§ 35. Der Internationalismus der Arbeiterbewegung als Bedingung für den Sieg der kommunistischen Revolution

Die kommunistische Revolution kann nur als Weltrevolution siegen. Wenn z. B. die Arbeiterklasse in irgendeinem Land sich der Macht bemächtigte, in anderen Ländern aber das Proletariat, nicht aus Furcht, sondern aus Überzeugung dem Kapital ergeben bliebe, würden schließlich die großen räuberischen Staaten dieses Land erwürgen. In den Jahren 1917, 1918 und 1919 suchten alle Mächte Sowjetrußland zu stürzen; im Jahre 1919 erdrosselten sie Sowjetungarn. Sie konnten aber Sowjetrußland nicht erwürgen, weil die innere Lage bei den Großmächten selbst eine derartige war, daß sie befürchten mußten, unter dem Druck der Arbeiter, die die Entfernung der Heere aus Rußland forderten, gestürzt zu werden. Die Existenz der proletarischen Diktatur nur in einem einzigen Lande ist ständig bedroht, wenn die Unterstützung der Arbeiter in den anderen Ländern ausbleibt. Außerdem ist in einem solchen Lande der wirtschaftliche Aufbau sehr erschwert. Ein solches Land erhält aus dem Auslande nichts oder beinahe nichts: es wird von allen Seiten blockiert.

Wenn aber für den Sieg des Kommunismus der Sieg der Weltrevolution und die gegenseitige Unterstützung der Arbeiter untereinander notwendig ist, so bedeutet das, daß die notwendige Bedingung für den Sieg die internationale Solidarität der Arbeiterklasse ist. So wie die Arbeiter in irgendeinem Lande den Streik nur gewinnen können, wenn die Arbeiter verschiedener Fabriken einander unterstützen, eine gemeinsame Organisation schaffen und den Kampf gegen alle Fabrikanten gemeinsam führen, so ist es auch mit den Arbeitern, die in verschiedenen bürgerlichen Staaten leben. Sie werden nur dann den Sieg davontragen, wenn sie zusammen, in geschlossenen Reihen, vorgehen, wenn sie einander nicht befehden, sondern sich vereinigen, wenn sie sich als eine einzige Klasse, verbunden durch die gleichen Interessen, fühlen. Nur ein völliges Vertrauen zueinander, ein brüderlicher Bund, die Einheit der revolutionären Handlungen gegen das Weltkapital sichern der Arbeiterklasse den Sieg. Die kommunistische Arbeiterbewegung kann nur als internationale kommunistische Bewegung siegen.

Die Notwendigkeit des internationalen Kampfes des Proletariats wurde schon längst erkannt. In den Vierzigerjahren des vorigen Jahrhunderts, am Vortag der Revolution vom Jahre 1848, gab es schon eine internationale geheime Organisation, die sich «Bund der Kommunisten» nannte. An seiner Spitze standen Marx und Engels. Auf dem Londoner Kongreß dieses Bundes wurden sie beauftragt, ein «Manifest» im Namen dieses Bundes zu verfassen. So entstand «Das Manifest der Kommunistischen Partei», in dem die großen Kämpfer des Proletariats zum ersten Male die kommunistische Lehre darlegten.

Im Jahre 1864 entstand unter Führung von Marx die «Internationale Arbeiter-Assoziation» oder die Erste Internationale. In der Ersten Internationale saßen viele Führer der Arbeiterbewegung aus den verschiedenen Ländern, doch gab es in ihren Reihen wenig Einigkeit. Außerdem stützte sie sich noch nicht auf die breiten Arbeitermassen, sondern erinnerte eher an eine internationale Vereinigung für revolutionäre Propaganda. Im Jahre 1871 nahmen die Mitglieder der Internationale an dem Aufstand der Pariser Arbeiter (die Pariser Kommune) teil. Darauf begannen überall die Verfolgungen der Gruppen der Internationale. Im Jahre 1874 zerfiel sie, nachdem sie bereits durch den Kampf zwischen den Anhängern Marx' und des Anarchisten Bakunin innerlich geschwächt worden war. Nach dem Zerfall der Ersten Internationale begannen in den verschiedenen Ländern mit der Entwicklung der Industrie die sozialdemokratischen Parteien zu wachsen. Das Bedürfnis nach gegenseitiger Unterstützung machte sich bald fühlbar, und im Jahre 1889 wurde ein internationaler sozialistischer Kongreß aus Vertretern der sozialistischen Parteien verschiedener Länder einberufen. Die Zweite Internationale wurde ins Leben gerufen, die mit dem Ausbruch des Weltkrieges zusammenbrach. Die Ursachen werden später dargelegt.

Schon im «Kommunistischen Manifest» verkündete Marx die Losung: «Proletarier aller Länder, vereinigt euch!» Marx schrieb darüber folgendes, und mit diesen Zeilen endete das «Manifest»: «Die Kommunisten verschmähen es, ihre Ansichten und Absichten zu verheimlichen. Sie erklären es offen, daß ihre Zwecke nur erreicht werden können durch den gewaltsamen Umsturz der bisherigen Gesellschaftsordnung. Mögen die herrschenden Klassen vor einer Kommunistischen Revolution zittern. Die Proletarier haben nichts in ihr zu verlieren als ihre Ketten. Sie haben eine Welt zu gewinnen. Proletarier aller Länder, vereinigt euch!»

Die internationale Solidarität des Proletariats ist für die Arbeiter keineswegs ein Spielzeug oder ein schönes Wort, sondern eine Lebensnotwendigkeit, ohne welche die Sache der Arbeiterklasse dem Untergang geweiht wäre.

§ 36. Der Zusammenbruch der Zweiten Internationale und dessen Ursachen

Als im August des Jahres 1914 das große Weltgemetzel ausbrach, traten die sozialdemokratischen Parteien aller Länder an die Seite ihrer Regierung und unterstützten so das Blutbad. Nur das russische, serbische und später das italienische Proletariat erklärten dem Kriege ihrer Regierung den Krieg. An ein und demselben Tag stimmten die sozialdemokratischen Abgeordneten Frankreichs und Deutschlands für die Kriegskredite ihrer Regierungen. Statt der allgemeinen Erhebung gegen die verbrecherische Bourgeoisie, liefen die sozialistischen Parteien, jede unter der Fahne ihrer «eigenen» bürgerlichen Regierung, auseinander. Der imperialistische Krieg erhielt die direkte Unterstützung der sozialistischen Parteien, deren Führer so dem Sozialismus abtrünnig wurden und ihn verrieten. Die Zweite Internationale fand ein unrühmliches Ende.

Es ist interessant, daß die Presse der sozialistischen Parteien und ihre Führer noch kurz vor dem Verrat den Krieg gebrandmarkt haben. So schrieb z. B. G. Hervé, der Verräter des französischen Sozialismus, in seiner Zeitung «Der Soziale Krieg» (die er bei Beginn des Krieges in «Der Sieg» umtaufte): «Sich im Namen der Rettung des Prestiges (Würde) des Zaren schlagen!... Welche Freude, für solch' eine edle Sache zu sterben!» Drei Tage vor dem Ausbruch des Krieges erließ die sozialistische Partei Frankreichs ein Manifest gegen den Krieg, und die französischen Syndikalisten forderten in ihrer Zeitung auf: «Arbeiter! Wenn ihr keine Feiglinge seid... so protestiert!» Die deutsche Sozialdemokratie rief zahlreiche Protestversammlungen ein. Bei allen war noch der Beschluß des internationalen Kongresses zu Basel frisch in Erinnerung. In der Resolution hieß es, daß im Falle eines Krieges alle Mittel angewendet werden müßten, um das Volk «zur Erhebung zu bringen und den Zusammenbruch des Kapitalismus zu beschleunigen». Doch schon am nächsten Tage schrieben dieselben Parteien und dieselben Führer von der Notwendigkeit, «das Vaterland zu verteidigen» (d. h. den räuberischen

Staat der eigenen Bourgeoisie), und die Wiener «Arbeiter-Zeitung» schrieb, daß man die «deutsche (!!) Menschheit» verteidigen müsse.

Um den Zusammenbruch und ruhmlosen Untergang der Zweiten Internationale zu verstehen, müssen wir uns über die Bedingungen klar werden, unter denen sich die Arbeiterbewegung vor dem Kriege entwickelte. Bis zu diesem Zusammenstoß entwickelte sich der Kapitalismus der europäischen Länder und der Vereinigten Staaten auf Kosten der Kolonien. Die widerliche und blutige Seite des Kapitalismus kam hauptsächlich hier zur Geltung. Aus den Kolonialvölkern wurden durch barbarische Ausbeutung, Raub, Betrug, Gewalt, Werte herausgepreßt, die dem europäischen und amerikanischen Finanzkapital reichen Profit brachten. Je stärker und mächtiger sich irgendein staatskapitalistischer Trust auf dem Weltmarkt fühlte, desto größere Profite steckte er durch die Ausbeutung der Kolonien ein. Aus diesem Mehrgewinn konnte er seine Lohnsklaven etwas über den gewöhnlichen Arbeitslohn bezahlen. Natürlich nicht alle, sondern nur die «qualifizierten», d. h. die sogenannten gelernten Arbeiter. Diese Schichten der Arbeiterklasse wurden so durch das Geld vom Kapital gewonnen. Sie schlossen, daß: «wenn ‹unsere› Industrie in den afrikanischen Kolonien Absatzmärkte besitzt, es gut auch für sie sei. Die Industrie wird sich entwickeln, die Profite ihrer Herren werden wachsen, und auch für sie wird etwas abfallen.» So fesselt das Kapital seine Lohnsklaven an den eigenen Staat.

Die Arbeitermassen waren nicht gewohnt – sie hatten ja auch keine Gelegenheit dazu –, einen Kampf in internationalem Maßstabe zu führen. Die Tätigkeit ihrer Organisationen beschränkte sich in den meisten Fällen auf den des Staates ihrer eigenen Bourgeoisie. Und diese «eigene» Bourgeoisie verstand es, für die Kolonialpolitik einen Teil der Arbeiterklasse, insbesondere die qualifizierten Schichten, zu gewinnen. Auch die Führer der Arbeiterorganisationen, die Arbeiterbürokratie, die parlamentarischen Vertreter, die mehr oder weniger warme Plätzchen hatten und an eine «friedliche», «ruhige», «gesetzliche» Tätigkeit gewöhnt waren, gingen der Bourgeoisie auf den Leim. Denn die blutige Seite des Kapitalismus kam hauptsächlich nur in den Kolonien zur Geltung. In Europa und Amerika selbst entwickelte sich die Industrie rasch, und der Kampf der Arbeiterklasse nahm mehr oder weniger friedliche Formen an. Große Revolutionen hatte es (mit Ausnahme Rußlands) seit dem Jahre 1871 – für die meisten Länder seit 1848 – nicht gegeben. Alle gewöhnten sich an den Gedanken, daß der Kapitalismus sich auch weiterhin ebenso friedlich entwickeln werde, und wenn man von kommenden Kriegen sprach, so glaubte man selbst nicht daran. Ein Teil der Arbeiter aber – darunter auch die Arbeiterführer – gab sich immer mehr dem Gedanken hin, daß die Arbeiterklasse an der Kolonialpolitik interessiert sei und zusammen mit der eigenen Bourgeoisie das Gedeihen dieser «Sache des gesamten Volkes» fördern müsse. Infolgedessen begannen auch die kleinbürgerlichen Massen der Sozialdemokratie zuzuströmen. Kein Wunder, daß im Augenblick der Entscheidung die Anhänglichkeit an den imperialistischen räuberischen Staat die Oberhand gewann über die internationale Solidarität der Arbeiterklasse. Die Hauptursache des Unterganges der Zweiten Internationale lag also darin, daß die Kolonialpolitik und die Monopolstellung der größten staatskapitalistischen Trusts die Arbeiter – und insbesondere die «Spitzen» der Arbeiterklasse – an den imperialistischen Staat der Bourgeoisie fesselten.

In der Geschichte der Arbeiterbewegung hat es auch früher Fälle gegeben, wo die Arbeiter mit ihren Unterdrückern zusammengingen. Z. B. zur Zeit, als der Arbeiter noch mit seinem Herrn an einem Tische saß. Er betrachtete die Fabrik seines Herrn beinahe wie seine eigene; der Herr war für ihn kein Feind, sondern der «Arbeitgeber». Erst mit der Zeit begannen die Arbeiter der verschiedenen Fabriken sich gegen alle Herren zu vereinigen. Als die großen Länder sich in «staatskapitalistische Trusts» verwandelten, da zeigten die Arbeiter ihnen gegenüber noch ebenso Anhänglichkeit wie früher an den einzelnen Herren.

Erst der Krieg hat sie gelehrt, daß man nicht auf der Seite des eigenen bürgerlichen Staates stehen durfte, sondern gemeinsam diese bürgerlichen Staaten stürzen und zur Diktatur des Proletariats schreiten müsse.

§ 37. Die Losungen der Vaterlandsverteidigung und des Pazifismus

Der Verrat an der Arbeitersache und dem gemeinsamen Kampf der Arbeiterklasse wurde von den Führern der sozialistischen Parteien und der Zweiten Internationale damit gerechtfertigt, daß man angeblich das «Vaterland verteidigen» müsse.

Wir haben schon gesehen, daß in einem imperialistischen Krieg keine von den Großmächten sich verteidigt, sondern alle die Angreifenden sind. Die Losung der Vaterlandsverteidigung (des bürgerlichen Vaterlandes) war einfach ein Betrug, mit dem die Führer ihren Verrat decken wollten.

Hier müssen wir jedoch näher auf diese Frage eingehen.

Was ist eigentlich das Vaterland? Was versteht man darunter? Menschen, die dieselbe Sprache sprechen oder eine «Nation»? Keineswegs. Denn nehmen wir z. B. das zaristische Rußland. Als die russische Bourgeoisie von der Vaterlandsverteidigung schrie, da dachte sie keineswegs an das Land, in welchem eine Nation, sagen wir, die Großrussen, leben; nein, denn es handelte sich da um verschiedene Völker, die Rußland bewohnen. Wovon war also eigentlich die Rede? Von nichts anderem als von der Staatsgewalt der russischen Bourgeoisie und der Gutsbesitzer. Diese zu «verteidigen» wurde den russischen Arbeitern nahegelegt (in Wirklichkeit nicht zu verteidigen, sondern ihre Grenzen bis Konstantinopel und Krakau zu erweitern). Als die deutsche Bourgeoisie von Verteidigung des «Vaterlandes» heulte, um was handelte es sich da? Wiederum um die Macht der deutschen Bourgeoisie, um die Erweiterung der Grenzen des räuberischen Hohenzollern-Staates.

Wir müssen uns deshalb darüber klarwerden, ob die Arbeiterklasse unter der Herrschaft des Kapitalismus überhaupt irgendein Vaterland besitzt. Marx antwortete darauf im «Kommunistischen Manifest»: «Die Arbeiter haben kein Vaterland.» Warum? Sehr einfach: weil sie unter der Herrschaft des Kapitalismus über keine Macht verfügen, weil im Kapitalismus alles in den Händen der Bourgeoisie liegt, weil im Kapitalismus der Staat ein Mittel zur Niederhaltung und Unterdrückung der Arbeiterklasse ist. Die Aufgabe des Proletariats besteht darin, den Staat der Bourgeoisie zu zerstören und nicht, ihn zu verteidigen. Erst dann wird das Proletariat ein Vaterland haben, wenn es die Staatsgewalt erobert hat und zum Herrn des Landes geworden ist. Dann erst ist das Proletariat verpflichtet, sein Vaterland zu verteidigen: denn dann wird es seine eigene Macht und seine eigene Sache verteidigen, nicht aber die Macht seiner Feinde und die räuberische Politik seiner Unterdrücker.

Die Bourgeoisie versteht das alles ausgezeichnet, wie folgendes beweist: Als das Proletariat in Rußland die Macht eroberte, da nahm die russische Bourgeoisie den Kampf gegen Rußland mit allen Mitteln auf, wobei sie sich mit jedem beliebigen verbündete: mit den Deutschen, Japanern, Amerikanern, Engländern, und – wenn notwendig – auch mit dem Teufel und seiner Großmutter. Warum? Weil sie in Rußland die Macht, ihr eigenes Vaterland des Raubes, der Plünderung, der bürgerlichen Ausbeutung verloren hatte. Das proletarische Rußland aber, d. h. die Sowjetmacht, ist sie bereit, in jedem beliebigen Augenblick in die Luft zu sprengen. Ähnlich war es in Ungarn. Die Bourgeoisie rief zur «Verteidigung» Ungarns auf, solange die Macht in ihren Händen lag, einigte sich aber später sofort mit den Rumänen, Tschechoslowaken, Österreichern und der Entente und erwürgte im Bunde mit ihnen das proletarische Ungarn. Das bedeutet, daß die Bourgeoisie ausgezeichnet versteht, worum es sich handelt. Sie ruft unter der Phrase des Vaterlandes alle Bürger auf, ihre eigene, bürgerliche Macht zu befestigen und richtet wegen Hochverrats diejenigen, die darauf nicht eingehen wollen. Dagegen läßt sie sich durch nichts zurückhalten, das proletarische Vaterland zu sprengen.

Das Proletariat muß von der Bourgeoisie dasselbe lernen: es muß das bürgerliche Vaterland sprengen und nicht es verteidigen oder erweitern helfen, sein eigenes proletarisches Vaterland aber muß es mit allen Kräften, bis zum letzten Blutstropfen, verteidigen.

Hier können unsere Gegner einwenden: Ihr erkennt also an, daß die Kolonialpolitik und der Imperialismus zur Entwicklung der Industrie der großen Mächte beitrugen, daß dadurch einige Brocken vom Herrentisch für

Rosta-Plakat Nr. 443 (Oktober 1920)

1. Der Baron mischt sich ein.
2. Die Bande des Barons mischt sich ein.
3. Jagt den Baron hinaus!
4. Jagt seine Bande hinaus!

die Arbeiterklasse abfielen? Also muß man doch seinen eigenen Herrn verteidigen und ihm in seinem Konkurrenzkampf helfen?

Das ist aber keineswegs richtig. Nehmen wir z. B. zwei Fabrikanten an: Schulz und Petroff. Sie liegen einander auf dem Markte in den Haaren. Schulz sagt seinen Arbeitern: «Freunde! Verteidigt mich mit allen Kräften! Schadet, soviel Ihr könnt, der Fabrik Petroffs, ihm selbst, seinen Arbeitern usw. Dann wird meine Fabrik in Gang kommen, ich werde Petroff den Garaus machen, meine Geschäfte werden glänzend gehen. Und euch werde ich dann aus dem Gewinn eine Lohnerhöhung geben.» Dasselbe sagt Petroff seinen Arbeitern. Nehmen wir an, Schulz hätte gesiegt. Dann wird er vielleicht auch in der ersten Zeit eine Lohnerhöhung geben, später wird er aber alles wieder zurücknehmen. Wenn aber die Arbeiter Schulz' nun streiken und sich an die Arbeiter Petroffs um Hilfe wenden würden, könnten diese erwidern: «Was wollt ihr? Ihr habt uns hereingelegt, und jetzt kommt ihr zu uns, damit wir euch helfen? Schaut, daß ihr weiter kommt!» Ein gemeinsamer Streik könnte nicht zustandekommen. Die Zersplitterung der Arbeiter aber macht den Kapitalisten stark. Und er wendet sich nach der Niederringung seines Konkurrenten gegen die Arbeiter, deren Kräfte zersplittert sind. Die Arbeiter von Schulz gewannen zwar für einen Augenblick durch die Lohnerhöhung etwas mehr Lohn, verloren aber später alles. Geradeso ist es im internationalen Kampf. Der bürgerliche Staat stellt einen Bund der Herren dar. Will ein solcher Bund sich auf Kosten eines anderen bereichern, so kann er die Zustimmung der Arbeiter hierzu durch Geld gewinnen. Der Zusammenbruch der Zweiten Internationale und der Verrat am Sozialismus durch die Führer der Arbeiterbewegung waren möglich, weil die Führer gewillt waren, jene Brocken zu «verteidigen» und zu vergrößern, die für sie vom Herrentisch abfielen. Im Laufe des Krieges aber, als die Arbeiter infolge dieses Verrates zersplittert wurden, stürzte sich das Kapital von allen Seiten mit furchtbarer Wucht auf sie. Die Arbeiter sahen, daß sie sich verrechnet, daß die Führer der sozialistischen Parteien sie für einen Groschen verkauft hatten. Mit dieser Erkenntnis beginnt die Wiedergeburt des Sozialismus. Die Proteste kamen vor allem aus den Reihen der schlecht bezahlten, nichtqualifizierten Arbeiter. Die Schichte der Arbeiteraristokratie und die alten Führer setzten noch lange ihr Verräterspiel fort.

Ein Mittel der Irreführung und Verdummung der Arbeitermassen war, neben der Losung der Verteidigung des (bürgerlichen) Vaterlandes, der sogenannte Pazifismus. Was ist das? Das ist die Ansicht, daß schon innerhalb des Kapitalismus, ohne jede Revolution, ohne jeden Aufstand des Proletariats usw. der ewige Friede auf Erden eintreten werde. Es genüge nur, Schiedsgerichte zur Schlichtung von Streitigkeiten zwischen den verschiedenen Mächten einzusetzen, die Geheimdiplomatie abzuschaffen, die Abrüstung durchzuführen – wenn auch anfangs nur durch Einschränkung der Rüstungen – usw., und alles werde gut werden.

Der Grundirrtum des Pazifismus (des «Friedensschaffens») liegt darin zu glauben, daß die Bourgeoisie auf all diese Dinge wie Abrüstung usw. eingehen wird. Es ist aber ganz sinnlos, in der Epoche des Imperialismus und des Bürgerkrieges die Abrüstung zu predigen. Die Bourgeoisie wird sich trotz der Wünsche der Pazifisten bewaffnen. Und wenn das Proletariat abrüstet oder sich nicht bewaffnet, wird es sich einfach selbst der Vernichtung preisgeben. Darin besteht eben die Irreführung des Proletariats, die in den pazifistischen Losungen liegt. Ihr Ziel ist, die Arbeiterklasse von dem bewaffneten Kampfe um den Kommunismus abzulenken.

Als bestes Beispiel der Verlogenheit des Pazifismus können die Politik Wilsons und seine 14 Punkte gelten, wo unter dem Deckmantel der edelsten Dinge, darunter auch des Völkerbundes, der Weltraub und der Bürgerkrieg gegen das Proletariat durchgeführt werden. Welcher Niedertracht die Pazifisten fähig sind, sehen wir etwa aus folgenden Beispielen: Der gewesene Präsident der Vereinigten Staaten Taft ist einer der Begründer des amerikanischen pazifistischen Bundes und zu gleicher Zeit ein toller Imperialist; der bekannte amerikanische Automobilfabrikant Ford veranstaltete ganze Expeditionen nach Europa, um durch sie seinen Pazifismus in die Welt zu trompeten. Gleichzeitig steckte er aber Hunderte von Millionen Dollars Kriegsgewinne ein, denn alle seine Unternehmungen arbeiteten für den Krieg. Einer der maßgebendsten Pazifisten, A. Fried, sieht in seinem «Handbuch des Pazifismus» (Band II, Seite 149) die

«Brüderlichkeit der Völker» unter anderem in dem gemeinsamen Kriegszug der Imperialisten gegen China im Jahre 1900. Der offene, gemeinsame Raub, der von allen Mächten an China begangen wurde, wird als «Verbrüderung der Völker» angesehen. Und ebenso tischen die Pazifisten die Phrase vom «Völkerbund» auf, der in Wahrheit nichts ist als ein Kapitalistenbund.

§ 38. Die Sozialchauvinisten

Die betrügerischen Losungen, mit denen die Bourgeoisie tagaus, tagein mit Hilfe ihrer ganzen Presse (Zeitschriften, Zeitungen, Flugschriften usw.) die Massen überschüttete, wurden auch zu Losungen der Verräter am Sozialismus.

Die alten sozialistischen Parteien spalteten sich fast in allen Ländern in drei Richtungen: in die aufrichtigen und unverschämten Verräter – Sozialchauvinisten; in versteckte und schwankende Verräter – das sogenannte «Zentrum»; und endlich in diejenigen, die dem Sozialismus treu blieben. Aus den letzteren organisierten sich später die kommunistischen Parteien.

Als Sozialchauvinisten, d. h. als Prediger des Menschenhasses unter der Flagge des Sozialismus, der Unterstützung der bürgerlichen Räuberstaaten und der betrügerischen Losung der Vaterlandsverteidigung, erwiesen sich die Führer fast aller alten sozialistischen Parteien: in Deutschland – Scheidemann, Ebert, David,

Heine und andere; in England – Henderson; in Amerika – Samuel Gompers (der Führer der Gewerkschaften); in Frankreich – Renaudel, Albert Thomas, Jule Guesde und die Gewerkschaftsführer wie Jouhaux; in Rußland – Plechanow, Potressow, die rechten Sozialrevolutionäre (Breschko-Breschkowskaja, Kerenski, Tschernow) und die rechten Menschewiki (Liber, Rosanow); in Österreich – Renner, Seitz, Viktor Adler; in Ungarn – Garami, Buchinger und andere.

Alle waren für die «Verteidigung» des bürgerlichen Vaterlandes. Einige von ihnen traten ganz offen selbst für die räuberische Politik, für Gebietserwerbungen und Kriegsentschädigungen und für den Raub der Kolonien ein (Sozialimperialisten). Sie unterstützten während des ganzen Krieges diese Politik nicht nur durch Bewilligung der Kriegskredite, sondern auch durch die Art ihrer Propaganda. Das Manifest Plechanows in Rußland wurde vom zaristischen Minister Chwostow plakatiert. Der General Kornilow ernannte Plechanow zum Minister in seinem Kabinett. Kerenski (Sozialrevolutionär) und Zeretelli (Menschewik) versteckten vor dem Volke die Geheimverträge des Zaren; sie verfolgten das Proletariat Petrograds in den Julitagen; Sozialrevolutionäre und Menschewiki nahmen an der Regierung Koltschaks teil, Rosanow war ein Spion des Judenitsch. Mit einem Worte: sie waren, sowie die gesamte Bourgeoisie, für die Unterstützung des räuberischen bürgerlichen und für die Sprengung des proletarischen Sowjet-Vaterlandes. Die französischen Sozialchauvinisten traten in das Ministerium der Räuber ein (Guesde, Albert Thomas), sie unterstützten alle Raubpläne der Verbündeten, sie waren für die Erdrosselung der russischen Revolution und für die Entsendung von Truppen gegen die russischen Arbeiter; die deutschen Sozialchauvinisten traten ebenfalls, noch unter Wilhelm, in das Ministerium ein (Scheidemann), unterstützten Wilhelm, als er die finnische Revolution würgte, die Ukraine und Großrußland plünderte; Mitglieder der sozialdemokratischen Partei (Winnig in Riga) leiteten die Kämpfe gegen russische und lettische Arbeiter; sie ermordeten Liebknecht und Rosa Luxemburg und unterdrückten die Aufstände der kommunistischen Arbeiter in Berlin, Leipzig, Hamburg, München usw. in Blut und Greuel. Die ungarischen Sozialchauvinisten unterstützten seinerzeit die monarchistische Regierung und verrieten später die Räterepublik. Mit einem Wort, in allen Ländern haben sie sich als wirkliche Henker der Arbeiterklasse erwiesen.

Als Plechanow noch ein Revolutionär war, schrieb er in der im Ausland erscheinenden Zeitung «Iskra», daß das 20. Jahrhundert, dem es bestimmt sei, den Sozialismus zu verwirklichen, aller Wahrscheinlichkeit nach eine ungeheure Spaltung unter den Sozialisten und einen ungeheuren, erbitterten Kampf zwischen ihnen sehen werde. Sowie zur Zeit der französischen Revolution 1789–1793 die äußerste revolutionäre Partei («der Berg») einen Bürgerkrieg mit der gemäßigten, die später zur gegenrevolutionären Partei wurde («Gironde»), führte, so werden wahrscheinlich – so sagte Plechanow – im 20. Jahrhundert frühere Gesinnungsgenossen einander feindlich gegenüberstehen, weil ein Teil von ihnen auf die Seite der Bourgeoisie übergehen wird.

Diese Prophezeiung Plechanows ging völlig in Erfüllung. Nur wußte er damals nicht, daß er selbst unter den Verrätern sein werde.

Die Sozialchauvinisten (auch Opportunisten) verwandelten sich in offene Klassenfeinde des Proletariats. In der großen Weltrevolution kämpfen sie in den Reihen der Weißen gegen die Roten; sie gehen zusammen mit den Generälen, mit der Großbourgeoisie, den Gutsbesitzern. Es ist selbstverständlich, daß gegen sie ein schonungsloser Kampf, so wie gegen die Bourgeoisie, deren Agenten sie sind, notwendig ist.

Die Überbleibsel der Zweiten Internationale, die diese Parteien zu beleben versuchen, sind eigentlich nichts anderes als ein Büro des «Völkerbundes», einer Waffe der Bourgeoisie im Kampf gegen das Proletariat.

§ 39. «Das Zentrum»

Diese Richtung führt ihren Namen deshalb, weil sie zwischen den Kommunisten auf der einen und den Sozialchauvinisten auf der anderen Seite schwankt. Dieser Richtung gehören an: in Rußland – die linken Menschewiki mit Martow an der Spitze; in Deutschland

– die «Unabhängigen» (die Unabhängige Sozialdemokratische Partei) mit Kautsky und Ledebour; in Frankreich – die Gruppe um Jean Longuet; in Amerika – die Amerikanische Sozialistische Partei mit Hilquit; in England – ein Teil der Britischen Sozialistischen Partei und die Unabhängige Arbeiterpartei usw.

Zu Kriegsbeginn sprachen sich diese Leute mit allen Sozialverrätern für die Vaterlandsverteidigung und gegen die Revolution aus. Kautsky schrieb, daß das Allerschrecklichste die «feindliche Invasion» sei und daß man erst nach dem Krieg den Kampf gegen die Bourgeoisie werde aufnehmen können. Zur Kriegszeit hätte die Internationale, nach der Meinung Kautskys, nichts zu tun. Nach dem «Friedensschluß» schrieb Kautsky wieder, daß jetzt alles so zerstört sei, daß an Sozialismus gar nicht gedacht werden könne. Also: Während des Krieges dürfe man nicht kämpfen, weil es zu nichts führe, man müsse darum den Kampf auf die Zeit nach dem Frieden verschieben, und im Frieden wieder dürfe man nicht kämpfen, weil der Krieg alles erschöpft habe.

Die Theorie Kautskys ist eine Predigt der absoluten Ohnmacht, die das Proletariat versumpft. Noch schlimmer ist es, daß Kautsky in der Revolutionszeit mit einer wahnsinnigen Hetze gegen die Bolschewiki einsetzte. Er, der die Lehren Marx' vergessen hat, führt nun einen Feldzug gegen die Diktatur des Proletariats, gegen den Terror usw., ohne zu merken, daß er damit nur dem weißen Terror der Bourgeoisie hilft. Seine Hoffnungen sind eigentlich die Durchschnitts-Pazifisten (Schiedsgerichte u. dgl.), und darin gleicht er jedem beliebigen bürgerlichen Pazifisten.

Die Politik des «Zentrums» besteht darin, daß es ohnmächtig zwischen der Bourgeoisie und dem Proletariat hin und her pendelt, über seine eigenen Füße stolpert, da es das Unversöhnliche zu versöhnen wünscht und in entscheidenden Augenblicken das Proletariat verrät. Während der russischen Oktober-Revolution klagte das russische Zentrum (Martow und Komp.) über die Gewalttätigkeit der Bolschewiki. Es trachtete, alles zu «versöhnen», und leistete so den Weißgardisten Hilfe und schwächte die Energie des Proletariats im Kampfe. Die Partei der Menschewiki schloß nicht einmal diejenigen ihrer Mitglieder aus, die mit den Generälen sich verschworen hatten und für sie Spionendienste leisteten. In den schweren Tagen des Proletariats trat dieses «Zentrum» mit einer Streikagitation für die Konstituante und gegen die Diktatur des Proletariats auf; während der Koltschak-Offensive gaben manche dieser Menschewiki, in voller Übereinstimmung mit den bürgerlichen Verschwörern, die Losung aus, den Bürgerkrieg zu beenden (Menschewik Pleßkow). In Deutschland spielten die «Unabhängigen» zur Zeit der Arbeiteraufstände in Berlin eine verräterische Rolle, als auch sie im Kampf zu «versöhnen» anfingen und damit zur Niederlage beitrugen; unter den Unabhängigen gibt es sehr viele Anhänger des Zusammenarbeitens mit den Scheidemännern. Aber das Allerwichtigste ist, daß sie keine Agitation des Massenaufstandes gegen die Bourgeoisie betreiben und das Proletariat mit pazifistischen Losungen einhüllen. In Frankreich und England «verurteilt» das Zentrum die Gegenrevolution, «protestiert» mit Worten gegen die Erdrosselung der Revolution, zeigt aber eine völlige Unfähigkeit zu Massenaktionen.

Gegenwärtig ist die Gruppe des «Zentrums» ebenso schädlich wie die der Sozialchauvinisten. Die «Zentrumsleute» oder «Kautskyaner» versuchen ebenfalls den Leichnam der Zweiten Internationale zu beleben und die «Versöhnung» mit den Kommunisten herbeizuführen. Es ist klar, daß ohne endgültigen Bruch und ohne Kampf mit ihnen der Sieg über die Gegenrevolution undenkbar ist.

Die Versuche, die Zweite Internationale wiederherzustellen, wurden unter dem wohlwollenden Schutz des räuberischen «Völkerbundes» unternommen. Denn die Sozialchauvinisten sind heute tatsächlich die letzten Stützen der zerfallenden kapitalistischen Ordnung. Der imperialistische Krieg konnte nur deshalb fünf Jahre lang toben, weil die sozialistischen Parteien einen Treubruch an ihrer Klasse begingen. Die früheren sozialistischen Parteien wurden zum größten Hindernis im Kampf der Arbeiterklasse um den Sturz des Kapitals. Während der Kriegszeit wiederholte jede der sozialverräterischen Parteien das, was die Bourgeoisie sagte. Nach dem Versailler Frieden, als der «Völkerbund» gebildet wurde, stimmten die Überbleibsel der Zweiten Internationale (sowohl die Sozialchauvinisten als auch das Zentrum) in dieselben Losungen ein, die der «Völkerbund» aufgestellt hatte. Der «Völkerbund» beschuldigt die Bolschewiki – dasselbe tut die Zweite Internationale – des Terrors, der Verletzung der Demokratie, des «roten Imperialismus». Anstatt den entschlossenen Kampf gegen die Imperialisten zu führen, unterstützt sie deren Losungen.

§ 40. Die Dritte Kommunistische Internationale

Die Sozialchauvinisten und das «Zentrum» erwählten, wie wir gesehen haben, während der Kriegszeit die Verteidigung des (bürgerlichen) Vaterlandes (der Staatsorganisation der Feinde des Proletariats) zu ihrer Losung. Daraus entsprang der «Burgfrieden», d. h. die völlige Unterwerfung unter den bürgerlichen Staat. Man durfte z. B. nicht streiken, noch weniger aber sich gegen die verbrecherische Bourgeoisie erheben. Die Sozial-Verräter erklärten: vor allem müssen wir mit dem «äußeren Feinde» fertig werden, und nachher werden wir schon sehen. Auf diese Weise verschrieben sich die Arbeiter aller Länder der Bourgeoisie. Aber schon zu Kriegsbeginn erkannten die Gruppen ehrlicher Sozialisten, daß die «Vaterlandsverteidigung» und der «Burgfrieden» das Proletariat an Händen und Füßen fesseln werde, daß diese Losungen Verrat am Proletariat seien. Die Partei der Bolschewiki erklärte schon im Jahre 1914, daß nicht der Burgfrieden mit der verbrecherischen Bourgeoisie, sondern der Bürgerkrieg gegen sie, d. h. die Revolution, notwendig sei. Pflicht des Proletariats sei es, vor allem seine eigene Bourgeoisie zu stürzen. In Deutschland standen an der Spitze einer Gruppe von Genossen Karl Liebknecht und Rosa Luxemburg (Gruppe «Internationale»). Die Gruppe erklärte die internationale Solidarität des Proletariats für das Wichtigste. Bald darauf trat Karl Liebknecht offen mit der Losung des Bürgerkrieges auf und begann die Arbeiterklasse zum bewaffneten Aufstand gegen die Bourgeoisie aufzurufen. So entstand die Partei der deutschen Bolschewiki – die Spartakisten. In den anderen Ländern kam es ebenfalls zur Spaltung der alten Parteien. In Schweden bildete sich die sogenannte «linke sozialistische Partei», in Norwegen eroberten die «Linken» die ganze Partei. Die italienischen Sozialisten hatten während des Krieges immer den Gedanken des Internationalismus hochgehalten. Auf diesem Boden erwuchsen die Einigungsversuche, die auf zwei Konferenzen, in Zimmerwald und Kienthal, den Keim zur Bildung der Dritten Internationale legten. Bald zeigte sich aber, daß sich verdächtige Leute aus dem «Zentrum» eingeschlossen hatten, die die Bewegung nur bremsten. Innerhalb der «Zimmerwalder» internationalen Vereinigung entstand die sogenannte «Zimmerwalder Linke» mit dem Genossen Lenin an der Spitze. Die Zimmerwalder Linke bestand auf entschlossenem Handeln und kritisierte scharf das von Kautsky geführte «Zentrum».

Nach der Oktober-Revolution und der Aufrichtung der Sowjetmacht in Rußland, wurde Rußland zum Hauptpunkt der internationalen Bewegung. Um sich von den Sozialverrätern zu scheiden, kehrte die Partei zu dem alten, ruhmvollen und kampfesmutigen Namen zurück und nannte sich Kommunistische Partei. Unter dem Einfluß der russischen Revolution bildeten sich kommunistische Parteien auch in anderen Ländern. Der Spartakusbund änderte seinen Namen in «Kommunistische Partei Deutschlands»; in Ungarn, Deutsch-Österreich, Frankreich und Finnland bildeten sich kommunistische Parteien. In Amerika schloß das «Zentrum» die Linken aus der Partei aus, worauf sich die Ausgeschlossenen zu einer kommunistischen Partei zusammenschlossen; in England gründete sich die kommunistische Partei im Herbst 1919.

Aus diesen Parteien erwuchs die Kommunistische Internationale. Im März 1919 fand im Kreml, dem einstigen Zarenschloß in Moskau, der erste internationale kommunistische Kongreß statt, auf welchem die Dritte Kommunistische Internationale gegründet wurde. Diesem Kongreß wohnten die Vertreter der russischen, deutschen, deutsch-österreichischen, ungarischen, schwedischen, norwegischen, finnischen und anderer Kommunisten bei, ebenso der französischen, amerikanischen und englischen Genossen.

Der Kongreß nahm einmütig die von den deutschen und russischen Genossen vorgeschlagene Plattform an und zeigte, daß sich das Proletariat fest und entschlossen unter das Banner der Arbeiterdiktatur, der Sowjetmacht und des Kommunismus gestellt hatte.

Die Dritte Internationale legte sich den Namen Kommunistische Internationale bei, gleich dem Bund der Kommunisten, dessen Haupt noch Karl Marx gewesen war. Mit jeder ihrer Arbeiten beweist die Dritte Internationale, daß sie auf den Spuren Marx' wandelt, d. h. auf dem revolutionären Wege, der zum gewaltsamen Sturz der kapitalistischen Ordnung führt.

Kein Wunder, daß alles, was an Lebendigem, Ehrlichem, Revolutionärem im internationalen Proletariate vorhanden ist, sich der neuen Internationale anschließt, die alle Kräfte der Vorkämpfer der Arbeiter vereinigt.

Schon mit ihrem Namen beweist die Kommunistische Internationale, daß sie nichts Gemeinsames hat mit den Sozialverrätern. Marx und Engels hielten es nicht für richtig, daß einer Partei des revolutionären Proletariates der Namen «Sozial-Demokratie» beigelegt werde. «Demokratie» bedeutet eine bestimmte Staatsform. Wie wir aber oben gesehen haben, wird es in der zukünftigen Gesellschaft überhaupt keinen Staat geben. In der Übergangsperiode muß aber die Diktatur der Arbeiter herrschen. Die Verräter der Arbeiterklasse kommen über die bürgerliche Republik nicht hinaus. Wir aber wollen dem Kommunismus entgegengehen.

Im Vorwort zum «Kommunistischen Manifest» schrieb Engels, daß man unter «Sozialismus» (zu seiner Zeit) die Bewegung der radikalen Intelligenz verstehe, während der Kommunismus die der Arbeiter umfasse. Vor unseren Augen spielt sich dasselbe ab. Die Kommunisten stützen sich ausschließlich auf die Arbeiter, die «Sozialdemokratie» – auf die Arbeiteraristokratie, Intellektuellen, Wirtshausbesitzer und Krämer, auf das Kleinbürgertum überhaupt.

Die Kommunistische Internationale verwirklicht somit in der Tat die Lehre Marx', indem sie diese von den Auswüchsen befreit, die in der «Friedens»periode der Entwicklung des Kapitalismus an ihr wucherten. Das, was der große Lehrer des Kommunismus vor sechzig Jahren predigte, wird unter der Führung der Kommunistischen Internationale heute verwirklicht.

ZWEITER TEIL

Die Diktatur des Proletariats und der Aufbau des Kommunismus

EINLEITUNG

Bedingungen der kommunistischen Aufbautätigkeit in Rußland

§ 41. Die internationale Lage Rußlands
§ 42. Die Großindustrie in Rußland
§ 43. Die traurige Erbschaft des imperialistischen Krieges
§ 44. Der Bürgerkrieg und der Kampf gegen den Weltimperialismus
§ 45. Der kleinbürgerliche Charakter des Landes, der Mangel an großen organisatorischen Erfahrungen des Proletariats usw.

§ 41. Die internationale Lage Rußlands

Die Notwendigkeit der kommunistischen Umwälzung wird vor allem dadurch hervorgerufen, daß Rußland allzusehr in das System der Weltwirtschaft hineingezwängt ist. Und wenn gefragt wird, wie denn Rußland zur kommunistischen Gesellschaftsordnung übergehen könne, da es doch ein zurückgebliebenes Land sei, so muß diese Frage vor allem mit dem Hinweis auf die internationale Bedeutung der Revolution beantwortet werden. Die Revolution des Proletariats kann jetzt nur eine Weltrevolution sein. Und in dieser Richtung entwickelt sie sich auch. Europa wird unvermeidlich zur Diktatur des Proletariats übergehen müssen und damit – zum Kommunismus. Könnte also Rußland ein kapitalistisches Land bleiben, wenn Deutschland, Frankreich, England zur Diktatur des Proletariats übergehen? Es ist klar, daß auch Rußland in den Sozialismus hineingezogen werden muß. Seine Rückständigkeit, die verhältnismäßig schwache Entwicklung seiner Industrie u. dgl. – alle diese Mängel werden aufgesogen werden, wenn Rußland sich zusammen mit den fortgeschrittensten Ländern zu einer internationalen oder wenigstens europäischen Räterepublik vereinigen wird.

Allerdings wird nach der Kriegsverwüstung und der Revolution Europa furchtbar erschöpft und entkräftet dastehen. Doch ein mächtiges und entwickeltes Proletariat wird im Laufe einer Reihe von Jahren imstande sein, die riesige Industrie wiederherzustellen, die auch dem zurückgebliebenen Rußland helfen wird. Andererseits aber ist Rußland ein Land mit ungeheuren Naturschätzen: Holz, Kohle, Naphtha (Erdöl), Eisenerz, Getreide – all das könnte man bei einer guten Organisation und im Friedensstande in Hülle und Fülle haben. Wir könnten den westlichen Genossen mit unseren Rohstoffen behilflich sein. Unter der Voraussetzung, daß ganz Europa unter die Herrschaft des Proletariats gelangt, würde eine entwickelte Industrie für alle ausreichen. Da aber der Übergang der Macht an das Proletariat unabwendbar erfolgen wird, besteht die Aufgabe der Arbeiterschaft Rußlands darin, ihrerseits möglichst viel für die Sache des Überganges zum Kommunismus beizutragen. Dadurch ist, wie wir im I. Kapitel gesehen haben, zu erklären, daß unsere Partei ganz entschieden ihre Aufgabe in dem sofortigen Aufbau des Kommunismus sieht.

§ 42. Die Großindustrie in Rußland

Unsere (im Vergleich zur Landwirtschaft) kleine Industrie verfügte über eine mächtige kapitalistische Organisation. Im ersten Teil sahen wir, daß die wichtigsten Zweige unserer kapitalistischen Organisation in der Hand der Unternehmungen lagen, die Zehntausende von Arbeitern beschäftigten. Vom Jahre 1907 an zentralisierte sich die Industrie Rußlands rasch und wurde von einem Netz von Syndikaten und Trusts überzogen. Mit Kriegsbeginn ging die Bourgeoisie legal daran, den Staatskapitalismus zu organisieren. Und das bekräftigt gerade unsere Ansicht, daß sich unsere Industrie, wenn auch nur schwer, im gesamtrussischen Umfange organisieren und verwalten läßt. Es ist interessant, daß die rechten Sozialrevolutionäre und Menschewiki, die immer geschrien haben, der Sozialismus sei in Rußland absolut unmöglich, selbst immer für eine staatliche Regelung und Kontrolle der Industrie eintraten. Sie hielten das aber nur solange für notwendig, als die ganze Staatsgewalt der Bourgeoisie gehörte; nur der bürgerliche Staat sollte «regeln» und «kontrollieren». Die Menschewiki und Sozialrevolutionäre traten, trotz ihres Patriotismus, für einen Staatskapitalismus nach preußischem Muster ein. Nun wird aber jedermann einsehen, daß, wenn der Staatskapitalismus als möglich betrachtet wird, auch die sozialistische Organisation der Wirtschaft für möglich gehalten werden muß. Der Unterschied zwischen beiden besteht darin, daß in dem einen Falle die Wirtschaft vom bürgerlichen Staate organisiert wird, im anderen vom proletarischen Staate. Wenn die innere Produktion so rückständig wäre, daß von einer Organisation auch nicht die Rede sein könnte, dann wäre sie auch nicht auf staatskapitalistischer Grundlage durchzuführen. Denn in einem Lande, wo es keine Großindustrie, sondern nur eine Menge kleiner Unternehmer gibt, läßt sich keine staatskapitalistische Organisation aufbauen. Wir wissen ganz genau, daß die Organisation erst von einer bestimmten Stufe der Zentralisation des Kapitals an möglich wird. Einen derartigen Grad der Zentralisation hat das russische Kapital besessen. Das anerkennen sogar die Gegner des Kommunismus, wenn sie eine bürgerli-

Rosta-Plakat Nr. 444 (Oktober 1920)

1. Er erwürgte die eigene Revolution,
2. er wetzte seinen Dolch an der RSFSR.
3. Er half bloß dem Baron Wrangell, Ungarns Henker Horthy.
4. Genossen, vergeßt es nicht,
   wenn Ihr für solche Hilfe danken werdet.

che «staatliche Regelung» der Industrie für möglich halten. Die Rückständigkeit der russischen Volkswirtschaft bestand nicht darin, daß es keine großen Fabriken gab, sondern darin, daß die ganze Industrie in ihrer Gesamtheit nur einen kleinen Teil im Vergleich zur Landwirtschaft ausmachte. Daraus folgt ganz klar: das russische Proletariat muß trotz aller Schwierigkeiten die Industrie proletarisch organisieren und sie fest in der Hand halten bis zur Hilfe der westlichen Genossen. In der Landwirtschaft muß eine Reihe von Stützpunkten der kameradschaftlichen Gemeinschaft organisiert werden. Sobald wir uns aber mit der westlichen Industrie verbinden können, wird die organisierte gemeinsame Industrie es ermöglichen, auch die kleinen Produzenten und Bauern in diese große kameradschaftliche Gesamtorganisation einzugliedern.

Wenn wir eine gesamt-europäische Industrie hätten, die durch die Arbeiterklasse organisiert wäre, so könnte diese Industrie viele städtische Produkte an das Dorf geben. Dann könnte diese Ablieferung an das Land auf organisierte Art und Weise vor sich gehen. Nicht hunderttausende Privathändler, Kaufleute und Spekulanten, sondern staatliche Arbeitermagazine würden diese Produkte an die Dörfer verteilen. Selbstverständlich wären auch die Bauern verpflichtet, ihr Getreide als Gegenleistung, ebenfalls auf organisierte Weise, abzuliefern; die Landbevölkerung würde sich allmählich an die Gemeinwirtschaft gewöhnen. Mit Hilfe einer kräftigen Industrie könnte man auch der Bauernschaft zu Hilfe kommen.

Das alles zu erreichen ist aber sehr schwer. Und es werden Jahre vergehen, bis alles in Ordnung kommen und das Leben im neuen Geleise laufen wird.

§ 43. Die traurige Erbschaft des imperialistischen Krieges

Bis zum Siege der Weltrevolution ist Rußland auf sich selbst angewiesen. Der Arbeiterklasse, die im Jahre 1917 die Macht eroberte, fiel aber eine traurige Erbschaft zu. Rußland war zu einem völlig zerstörten, verarmten Lande geworden.

Der Krieg verzehrte alle Kräfte. Mehr als die Hälfte aller Fabriken mußte für den Krieg arbeiten und Material für das Zerstörungswerk vergeuden. Im Jahre 1915 allein wurden von den 11½ Milliarden der gesamten «Volkseinnahmen» 6 Milliarden für den Krieg verbraucht. Schon zu Beginn der Revolution kamen die furchtbarsten Folgen des Krieges klar zum Vorschein. Die metallurgischen Fabriken verminderten ihre Produktion um 40 Prozent, die Textilwerke um 20 Prozent; die Gewinnung von Kohle, Guß, Eisen und Stahl begann rasch zu sinken. Vom 1. März bis zum 1. August 1917 wurden 568 Unternehmungen geschlossen und über 100000 Proletarier brotlos gemacht. Die Staatsschuld erreichte eine ungeheuerliche Höhe. Und mit jedem Monat, mit jedem Tag verschlimmerte sich die Lage des Landes immer mehr und mehr.

Es ist selbstverständlich, daß das Proletariat, welches

im Oktober 1917 die Gewalt ergriffen hatte, vor eine ungemein schwierige Aufgabe gestellt wurde: in einem vollständig zugrunde gerichteten Lande die sozialistische Wirtschaft aufzurichten. Die Demobilisierung der Armee allein war mit Riesenausgaben verbunden; während derselben wurde unser Transportwesen, welches ohnehin durch den Krieg zerrüttet und zerstört worden war, fast völlig vernichtet, und unsere Eisenbahnen blieben beinahe ganz stehen. Die Güter- und Personenbeförderung wurde immer schwieriger. Neben der Produktion stockte auch der Verkehr.

Doch all das kann nicht als Einwand gegen die Arbeiterrevolution dienen. Wenn die Bourgeoisie noch herrschte, würde sie den großen imperialistischen Krieg fortsetzen; sie würde noch immer den Franzosen und Engländern Zinsen zahlen und, was das Wichtigste ist, alle Ausgaben auf die Arbeiter und Bauern überwälzen. Unsere Verarmung und Erschöpfung mußte das Proletariat zum Umbau der alten Welt auf einer neuen Grundlage führen: man mußte mit mehr Sparsamkeit und Organisiertheit das Alte verbrauchen, die Lasten der Ausgaben der Bourgeoisie aufbürden und mit allen Kräften und Mitteln, die nur dem Proletariat zur Verfügung stehen konnten, die Arbeiterschaft über Wasser halten. Diese dringende Arbeit wurde zur Aufgabe des Proletariats unter ungemein schwierigen Bedingungen.

§ 44. Der Bürgerkrieg und der Kampf gegen den Weltimperialismus

Die Bourgeoisie brachte während der ganzen Zeit alles in Bewegung, um den Arbeitern die Möglichkeit zu nehmen, die Produktion zu organisieren und ihre Aufbautätigkeit aufzunehmen. Als das Proletariat zur Herrschaft kam, begann die Bourgeoisie in ausgedehntem Maße zu sabotieren: alle ehemaligen hohen Beamten, Ingenieure, Lehrer, Bankbeamte und ihre gewesenen Chefs suchten mit allen Mitteln die Arbeit zu schädigen; eine Verschwörung folgte der anderen, ein weißgardistischer Aufstand löste den anderen ab. Die russische Bourgeoisie trat mit den Tschechoslowaken, der Entente, den Deutschen, Polen usw. in Verbindung und versuchte in ununterbrochenem Kriege das russische Proletariat zu erdrosseln.

Das Proletariat mußte eine Armee aufstellen, um sich der Heere des anstürmenden Imperialismus zu erwehren. Es ist aber selbstverständlich, daß dieser Krieg des Proletariats – ein wirklicher Befreiungskrieg – große Opfer fordert. Die Überreste der Industrie müssen die Rote Armee versorgen, Tausende der allerbesten Arbeiterorganisatoren müssen an die Armee abgegeben werden usw. Überdies gelang es nicht, die Bourgeoisie aus den Stellen, die sie sich zu Beginn der Proletarierherrschaft zu sichern wußte und die in ökonomischer Beziehung besonders wichtig waren, zu beseitigen. Die Don-Generäle raubten der Arbeiterklasse die Donez-Kohle.

Die Engländer erbeuteten die Naphthagruben Bakus. Die getreidereiche Ukraine, Sibirien, Teile des Wolgagebietes wurden von den gegenrevolutionären Truppen besetzt. Die Arbeiterschaft mußte und muß darum nicht nur mit der Waffe in der Hand die unzähligen Feinde zurückschlagen, sondern auch ihre proletarische Wirtschaft ohne die wichtigsten Produktionsmittel, ohne Heizmaterial und Rohstoffe aufbauen.

Damit ist der Leidensweg der Entwicklung zu erklären; die Arbeiterklasse muß zuerst ihre Feinde endgültig vernichten. Solange sie sie nicht geschlagen hat, kann sie die neue Ordnung nicht aufbauen.

Im Kampfe gegen die Arbeiterklasse nimmt die Bourgeoisie selbstverständlich zu allem Zuflucht, was das Proletariat wirtschaftlich erdrosseln kann: sie kreist es von allen Seiten ein (Rußland wird seit einigen Jahren blockiert) und läßt durch ihre weißen Heere auf den Rückzügen alles niederbrennen. So verbrannte z. B. Admiral Koltschak mehrere Millionen Pud Getreide, vernichtete er fast die Hälfte der Wolgaflotte usw. Der Widerstand der Bourgeoisie, ihr wütender Kampf, die Hilfe, die sie vom Weltimperialismus bekommt – das ist das zweite Hindernis, das sich der Arbeiterklasse auf ihrem Wege entgegenstellt.

§ 45. Der kleinbürgerliche Charakter des Landes, der Mangel an großen organisatorischen Erfahrungen des Proletariats usw.

Wir haben oben gesehen, daß unsere Produktion genügend zentralisiert war, um die Frage nach ihrer proletarischen Nationalisierung, ihrer Überführung in das Eigentum des Arbeiterstaates und ihrer Organisierung auf neuer Grundlage aufzurollen. Im Vergleich zu der gesamten Wirtschaft des Landes war aber unsere Industrie noch zu schwach. Die überwiegende Mehrheit unserer Bevölkerung ist ländlich, nicht städtisch. Nach der Volkszählung aus dem Jahre 1897 zählte man in Rußland neben 16 Millionen städtischer 101 Millionen Landbevölkerung (einschließlich Sibirien usw., aber ohne Finnland). Im Jahre 1913 betrug die Stadtbevölkerung Rußlands, nach Angaben Organowskis, rund 30 Millionen und die Landbevölkerung 140 Millionen. Die Stadtbevölkerung bildete also nur 18 Prozent der Gesamtbevölkerung. Das Fabrikproletariat macht aber lange nicht die ganze Stadtbevölkerung aus. In der Stadt leben Kaufleute und Fabrikanten, Kleinbürger und Intellektuelle – alle diese Schichten zusammengenommen zählen nach Millionen. Allerdings gibt es in den Dörfern gewesene Knechte, Halbproletarier, die Landarmen. Sie stützen die Arbeiter. Doch sind sie nicht so klassenbewußt und zu wenig organisiert.

Die ungeheure Mehrheit der Bevölkerung Rußlands wird von den kleinen Eigentümern gebildet. Sie seufzt zwar unter dem Joche des Kapitals und der Gutsbesitzer, ist aber so an ihre gesonderte, eigene, persönliche Wirtschaft gewöhnt, daß es schwer ist, sie mit einem Male für eine gemeinsame Sache, für den Aufbau einer kameradschaftlichen Gemeinwirtschaft zu gewinnen. Für sich ein Stück zu erobern, nur für die eigene Wirtschaft zu sorgen – diese Gewohnheit steckt fest in jedem kleinen Eigentümer, und deshalb ist der kommunistische Aufbau mit ungeheuren Schwierigkeiten verbunden, abgesehen noch von anderen Ursachen.

Unsere Schwäche spiegelt sich auch in der Arbeiterschaft wider. Im allgemeinen steckt in ihr ein revolutionärer Kampfgeist. Es gibt aber darunter auch rückständige Elemente; solche, die erst vor kurzem in die Stadt gekommen sind und über vieles noch genauso denken wie die Bauern und die vor allem noch nicht an eine Organisation gewöhnt sind. In dem Maße, als die Arbeiterklasse ihren Kampf zu führen gezwungen ist und in die Arbeit hineingezogen wird, schwinden diese Mängel. Es versteht sich aber von selbst, daß durch die heute noch bestehende Rückständigkeit eines Teiles der Arbeiterklasse unsere Aufgabe erschwert wird, ohne jedoch ihre Verwirklichung unmöglich zu machen.

VI. KAPITEL

Die Sowjetmacht

§ 46. Die Sowjetmacht
als die Form der proletarischen Diktatur
§ 47. Proletarische und bürgerliche Demokratie
§ 48. Der vorübergehende Klassencharakter
der proletarischen Diktatur
§ 49. Die materielle Möglichkeit der Verwirklichung
der Rechte der Arbeiterklasse
§ 50. Die Gleichheit der Arbeitenden
ohne Rücksicht auf Geschlecht, Religion und Rasse
§ 51. Der Parlamentarismus und die Sowjetordnung
§ 52. Das Militär und die Sowjetmacht
§ 53. Die führende Rolle des Proletariats
§ 54. Die Bürokratie und die Sowjetmacht

§ 46. Die Sowjetmacht als die Form der proletarischen Diktatur

Unsere Partei hat als erste die Forderung nach der Sowjetmacht aufgestellt und verwirklicht. Unter der Losung: «Alle Macht den Räten!» vollzog sich die große Oktober-Revolution des Jahres 1917. Vorher war diese Losung niemals aufgestellt worden. Das heißt aber nicht, daß sie «ausgeklügelt wurde». Im Gegenteil, sie entsprang den Bedürfnissen der Arbeiterklasse selbst. Schon in der Revolution der Jahre 1904 bis 1905 waren Klassenorganisationen der Arbeiterschaft entstanden: die Sowjets der Arbeiterdelegierten. In der Revolution 1917 tauchten diese Organisationen auf breiterer Grundlage auf: fast überall schossen die Sowjets der Arbeiter, Soldaten und später auch der Bauern wie Pilze nach dem Regen empor. Es wurde klar, daß diese Räte, die als Organe des Kampfes um die Macht auftraten, unabwendbar zu Organen der Macht werden mußten.

Vor der russischen Revolution 1917 wurde sehr viel von der proletarischen Diktatur gesprochen, doch wußte man eigentlich nicht, in welcher Form diese Diktatur verwirklicht werden würde. Die russische Revolution hat jetzt diese Form in der Gestalt der Sowjetmacht gefunden. Die Sowjetmacht verwirklicht die Diktatur des Proletariats, welches als herrschende Klasse in seinen Sowjets organisiert ist und mit Hilfe der Bauernschaft den Widerstand der Bourgeoisie und der Gutsbesitzer niederhält.

Früher glaubten viele, die Diktatur des Proletariats sei in der Form der sogenannten «demokratischen Republik» möglich, die von der konstituierenden Versammlung errichtet werden muß und vom Parlament, welches von allen Volksklassen gewählt ist, regiert wird. Und bis heute noch vertreten die Opportunisten und Verständigungs-Sozialisten dieselbe Anschauung, indem sie sagen, nur die Konstituante und die demokratische Republik können das Land vor dem schweren Bürgerkrieg retten. Das wirkliche Leben zeigt allerdings etwas ganz anderes. In Deutschland z. B. entstand nach der Revolution im November 1918 eine derartige Republik. Aber auch dort tobte während des Jahres 1918 und 1919 der blutige Kampf, in welchem die Arbeiterklasse mit der Forderung der Sowjetmacht auftrat. Die Lösung per Sowjetmacht wurde zu einer wirklichen internationalen Losung des Proletariats. In allen Ländern wird diese Forderung von den Arbeitern erhoben und überall mit der Losung der Arbeiterdiktatur verknüpft. Die Wirklichkeit bestätigte die Richtigkeit unserer Forderung: «Alle Macht den Räten!» – nicht nur bei uns in Rußland, sondern in allen Ländern, wo es ein Proletariat gibt.

§ 47. Proletarische und bürgerliche Demokratie

Die bürgerliche demokratische Republik stützt sich auf das allgemeine Wahlrecht und auf den sogenannten «Willen des ganzen Volkes», «der gesamten Nation», «ohne Rücksicht auf eine Klasse». Die Anhänger der bürgerlich-demokratischen Republik, der Konstituante usw. sagen uns, wir verletzen den gesamten Willen der Nation.

Im ersten Teil dieses Buches sahen wir, daß die gegenwärtige Gesellschaft aus Klassen mit gegensätzlichen Interessen besteht. Die Klassen kann man nicht aussöhnen, genauso wie man Wölfe und Schafe nicht aussöhnen kann. Die Wölfe fressen gerne die Schafe, diese müssen sich vor den Wölfen schützen, und es fragt sich nun, ob und wie es möglich sein kann, einen gemeinsamen Willen der Wölfe und Schafe festzustellen? Gibt es einen schafs-wölfischen Willen? Jeder vernünftige Mensch wird sagen, daß das ein Unsinn ist. Einen gemeinsamen schafs-wölfischen Willen kann es nicht geben. Es kann nur eines von beiden geben: entweder einen Wolfswillen, der die betrogenen und niedergedrückten Schafe versklaven, oder einen Schafswillen, der die Schafe den Wölfen entreißen und die Räuber verjagen will. Ein Mittelding gibt es hier nicht. Ebenso klar ist das Verhältnis zwischen den Klassen. In der gegenwärtigen Gesellschaft steht eine Klasse der anderen gegenüber, die Bourgeoisie dem Proletariat, das Proletariat der Bourgeoisie. Sie sind Todfeinde. Welchen gemeinsamen Willen können sie denn haben, einen arbeiter-bürgerlichen etwa? Es gibt entweder einen Willen der Bourgeoisie, die diesen ihren Willen auf verschiedene Arten der unterdrückten Volksmehrheit aufzwingt, oder einen Willen des Proletariats, das seinen Willen der Bourgeoisie aufdrängt. Besonders dumm ist es, von einem «Zwischenklassen-Willen» und «allgemein-nationalen Interessen» während des Bürgerkrieges, der Revolution, zu sprechen, wo die ganze Welt in allen Fugen kracht. Da will das Proletariat die Welt umändern, die Bourgeoisie aber – die alte Sklaverei befestigen.

Welchen «gemeinsamen» Willen können denn Proletariat und Bourgeoisie besitzen? Es ist klar, daß diese Worte von dem Willen des gesamten Volkes, worunter man alle Klassen versteht, ein Betrug ist. Einen derartigen Willen gibt es nicht und kann es auch nicht geben.

Die Bourgeoisie braucht aber diesen Betrug, um ihre Herrschaft zu rechtfertigen. Sie ist eine Minderheit. Sie kann nicht offen sagen, daß ein kleines Häuflein von Kapitalisten herrscht. Darum braucht sie die Lüge, als ob sie im Namen «des ganzen Volkes», «aller Klassen», «der gesamten Nation» u. dgl. herrsche.

Auf welche Weise wird diese Täuschung in der «demokratischen Republik» vollzogen? Das Proletariat ist auch in ihr unterdrückt, wirtschaftlich versklavt. Auch in der demokratischen Republik befinden sich die Fabriken und Werke im Besitze der Kapitalisten, und Grund und Boden in den Händen der Kapitalisten und Gutsbesitzer. Der Arbeiter hat nichts, außer seine Arbeitskraft, der arme Bauer einen geringen Landfleck. Sie sind gezwungen, ewig unter den fürchterlichsten Bedingungen zu arbeiten. Auf dem Papier dürfen sie vieles, in der Wirklichkeit – nichts. Weil alle Reichtümer, die Macht des Kapitals, in den Händen ihrer Feinde liegen. Und das ist die sogenannte bürgerliche Demokratie.

Die demokratische Republik existiert auch in den Vereinigten Staaten Amerikas, in der Schweiz und in Frankreich. In allen diesen Ländern aber stehen die schändlichsten Imperialisten, Trusts- und Bankkönige, die erbittertsten Feinde der Arbeiterschaft, an der Macht. Die demokratischste Republik, die es im Jahre 1919 gab, war die deutsche Republik mit ihrer Nationalversammlung. Das war aber die Republik der Liebknecht-Mörder.

Die Sowjetmacht verwirklicht eine neue, vollendete Art der Demokratie – die proletarische Demokratie. Das Wesen dieser proletarischen Demokratie besteht darin, daß sie die Produktionsmittel in den Besitz der Arbeitenden überführt und dadurch der Bourgeoisie die Macht entzieht. In dieser Demokratie werden gerade die vorher unterdrückten Massen und ihre Organisationen zu herrschenden Organen. Organisationen der Arbeiter und Bauern gab es auch in der kapitalistischen Gesellschaftsordnung, folglich auch in den bürgerlich-demokratischen Republiken. Dort verschwinden sie aber unter den Organisationen der Reichen. In der proletarischen Demokratie werden die Massenorganisationen der Arbeiter, Bauern-Halbproletarier usw. (die Sowjets, Verbände, Fabrikskomitees usw.) zur tatsächlichen Grundlage der proletarischen Staatsgewalt. In der Verfassung der Sowjetrepublik steht an erster Stelle der Grundsatz: «Rußland wird zur Republik der Arbeiter-, Soldaten- und Bauernsowjets erklärt. Alle zentrale wie lokale Macht gehört diesen Sowjets.»

Rosta-Plakat Nr. 473 (Oktober/November 1920)

Von Wrangell
Jagt Wrangell hinaus!
Wrangell ein Feind.
Wrangell in die Schlucht!

Durch die Sowjetdemokratie werden die Arbeiterorganisationen von der Verwaltung nicht nur nicht abgedrängt, sondern im Gegenteil zu Organen der Verwaltung. Da aber die Sowjets und andere Organisationen der Arbeiterklasse und der Bauernschaft Millionen der Werktätigen umfassen, so erhebt die Sowjetmacht zum ersten Male zu neuen Aufgaben eine unzählige Menge von Menschen, die früher vergessen waren und nicht zur Geltung kamen. Zur gemeinsamen Arbeit durch die Sowjets, die Gewerkschaften, Fabrikskomitees werden immer mehr und immer größere Massen des Volkes, der Arbeiter und armen Bauern herangezogen. In den Provinzstädtchen und auf den Dörfern sind mit den Verwaltungsarbeiten und dem Aufbau des neuen Lebens viele solcher Leute beschäftigt, die sich nie damit abgegeben hätten. Auf diese Weise verwirklicht die Sowjetmacht die breiteste Selbstverwaltung der verschiedenen Gegenden und die Einbeziehung der breiten Massen in diese Arbeit. Es ist begreiflich, daß die Aufgabe unserer Partei in der allseitigen Entwicklung dieser neuen proletarischen Demokratie liegt. Wir müssen danach streben, daß an der Arbeit der Organe der Sowjetmacht sich möglichst breite Schichten des Proletariats und der Dorfarmen beteiligen. Genosse Lenin schrieb ganz richtig in einer seiner Broschüren, die noch vor der Oktober-Revolution erschienen war, unsere Aufgabe bestehe darin, daß jede Köchin die Staatsverwaltung erlerne. Diese Aufgabe ist natürlich sehr schwer, und auf dem Wege ihrer Verwirklichung liegen viele Hindernisse. Vor allem liegen diese Hemmnisse in der ungenügenden

Kulturhöhe der Massen. Die fortgeschrittenen Arbeiter machen nur eine dünne Schicht aus, z. B. die Metallarbeiter. Es gibt aber auch zurückgebliebene Schichten, insbesondere auf dem flachen Lande. Sie haben häufig keine eigene Initiative, keine schöpferischen Gedanken und können darum über Bord bleiben. Die Aufgabe unserer Partei besteht in der systematischen, schrittweisen Einbeziehung auch dieser Teile in die allgemeine staatliche Arbeit. Zu dieser Arbeit kann man natürlich neue Schichten erst auf dem Wege der Hebung ihrer Kulturhöhe und ihrer Organisationsfähigkeit heranziehen, was ebenfalls unserer Partei zur Aufgabe gestellt ist.

§ 48. Der vorübergehende Klassencharakter der proletarischen Diktatur

Die Bourgeoisie versteckte immer ihre Klassenherrschaft unter der Maske «der Sache des gesamten Volkes». Wie konnte die Bourgeoisie, dieses Parasitenhäuflein, offen zugeben, daß sie allen ihren Klassenwillen aufdrängt? Konnte sie sagen, daß der Staat ihre Räuberorganisation ist? Natürlich nicht. Sogar dann, wenn die Bourgeoisie die Fahne der blutigen Generaldiktatur hißt, spricht sie noch immer von der «gesamtnationalen» Sache. Besonders geschickt täuscht sie das Volk in den sogenannten «demokratischen Republiken». Hier herrscht die Bourgeoisie und verwirklicht ihre Diktatur unter Einhaltung einiger «Äußerlichkeiten»: alle drei bis vier Jahre räumt sie den Arbeitern das Recht ein, einen

Wahlzettel in die Urne zu werfen; von der Herrschaft hält sie sie aber zurück. Dafür schreit sie um so lauter, daß «das ganze Volk» regiere.

Die Sowjetmacht gesteht offen vor allen ihren Klassencharakter ein. Sie hat nicht zu verbergen, daß sie eine Klassengewalt ist und daß der Sowjetstaat eine Diktatur der Armen ist. Sogar in ihrem Namen unterstreicht sie es: Arbeiter- und Bauernregierung heißt die Regierung der Sowjetmacht. In der Verfassung, das heißt in den Grundgesetzen unserer Sowjetrepublik, die vom Dritten Allrussischen Sowjetkongreß angenommen wurden, wird ausdrücklich gesagt: «Der Dritte Allrussische Kongreß der Arbeiter-, Soldaten- und Bauernsowjets stellt fest, daß gegenwärtig, im Augenblick des entscheidenden Kampfes des Proletariats gegen seine Ausbeuter, diese Ausbeuter in keinem Organe der Macht Platz finden können.» Die Sowjetmacht gesteht nicht nur ihren Klassencharakter ein, sie schreckt auch nicht vor der Entziehung des Wahlrechtes und der Ausschließung der Vertreter der Machtorgane jener Klassen zurück, die dem Proletariat und der Bauernschaft feindlich gesinnt sind. Warum kann und muß hier die Sowjetmacht so offen auftreten? Weil sie tatsächlich die Macht der Werktätigen, d. h. die Macht der Mehrheit der Bevölkerung ist. Sie braucht nicht zu verheimlichen, daß sie in den Arbeitervierteln geboren ist. Im Gegenteil, je klarer sie ihre Herkunft und Bedeutung unterstreichen wird, desto näher wird sie den Massen, desto erfolgreicher wird der Kampf gegen die Ausbeuter sein.

Doch werden diese Verhältnisse nicht immer anhalten. Das Wesentliche liegt ja darin, daß der Widerstand der Ausbeuter gebrochen werden muß. Wenn aber diese Ausbeuter niedergedrückt, gezügelt und gezähmt sind und sich in ebensolche Arbeitende wie alle übrigen verwandelt haben, so wird natürlich der Druck nachlassen und auch die Diktatur des Proletariats allmählich verschwinden.

> Dies ist in unserer Verfassung genau ausgesprochen. «Die Hauptaufgabe der für die gegenwärtige Übergangszeit bestimmten Verfassung der Russischen Sozialistischen Föderativen Sowjetrepublik besteht in der Errichtung der Diktatur des städtischen und ländlichen Proletariats und der armen Bauernschaft in der Gestalt einer starken Allrussischen Sowjetmacht zwecks völliger Niederzwingung der Bourgeoisie, Vernichtung der Ausbeutung eines Menschen durch den anderen und Verwirklichung des Sozialismus, wo es weder eine Klassenteilung, noch eine Staatsgewalt geben wird.»

Daraus ergeben sich auch die Aufgaben unserer Partei. Die Partei muß systematisch die bürgerliche Lüge enthüllen, die darin besteht, daß man dem Arbeiter irgendwelche Rechte einräumt und ihn doch in materieller Abhängigkeit von den Besitzenden beläßt. Die Aufgabe der Partei besteht darin, die Niederhaltung der Ausbeuter mit allen Mitteln, die nur dem Proletariate zur Verfügung stehen, durchzusetzen. Gleichzeitig besteht die Aufgabe der Partei auch darin, nach erfolgter Niederzwingung der Ausbeuter und ihrer Handlanger allmählich diese Maßnahmen abzuschwächen und aufzuheben, die früher notwendig waren. Wenn die Intellektuellen sich der Arbeiterschaft genähert und aufgehört haben werden, gegen die Arbeiter zu murren, wenn sie sich in ihrer Arbeit ganz und gar auf die Seite der Sowjetmacht gestellt und mit dem Proletariat zusammengelebt haben werden (und das ist bloß eine Frage der Zeit), dann ist die Sowjetmacht verpflichtet, diesen Intellektuellen alle Rechte zu geben. Heute aber, wo gegen die proletarische Republik die ganze Welt aufmarschiert, ist es natürlich verfrüht, von einer derartigen Erweiterung der Rechte zu reden. Wir müssen aber unaufhörlich betonen, daß dies eintreten wird, und zwar um so schneller, je rascher die verschiedensten Versuche der Ausbeuter zur Beseitigung des Kommunismus für immer unterdrückt sein werden. So wird allmählich der Staat des Proletariats absterben und eine staatslose kommunistische Gesellschaft erstehen, in welcher jede Klassenteilung verschwunden sein wird.

§ 49. Die materielle Möglichkeit der Verwirklichung der Rechte der Arbeiterklasse

Die bürgerliche Demokratie täuscht die Arbeiter mit Rechten, Scheinrechten, die aber nur auf dem Papiere stehen; sie gibt vor, daß die Arbeiter für das Parlament unbeeinflußt wählen können, daß sie dieselben Rechte besitzen wie die Herren (sie seien ja «vor dem Gesetze» gleich), daß sie vom Vereins- und Versammlungsrecht frei Gebrauch machen und beliebig Zeitungen, Bücher u. dgl. herausgeben können. Darin sieht man «das Wesen der Demokratie», und man erklärt, daß darunter die Demokratie für alle, für das ganze Volk, für alle Bürger zu verstehen ist, nicht so wie in der Sowjetrepublik. Es gibt aber in Wirklichkeit nirgends eine solche Demokratie.

Als bestes Beispiel dafür dient Amerika. In den Vereinigten Staaten wurden während des Krieges z. B. folgende Gesetze erlassen: Es ist verboten, den Präsidenten zu verhöhnen; die Verbündeten zu schmähen; den Eintritt der Vereinigten Staaten und der Verbündeten in den Krieg aus Erwägungen niedriger materieller Art zu erklären; einen frühzeitigen Frieden zu predigen; öffentlich die Politik der amerikanischen Regierung zu verurteilen; Deutschland zu rühmen und zu verherrlichen; den Sturz der bestehenden Gesellschaftsordnung, die Aufhebung des Privateigentums, den Klassenkampf u. dgl. zu predigen. Auf die Überschreitung dieser Vorschriften waren Strafen von 3 bis 20 Jahre Zwangsarbeit gesetzt. Wegen Verletzung dieser Gesetze wurden während eines Jahres fast 1500 Arbeiter verhaftet. Eine ganze Arbeiterorganistation (J. W. W.) wurde auseinandergejagt, und ihre Führer wurden zum Teile erschlagen. Als Beispiel «der Streikfreiheit» kann der Streik in den Kupfergruben von Arizona im Sommer 1917 dienen, wo man die Arbeiter niederschoß, sie peitschte und mit Pech überschüttete; wo man ganze Arbeiterfamilien aus ihren Wohnungen verjagte und zu Bettlern machte. Oder der Streik in den Kohlengruben von Rockefeller in Loodlow (Staat Colorado), wo die bezahlten Soldaten von Rockefeller (Bankier) einige hundert Arbeiter und Arbeiterinnen niederschossen und verbrannten. Das amerikanische Parlament, trotzdem es auf Grund des allgemeinen Wahlrechtes gewählt wird, tut alles, was ihm die Trustkönige befehlen. Fast alle Abgeordnete sind von ihnen bestochen. Alles diktieren die ungekrönten Könige: Rockefeller, der König der Banken, der Naphtha, des Brotes, der Milch; Morgan, der andere König der Banken und Eisenbahnen; Schwab, der Stahlkönig; Swift, der Fleischkönig; Dupont, der Pulverkönig, der während des Krieges unerhörte Reichtümer angehäuft hat. Es genügt zu sagen, daß Rockefeller in einer Stunde 10000 Dollar verdient; daß eines seiner Gastmähler 11 Millionen Dollar kostete. Wie kann man denn dieser Macht widerstehen? Und diese Bande der Schwabs und Rockefellers hält alles in ihren Händen unter dem Scheine der Demokratie!

Und wenn es auch wirklich eine Demokratie gäbe, so würde sie doch im Vergleich zur Sowjetmacht keinen roten Heller wert sein, weil für die Arbeiterklasse nicht papierne Rechte von Wert sind, sondern die Möglichkeit notwendig ist, sie auszuüben. Und gerade das gibt es unter der Herrschaft des Kapitals nicht, kann es nicht geben in einer Ordnung, wo den Kapitalisten ihr Eigentumsrecht auf alle Reichtümer erhalten bleibt. Auch wenn die Arbeiter auf dem Papier das Recht besitzen, sich zu versammeln, so können sie es oft nirgends ausüben: die Wirtsleute verweigern ihnen, aufgehetzt von den großen Haifischen oder aus eigenem Antrieb, die Räumlichkeiten – und Schluß. Ein zweites Beispiel: die Arbeiter wollen eine Zeitung erscheinen lassen. Aber dazu ist außer dem Recht auf Herausgabe auch Geld, Papier, ein Gebäude für das Comptoir, eine Druckerei u. dgl. nötig. Aber alle die Sachen sind in den Händen der Kapitalisten. Die Kapitalisten geben nun kein Geld – und Schluß; es ist nichts zu machen. Von den armseligen Arbeitergroschen kann man kein Kapital ansammeln. Dagegen hat die Bourgeoisie ihre millionenschweren Zeitungen, die tagaus, tagein das Volk nach Belieben belügen können.

Darin besteht ja das Wesen «der Freiheiten» für die Arbeiter in der bürgerlichen Demokratie. Diese Freiheiten sind nur auf dem Papier, sie sind, wie man sagt, «formelle Freiheiten»; tatsächlich gibt es hier keine Freiheit, weil sie nicht zu verwirklichen ist.

Es ist hier so wie auf allen Gebieten des Lebens. Nach den bürgerlichen Anschauungen sind Herr und Arbeiter in der kapitalistischen Gesellschaft gleich, weil es eine Vertragsfreiheit gibt: dem Herrn steht es frei, den Arbeiter aufzunehmen, dem Arbeiter steht es frei, sich zu verdingen. Aber das ist ja bloß auf dem Papier gewährleistet! In Wirklichkeit ist der Herr reich und satt, der Arbeiter hungrig und arm. Zwischen den Reichen und Armen kann es keine Gleichheit geben, wenn sie auch auf dem Papier verzeichnet ist. Darum tragen die «Freiheiten» unter der Herrschaft des Kapitals nur papiernen Charakter.

In der Sowjetrepublik bestehen die Freiheiten der Arbeiterklasse vor allem in der Möglichkeit, sie auszunützen. In der Verfassung der R. S. F. S. R. steht direkt gesagt (Abschnitt II, Kapitel V):

«14. Zwecks Sicherung der tatsächlichen Freiheit der Meinungsäußerung für die Arbeitenden hebt die Russische Sozialistische Föderative Sowjetrepublik die Abhängigkeit der Presse vom Kapital auf und übergibt der Arbeiterklasse und der Landarmut alle technischen und materiellen Mittel zur Herausgabe von Zeitungen, Broschüren, Büchern und allen anderen Druckwerken und sichert ihnen die freie Verbreitung im ganzen Lande.

15. Zwecks Sicherung einer tatsächlichen Versammlungsfreiheit für die Arbeitenden und in Anerkennung des Rechtes der Bürger der Sowjetrepublik, freie Versammlungen, Meetings, Umzüge u. dgl. zu veranstalten, stellt die R. S. F. S. R. der Arbeiterklasse und der Landarmut alle zur Veranstaltung von Volksversammlungen geeigneten Räumlichkeiten zur Verfügung, samt Einrichtung, Beleuchtung und Beheizung.

16. Zwecks Sicherung einer tatsächlichen Vereinsfreiheit für die Arbeitenden gewährt die R. S. F. S. R., nachdem sie die ökonomische und politische Macht der besitzenden Klassen gebrochen hat und damit alle Hemmnisse, die bisher in der bürgerlichen Gesellschaft die Arbeiter und Bauern an der Ausübung der Freiheit der Organisation und der Handlung hinderten, beseitigt

hat, den Arbeitern und den ärmsten Bauern jede materielle und sonstige Unterstützung zu ihrer Vereinigung und Organisierung.

17. Zwecks Sicherung einer tatsächlichen Bildungsmöglichkeit für die Arbeitenden macht es sich die R. S. F. S. R. zur Aufgabe, den Arbeitern und ärmsten Bauern die vollständige, allseitige und unentgeltliche Bildung zu gewähren.»

Darin besteht ein ungeheuer großer Unterschied zwischen den lügenhaften Freiheiten der bürgerlichen Demokratie und den tatsächlichen Freiheiten der proletarischen Demokratie.

Die Sowjetmacht und die Partei der Kommunisten haben sehr viel in dieser Frage geleistet. Die Adelshäuser, Theater, Druckereien, das Papier u. dgl. – alles gehört jetzt den Arbeiterorganisationen und der Staatsgewalt der Arbeiterschaft. Unsere weitere Aufgabe besteht darin, mit allen Mitteln den zurückgebliebenen Schichten des Proletariats und der Bauernschaft in der Ausübung ihrer Rechte zu helfen. Einerseits müssen wir ununterbrochen auf dem einmal vorgezeichneten Wege fortschreiten und mit allen Mitteln die materiellen Bedingungen der Arbeiterfreiheiten erweitern. Das heißt: nach Möglichkeit neue Häuser ausfindig machen, sie bauen, neue Druckereien einrichten, Arbeiterpaläste gründen und usw. Andrerseits die noch rückständigen Schichten über jene Möglichkeiten aufklären, die bereits existieren, aber von der Masse in ihrer Unaufgeklärtheit noch nicht ausgenützt werden.

§ 50. Die Gleichheit der Arbeitenden ohne Rücksicht auf Geschlecht, Religion und Rasse

Die bürgerliche Demokratie verkündet mit Worten eine Reihe von Freiheiten, doch für die Unterdrückten sind dieselben hinter fünf Schlössern und sieben Siegeln verwahrt. Dabei verkündet die Bourgeoisie mehrmals die Gleichheit der Menschen unabhängig von Geschlecht, Religion, Rasse und Nationalität. Sie verspricht praktisch, daß in der bürgerlich-demokratischen Gesellschaftsordnung Männer und Frauen, Weiße, Gelbe und Schwarze, Europäer und Asiaten, Buddhisten, Christen, Juden u. a. vor dem Gesetz gleich sein werden. Tatsächlich hat die Bourgeoisie nichts davon verwirklicht. Im Gegenteil. Im Zeitalter des Imperialismus verstärkte sich überall furchtbar die Unterdrükkung der Rassen und Nationen (darüber siehe ausführlich das nächste Kapitel). Aber sogar in bezug auf die Frauen hat die bürgerliche Demokratie keine Gleichheit durchgeführt. Die Frau blieb ein rechtloses Wesen und Haustier. Die arbeitende Frau ist in der kapitalistischen Gesellschaft besonders eingeschüchtert, rechtlos, auf allen Gebieten sind ihre Rechte sogar viel geringer als jene Bettlerrechte, die die Bourgeoisie dem männlichen Arbeiter eingeräumt hat. Das Wahlrecht für die Parlamente existiert bloß in zwei bis drei Ländern; auf dem Gebiete des Erbrechtes wird die Frau immer benachteiligt, sie erhält den geringsten Teil; auf dem Gebiete der Familienverhältnisse ist sie noch immer dem Mann unterworfen und bleibt in allen Dingen immer die Schuldige; kurz, unter der bürgerlichen Demokratie herrschen überall die gleichen Sitten, die den Sitten der Wilden sehr ähnlich sehen, als diese noch die Frauen tauschten, kauften, bestraften oder stahlen wie irgendeine Sache, eine Puppe oder ein Arbeitstier. «Eine Henne ist kein Vogel, ein Weib – kein Mensch»* – so wird in der Sklavengesellschaft die Frau gewertet. Diese Verhältnisse sind für das Proletariat äußerst ungünstig. Im ersten Teile des Buches haben wir gesehen, daß die Frauen in der Gesamtzahl der Arbeiter einen großen Teil ausmachen. Selbstverständlich wird der Kampf des Proletariats sehr geschwächt sein, wenn zwischen den zwei Hälften des Proletariats eine Ungleichheit herrscht. Ohne Hilfe seitens des weiblichen Proletariats ist kein gemeinschaftlicher Sieg, keine «Befreiung der Arbeit» möglich. Deshalb ist die Arbeiterschaft daran interessiert, daß zwischen dem männlichen und weiblichen Teile des Proletariats volle Kampfkameradschaft herrsche und daß diese Kameradschaft durch Gleichheit bekräftigt werde. Die Sowjetmacht hat als erste diese Gleichheit in allen Lebenszweigen durchgesetzt: in der Ehe, in den Familienbeziehungen, in den politischen Rechten u. dgl. – überall sind jetzt die Frauen den Männern gleichgestellt.

Die Aufgabe der Partei besteht jetzt darin, diese Gleichheit im Leben durchzusetzen. Hier ist vor allem

---

* Ein russisches Sprichwort. (Der Übersetzer)

eine ständige Aufklärung der breiten arbeitenden Schichten darüber notwendig, daß auch für sie die Versklavung der Frau sehr nachteilig ist. Bis jetzt wird noch, sogar unter den Arbeitern, die Frau verächtlich als «Weib» betrachtet; im Dorfe wird sogar häufig darüber gelacht, wenn ein «Weib» sich ebenfalls mit öffentlichen Angelegenheiten beschäftigt. In der Sowjetrepublik ist die arbeitende Frau neben dem Manne berechtigt, in alle Sowjets zu wählen und gewählt zu werden, sie kann die Stelle jedes beliebigen Kommissärs bekleiden, jede beliebige Arbeit in der Armee, in der Volkswirtschaft, in der Staatsverwaltung ausüben.

Unsere arbeitenden Frauen sind aber viel rückständiger als die männlichen Arbeiter. Sie werden aber auch von oben herab angesehen. Hier tut zähe Arbeit not: unter den Männern, damit sie aufhören, den arbeitenden Frauen «den Weg zu verlegen»; unter den Frauen, damit sie ihre Rechte ausnützen, nicht zurückschrecken, nicht verlegen werden.

Wir dürfen nicht vergessen: jede Köchin muß für die Staatsverwaltung vorbereitet werden.

Wir haben oben gesehen, daß das Wichtigste doch nicht das Recht auf dem Papier ist, sondern die Möglichkeit, dasselbe auszuüben. Wie soll die arbeitende Frau ihre Rechte ausüben, wenn sie ihre Hauswirtschaft führen, zu Markte gehen, sich anstellen, Wäsche waschen, die Kinder beaufsichtigen, das schwere Kreuz der Hauswirtschaft tragen muß?

Die Aufgabe der Sowjetmacht und unserer Partei muß darin bestehen, den arbeitenden Frauen diese Sache zu erleichtern, sie von den veralteten, vorsintflutlichen Verhältnissen zu entlasten. Die Organisation der Häuserkommunen (nicht solcher, wo gezankt wird, sondern wo wirklich menschlich gelebt wird) mit zentralen Wäschereien; die Organisation der Gemeinschaftsküchen, Tagesheime, Kindergärten, Spielplätze, Sommerkolonien für Kinder, Schulen mit gemeinschaftlicher Kinderspeisung usw. – das muß die Frau entlasten und ihr die Möglichkeit geben, sich mit alledem zu beschäftigen, womit sich der männliche Proletarier abgibt.

In der Zeit der Verheerung und des Hungers ist es natürlich schwer, diese Dinge gehörig einzurichten. Doch die Partei muß alles Mögliche aufbieten, um auch die arbeitende Frau zu gemeinsamer Arbeit heranzuziehen.

Über die Gleichberechtigung der Nationen, Rassen usw. siehe das folgende Kapitel: Hier führen wir nur die Paragraphen unserer Verfassung an, die sich auf diese Fragen beziehen (Abschnitt II, Kap. V):

«§ 20. Ausgehend von der Solidarität der Arbeitenden aller Völker, räumt die Russische Sozialistische Föderative Sowjetrepublik alle politischen Rechte der russischen Bürger den Ausländern ein, die auf dem Gebiete der russischen Republik von ihrer Arbeit leben und der Arbeiterklasse und der Bauernschaft, die nicht fremde Arbeit ausnützt, angehören, und anerkennt das Recht der lokalen Sowjets, diesen

Ausländern ohne jede langwierige Formalität die russische Staatsbürgerschaft zu verleihen.

§ 21. Die R. S. F. S. R. gewährt allen Ausländern, die wegen politischer und religiöser Vergehen verfolgt werden, das Asylrecht.

§ 22. Die R. S. F. S. R. erklärt in Anerkennung der gleichen Rechte der Bürger, ohne Rücksicht auf ihre Rassen- und Nationszugehörigkeit, die Einführung oder Zulassung irgendwelcher Privilegien oder Vorrechte auf dieser Grundlage als den Grundsätzen der Republik widersprechend, ebenso jede wie immer geartete Unterdrückung der nationalen Minderheiten oder die Beschränkung ihrer Gleichberechtigung.»

§ 51. Der Parlamentarismus und die Sowjetordnung

An der Spitze der bürgerlich-demokratischen Staaten steht das gesamte Parlament. Das ist eine Institution, die auf die eine oder andere Art gewählt wird: in einigen Ländern wählen fürs Parlament nur die Reichen, in den anderen wird auch ein Teil der Armen zugelassen, in den dritten wählen nur die Männer von einem gewissen Alter an, in den vierten auch die Frauen.

Aber auch dort, wo die Parlamente auf Grund des allgemeinen Wahlrechtes gewählt werden, kommen immer die Vertreter der Bourgeoisie an die Spitze des Parlaments, werden zur Mehrheit. Warum ist es überall so? Nach alledem, was wir früher gesagt hatten, ist das nicht schwer zu begreifen. Stellen wir uns vor, die Arbeiter, die im Lande in der Mehrzahl sind, besitzen das Wahlrecht. Stellen wir uns aber auch vor, daß alle Schätze im Besitze der Kapitalisten sind, daß alle Zeitungen ihnen gehören, daß sie über Versammlungssäle verfügen, daß ihnen Künstler, Druckereien und Millionen von Flugblättern zur Verfügung stehen, daß für sie die Prediger von allen Kanzeln sprechen, stellen wir uns auch ferner vor, daß die armen Arbeiter tagaus, tagein mit schwerer Arbeit beschäftigt sind, keine Zeit und keinen Ort haben, um sich zu versammeln, daß unter ihnen sich geriebene bürgerliche Burschen, Agenten der Bourgeoisie, herumtreiben (verschiedene Advokaten, Journalisten, Redner), die scheinbar anständige Losungen aufstellen, um die Arbeiter für sich zu gewinnen, stellen wir uns die riesige Geldmacht der Syndikatsherren vor, die sogar den ursprünglich ehrlichen Arbeitervertreter zu bestechen versucht, ihm Stellungen zuweist, ihn in den Zeitungen lobt u. dgl. m. Dann werden wir verstehen, warum sogar in demokratischen Parlamenten die Mehrheit aus offenen oder geheimen Agenten der Bourgeoisie, des Finanzkapitals und der Bankkönige besteht.

Die Wahl der eigenen Leute ist für die arbeitenden Massen mit großen Schwierigkeiten verbunden. Ist aber einmal einer zum Abgeordneten gewählt, dann pfeift er auf seine Wähler: für drei bis vier Jahre ist er gesichert. Er ist von den Wählern unabhängig. Er verkauft sich nach rechts und nach links. Und er darf auch nicht abberufen werden; das ist im Gesetz nicht vorgesehen.

So steht die Sache in der bürgerlich-demokratischen Republik, unter dem Parlamentarismus. In der Sowjetrepublik ist es ganz anders. Hier haben alle Parasiten – Kaufleute, Fabrikanten, Bischöfe und Gutsbesitzer, Generäle und Wucherer – kein Wahlrecht. Sie wählen nicht und werden auch nicht gewählt. Dafür sind die Wahlen für die Arbeiter und die Armen eine sehr einfache und leichte Sache. Überdies kann jeder zum Sowjet Gewählte von seinen Arbeiterwählern abberufen und an seine Stelle ein anderer gewählt werden. Wenn der Delegierte seine Pflichten schlecht erfüllt, seiner Fahne untreu wird usw., kann er abberufen werden. Dieses Abberufungsrecht ist noch nirgends in einem so ausgedehnten Maße durchgeführt wie in der Sowjetrepublik.

In der bürgerlichen Republik ist das Parlament eine «Schwatzbude»; die Abgeordneten halten nur Reden. Die wirkliche, tatsächliche Arbeit wird von den Beamten, den Ministern u. dgl. geleistet. Das Parlament nimmt aber Gesetze an und «kontrolliert» die Minister dadurch, daß es an sie verschiedene Anfragen richtet und darüber abstimmt, was die Regierung vorschlägt. Im Parlamente ist die ganze gesetzgeberische Gewalt vereinigt. Die vollziehende Gewalt liegt in den Händen der Minister. Es werden also die Angelegenheiten nicht vom Parlament erledigt: das Parlament und seine Abgeordneten reden bloß. In der Sowjetordnung steht die Sache ganz anders. Das höchste Organ ist der Sowjetkongreß. «Der Allrussische Sowjetkongreß» – heißt es in der Verfassung – «ist die höchste Gewalt der R. S. F. S. R.»

Er muß mindestens zweimal im Jahr zusammenkommen und einen Bericht über die gesamte Tätigkeit geben; er beschließt die entsprechenden Beschlüsse, die zu Gesetzen werden. Die Mitglieder des Kongresses sind keine berufsmäßigen Schwätzer, sondern Arbeiter, die die ständige Arbeit leisten. Der Kongreß überträgt die ihm zustehende Gewalt dem von ihm gewählten Zentral-Exekutivkomitee. In seinen Händen ist die gesamte vollziehende und gesetzgebende Gewalt vereinigt; er gliedert sich in die Volkskommissariate. So ist das Z. E. K. ein beschließendes und ausübendes, also ein tatsächlich arbeitendes Organ.

Das Z. E. K. steht, wie jede andere Sowjetinstitution, in engster Verbindung mit den Massenorganisationen der Arbeiter, auf die es sich auch stützt: die Sowjetinstitutionen stützen sich sowohl auf die kommunistische Partei, als auch auf die Gewerkschaften, die Fabrikkomitees und auf die Genossenschaften. Diese Organisationen umfassen mehrere Millionen Arbeitender, die alle die Sowjetmacht stützen. Durch diese Organisationen nehmen die arbeitenden Massen einen tatsächlichen Anteil an der Staatsverwaltung. Die kommunistische Arbeiterpartei und die Gewerkschaften stellen ihre Vertrauensleute für alle Verwaltungsstellen zur Verfügung. In der sogenannten demokratischen Republik gibt es nichts ähnliches. Der Arbeiter wirft bloß einen Stimmzettel in die Urne und damit ist seine Tätigkeit erschöpft. Er hat, wie die Bourgeoisie sagt, seine «Bürgerpflicht» erfüllt und braucht sich um nichts mehr zu kümmern.

Hier liegt auch eine der bereits erwähnten Grundtäuschungen vor. Auf dem Papier sieht es aus, als könnten die Arbeiter tatsächlich an der Staatsverwaltung, sei es auch nur insofern, als sie glaubten, Einfluß üben zu können, «teilnehmen». In Wirklichkeit stehen sie ganz und gar abseits: über alle Verwaltungsangelegenheiten entscheidet eine spezielle Kaste der bürgerlichen Beamten, die der Masse fern ist, die Bürokratie. Der Verwaltungsapparat ist von den Massen getrennt: die Massen stehen zu ihm in keiner Beziehung.

Bis zum 16. und 17. Jahrhundert wurden die Staatsbeamten nur aus der Mitte der Adeligen ernannt. Mit dem Übergange zur kapitalistischen Gesellschaftsordnung entstand die Berufsbeamtenschaft. In der neuesten Zeit wird diese Berufsbeamtenschaft hauptsächlich aus den Reihen der sogenannten Intellektuellen genommen, während ihre oberen Schichten die Großbourgeoisie liefert. Aber auch die kleinen Beamten werden im Geiste der Ergebenheit zum Räuberstaate erzogen; den Begabteren wird die Möglichkeit gegeben, «Karriere» zu machen und Rang, Orden und Titel zu erreichen. Darum sind alle diese Herren meist von Verachtung gegen «das gemeine Volk» erfüllt. Wie hoch die Zahl dieser Beamtenschaft ist und ihr Wachstum, kann man aus folgenden Zahlen ersehen (wir nehmen sie aus dem Buch von Olschewski: «Die Bürokratie»): In Österreich im Jahre 1874 waren rund 27000, im Jahre 1891 36000, im Jahre 1900 169000 Beamte; in Frankreich betrug die Zahl der Beamten im Jahre 1891 1,5 Millionen (gegen 4 Prozent der Gesamtbevölkerung); in England im Jahre 1891 gegen 1 Million (2,6 Prozent); in den Vereinigten Staaten im Jahr 1890 750000 usw. Der bürgerliche Schriftsteller Olschewski charakterisiert die Bürokratie folgendermaßen: Schablone und Routine, Kanzleigeist, überheblicher Dienstton, Kleinlichkeit sind in ihr vorherrschend. Und gerade diese Beamtenschaft regiert in allen kapitalistischen Ländern. Wir wiederholen, daß die höchsten Beamten hauptsächlich aus den Kreisen der Großbourgeoisie und der adeligen Gutsbesitzer genommen werden. In der kapitalistischen Gesellschaft, wo die Bourgeoisie die Macht hat, kann es eben nicht anders sein.

In der Sowjetrepublik haben die Massen nicht nur zu wählen (und dabei wählen sie nicht käufliche Advokaten, sondern eigene Leute), sondern auch an der Verwaltung teilzunehmen, denn in diese Verwaltung sind auch die Sowjets und andere Massenorganisationen der Arbeiter einbezogen.

Was die Sowjets selbst anbelangt, so sind die Wahlen zu ihnen so eingerichtet, daß die Verbindung mit den Massen erhalten bleibt. Denn die Sowjetwahlen erfolgen nicht bezirksweise, sondern nach den Arbeitsstellen, nach Betriebseinheiten (Fabriken, Werken usw.).

So verwirklicht die Sowjetmacht die höhere, volkstümlichere Form der Demokratie, die proletarische Demokratie.

Worin besteht nun die weitere Aufgabe der Partei?

Der Weg ist klar: sie muß die proletarische Demokratie verwirklichen und in immer weiterem Umfange dafür sorgen, daß eine innige Annäherung der arbeitenden Amtsgenossen (der Delegierten, Vertrauensmänner) an die Massen stattfindet und erhalten bleibt. Es sind immer breitere Massen zur unmittelbaren Beteiligung an der Verwaltung heranzuziehen; endlich ist die Kontrolle über die Delegierten und deren Arbeit aufzurichten und ständig wachzuhalten. Die Verantwortlichkeit und Rechnungslegung der gewählten und amtierenden Delegierten müssen in möglichst breitem Umfange durchgeführt werden.

Die Erfüllung aller dieser Aufgaben erfordert eine ungeheure Arbeit. Dabei entsteht eine Reihe praktischer Schwierigkeiten. Die Hindernisse müssen aber überwunden und es muß eine volle und untrennbare Einheit des Staatsapparates und der aktiven Massen des Proletariats und der Landarmut erreicht werden; nur so kann der Kommunismus aufgebaut werden.

§ 52. Das Militär und die Sowjetmacht

Die proletarische Demokratie sowie jede Staatsgewalt besitzt ihre eigene bewaffnete Macht, ihre Armee und Flotte. Im bürgerlich-demokratischen Staat dient das Militär zur Unterdrückung der Arbeiterschaft und als Verteidigungsmittel für den bürgerlichen Geldsack. Die proletarische Armee, die Rote Armee der Sowjetrepublik, dient den Klassenzielen des Proletariats und dem

Kampfe gegen die Bourgeoisie. Darum ist in den Verhältnissen und in den politischen Rechten zwischen der bürgerlichen und proletarischen Armee ein tiefer Unterschied. Die Bourgeoisie ist gezwungen zu lügen, daß sie ihre Armee «außerhalb der Politik» halte. Tatsächlich macht sie die Armee zum Werkzeug ihrer räuberischen und gegenrevolutionären Politik unter der Flagge der Verteidigung «der Interessen der gesamten Nation». Sie wendet alle Anstrengungen an, um das Volk und die Armee zu entzweien. Mit tausend Mitteln raubt sie den Soldaten jede Möglichkeit, ihre politischen Rechte auszuüben. In der Sowjetrepublik ist es anders. Hier erklärt das Proletariat offen, daß unsere Armee ein Instrument des politischen Klassenkampfes gegen die Bourgeoisie ist. Zweitens begünstigt hier der Staat mit allen Mitteln die Verschmelzung der Armee mit dem Volke; die Arbeiter und die roten Soldaten sind in ihren Sowjets vereinigt (sie heißen auch «die Sowjets der Arbeiter und der roten Soldaten»); die Arbeiter und die roten Soldaten sitzen in denselben Schulen, Kursen, besuchen gemeinsam Meetings, beteiligen sich gemeinsam an Demonstrationen. Wiederholt haben die Arbeiter den roten Soldaten die Kampffahnen übergeben. Im Sowjetstaat, der nichts anderes ist als die große Republik der Werktätigen, kann der Erfolg im Kampfe gegen die Feinde nur dann erzielt werden, wenn die Einigung der Roten Armee mit der revolutionären Arbeiterklasse gesichert ist. Je mehr die Arbeiterschaft mit der Armee verschmolzen sein wird, um so stärker wird unsere militärische Macht sein. Und unsere Partei muß dieses

Bündnis natürlich stützen, entwickeln und festigen. Die Erfahrung hat bereits bewiesen, wie die Verbindung mit proletarischen Organisationen auf die Armee einwirkt. Es genügt, sich des Widerstandes zu erinnern, der dem Koltschak im Sommer 1919 und Denikin im Herbste desselben Jahres geboten wurde. Diese Siege waren nur deshalb möglich, weil Genossen aus der Partei, aus den Gewerkschaften usw. der Armee zu Hilfe eilten und ihr zuströmten. Darum ist die Rote Armee des Proletariats tatsächlich, nicht nur dem Namen nach, die erste Volksarmee, geschaffen von dem Willen der Arbeitenden, von ihnen organisiert, in untrennbarer Verbindung mit ihnen stehend und durch ihre Vertreter in den Sowjets das Land verwaltend. Sie ist nicht etwas Abgesondertes, sondern dieselbe Arbeiterklasse und Landarmut, die unter der Führung der Arbeiterschaft marschiert. Sie lebt zusammen mit den im Hinterlande Arbeitenden. Dieses Band zu festigen ist die unbedingte Aufgabe unserer Partei.

§ 53. Die führende Rolle des Proletariats

In unserer Revolution, die eine kommunistische Revolution ist, spielt das Proletariat die erste Rolle, die Rolle des Führers. Das Proletariat ist die geschlossenste und bestorganisierte Klasse. Das Proletariat ist die einzige Klasse, welche durch die Lebensbedingungen der kapitalistischen Gesellschaft zu richtigen kommunistischen Ansichten erzogen wurde, ein richtiges Ziel und die richtigen Wege zu diesem Ziele gefunden hat. Es ist deshalb kein Wunder, wenn das Proletariat zum Führer und Weiser in dieser Revolution geworden ist. Die Bauernschaft (die Mittelbauern, zum Teil auch die Landarmen) schwankte häufig. Und sie erzielte Erfolge nur dann, wenn sie mit dem Proletariate ging.

Diese führende Rolle des Proletariats fand ihre Widerspiegelung auch in der Sowjetverfassung. Nach deren Gesetzen besitzt das Proletariat besondere politische Vorrechte. Auf dem Sowjetkongresse wird eine bestimmte Zahl von Arbeitern durch mehr Delegierte vertreten als die gleiche Anzahl Bauern.

Hier die entsprechenden Paragraphen aus der Verfassung:

«Der Allrussische Sowjetkongreß wird aus den Vertretern der städtischen Sowjets gebildet, die auf je 25 000 Wähler einen Delegierten entsenden, und den Vertretern der gouvernementalen Sowjetkongresse, die für je 125 000 Einwohner einen Delegierten wählen. (Dritter Teil, Kap. VI, Art. 25.)

Die Sowjetkongresse setzen sich wie folgt zusammen:
a) Gautagungen – aus den Vertretern der städtischen Sowjets und der Kreistagungen nach dem Schlüssel, daß auf je 25 000 Einwohner ein Delegierter entfällt, von den Städten aber auf je 5 000 Wähler ein Delegierter, auf den gesamten Gau jedoch nicht mehr als 500 – aus den Vertretern der gouvernementalen Sowjetkon-

Ausschnitt aus Rosta-Plakat Nr. 537 (November 1920)
(siehe Rückseite)

Willst Du Deine Jahre so verbringen?

Rosta-Plakat Nr. 537 (November 1920)

Hör her, Bauer, Arbeiter und Arbeiterin!
1. Willst Du Deine Jahre so verbringen?
2. Nein?
3. Dann, wie der Rotarmist für Euch alles an der Front opfert,
4. opfere Du alles für die Fronthilfe.

gresse, die nach derselben Norm gewählt werden, wenn diese Tagung unmittelbar vor der Gautagung zusammentritt.

b) Gouvernements-(Bezirks-)Tagungen aus Vertretern der städtischen Sowjets und der Gemeindebezirkstagungen, und zwar entfällt auf je 10 000 Einwohner ein Delegierter, von den Städten aber auf je 2000 Wähler ein Delegierter, doch aber nicht mehr als 300 Delegierte auf das ganze Gouvernement, wobei im Falle der Einberufung einer Kreisrätetagung unmittelbar vor der des Gouvernements die Wahlen nach derselben Norm, nicht von der Gemeindebezirks-, sondern der Kreistagung vorgenommen wird.» (Dritter Teil, Kap. X., Art. 53.)

In den Städten werden die Delegierten nach der Wählerzahl, in den Dörfern nach der gesamten Einwohnerzahl gewählt. (Hier werden nicht nur die Arbeiter gezählt, sondern auch die Wucherer, Pfaffen, die landwirtschaftlichen Bourgeois unter anderen, sowie die Kinder, die kein Wahlrecht besitzen.) Die Vorrechte der Arbeiter gegenüber den Bauern sind also nicht gar so groß, wie es auf den ersten Blick erscheint. Doch sind sie zweifellos vorhanden.

Diese in der Verfassung verankerten Vorrechte bringen nur das zum Ausdruck, was in Wirklichkeit war, als das in den Städten vereinigte Proletariat der nicht geeinten Dorfmasse voranging.

Die Aufgabe der kommunistischen Partei ist es, die

Arbeiter vor allem über den vorübergehenden Charakter dieser Vorrechte aufzuklären. In dem Maße, als die mehr rückständigen Bauernmassen aufgeklärt werden, je mehr sie aus Erfahrung die Richtigkeit und Vorteile der Arbeiterführer erkannt haben; je mehr sie einsehen werden, daß sie nicht denselben Weg zu gehen haben wie die Bourgeoisie, sondern daß sie sich einzig und allein der Führung des Proletariats anvertrauen müssen, um so eher wird die Ungleichheit fallen.

Die Vorrechte des Proletariats muß die kommunistische Partei ausnützen, um mit deren Hilfe das Dorf zu beeinflussen und die fortgeschrittensten Arbeiter mit den Bauern zu verbinden. Nur so wird die revolutionäre Aufklärung der Dorfarmut von Erfolg begleitet sein. Diese Vorrechte werden der Arbeiterschaft nicht dazu gewährt, damit sie sich einschließe und vom Dorfe fernhalte, sondern dazu, um dieselben auszunützen und durch das größere Gewicht in den Sowjets und der gesamten Staatsverwaltung die Arbeiterschaft dem Dorfe näherzubringen; die kameradschaftliche Einigung des Proletariats mit den mittleren Bauern und der Armut herbeizuführen und zu stützen und sie von dem Einflusse der Wucherer, Pfaffen, gewesenen Gutsbesitzer usw. zu befreien.

§ 54. Die Bürokratie und die Sowjetmacht

Die Sowjetmacht hat sich als die Macht einer neuen Klasse, des Proletariats, auf den Ruinen der alten bürgerlichen Macht organisiert. Bevor das Proletariat seine eigene Macht organisiert hatte, zerstörte es die fremde Macht seiner Gegner. Mit Hilfe der Sowjetmacht versetzte es dem alten Staate die letzten Schläge und vernichtete so seine letzten Reste. Das Proletariat zerstörte die alte Polizei, die Überreste der Ochrana, die Gendarmerie, das zaristisch-bürgerliche Gericht mit seinen Staatsanwälten und bezahlten Verteidigern; es fegte wie mit einem eisernen Besen unzählige alte Kanzleien weg, vernichtete die bürgerlichen Ministerien mit der Beamtenarmee usw. Was war dabei das Ziel des Proletariats? Und welche allgemeine Aufgaben hat die kommunistische Partei? Darüber haben wir bereits im ersten Teile des Buches gesprochen. Die Aufgabe besteht darin, an Stelle der alten Beamtenschaft die Massen selbst zu setzen; es so einzurichten, daß die ganze arbeitende Bevölkerung sich um die Sache der Verwaltung kümmere (in manchen Ämtern der Reihenfolge nach für kurze Fristen, an anderen mit längeren Zwischenräumen). Doch hier stießen wir auf eine Reihe großer Schwierigkeiten.

Erstens: Ungenügende Entwicklung, Unaufgeklärtheit, Schüchternheit der rückständigen Schichten in der Stadt und noch mehr auf dem flachen Lande. Aktive, rührige, mutige und vollständig orientierte «Vorkämpfer» sind verhältnismäßig dünn. Die anderen beginnen sich erst langsam zu rühren. Es gibt aber auch viele, die sich fürchten, an die Arbeit zu gehen, die ihre Rechte noch nicht kennen und sich noch nicht als Herren des Landes fühlen. Das ist nicht verwunderlich. Jahrhunderte lang zurückgesetzte und unterdrückte Massen können nicht auf einmal ganz aus dem halbwilden Zustand zur Verwaltung eines Landes übergehen. Zuerst tritt die am meisten entwickelte Schicht auf; so sind z. B. die Petrograder Arbeiter überall zu treffen; sie sind häufig Kommissäre in der Armee und Organisatoren der Industrie; Mitglieder der Vollzugsausschüsse auf dem Lande, Propagandisten, Mitglieder der höchsten Sowjetinstitutionen und Lehrer. Allmählich ringen sich aber aus der Masse neue Kräfte empor. Selbstverständlich macht sich die allgemeine niedrige Kulturhöhe hindernd fühlbar.

Zweitens: Der Mangel an Erfahrung in Verwaltungsangelegenheiten. Der ist auch oft bei den besten Genossen merkbar. Die Arbeiterklasse hat ja zum ersten Male die Macht ergriffen. Sie hat es nie gelernt zu verwalten und auch niemals selbst verwaltet. Im Gegenteil, sowohl die zaristische Regierung durch viele Jahrzehnte, als auch die kurzlebige Regierung Kerenskis haben alle Mittel in Bewegung gesetzt, um das Proletariat von diesen Aufgaben fernzuhalten. Der Bourgeoisstaat ist ja eine Organisation nicht zur Erziehung, sondern zur Niederhaltung der Arbeiter. Es ist natürlich, daß die Arbeiterschaft Rußlands, die jetzt an der Macht ist, in der Praxis lernend, wiederholt Fehler macht. An diesen Fehlern lernt sie aber.

Drittens: Die bürgerlichen Fachleute alten Stils. Das Proletariat Rußlands war gezwungen, sie im Dienste zu belassen. Es unterwarf sich aber diese Kreise und brach ihre Sabotage. Allerdings bringen diese noch häufig ihre alten Gewohnheiten und Gebräuche mit: sie behandeln die Massen von oben herab und halten sich fern von denselben, stärken dadurch den alten bürokratischen Geist usw. und stecken damit leider auch unsere Leute an.

Viertens: Der Abzug unserer besten Kräfte für die Armee. In den schwersten Momenten des Bürgerkrieges müssen oft die besten Kräfte für die Armee abgezogen werden, denn diese braucht besonders treue, ehrliche und mutige Kämpfer. Im Hinterlande wird dadurch die Schicht der alten proletarischen Vorkämpfer immer dünner.

Alle diese Umstände erschweren unsere Arbeit ungeheuer und begünstigen zu einem gewissen Grade eine teilweise Wiedererstehung des Bürokratismus innerhalb der Sowjetordnung. Darin liegt eine große Gefahr für das Proletariat. Es hat den alten Beamtenstaat nicht darum zerstört, damit er von unten wieder auferstehe. Die kommunistische Partei muß dieser Gefahr vorbeugen. Sie kann durch die Heranziehung der Massen selbst aufgehalten werden. Das Wichtigste ist natürlich die Hebung der kulturellen Lage der Arbeiter- und Bauernmasse, deren Aufklärung und die Vermehrung der Elementarbildung. Daneben ist eine ganze Reihe anderer Maßnahmen notwendig. Als solche empfiehlt die kommunistische Partei:

Die obligate Heranziehung jedes Sowjetmitgliedes zur Ausführung einer bestimmten Arbeit in der Staatsverwaltung. Jedes Sowjetmitglied soll nicht nur die allgemeinen Fragen erörtern, sondern auch selbst irgendeine öffentliche Arbeit verrichten, irgendein öffentliches Amt bekleiden.

Die stetige Abwechslung dieser Arbeiten. Das bedeutet, daß ein Genosse nach Ablauf einer bestimmten Zeit eine andere Arbeit zu übernehmen hat und sich so allmählich an alle Hauptverwaltungszweige gewöhnt. Er darf nicht auf einem und demselben Fleck jahrelang sitzen bleiben, sonst wird auch er ein Bürokrat; er muß nach Erlernung eines Verwaltungszweiges zu einem anderen übergehen.

Endlich empfiehlt die Partei als allgemeine Arbeitsrichtung die allmähliche Heranziehung der gesamten arbeitenden Bevölkerung, ohne jede Ausnahme, zur Staatsverwaltung. Darin liegt eigentlich die Grundlage unserer Politik.

Manches ist bereits nach dieser Richtung hin unternommen worden. So wurden z. B. die Hausdurchsuchungen bei der Bourgeoisie in Petrograd von zehntausenden Proletariern vorgenommen und die Stadtbewachung fast der ganzen arbeitenden Zivilbevölkerung übertragen. Zur Ablösung der Männer wurden auch Frauen zum Milizdienst herangezogen. In den Sowjets finden z. B. auch Nichtmitglieder als Hilfskräfte Verwendung, die abwechselnd die Arbeit des Vollzugsausschusses oder seiner Abteilungen kennenlernen. Dasselbe wird auch in den Fabrikkomitees und Gewerkschaften gemacht. Kurz, in der einen oder anderen Form, in welcher am besten, wird die Zeit zeigen, müssen wir auf dem Wege der Pariser Kommunen fortschreiten, das Verwaltungswerk vereinfachen, die

Massen zu demselben heranziehen, jeden Bürokratismus beseitigen. Je ausgedehnter diese Beteiligung der Massen an den Verwaltungsarbeiten sein wird, um so schneller verschwinden alle Überreste irgendeines Bürokratismus. Und mit dem Schwinden der sich sträubenden Bourgeoisie wird auch jeder Staat begraben: die Menschen werden nicht mehr über Menschen regieren, sondern über Sachen: Maschinen, Gebäude, Lokomotiven, Apparate. Dann wird die kommunistische Gesellschaftsordnung vollendet sein.

Das Absterben des Staates wird sich nach dem vollen Sieg über die Imperialisten rasch vollziehen. Heute ist die russische Sowjetmacht infolge des grausamen Bürgerkrieges noch gezwungen, ihre Organisationen auf militärischer Grundlage aufzubauen.

Dadurch wird eine militärisch-proletarische Diktatur aufgerichtet; die Republik ist ein bewaffnetes Lager. Das wird natürlich verschwinden, sobald der militärische Aufbau aller Organisationen nicht mehr notwendig sein wird.

VII. KAPITEL

Die nationale Frage und der Kommunismus

§ 55. Nationale Unterdrückung
§ 56. Proletarische Einigkeit
§ 57. Die Ursachen des nationalen Hasses
§ 58. Die Gleichberechtigung der Nationen
und das Selbstbestimmungsrecht; die Föderation
§ 59. Wer bringt den Willen der Nation
zum Ausdruck?
§ 60. Antisemitismus und Proletariat

§ 55. Nationale Unterdrückung

Eine besondere Art der Unterdrückung eines Menschen durch den anderen ist die nationale Unterdrückung.

Die nationale Hetze ist ein Mittel zur Verdummung des Proletariats und zur Verblendung seines Klassenbewußtseins; die Bourgeoisie weiß diese Hetze geschickt für ihre Interessen zu benützen.

Untersuchen wir, wie ein klassenbewußter Proletarier an die nationale Frage herantreten muß und wie sie im Interesse des raschen Sieges des Kommunismus zu lösen wäre.

Unter Nation oder Volk versteht man eine Menschengruppe, die durch eine gemeinsame Sprache vereinigt ist und ein bestimmtes Gebiet bewohnt. Das sind die wichtigsten und die grundsätzlichsten Merkmale der Nation.*

Was nationale Unterdrückung ist, kann mit Beispielen erklärt werden. Die zaristische Regierung verfolgte die Juden, sie verbot ihnen in Rußland zu leben, ließ sie zu keinem Staatsdienste zu, beschränkte ihre Aufnahme in die Schulen, veranstaltete Judenpogroms usw. Dieselbe Regierung verbot den Ukrainern, ihre Kinder in

---

* Die Juden z. B. besaßen einmal ein Gebiet und eine gemeinsame Sprache; gegenwärtig haben sie kein Gebiet, und die hebräische Sprache kennen nicht alle; die Zigeuner haben eine eigene Sprache, aber kein bestimmtes Gebiet. Die seßhaften Tungusen in Sibirien besitzen ein Gebiet, haben aber ihre Sprache verlernt.

Schulen mit ukrainischer Sprache zu schicken, ebenso Zeitungen in der Muttersprache herauszugeben.

Die deutsche Regierung sperrte die polnischen Schulen, die österreichische drängte den Tschechen gewaltsam die deutsche Sprache auf. Die englische Bourgeoisie vergewaltigte und vergewaltigt die Einheimischen in Afrika und Asien, unterjocht die zurückgebliebenen halbwilden Völker, beraubt sie und schießt sie bei jedem Befreiungsversuch nieder.

Kurz, wenn in einem Staate eine Nation alle Rechte genießt und die andere nur einen Teil dieser Rechte; wenn eine schwache Nation an eine stärkere angegliedert ist, wobei ihr die fremde Sprache, die Sitten u. dgl. aufgezwungen werden, und sie nicht nach ihrer Eigenart leben kann, so ist dies nationale Unterdrückung und nationale Ungleichheit.

§ 56. Proletarische Einigkeit

Vor allem müssen wir die wichtigste und hauptsächlichste Frage stellen und lösen, ob für den russischen Arbeiter und Bauern der Deutsche, Franzose, Engländer, Jude, Chinese, Tatare Feinde sind, ohne Rücksicht auf ihre Klassenzugehörigkeit? Kann das Proletariat hassen oder dem Vertreter eines anderen Volkes nur deswegen Mißtrauen entgegenbringen, weil er eine andere Sprache spricht oder weil er eine schwarze oder gelbe Hautfarbe hat, weil er sich anderer Sitten und Gebräuche bedient? Es ist klar, daß er dies nicht kann und nicht darf. Der Arbeiter Deutschlands, Frankreichs, der arbeitende Neger ist genau ein solcher Proletarier wie der russische Arbeiter. Welche Sprache die Arbeiter aller Länder auch sprechen mögen, das Wesen ihrer Lage besteht darin, daß sie alle vom Kapital ausgebeutet werden, daß sie in ihrer Armut, Unterdrückung und Rechtlosigkeit alle Genossen sind.

Kann denn ein russischer Arbeiter seinen Kapitalisten nur deswegen mehr lieben, weil dieser ihn auf echt russische Art beschimpft, ihm echt russische Faustschläge versetzt, die Streikenden mit einer echt russischen Nagaika mißhandelt? Natürlich kann er es nicht, genausowenig, wie der deutsche Arbeiter seinen Kapitalisten nicht deswegen mehr lieben kann, weil dieser ihn in deutscher Sprache und auf deutsche Art verhöhnt. Die Arbeiter aller Länder sind Klassenbrüder und Feinde der Kapitalisten aller Länder.

Genau dasselbe kann man auch von den armen Bauern aller Nationen sagen. Dem russischen armen und mittleren Bauern stehen der ungarische Halbproletarier, der arme Bauer Siziliens und Belgiens näher als der eigene reiche Wucherer, der echt-russische Gutsbesitzer und Menschenschinder.

Die Arbeiter der ganzen Welt müssen einander aber nicht nur als Klassenbrüder erkennen. Es wäre nutzlos, wenn sie über ihre Kapitalisten nur jeder in seiner Sprache schimpfen und nur für sich in ihrem Staate den Kampf gegen ihre Feinde führen würden. Die Brüder in Unterdrückung und Knechtschaft müssen auch Brüder in einem internationalen Bunde zum Kampfe gegen das

Kapital sein. Nur dann, wenn sie sich in einem derartigen internationalen Bund vereinigt haben werden, können sie das Weltkapital besiegen. Darum hatten vor siebzig Jahren die Begründer des Kommunismus Marx und Engels im «Kommunistischen Manifeste» die große Losung verkündet: «Proletarier aller Länder, vereinigt euch!».

Die Arbeiterschaft muß alle nationalen Vorurteile und Feindschaften überwinden, nicht nur im Interesse eines internationalen Angriffs auf das Kapital, sondern auch zur Organisierung einer einheitlichen Weltwirtschaft. So wie Sowjetrußland allein ohne die Donez-Kohle, das Baku-Naphtha und die Baumwolle aus Turkestan nicht auskommen kann, vermag auch ganz Europa das russische Holz, Jute, Flachs, Platin und das amerikanische Getreide nicht zu entbehren, Italien nicht die englische Kohle, England nicht die ägyptische Baumwolle usw. Die Bourgeoisie ist nicht imstande, die Weltwirtschaft zu organisieren, und aus diesem Grunde droht ihr der Untergang. Nur das Proletariat kann eine derartige Wirtschaft organisieren. Aber nur unter der Losung: die ganze Welt, alle ihre Reichtümer gehören der ganzen arbeitenden Menschheit. Aber diese Losung bedeutet den vollständigen Verzicht der deutschen, englischen und anderen Arbeiter auf ihre nationalen Vorrechte. Wo nationale Vorurteile und nationale Unersättlichkeit der internationalen Industrie und Landwirtschaft den Weg verrammeln, müssen sie beseitigt werden.

§ 57. Die Ursachen des nationalen Hasses

Aber den Kommunisten genügt es nicht, der nationalen Unterdrückung und den nationalen Vorurteilen den Krieg zu erklären und die internationale Verbrüderung im Kampfe gegen das Kapital und für den Wirtschaftsbund des siegreichen Proletariats zu verkünden. Es muß ein Mittel gefunden werden, möglichst schnell jeden nationalen Chauvinismus und Egoismus, jede nationale Beschränktheit und Selbstüberhebung, jedes nationale Mißtrauen der arbeitenden Massen zu überwinden.

Nationaler Zwist und Feindschaft sind sehr alter Herkunft. Es gab eine Zeit, wo die einzelnen Stämme miteinander nicht nur Krieg um Land und Wälder führten, sondern auch ihre Mitmenschen aus den anderen Stämmen auffraßen. Ein Rest dieses tierischen Mißtrauens und Hasses eines Volkes gegen das andere, einer Rasse gegen die andere, lebt auch heute noch in den Arbeitern und Bauern aller Länder. Mit der Entwicklung des Weltverkehrs, der wirtschaftlichen Annäherung, Wanderung und Vermischung aller Völkerschaften, die auf ein Territorium geraten, insbesondere durch den gemeinsamen Klassenkampf der Arbeiter aller Länder, stirbt dieser Rest langsam ab. Hie und da flackert er allerdings mit neuer Macht auf, wenn zum nationalen Haß sich noch die Klassengegensätze gesellen.

Die Bourgeoisie jedes Landes unterjocht ihr Proletariat. Aber sie bietet auch alles auf, um ihrem Proletariate nachzuweisen, daß nicht sie der Feind sei, sondern die umgebenden fremden Völker. Die deutsche Bourgeoisie ruft ihren Arbeitern zu: Schlage den Franzosen, schlage den Engländer! Die englische Bourgeoisie schreit: Schlage den Deutschen! In der letzten Zeit beginnt die Bourgeoisie aller Länder zu schreien: Haut den Juden! All das mit der Absicht, den Klassenkampf der Arbeiterschaft gegen ihre kapitalistischen Unterdrücker in einen nationalen Kampf zu verwandeln.

Aber die Bourgeoisie gibt sich mit der nationalen Hetze allein nicht zufrieden, um die Arbeiter vom Kampfe um den Sozialismus abzulenken. Sie versucht die Arbeiter auch materiell an der Unterjochung der anderen Völker zu interessieren. Als während des letzten Weltkrieges die deutschen Bourgeois schrien: «Deutschland, Deutschland über alles!» verwiesen die bürgerlichen Wirtschaftsgelehrten Deutschlands die deutschen Arbeiter darauf, wieviel sie selbst am Siege, also an der Unterdrückung und Ausbeutung der besiegten Länder, gewinnen werden. Vor dem Kriege hat die Bourgeoisie auch tatsächlich die Spitzen der Arbeiterklasse durch die Profite, die sie von der Plünderung der Kolonien und der Unterjochung der «kleineren» Völker eingeheimst hatte, bestochen. Die Arbeiter der fortgeschrittenen europäischen Länder sind auf diese Art den Kapitalisten aufgesessen und ließen sich von ihren Sozialpatrioten einreden, daß auch die Arbeiterschaft ein Vaterland besitze, da auch sie Teilhaberin an der Plünderung der Kolonien und wirtschaftlich abhängigen Völker sei. Der Arbeiter, der unter dem Kapitalismus zum Patrioten wird, verkauft um ein paar lumpige Heller sein wahres

Vaterland, den Sozialismus, und hilft die weniger entwickelten Nationen erwürgen.

§ 58. Die Gleichberechtigung der Nationen und das Selbstbestimmungsrecht; die Föderation

Die kommunistische Partei, die jeder Unterdrückung des Menschen durch den Menschen den Krieg erklärt, tritt auch auf das entschiedenste gegen die nationale Unterdrückung auf, die während des Bestandes der bürgerlichen Gesellschaftsordnung unvermeidlich ist. Noch entschlossener kämpft sie gegen die geringste Mitbeteiligung der Arbeiterklasse selbst an dieser Unterdrückung. Es genügt aber noch nicht, daß das Proletariat der großen und mächtigen Staaten sich von jedem Versuch der Unterdrückung anderer Völker lossage. Es ist nowendig, daß das Proletariat der unterdrückten Nationen seinen Genossen gegenüber kein Mißtrauen hege, wenn diese auch Staaten angehören, die bisher Unterdrückerstaaten waren. Als Tschechien von der deutschen Bourgeoisie Österreichs unterdrückt war, da sah der tschechische Arbeiter in allen Deutschen Unterdrücker. Die Polen waren vom russischen Zarismus niedergehalten, aber in der polnischen Bevölkerung blieb das Mißtrauen gegen alle Russen zurück, nicht nur gegen die russischen Zaren, Gutsbesitzer und Kapitalisten. Um mit der Wurzel jedes Mißtrauen der Arbeiter der unterdrückten Nationen gegen die Arbeiter der Unterdrückernationen auszumerzen, ist es nötig, nicht nur die volle nationale Gleichheit zu verkünden, sondern sie auch im Leben zu verwirklichen. Diese Gleichheit muß in einer Gleichberechtigung der Sprachen, der Schulen, der Religion usw. zum Ausdruck kommen. Nicht allein das; das Proletariat muß bereit sein, die volle nationale Selbstbestimmung durchzuführen, d. h. der arbeitenden Mehrheit jeder beliebigen Nation die volle Möglichkeit geben, über die Frage zu entscheiden, ob diese Nation in einer Staatsgemeinschaft mit der anderen leben will oder nicht, ob sie in einen engen freiwilligen Staatsverband (Föderation) eintreten oder sich ganz lostrennen will.

Erlauben Sie, wird der Leser fragen, kann denn ein Kommunist für die Lostrennung der Nationen eintreten? Wie wird es dann um den einheitlichen proletarischen Weltstaat stehen, den alle Kommunisten anstreben? Darin scheint ein Widerspruch zu liegen.

Es ist kein Widerspruch darin, werden wir antworten. Gerade im Interesse der rascheren Erreichung einer vollständigen Einheit der ganzen arbeitenden Welt ist es manchmal notwendig, einer vorübergehenden Lostrennung einer Nation von der anderen zuzustimmen.

Untersuchen wir alle Fälle, die hier möglich sind. Nehmen wir an, in Bayern, das einen Teil des vereinigten Deutschland bildet, sei die Räte-Republik ausgerufen worden, in Berlin aber herrsche noch immer die bürgerliche Diktatur des Noske und Scheidemann. Dürfen in diesem Falle die bayerischen Kommunisten die Unabhängigkeit Bayerns anstreben? Nicht nur die bayerischen, sondern auch die Kommunisten des übrigen Deutschland müssen die Lostrennung des Räte-Bayern begrüßen, da diese Trennung nicht eine Lostrennung vom deutschen Proletariat, sondern vom Joche der herrschenden deutschen Bourgeoisie bedeuten würde. Nehmen wir den entgegengesetzten Fall. In ganz Deutschland, außer Bayern, sei die Sowjetmacht errichtet. Die Bourgeoisie Bayerns tritt für die Abtrennung von Sowjet-Deutschland ein, das Proletariat Bayerns für den Anschluß an dasselbe. Wie sollen sich da die Kommunisten verhalten? Es ist klar, daß die Kommunisten Deutschlands die Arbeiter Bayerns unterstützen und mit der Waffe in der Hand die Lostrennungsbestrebungen der bayerischen Bourgeoisie unterdrücken müssen. Dies wird nicht eine Unterdrückung Bayerns, sondern der bayerischen Bourgeoisie bedeuten.

Setzen wir den Fall, die Sowjetmacht sei in England und Irland verkündet, d. h. in einem unterdrückenden und einem unterdrückten Lande. Nehmen wir ferner an, die irischen Arbeiter haben kein besonderes Vertrauen zu den Arbeitern Englands, zu den Arbeitern jenes Landes, das sie jahrhundertelang unterdrückt hat. Nehmen wir an, sie wollen die vollständige Lostrennung von England. Diese Lostrennung ist wirtschaftlich schädlich. Welchen Standpunkt sollen in diesem Falle die englischen Kommunisten einnehmen? Sie dürfen auf keinen Fall gewaltsam, d. h. so wie es die englische Bourgeoisie getan hat, Irland zu einem Bund mit sich zwingen. Sie müssen Irland die volle Möglichkeit bieten, sich loszutrennen.

Warum?

Erstens, um ein für allemal den irischen Arbeitern zu zeigen, daß nicht die englischen Arbeiter, sondern die englische Bourgeoisie Irland unterdrückte, und sie müssen auf diese Weise das Vertrauen der irischen Arbeiter gewinnen.

Zweitens, damit die irischen Arbeiter sich durch die Erfahrung überzeugen, daß die selbständige Existenz für einen Kleinstaat nicht von Vorteil ist. Damit sie durch die Erfahrung lernen, daß sie nur in enger staatlicher und wirtschaftlicher Gemeinschaft mit dem proletarischen England und anderen proletarischen Staaten die Wirtschaft ordnen können.

Nehmen wir weiter an, irgendeine Nation mit einer bürgerlichen Regierung will sich von einer Nation mit proletarischer Ordnung lostrennen, wobei die Arbeiterschaft der Nation, die sich lostrennen will, in ihrer Mehrheit oder zum großen Teil für die Lostrennung ist. Nehmen wir an, sie sei mißtrauisch nicht nur gegen die Kapitalisten, sondern auch gegen die Arbeiter jenes Landes, dessen Bourgeoisie sie unterdrückte. Am besten ist es auch in diesem Falle, es dem Proletariat zu erermöglichen, mit seiner Bourgeoisie unter vier Augen zu bleiben, damit sie ihm nicht fortwährend sagen kann: nicht ich unterdrücke dich, sondern dieses oder jenes Land. Die Arbeiterklasse wird bald bemerken, daß die Bourgeoisie nur darum die Selbständigkeit anstrebt, damit sie selbständig das Proletariat schinden kann. Die Arbeiterschaft wird sehen, daß das Proletariat des benachbarten Räte-Staates sie zum Bunde ruft, nicht um es auszubeuten, es zu unterdrücken, sondern zur gemeinsamen Befreiung von der Ausbeutung und Unterdrückung.

Trotzdem also die Kommunisten gegen die Abtrennung des Proletariats eines Landes von dem eines anderen Landes sind, besonders wenn diese Länder wirtschaftlich miteinander verknüpft sind, können sie sich doch mit einer zeitweiligen Lostrennung einverstanden erklären. So läßt eine Mutter das Kind einmal das Feuer berühren, damit es nicht zehnmal danach greife.

§ 59. Wer bringt den Willen der Nation zum Ausdruck?

Die Kommunistische Partei anerkennt das Recht der Nation auf Selbstbestimmung bis zur völligen Lostrennung. Sie glaubt aber, daß den Willen der Nation die arbeitende Mehrheit der Nation, nicht ihre Bourgeoisie zum Ausdruck bringt. Darum wäre es richtiger zu sagen, wir anerkennen nicht das Recht der Nationen auf Selbstbestimmung, sondern das Recht der arbeitenden Mehrheit der Nation. Was aber die Bourgeoisie anbelangt, so entziehen wir ihr das Abstimmungsrecht in nationalen Angelegenheiten, genauso wie wir im ersten Abschnitt des Bürgerkrieges und der proletarischen Diktatur die Bourgeoisie aller bürgerlichen Freiheiten beraubt haben.

Wie soll es aber mit dem Rechte auf Selbstbestimmung und Lostrennung der Nationen sein, die noch auf einer niedrigen oder allerniedrigsten Kulturstufe stehen?

Was soll mit den Nationen geschehen, die nicht nur kein Proletariat, sondern auch keine Bourgeoisie besitzen oder wo sie erst im Entstehen begriffen ist? Nehmen wir z. B. unsere Tungusen, Kalmücken, Burjaten, viele Kolonialvölker. Was soll getan werden, wenn diese Nationen z. B. die volle Trennung von den kulturell höherstehenden Nationen anstreben werden oder von Nationen, die bereits den Sozialismus verwirklicht haben? Wird dies nicht eine Stärkung der Barbarei auf Kosten der Zivilisation bedeuten?

Wir glauben, wenn der Sozialismus in den fortgeschrittensten Ländern der Welt verwirklicht wird, so werden auch die halbwilden Völker am leichtesten freiwillig in diesen Völkerbund eintreten. Die imperialistische Bourgeoisie, die die Kolonien ausplünderte und mit Gewalt an sich riß, hat Grund, den Abfall der Kolonien zu fürchten. Das Proletariat, das nicht die Absicht hat, die Kolonien auszurauben, kann die ihm nötigen Rohstoffe von den Kolonien im Wege des Warenaustausches bekommen, indem es den Einheimischen überläßt, im Innern ihr Leben nach ihrem eigenen Willen zu gestalten. Um auf diese Weise mit allen Arten der nationalen Unterdrückung und Ungleichheit aufzuräumen, stellt die Kommunistische Partei die Forderung nach Selbstbestimmung der Nationen auf.

Dieses Recht wird das Proletariat aller Länder benützen, um dem Nationalismus den letzten Stoß zu versetzen und dem föderativen Bund freiwillig beizutreten.

Sollte aber die föderative Vereinigung für die Schaffung einer allgemeinen Weltwirtschaft nicht ausreichen und die überwiegende Mehrheit durch die Erfahrung diesen Mangel erkennen, dann wird die einheitliche sozialistische Weltrepublik errichtet werden.

Wenn wir uns näher ansehen, wie die Bourgeoisie die nationale Frage stellte und löste (oder mehr verwirrte, was häufiger der Fall war), so werden wir finden, daß die Bourgeoisie im Zeitalter ihrer Jugend die nationale Frage auf die eine Art löste, zur Zeit ihres Alters und ihres Verfalles aber ganz anders lösen will. Als die Bourgeoisie eine unterdrückte Klasse war, als der Adel mit dem König oder Kaiser an der Spitze an der Macht war, als die Kaiser und Könige ganze Völker ihren Töchtern, die heirateten, als Mitgift gaben, redete die Bourgeoisie nicht nur schöne Worte von der Freiheit der Nationen, sie suchte auch diese Freiheit zu verwirklichen, wenigstens für ihre eigene Nation. Die italienische Bourgeoisie stand z. B. zur Zeit, als die österreichische Monarchie die Herrschaft über Italien ausübte, an der Spitze der Bewegung für die Befreiung ihres Landes und erzielte die Befreiung Italiens vom fremden Joche und die Vereinigung zu einem Staate. Als Deutschland in Dutzende kleiner Fürstentümer zersplittert und von dem Stiefel Napoleons erdrückt war, da strebte die deutsche Bourgeoisie die Vereinigung Deutschlands zu einem großen Reiche und die Befreiung von den französischen Heerscharen an. Als Frankreich, das den Absolutismus Ludwigs XVI. vernichtet hatte, einen Angriff seitens der monarchistischen Staaten des übrigen Europas zu erleiden hatte, da leitete die französische radikale Bourgeoisie die Verteidigung ihres Landes und schuf die «Marseillaise-Hymne». Kurz, überall stand die Bourgeoisie der unterdrückten Nationen an der Spitze des Befreiungskampfes, schuf eine reiche nationale Literatur, geniale Schriftsteller, Maler, Dichter, Philosophen. So war es einmal, als die Bourgeoisie selbst unterdrückt war.

Warum strebte die Bourgeoisie der unterdrückten Nationen ihre Befreiung an? Wenn man ihre Dichter und Künstler hört, wenn man ihren Worten glauben soll, so geschah es darum, weil sie gegen jede nationale Unterdrückung, für die Freiheit und Selbstbestimmung jeder, auch der kleinsten Nation, sei. In der Tat wünschte sie seinerzeit die Befreiung vom fremden Joche, um ihren eigenen bürgerlichen Staat zu schaffen, um selbst, ohne Konkurrenten, das eigene Volk zu plündern, um selbst den ganzen Mehrwert einzuheimsen, den die Arbeiter und arbeitenden Bauern dieses Landes schaffen.

Das zeigt die Geschichte jedes beliebigen kapitalistischen Staates. Wenn die Bourgeoisie samt ihrem eigenen Volke unterdrückt ist, so ruft sie nach der Freiheit der Nationen überhaupt, spricht sie von der Unzulässigkeit jeder nationalen Unterdrückung. Sobald die kapitalistische Klasse die Macht erreicht und die fremden Eroberer verjagt hat, sei es der fremde Adel oder die fremde Bourgeoisie, so sucht sie selbst jedes schwächere Volk, dessen Niederhaltung sich lohnt, zu unterjochen. Die revolutionäre französische

Bourgeoisie in der Person des Danton, Robespierre und anderer großer Führer ihrer ersten Revolution, rief alle Völker der Welt zur Befreiung von jeder Tyrannei auf, die Marseillaise des Rouget de Lisle, die von den Soldaten der Revolution gesungen wurde, ist jedem unterjochten Volke verwandt und verständlich. Aber dieselbe französische Bourgeoisie unterwarf unter Napoleons Führung und sogar unter den Klängen derselben Marseillaise die Völker Spaniens, Italiens, Deutschlands, Österreichs und plünderte sie während der ganzen Dauer der napoleonischen Kriege aus. Die unterdrückte deutsche Bourgeoisie verherrlichte durch Schiller mit seinem «Wilhelm Tell» den Kampf der Völker gegen ihre fremden Tyrannen. Aber dieselbe Bourgeoisie, vertreten durch Bismarck und Moltke, entriß Frankreich gewaltsam die Provinz Elsaß-Lothringen, raubte Dänemark Schleswig, unterdrückte die Polen in Posen usw. Das vom Joche des österreichischen Adels befreite bürgerliche Italien begann die besiegten Beduinen von Tripolis, die Albaner und Dalmatiner der adriatischen Küste, die Türken in Anatolien niederzuschießen.

Warum war es und ist es so? Warum stellte die Bourgeoisie überall die Forderung der nationalen Freiheit auf und konnte sie nie und nirgends ins Leben setzen?

Das kommt daher, daß sich jeder vom fremdnationalen Joche befreite bürgerliche Staat unaufhaltsam auszudehnen trachtet. Die Bourgeoisie eines beliebigen kapitalistischen Landes gibt sich mit der Ausbeutung ihres eigenen Proletariats allein nicht zufrieden. Sie braucht Rohstoffe aus allen Weltgegenden und sucht Kolonien zu erwerben, um, nach Unterwerfung der Einheimischen, ungestört mit diesen Rohstoffen ihre Fabriken versorgen zu können. Sie braucht Absatzmärkte für ihre Waren, und sie sucht sie sich in den rückständigen Ländern zu sichern, ohne Rücksicht darauf, wie sich die Bevölkerung und die junge, noch schwache Bourgeoisie dieser Länder dazu verhalten. Sie braucht Länder, wohin man überschüssige Kapitalien ausführen und aus den einheimischen Arbeitern Profit schöpfen kann; sie versklavt diese Länder, indem sie sich dort, wie im eigenen Lande, breit macht. Wenn ihr bei der Eroberung der Kolonien und der wirtschaftlichen Versklavung der zurückgebliebenen Länder die starke Bourgeoisie eines anderen Landes im Wege steht, dann wird die Frage durch einen Krieg entschieden, in der Art jenes Weltkrieges, der erst in Europa abgeschlossen wurde. Im Endresultate gerieten die Kolonien in dieselbe Sklaverei, sie wechselten nur den Unterdrücker. Aber außerdem kamen zu den unterjochten Ländern noch die besiegten – Deutschland, Österreich, Bulgarien – hinzu, die vor dem Kriege freie Länder waren. Auf diese Weise wird durch die Entwicklung der bürgerlichen Gesellschaftsordnung die Zahl der von den anderen Ländern und ihrer Bourgeoisie unterjochten Gebiete nicht verringert, sondern gerade im Gegenteil: die Herrschaft der Bourgeoisie führt zur allgemeinen nationalen Unterdrückung, die ganze Welt kommt unter die Knute der im Kriege siegreichen kapitalistischen Staatengruppe.

§ 60. Antisemitismus und Proletariat

Zu den gefährlichsten Arten der nationalen Verhetzung gehört der Antisemitismus, d. h. die Hetze gegen die semitische Rasse, zu der die Juden (neben den Arabern) gehören. Der Zarismus verfolgte und hetzte die Juden, um sich vor der Arbeiter- und Bauernrevolution zu retten. Du bist arm, weil dich die Juden berauben, sagten die Herren von den Schwarzen Hunderten und trachteten die Empörung der unterdrückten Arbeiter und Bauern nicht gegen die Gutsbesitzer und die Bourgeoisie zu lenken, sondern gegen die ganze jüdische Nation. Unterdessen zerfallen die Juden, wie alle Nationen, in verschiedene Klassen, und das Volk wird bloß von den bürgerlichen Schichten des Judentums ausgeplündert, die dies Geschäft gemeinsam mit den Kapitalisten anderer Nationen besorgen. Die jüdischen Arbeiter und Handwerker aber lebten im Ansiedlungsrayon immer in größter Armut und in größtem Elend, in viel größerem Elend oft als die Arbeiter des übrigen Rußland.

Die russische Bourgeoisie hetzte gegen die Juden, nicht nur um den Zorn ihrer ausgebeuteten Arbeiter von sich abzulenken, sondern auch um ihre Konkurrenten im Handel und in der Industrie zu schädigen.

Endlich ist in der letzten Zeit in allen Ländern eine Verstärkung der Judenhetze seitens der bürgerlichen Klassen zu verzeichnen. Die Bourgeoisie der verschiedenen Länder bekämpft auf diese Weise nicht nur einen Konkurrenten bei der Beraubung des Proletariats, sondern auch – nach dem Muster Nikolaus' II. – die nahende Revolution. Noch vor kurzem war der Antisemitismus in Deutschland, England und Amerika sehr schwach entwickelt. Jetzt halten sogar englische Minister antisemitische Reden. Das ist ein sicheres Zeichen dafür, daß die bürgerliche Ordnung im Westen am Vorabend des Zusammenbruches steht und daß die Bourgeoisie sich von der Arbeiterrevolution loszukaufen versucht, indem sie ihr die Mendelssohns und Rothschilds opfert. In Rußland wurde der Antisemitismus während der Februarrevolution still und umgekehrt um so stärker, je erbitterter der Bürgerkrieg zwischen Bourgeoisie und Proletariat und je hoffnungsloser die Versuche der Bourgeoisie wurden.

All das beweist, daß der Antisemitismus eine der Kampfesarten gegen den Sozialismus ist, und schlecht ist es um jeden Arbeiter oder Bauern bestellt, der sich von seinen Klassenfeinden zum Narren halten läßt.

VIII. KAPITEL

Das Wehrprogramm der Kommunisten

§ 61. Unser altes militärisches Programm
§ 62. Die Notwendigkeit der Roten Armee
und ihre Klassenzusammensetzung
§ 63. Allgemeine militärische Ausbildung
der Arbeitenden
§ 64. Disziplin der Knute
oder Disziplin des Bewußtseins
§ 65. Die politischen Kommissäre und
die Kommunistengruppen
§ 66. Der Aufbau der Roten Armee
§ 67. Das Kommando der Roten Armee
§ 68. Gewähltes oder ernanntes Kommando
§ 69. Die Rote Armee – eine zeitweilige Armee

§ 61. Unser altes militärisches Programm

Wir erzählten im § 12, wie die ständige Armee des Staates der Bourgeoisie und der Gutsbesitzer aufgebaut wurde und wem sie diente. Es ist ganz verständlich, daß die Sozialisten aller Länder, darunter auch die russische Sozialdemokratie, die Forderung nach der Aufhebung des stehenden Heeres aufgestellt hatten. Zur selben Zeit verlangten die Sozialisten statt eines stehenden Heeres die allgemeine Volksbewaffnung, die Beseitigung der Offizierskaste, die Wählbarkeit des Kommandos durch die Soldaten selbst.

Untersuchen wir, wie sich die Kommunisten zu diesen Forderungen zu stellen haben.

Vor allem entsteht die Frage: Für welche Gesellschaft wird das obengebrachte Programm aufgestellt? Für die bürgerliche, für die sozialistische Gesellschaft oder für die Zeit des Kampfes gegen die bürgerliche Gesellschaft um den Sozialismus?

Es ist nötig hervorzuheben, daß die sozialistischen Parteien, die an der Zweiten Internationale beteiligt waren, noch selbst nicht bestimmt wußten, für welche Gesellschaft sie ihr Programm schreiben. Die Mehrzahl glaubte jedoch, daß es für die bürgerliche Gesellschaft geschieht. Alle Sozialisten beriefen sich gewöhnlich auf die Schweizer Republik, wo es keine ständige Armee gab, sondern eine allgemeine Volksmiliz.

Es ist klar, daß das angeführte Programm in der bürgerlichen Gesellschaft undurchführbar ist, besonders in der Periode des immer schärfer werdenden Klassenkampfes. Das Beseitigen der Kaserne bedeutet die Vernichtung jener Stätte, wo die Arbeiter und Bauern gedrillt und zu Henkern ihrer eigenen Klassenbrüder gemacht werden. Das heißt jene Stätte abschaffen, wo es einzig und allein möglich ist, aus den Arbeitenden eine Armee zu bilden, die jeden Augenblick bereit ist, gegen andere Völker in den Krieg zu ziehen, sobald es den Kapitalisten belieben sollte. Die Offizierskaste aufheben heißt jene Bändiger zu verjagen, die allein imstande waren, die eiserne Disziplin zu schaffen und das bewaffnete Volk dem Willen der Bourgeoisieklasse zu unterwerfen. Die Wählbarkeit des Kommandos zuzulassen heißt den bewaffneten Arbeitern und Bauern zu erlauben, sich ein eigenes, kein Bourgeoisie-Kommando, zu wählen. Das hieße, die Bourgeoisie würde dazu verhelfen, ihre eigene Herrschaft zu stürzen.

Auch die Geschichte des Kapitalismus in Europa bewies und beweist die Unmöglichkeit in der bürgerlichen Gesellschaftsordnung, d. h. bei der Klassenteilung der Gesellschaft und bei der Verschärfung des Klassenkampfes, das Militärprogramm durchzuführen, das von den sozialistischen Parteien aufgestellt worden ist. Je erbitterter dieser Kampf wird, desto weniger ist die an der Herrschaft stehende Bourgeoisie geneigt, das ganze Volk zu bewaffnen, sondern ist im Gegenteil bemüht, es zu entwaffnen und die Waffen nur in den Händen der verläßlichen weißgardistischen Truppenteile zu belassen. Das militärische Programm der Sozialisten, wenn man es unter der Herrschaft der Bourgeoisie durchzusetzen hofft, ist also eine erbärmliche, kleinbürgerliche Utopie.

Vielleicht kann aber dieses Programm gerade dazu gut sein, um die Herrschaft der Bourgeoisie zu brechen?

Auch das stimmt nicht. Soll sich die Bourgeoisie gegen die Arbeiterschaft schützen, welche ihr die Macht entreißen will, so hat es für sie keinen Sinn, der Bewaffnung der Arbeiter zuzustimmen. Die Bourgeoisie hat die allgemeine Wehrpflicht eingeführt und vertraute das Gewehr dem Arbeiter-Soldaten solange an, als sie noch hoffen konnte, die Soldaten aus dem Volke im Gehorsam zu halten. Sobald aber dieses Volk in den Kampf zieht, muß es vor allem entwaffnet werden. Das wissen alle Geschäftspolitiker der Bourgeoisieklasse. Und umgekehrt, die Arbeiter und Bauern haben auch kein Interesse, die allgemeine Volksbewaffnung zu fordern, sobald sie sich selbst bewaffnen, die Bourgeoisie entwaffnen und ihr die Macht entreißen wollen. Für die Übergangsperiode, für die Periode des Kampfes des Proletariats um die Macht, ist also das alte sozialdemokratische Wehrprogramm nicht zu brauchen. Es taugt nur für einen sehr kurzen Zeitraum, für die Zersetzung der bereits bestehenden bürgerlichen Armee. Es ist noch in jenem Teile zu brauchen, wo von der Beseitigung der Offizierskaste und von der Wählbarkeit des Kommandos durch die Soldaten selbst gesprochen wird. Die Kommunisten-Bolschewiki haben in der Praxis eben diese Forderung ihres alten Programms im Jahre 1917 benützt. Sie entfernten aus der zaristischen und Kerenski-Armee ihre Generals- und Offiziersstacheln

Rosta-Plakat Nr. 625 (November 1920)

1. Lloyd George beeilt sich plötzlich.
2. Woher bei Lloyd George – solcher Eifer?
3. Lloyd George würde lieber im Sessel sitzen –
4. Der Rotarmist – hat ihn aufgescheucht.

und entrissen auf diese Weise das Heer dem Gehorsam der Bourgeoisie und der Gutsbesitzerklasse.

Nach dem Siege der sozialistischen Gesellschaft ist aber das alte Militärprogramm in seiner Gänze anwendbar. Wenn das Proletariat in einer Reihe von Ländern die Bourgeoisie besiegen und die Klassen beseitigen wird, dann wird man die allgemeine Volksbewaffnung durchführen können. Da wird das ganze arbeitende Volk bewaffnet sein, da in der siegreichen sozialistischen Gesellschaft alle Arbeitende sein werden. Dann wird auch die Einführung des wählbaren Kommandos möglich sein, das in der Epoche des verschärften Bürgerkrieges für die proletarische Armee, mit einigen glücklichen Ausnahmen, nicht von Nutzen sein kann.

Aber es entsteht hier noch eine Frage: Wozu wird eine allgemeine Volksbewaffnung in Ländern mit siegreichem Sozialismus gebraucht werden und wer sollte sie brauchen? Die eigene Bourgeoisie wird ja besiegt und in Arbeitende verwandelt werden, und ein Krieg unter sozialistischen Staaten kann nicht in Betracht kommen. Es ist hier wichtig festzustellen, daß der Sozialismus nicht in allen Ländern auf einmal siegen kann. Einige Länder werden natürlich auf dem Wege der Aufhebung der Klassen und der Verwirklichung des Sozialismus zurückbleiben. Die Länder, die ihre Bourgeoisie besiegt und sie in Arbeiter verwandelt haben werden, werden entweder Krieg führen oder zum Kriege bereit sein müssen gegen die Bourgeoisie jener Staaten, wo die Diktatur des Proletariats noch nicht verkündet ist, oder mit bewaffneter Hand dem Proletariate jener Staaten

§ 62. Die Notwendigkeit
der Roten Armee und ihre Klassenzusammensetzung

Die Mehrzahl der Sozialisten, die in der Zweiten Internationale vertreten waren, glaubten, der Sozialismus könne nur durch die Eroberung der Mehrheit in den Parlamenten erreicht werden. Indem sich diese Mehrheit mit solchen friedlich-spießerischen und kleinbürgerlichen Idealen eingelullt hat, dachte sie natürlich nicht an die Möglichkeit und Notwendigkeit der Organisierung einer proletarischen Armee in der Periode des Kampfes um den Sozialismus. Der andere Teil der Sozialisten, der eine gewaltsame Umwälzung mit der Waffe in der Hand für unvermeidlich hielt, konnte jedoch nicht voraussehen, daß dieser bewaffnete Kampf sich solange hinziehen kann, daß Europa nicht nur eine Zeit der sozialistischen Revolutionen, sondern auch der sozialistischen Kriege durchzumachen haben wird. Darum war in keinem sozialistischen Programm die Forderung nach der Organisierung einer Roten Armee enthalten, das heißt einer Armee der bewaffneten Arbeiter und Bauern. Diese Armee mußte zum ersten Male in der Welt* von der russischen Arbeiterschaft aufgebaut

---

* Wir sprechen hier von einer Armee in vollem Sinne des Wortes. Was die Anfänge der Roten Armee anbelangt, so kann als

werden, da es ihr als der ersten in der Welt gelang, fest die Staatsmacht zu ergreifen und sie vor dem Angriff der eigenen Bourgeoisie und der bürgerlichen Staaten der ganzen Welt zu verteidigen. Es ist offenbar, daß es ohne Rote Armee den Arbeitern und Bauern Rußlands unmöglich wäre, irgendeine Eroberung ihrer Revolution festzuhalten und die Mächte der eigenen und internationalen Reaktion zurückzuschlagen. Die Rote Armee kann nicht auf die allgemeine Wehrpflicht aufgebaut werden. Das siegreiche Proletariat kann in der Epoche, wo der Kampf noch nicht beendet ist, weder den bürgerlichen Kreisen der Stadt, noch den wucherischen Spitzen des Dorfes das Gewehr anvertrauen; seine Armee kann nur aus den Vertretern der arbeitenden Klassen bestehen, die keine fremde Arbeit ausbeuten und an dem Sieg der Arbeiterrevolution interessiert sind. Einzig und allein die städtischen Proletarier und die Dorfarmut können den Kern und die Grundlage der Roten Armee bilden; erst der Anschluß der mittleren Bauern an diese Massen kann die Rote Armee laut ihrer Zusammensetzung zu einer Armee aller Werktätigen machen. Was aber die Bourgeoisie und die Wucherer anbelangt, so müssen sie ihrer Militärpflicht dem proletarischen Staate gegenüber als Landsturm im Hinterlande nachkommen. Das heißt natürlich noch nicht, daß eine genügend kräftige proletarische Macht nicht ihrer-

---

Vorgängerin derselben die Armee der Pariser Kommune gerechnet werden, welche im Jahre 1871 von den Arbeitern und der städtischen Armut in Paris aufgestellt wurde.

seits auch die Ausbeuter zwingen wird, auf ihre weißen Freunde jenseits der Front zu schießen, so wie die Bourgeoisie mit Hilfe ihrer stehenden Armee auch die Proletarier zwang, auf ihre Klassenbrüder zu schießen. Wenn auch das stehende Heer der Bourgeoisie auf der Grundlage der allgemeinen Wehrpflicht gebildet wird und dem Scheine nach eine Volksarmee ist, so ist es in Wirklichkeit doch ein Klassenheer. Das Proletariat hat keine Ursache, den Klassencharakter seiner Armee zu verdecken, wie er auch den Klassencharakter seiner Diktatur nicht geheimhält. Die Rote Armee ist einer der Apparate des Sowjetstaates. Sie wird im allgemeinen auf dieselbe Art aufgebaut wie der gesamte Staatsapparat der proletarischen Diktatur. Und so wie bei den Sowjetwahlen laut der Sowjetverfassung diejenigen kein Wahlrecht besitzen, die von dieser Verfassung wirtschaftlich und politisch niedergezwungen werden müssen, so werden auch zur Roten Armee diejenigen nicht zugelassen, die von ihr im Bürgerkriege vernichtet werden sollen.

§ 63. Allgemeine militärische Ausbildung
der Arbeitenden

Die allgemeine militärische Ausbildung der Arbeitenden, an deren Verwirklichung die russische Sowjetrepublik geschritten ist, muß vor allem die Kasernenausbildung auf ein Minimum heruntersetzen. Die Arbeiter und Bauern müssen die militärische Ausbildung möglichst ohne Unterbrechung der Produktionstätigkeit erhalten. Das führt zu einer ungeheuren Verminderung der Armeeausgaben und verhindert eine Verminderung oder Zerstörung der Produktion. Indem die Arbeiter und Bauern während der Mußestunden die militärische Ausbildung erhalten, zu Soldaten der Revolution vorbereitet werden, hören sie nicht auf, Werte zu schaffen.

Die zweite wichtige Aufgabe der allgemeinen Ausbildung der Arbeitenden ist, in jeder Stadt, in jeder Gemeinde proletarisch-bäuerliche Reserven zu schaffen, die zu jeder Zeit fähig sind, bei Annäherung des Feindes die Waffe zu tragen. Die Erfahrung des Bürgerkrieges in Rußland hat gezeigt, welch große Bedeutung diese Reserven für den Erfolg des sozialistischen Krieges haben. Es genügt, sich nur der Arbeiter-Reserveregimenter von Petrograd zu erinnern, die die weißen Räuber von der roten Hauptstadt zurückgeschlagen haben, der Arbeiter des Urals und Donez-Beckens, der Arbeiter und Bauern von Orenburg, Gouvernement Orenburg u. dgl.

§ 64. Disziplin der Knute oder Disziplin des Bewußtseins

Die imperialistische Armee kann ihrem ganzen Wesen nach keine Disziplin des Bewußtseins besitzen. Diese Armee besteht aus den verschiedensten Klassengruppen. Wenn die Arbeiter und Bauern, die gewaltsam in die Kasernen der bürgerlichen Armee hineingetrieben wurden, ihre Interessen zu erkennen beginnen, so müssen sie nicht aus Bewußtsein der Disziplin ihren Bändigern mit goldenen Aufschlägen gehorchen, sondern bewußt diese Disziplin überschreiten. Darum muß es in den bürgerlichen Armeen unbedingt eine Disziplin der Knute geben, darum sind in ihr Prügel, Mißhandlungen aller Art und Massenerschießungen nicht vorübergehende Erscheinungen, sondern die Grundlage ihrer Ordnung, Disziplin und «militärischen Erziehung».

In der Roten Armee hingegen, die aus Arbeitern und Bauern gebildet wird und deren Interessen vertritt, muß der Zwang immer mehr vor der freiwilligen Unterwerfung der Arbeitenden unter die Disziplin des Bürgerkrieges zurücktreten. Je höher das Bewußtsein in der Roten Armee wird, um so mehr beginnen die roten Soldaten einzusehen, daß sie letzten Endes von der ganzen Klasse der Arbeitenden durch ihren Staat und sein militärisches Kommando befehligt werden. Die Disziplin in der Roten Armee ist auf diese Weise die Unterwerfung der Minderheit (der Soldaten) unter die Interessen der arbeitenden Mehrheit. Hinter jeder vernünftigen Anordnung der Befehlsmacht steht nicht der Kommandant und seine Willkür, nicht die bürgerliche Minderheit und ihr Räuberinteresse, sondern die gesamte Arbeiter- und Bauernrepublik. Darum haben die politische Erziehung der Soldaten, die Propaganda und Agitation in der Roten Armee eine ganz besondere Bedeutung.

§ 65. Die politischen Kommissäre und die Kommunistengruppen

In der Russischen Sowjetrepublik, wo alle Werktätigen das Recht besitzen, ihren Willen in den Sowjets zum Ausdruck zu bringen, werden von den Arbeitern und Bauern seit zwei Jahren in die vollziehenden Organe Kommunisten gewählt. Die Partei der Kommunisten ist durch den Willen der Massen die herrschende Partei der Republik, da keine andere Partei imstande war, die siegreiche Arbeiter- und Bauernrevolution bis zum Ende zu führen. Im Endresultate wurde unsere Partei zu einer Art großen Vollzugsausschusses der proletarischen Diktatur. Darum gehört den Kommunisten die führende Rolle in der Roten Armee. Die Vertreter des proletarischen Klassenwillens in der Armee, Vertreter, die von der Partei und den militärischen Zentren bevollmächtigt sind, sind die politischen Kommissäre. Dadurch werden die gegenseitigen Beziehungen des Kommissärs und des Kommandos, als auch der kommunistischen Gruppen der Truppenteile hergestellt. Die kommunistische Gruppe ist ein Teil der herrschenden Partei, der Kommissär ist der Bevollmächtigte der Partei. Daher ergibt sich seine führende Rolle im Truppenteil und in der kommunistischen Gruppe desselben. Daher auch sein Recht der Überwachung des Kommandanten. Er beaufsichtigt das Kommando; als politischer Leiter überwacht er den technischen Vollzieher.

Die Aufgabe dieser Gruppe ist, die roten Soldaten über die Bedeutung des Bürgerkrieges und die Pflicht, die eigenen Interessen denen aller Arbeitenden unterzuordnen, aufzuklären. Ferner ist es ihre Aufgabe, durch eigene Beispiele die Hingabe an die Revolution zu zeigen und auch dazu die Genossen des Truppenteiles anzueifern. Das Recht jedes Mitgliedes der Gruppe ist es, die kommunistische Aufführung des eigenen und der anderen Kommissäre zu verfolgen und die Ergreifung der notwendigen Maßnahmen durch die höchste Parteiorganisation oder durch verantwortliche Genossenkommissäre durchzusetzen. Nur auf diese Weise kann die kommunistische Partei ohne Überschreitung der allgemeinen militärischen Disziplin durch die roten Soldaten eine vollständige Kontrolle aller ihrer Mitglieder erzielen und einen Mißbrauch der Gewalt ihrerseits verhindern.

Außer den Gruppen und den politischen Kommissären ist die politische Erziehung der Roten Armee einem ganzen Netz der politischen Abteilungen in den Divisionen, Armeen, Fronten und den agitatorisch-kulturellen Abteilungen der Kriegskommissariate des Hinterlandes übertragen. Der proletarische Staat Rußland schafft in der Gestalt seiner Organisationen einen mächtigen kulturellen und organisatorischen Apparat für seine Armee und sucht mit möglichst wenig Kraftverbrauch die größtmöglichen Resultate zu erzielen. Dank diesen Einrichtungen hat unsere agitatorisch-kulturelle Arbeit nicht einen zufälligen, sondern einen systematischen, planmäßigen Charakter. Zeitungen, das gesprochene

Wort in Versammlungen und der Schulunterricht werden zum ständigen Gut jedes roten Soldaten.

Leider sind auch die erwähnten Organisationen nicht von dem allgemeinen Schicksal fast aller großen Organisationen der Sowjetmacht verschont geblieben; sie unterliegen dem Bürokratismus, sie sind einerseits geneigt, sich von den Massen loszutrennen, andererseits von der Partei, und verwandeln sich nicht selten in Zufluchtsstätten für faule und unfähige militärische Parteibeamte. Ein entschlossener Kampf gegen solche Verirrungen erscheint für die kommunistische Partei viel dringender und unaufschiebbarer als der Kampf gegen den Bürokratismus und Müßiggang im allgemeinen Sowjetmechanismus, da vom Erfolge dieses Kampfes gewissermaßen auch der uns nahe Sieg im Bürgerkriege abhängt.

§ 66. Der Aufbau der Roten Armee

Durch die allgemeine Ausbildung muß die Kasernenausbildung auf ein Minimum herabgesetzt werden, um in der Zukunft die rote Kaserne ganz zu begraben. Der Aufbau der Roten Armee muß sich allmählich den Produktionsvereinigungen der Werktätigen nähern und auf diese Weise den künstlichen Charakter der Armeevereinigung beseitigen. Besser gesagt steht die Sache so: das typische stehende Heer des Zaren oder des Staates der Bourgeoisie und der Gutsbesitzer wurde von Leuten gebildet, die zu den verschiedensten Klassen gehörten, wobei die Mobilisierten zwangsweise von ihrem natürlichen Boden losgerissen wurden: der Arbeiter von der Fabrik, der Bauer von der Egge, der Angestellte vom Unternehmen, der Händler vom Pult. Dann wurden die Einberufenen künstlich in den Kasernen vereinigt und in Truppenteile eingeteilt. Für den bürgerlichen Staat war es von Wert, jede Verbindung des mobilisierten Proletariers und Bauern mit seiner Fabrik und mit seinem Dorfe zu vernichten, um leichter aus ihm ein Werkzeug zur Unterjochung der Arbeitenden zu machen, um leichter die Arbeiter und Bauern eines Gouvernements zu zwingen, die Arbeiter und Bauern eines anderen niederzuknallen.

Die kommunistische Partei sucht in dem Aufbau der Roten Armee gerade die entgegengesetzte Methode durchzusetzen. Trotzdem die Bedingungen des Bürgerkrieges auch sie manchmal zwingen, alten Arten des Aufbaues zuzustimmen, dem Wesen nach strebt sie aber etwas ganz anderes an. Sie strebt an, daß der aufzubauende Truppenteil, z. B. die Kompanie, das Bataillon, das Regiment, die Brigade möglichst mit der Fabrik, mit dem Werk, Dorf usw. übereinstimmen. Mit anderen Worten, sie ist bemüht, die an und für sich künstliche militärische Vereinigung auf der natürlichen Produktionsvereinigung der Arbeitenden aufzubauen und auf diese Weise das Künstliche zu vermindern. Die auf diesem Wege aufgebauten proletarischen Truppenteile sind geschlossener, sie sind schon durch die Produktionsweise selbst diszipliniert und benötigen weniger die Anwendung einer Zwangsdisziplin von oben.

Eine große Bedeutung für die Formierung der Roten Armee besitzt die Schaffung eines festen, klassenbewußten proletarischen Kernes. Die Diktatur des Proletariats in einem derartigen vorzugsweise bäuerlichen Lande, wie Rußland ist, bedeutet, daß die proletarische Minderheit die Bauernmehrheit (die Mittelbauern) führt, organisiert, daß die letztere dem organisierenden Proletariat folgt und ihm die politische Führung und Aufbautätigkeit anvertraut. Das gilt im vollen Maße auch für die Rote Armee, die insofern fest und diszipliniert ist, als ihr proletarisches und kommunistisches Gerippe stark ist. Das Material für dieses Gerippe zu sammeln, es richtig zu verteilen, mit einem entsprechenden Maß des zerstäubten, aber viel zahlreicheren Bauernmaterials zu umgeben, das ist die organisatorische Grundaufgabe der kommunistischen Partei in der Sache der Schaffung einer siegreichen Roten Armee.

§ 67. Das Kommando der Roten Armee

Die Rote Armee entstand auf den Ruinen des alten zaristischen Heeres. Das in der Oktoberrevolution siegreiche Proletariat besaß keine eigenen roten, proletarischen Offiziere. Die Erfahrungen des Weltkrieges sich anzueignen und für den Bürgerkrieg zu verwerten, die erworbene technisch-militärische Erfahrung der gestürzten Ordnung zu gebrauchen und für die militärische Ausbildung der eigenen Armee zu verwenden, konnte das Proletariat nur auf eine der drei folgenden

Arten: 1. eigene rote Kommandanten zu schaffen, nur sie zum Kommando zuzulassen und den alten Offizieren nur die Rolle der Lehrer zu überlassen; 2. das Kommando in der Armee den alten Offizieren unter der entsprechenden Aufsicht der Kommissäre zu übertragen; 3. sowohl das erste wie das zweite anzuwenden. Die Zeit blieb nicht stehen, der Bürgerkrieg begann, die Armee mußte schnell aufgestellt und sofort in den Kampf geworfen werden. Darum mußte die proletarische Macht die dritte Methode anwenden. Es wurden Schulen für rote Kommandanten zur Heranbildung von Offizieren gegründet, die fähig wären, im allgemeinen untere Kommandostellen zu bekleiden. Außerdem wurden zum Aufbau der Roten Armee und zur Befehligung derselben im ausgedehnten Maße alte Offiziere herangezogen.

Die Verwendung der alten Offiziere war mit einer Reihe der größten Schwierigkeiten verbunden, die noch bis jetzt nicht überwunden sind. Diese Offiziere erschienen in drei Gruppen geteilt. Die Minderheit war der Sowjetmacht mehr oder weniger geneigt; eine andere Minderheit, die bestimmt auf der Seite der Klassenfeinde des Proletariates stand und steht und ihnen aktiv hilft; die Mehrheit der Durchschnittsoffiziere, welche demjenigen folgen, der stärker ist, und der Sowjetmacht genauso dienen wie die Arbeiter dem Kapitalisten, der ihre Arbeitskraft kauft. In Verbindung damit steht vor der kommunistischen Partei die Aufgabe, die ihr geneigte Minderheit ganz auszunützen, die weißgardistische Minderheit mit allen Mitteln der außerordentlichen Zwangsmaßnahmen unschädlich zu machen, den Durchschnittsoffizier, der im Bürgerkriege politisch-neutral ist, für sich festzuhalten und von ihm eine gewissenhafte Arbeit im Hinterlande und Verläßlichkeit an der Front zu erzielen. Die Ausnützung der alten Offiziere hat schon ungeheuer große Erfolge im Aufbau der Roten Armee gezeigt. Wir haben da eine erfolgreiche Expropriation der bürgerlichen und Gutsbesitzer-Ordnung auf dem Gebiete der technisch-militärischen Kenntnisse vollbracht. Aber diese Ausnützung war auch äußerst gefährlich, insoferne sie mit Massenverrat der Kommandos und Opfermassen seitens der roten Soldaten verbunden war, die, verführt, dem Feinde mit Haut und Haaren ausgeliefert wurden.

Die Hauptaufgabe der Kommunistischen Partei in dieser Beziehung ist erstens eine energische Ausbildung richtiger Kommandanten der Arbeiter- und Bauernarmee – roter Kommandanten – und die eiligste Ausbildung der Kommunisten in der durch die Sowjetmacht geschaffenen Roten Akademie des Generalstabes. Zweitens ein engerer Zusammenschluß aller kommunistischen Kommissäre und aller militärischen Partei-Funktionäre zur wirksamsten Kontrolle des gesamten nichtkommunistischen Kommandos.

§ 68. Gewähltes oder ernanntes Kommando

Die Armee des bürgerlichen Staates, begründet auf die allgemeine Wehrpflicht, besteht in ihrer überwiegenden

Mehrheit aus Bauern und Arbeitern, geführt wird sie aber von Offizieren, die dem Adel und der Bourgeoisie angehören. Wenn wir in unserem früheren Programm die Forderung nach Wählbarkeit des Kommandos aufstellten, so war damit beabsichtigt, den Befehl über die Armee den Ausbeuterklassen zu entreißen. Diese Forderung war darauf berechnet, daß die politische Macht in den Händen der Bourgeoisie bleibt, die Armee aber demokratisch werden wird. Selbstredend war diese Forderung nicht zu verwirklichen, denn keine Bourgeoisie in der ganzen Welt würde je darauf eingehen, kampflos den militärischen Unterdrückungsapparat aus der Hand zu lassen. Aber für den Kampf gegen den Militarismus, gegen die Privilegien der Offizierskaste hatte die Forderung der Wählbarkeit des Kommandos eine ungeheuer große Bedeutung, wie auch für die Zerstörung der imperialistischen Armeen überhaupt.

Die Rote Armee hingegen ist dem Proletariat unterworfen. Das Proletariat verwaltet sie durch die zentralen Sowjetorgane, die es selbst wählt. Es verwaltet sie auf allen Stufen der Armee-Stufenleiter mit Hilfe der kommunistischen Kommissäre, deren überwiegender Teil im Hinterlande und an der Front aus den Arbeitern angeworben wird. Unter diesen Verhältnissen kann die Frage der Wählbarkeit des Kommandos bloß eine technische Frage sein. Das Wesentliche besteht jetzt darin, was von größerem Werte ist, was die Armee in ihrem jetzigen Zustande kampffähiger macht: die Wahl der Kommandanten von unten herauf oder ihre Ernennung von oben. Und insoferne wir die hauptsächlich bäuerliche Zusammensetzung unserer Roten Armee ins Auge fassen, die Entbehrungen, die sie zu ertragen hat, die Ermüdung nach zwei Kriegen hintereinander, die niedrige Höhe des Bewußtseins des bäuerlichen Teiles der Armee, so wird uns ganz klarwerden, daß die Wählbarkeit des Kommandos unsere Truppenteile nur zersetzen könnte. Das schließt natürlich nicht verschiedene Fälle aus, wo in einzelnen freiwilligen und zusammengeschweißten revolutionär-bewußten Truppenteilen die Wählbarkeit nicht schädlich sein kann: es wären beiläufig dieselben gewählt worden, die man ernannt hätte. Als allgemeine Regel erscheint zwar die Wählbarkeit des Kommandos als ein Ideal, im gegenwärtigen Zeitpunkt ist sie aber gefährlich und schädlich. Wenn aber die Massen der Arbeitenden, die jetzt in der Roten Armee sind, diese Höhe erreicht haben werden, wo die Wählbarkeit nützlich und möglich sein wird, dann wird es wahrscheinlich auch kein Bedürfnis mehr nach irgendeiner Armee auf der Erde geben.

§ 69. Die Rote Armee – eine zeitweilige Armee

Die Bourgeoisie betrachtet die kapitalistische Gesellschaftsordnung als eine «natürliche» Ordnung der Menschengesellschaft, ihre Herrschaft als ewig, und baut darum ihren Herrschaftsapparat – die Armee – fest, für lange, lange Jahre, wenn nicht für immer. Anders betrachtet das Proletariat seine Rote Armee. Die Rote Armee ist von den Arbeitenden zum Kampfe mit der

Weißen Armee des Kapitals geschaffen. Die Rote Armee entstand aus dem Bürgerkriege und wird nach der siegreichen Beendigung dieses Krieges, nach der Beseitigung der Klassen, nach der Selbstauflösung der proletarischen Diktatur verschwinden. Die Bourgeoisie will ihre Armee für ewig, weil diese Ewigkeit nur die Unvergänglichkeit der bürgerlichen Gesellschaft widerspiegeln würde. Die Arbeiterklasse wünscht aber umgekehrt ihrem Kinde den natürlichen und ruhmreichen Tod, weil jener Zeitpunkt, wo es möglich sein wird, die Rote Armee endgültig aufzulösen, auch der Zeitpunkt des endgültigen Sieges der kommunistischen Gesellschaftsordnung sein wird.

Die kommunistische Partei muß die roten Soldaten darüber aufklären, daß sie Soldaten in der letzten Armee in der Welt sind, nachdem die Rote Armee die Weiße Armee des Kapitals besiegt haben wird. Sie muß aber auch allen Teilnehmern am Aufbau der Roten Armee, dem ganzen kräftig gewordenen proletarischen und bäuerlichen Kern klarmachen, daß der Proletariar nur vorübergehend und aus Not zum Soldaten geworden ist und daß das Produktionsfeld das natürliche Gebiet für seine Arbeitsanwendung ist, daß die Beteiligung an der Roten Armee ihn auf keinen Fall dazu führen darf, irgendeine Schicht zu bilden, die für lange Zeit von der Industrie und Landwirtschaft getrennt bleiben sollte.

Als man daran ging, die Rote Armee aufzustellen, die aus der proletarischen Roten Garde entstanden ist, hetzten die Sozialisten-Revolutionäre und Menschewiki eifrig gegen die Kommunisten, sie hätten die Losung der allgemeinen Volksbewaffnung verraten, sie schafften eine ständige Klassenarmee. Daß die Rote Armee nicht zu einer stehenden werden kann, geht klar daraus hervor, daß der Bürgerkrieg nicht ewig dauern kann. Unsere Armee ist aber deswegen eine Klassenarmee, weil der Klassenkampf die höchste Stufe der Erbitterung erreicht hat. Den Klassenkampf anerkennen und sich gegen die Klassenarmee aussprechen kann nur ein hoffnungslos stumpfsinniger, kleinbürgerlicher Utopist. Es ist charakteristisch, daß selbst die Bourgeoisie es bereits weder für nötig, noch für möglich hält, den Klassencharakter ihres Heeres zu verschleiern in der Epoche, die der Liquidierung des Weltkrieges folgt. Äußerst lehrreich ist in dieser Hinsicht das Schicksal des stehenden Heeres Deutschlands, Englands und Frankreichs. Die deutsche Nationalversammlung wurde durch allgemeine Abstimmung gewählt. Ihre Stütze sind aber die weißgardistischen Truppen Noskes. Eine Armee, die auf Grund der allgemeinen Wehrpflicht gebildet wird, kann bei jener Erbitterung des Klassenkampfes auf der Stufe des Verfalls der bürgerlichen Gesellschaft, die Deutschland erreicht hat, nicht mehr die Stütze des bürgerlichen Deutschland sein.

In Frankreich und England diente im Jahre 1919 zur Stütze der Regierung nicht die Armee, die durch allgemeine Wehrpflicht gebildet worden war und am Weltkriege teilgenommen hatte, sondern ebenfalls Truppen weißgardistischer Freiwilliger, Gendarmerie und Polizei. Auf diese Weise wird nicht nur Rußland seit Ende 1917, sondern auch ganz Europa seit Ende 1918 durch die Beseitigung des Systems der allgemeinen Wehrpflicht und durch den Übergang zum System der Klassenarmeen charakterisiert. Dabei «treten» die russischen Sozialverräter – die Menschewiki und Sozialisten-Revolutionäre – gegen die Bildung einer Roten Armee des Proletariats «auf», während im Westen ihre Genossen Noske und Scheidemann eine Weiße Armee der Bourgeoisie bilden. Auf diese Weise läuft der Kampf gegen die Schaffung eines proletarischen Klassenheeres im Namen der allgemeinen Volksbewaffnung, im Namen der «Demokratie», in der Praxis auf einen Kampf für eine Klassenarmee der Bourgeoisie hinaus.

Was die Volksmiliz anbelangt, so hat das Beispiel der demokratischsten aller bürgerlichen Republiken der Welt – der Schweiz – gezeigt, wozu diese Miliz im Momente der Verschärfung des Klassenkampfes wird. Die «Volksmiliz» der Schweiz verwandelte sich unter der Herrschaft der Bourgeoisie im Lande in die gleiche Waffe zur Unterdrückung des Proletariats wie jedes stehende Heer der weniger demokratischen Länder. Das wird das Schicksal der «allgemeinen Volksbewaffnung» immer und überall sein, wo sie auch immer unter der ökonomischen und politischen Herrschaft des Kapitals verwirklicht werden mag.

Die Kommunistische Partei tritt nicht für die allgemeine Volksbewaffnung ein, sondern für die allgemeine

Bewaffnung der Arbeitenden. Und erst in jener Gesellschaft, wo es nur Arbeitende geben wird, erst in der klassenlosen Gesellschaft wird die allgemeine Volksbewaffnung möglich sein.

IX. KAPITEL

Proletarische Gerichtsbarkeit

§ 70. Das Gericht der bürgerlichen Gesellschaft
§ 71. Die Wählbarkeit der Richter
durch die Arbeitenden
§ 72. Das einheitliche Volksgericht
§ 73. Die Revolutionstribunale
§ 74. Die Strafen des proletarischen Gerichtes
§ 75. Die Zukunft des proletarischen Gerichtes

§ 70. Das Gericht der bürgerlichen Gesellschaft

Zu allen anderen Einrichtungen des bürgerlichen Staates, die der Unterdrückung der arbeitenden Massen und dem Betruge an ihnen dienen, gehört das bürgerliche Gericht.

Diese ehrwürdige Einrichtung läßt sich in ihren Urteilen von Gesetzen leiten, die im Interesse der Ausbeuterklasse geschaffen worden sind. Welche auch immer die Zusammensetzung des Gerichtes sein mag, sie ist, auf diese Weise, in ihren Beschlüssen durch Bände verschiedener Vorschriften eingeschränkt, in denen die Ergebnisse aller Privilegien des Kapitals und der Rechtlosigkeit der Massen enthalten sind.

Was die eigentliche Organisation des bürgerlichen Gerichtes betrifft, so entspricht sie vollkommen dem Wesen des Bourgeoisstaates. Dort, wo der bürgerliche Staat mehr oder weniger aufrichtig ist, dort, wo er seine Heuchelei ablegen muß, um Urteile zu erzwingen, die für die herrschende Klasse vorteilhaft sind, dort werden die Gerichte von oben ernannt, wenn sie aber gewählt werden, so doch von dem privilegierten Teil der Gesellschaft. Insoferne aber die Massen von dem Kapital genügend dressiert sind, ihm genügend gehorchen und seine Gesetze als ihre eigenen Gesetze betrachten – dort wird den Arbeitenden bis zu einem gewissen Maße erlaubt, selber Richter zu werden, genauso wie es ihnen erlaubt ist, ihre Ausbeuter oder deren Lakaien in die Parlamente zu wählen. So entstand und existierte das

Geschworenengericht, mit dessen Hilfe man die Urteile im Interesse des Kapitals für Urteile »des Volkes selbst« ausgeben konnte.

§ 71. Die Wählbarkeit der Richter durch die Arbeitenden

In den Programmen der Sozialisten, die in der Zweiten Internationale vertreten waren, wurde die Forderung nach der Wählbarkeit der Richter durch das Volk erhoben. Im Zeitalter der proletarischen Diktatur erscheint diese Forderung genauso wenig durchführbar und reaktionär wie die Forderung des allgemeinen Wahlrechtes oder der allgemeinen Volksbewaffnung. Wenn das Proletariat die Macht antritt, so kann es nicht zulassen, daß seine Klassengegner zu seinen Richtern werden. Es kann zu Hütern der Gesetze, die zur Beseitigung der Kapitalherrschaft dienen, nicht die Vertreter des Kapitals oder des Großgrundbesitzes bestellen. Endlich muß in dem Reigen der Zivil- und Strafsachen das Verfahren im Geiste der neu zu errichtenden sozialistischen Gesellschaft geführt werden.

Darum hat die Sowjetmacht nicht nur den ganzen alten Gerichtsapparat aufgehoben, welcher im Dienste des Kapitals sich heuchlerisch für die Volksstimme ausgegeben hat, sondern ein neues Gericht ins Leben gerufen, ohne nur im geringsten seinen Klassencharakter zu verheimlichen. In der Gestalt des alten Gerichtes urteilte die Klassenminderheit der Ausbeuter über die arbeitende Mehrheit. Das Gericht der proletarischen Diktatur ist das Gericht der arbeitenden Mehrheit über die ausbeutende Minderheit. Dieses Gericht ist auch dementsprechend aufgebaut. Die Richter werden nur von den Arbeitenden gewählt. Den Ausbeutern bleibt nur das Recht, gerichtet zu werden.

§ 72. Das einheitliche Volksgericht

In der bürgerlichen Gesellschaft erscheint die Gerichtsorganisation äußerst schwerfällig. Die bürgerlichen Juristen sind sehr stolz darauf, dank einer ganzen Stufenleiter der Gerichtsinstanzen die vollkommene Gerechtigkeit gesichert und die Zahl der Justizirrtümer auf ein Minimum herabgesetzt zu haben. In der Tat ist und war der Gang einer Sache durch verschiedene Instanzen immer im Interesse der besitzenden Klasse gelegen. Indem den reichen Bevölkerungsschichten ein ganzes Korps bezahlter Advokaten zur Verfügung steht, so haben sie die volle Möglichkeit, in den oberen Instanzen für sie günstige Entscheidungen herbeizuführen, während der arme Kläger oft gezwungen wird, auf die Austragung der Sache, die ihm viel Geld raubt, zu verzichten. Der Instanzenweg sichert eine «gerechte» Entscheidung bloß in dem Sinne, als das Urteil im Interesse der Ausbeutergruppen ausfällt.

Das einheitliche Volksgericht des proletarischen Staates vermindert auf das geringste die Zeit, die vom Anhängigmachen des Verfahrens bei Gericht bis zur endgültigen Entscheidung verläuft. Die gerichtliche Zeitvergeudung wird außerordentlich eingeschränkt, und wenn sie noch existiert, so ist es infolge der Unvollkommenheit aller Sowjetinstitutionen in den ersten Monaten und Jahren der proletarischen Diktatur. Im Endresultate wird das Gericht allen armen und unaufgeklärten Bevölkerungsschichten zugänglich gemacht und wird noch zugänglicher werden, wenn die Periode des schärfsten Bürgerkrieges vorüber ist und alle gegenseitigen Beziehungen der Bürger der Republik einen mehr stabilen Charakter angenommen haben werden: «Während des Krieges ruhen alle Gesetze» – sagten die Römer. Während des Bürgerkrieges ruhen die Gesetze zugunsten der Arbeitenden nicht, die Volksgerichte arbeiten, doch konnte noch nicht die ganze Bevölkerung das Wesen des neuen Gerichtes kennenlernen und alle seine Vorteile abschätzen.

Die Aufgabe der Volksgerichte in der Periode der Zerstörung der alten Gesellschaft und des Aufbaues der neuen ist ungeheuer groß. Die Sowjetgesetzgebung kann nicht dem Leben folgen. Die Gesetze der Gutsbesitzer- und Bourgeoisordnung sind aufgehoben; die Gesetze des proletarischen Staates sind nur in den allgemeinen Zügen niedergeschrieben und werden nie vollständig niedergeschrieben werden. Die Arbeiterklasse hat keine Absicht, ihre Herrschaft zu verewigen, und sie braucht auch keine Dutzende von Bänden verschiedener Gesetze. Hat sie einmal ihren Willen in einem der Grunddekrete zum Ausdruck gebracht, so kann sie die Auslegung und Anwendung dieser Dekrete in der Praxis den von den Arbeitenden gewählten Volksrichtern übertragen. Es ist nur wichtig, daß die Urteile dieser Gerichte den vollständigen Bruch mit den Sitten und der Psychologie der bürgerlichen Ordnung widerspiegeln, daß die Volksrichter ihre Urteile nach dem proletarischen, sozialistischen Gewissen, nicht nach dem bürgerlichen fällen. In der unendlichen Zahl der Streitsachen, die während des Bruches der alten Verhältnisse und bei der Durchsetzung der proletarischen Rechte entstehen, haben die Volksrichter die Möglichkeit, diese Umwälzung zu Ende zu führen, die, mit der Oktoberrevolution 1917 beginnend, sich auf alle gegenseitigen Verhältnisse der Bürger der Sowjetrepublik ausdehnen muß. Andererseits müssen die Volksgerichte bei der Behandlung der Riesenzahl der Sachen, die unabhängig von den Bedingungen der revolutionären Epoche entstehen, der Strafsachen kleinbürgerlichen Charakters, eine ganz neue Beziehung seitens des revolutionären Proletariats diesen Vergehen gegenüber einnehmen und eine ganze Revolution im Charakter der festzustellenden Strafmittel vollziehen.

§ 73. Die Revolutionstribunale

Das Volksgericht, welches von seinen Wählern gewählt und abgesetzt werden kann und in welchem jeder Arbeitende der Reihe nach sein Richterrecht ausüben darf – dieses Volksgericht betrachtet die kommunistische Partei als das normale Gericht des proletarischen

Staates. Zur Zeit des äußerst scharfen Bürgerkrieges ist aber neben den Volksgerichten die Organisation der revolutionären Tribunale notwendig. Die Aufgabe der revolutionären Tribunale besteht darin, rasch und schonungslos über die Feinde der Proletarierrevolution zu urteilen. Diese Gerichte sind eine der Waffen zur Unterdrückung der Ausbeuter, und in dieser Beziehung sind sie genauso Waffen des proletarischen Angriffes und der Verteidigung wie die Rote Garde, die Rote Armee, wie die außerordentlichen Kommissionen. Deswegen sind diese Revolutionstribunale weniger demokratisch organisiert als die Volksgerichte. Sie werden von den Sowjets ernannt, nicht aber unmittelbar von den arbeitenden Massen gewählt.

§ 74. Die Strafen des proletarischen Gerichtes

Im blutigen Kampfe mit dem Kapital kann die Arbeiterklasse nicht auf das höchste Strafmittel verzichten, das sie ihren offenkundigen Feinden auferlegt. Die Aufhebung der Todesstrafe ist unmöglich, solange der Bürgerkrieg andauert. Aber der rein-objektive Vergleich des proletarischen Gerichtes mit dem Gerichte der bürgerlichen Gegenrevolution zeigt die außerordentliche Milde der Arbeitergerichte gegenüber den Henkern der bürgerlichen Justiz. Todesurteile werden nur in den äußersten Fällen ausgesprochen. Das ist besonders charakteristisch für die Gerichtsprozesse der ersten Monate der proletarischen Diktatur. Es genügt hier nur daran zu erinnern, daß der berühmte Petrograder Purischkewitsch seinerzeit vom Revolutionstribunal bloß zu 2 Monaten Gefängnis verurteilt wurde. Ein größeres Entgegenkommen ihren Feinden gegenüber seitens der fortgeschrittenen Gesellschaftsklassen, denen die Zukunft gehört, und die größte Grausamkeit der Abrechnung seitens der absterbenden Klassen kommt auch in der Praxis des proletarischen Gerichtes zum Ausdruck.

Was die Strafen anbelangt, die vom proletarischen Gericht für Verbrechen nicht konterrevolutionären Charakters auferlegt werden, so sind dieselben in ihrem Wesen ganz anderer Natur als die der bürgerlichen Gerichte. Es ist auch ganz begreiflich. Die überwiegende Mehrzahl der Verbrechen, die in der bürgerlichen Gesellschaft begangen werden, sind entweder Überschreitungen des Eigentumsrechtes oder Verbrechen, die mehr oder weniger mit dem Eigentum in Verbindung stehen. Es ist natürlich, daß der bürgerliche Staat an den Verbrechern Rache nahm, und die Strafen dieser Gesellschaft stellen nichts anderes dar als verschiedene Arten der Rache seitens des erbitterten Eigentümers. Genauso sinnlos waren und bleiben die Strafen für Verbrechen zufälliger Natur oder solche, die mit der allgemeinen Unvollkommenheit der bürgerlichen Verhältnisse in ihrer Gesamtheit (Verbrechen, beruhend auf der Grundlage der Familienverhältnisse, romantische, auf dem Boden des Alkoholismus und der Degeneration, der Unaufgeklärtheit und Zurückgebliebenheit der sozialen Instinkte usw.) in Verbindung stehen. Das proletarische Gericht hat mit Verbrechen zu tun, deren Boden von der bürgerlichen Gesellschaft vorbereitet wurde, welche mit ihren Überresten noch nicht überwunden ist. Das proletarische Gericht bekam von der alten Ordnung Scharen der in dieser Ordnung erzogener Berufsverbrecher. Dem proletarischen Gerichte ist jede Rache fremd. Es kann an Menschen nicht dafür Rache nehmen, daß sie in der bürgerlichen Gesellschaft gelebt haben.

Darum kommt schon jetzt in unseren Gerichten die vollständige Umwälzung in der Rechtssprechung zum Ausdruck. Immer häufiger wird die bedingte Verurteilung angewendet: das ist eine Bestrafung ohne Strafe, ihre Hauptaufgabe ist, der Wiederholung des Verbrechens vorzubeugen. Es wird auch der öffentliche Tadel ausgesprochen – eine Maßnahme, die erst in der klassenlosen Gesellschaft wirksam wird und auf die Hebung des gesellschaftlichen Bewußtseins und der öffentlichen Verantwortung berechnet ist. Gefängnishaft ohne Arbeit – dieses gezwungene Schmarotzen, das so häufig vom Zarismus angewandt wurde, wird durch öffentliche Arbeiten ersetzt. Den Schaden, der der Gesellschaft vom Verbrecher zugefügt wird, will das proletarische Gericht im allgemeinen durch eine erhöhte Arbeit des Schuldigen wettmachen. Endlich dort, wo das Gericht mit einem Gewohnheitsverbrecher zu tun hat, dessen Befreiung sogar nach der Verbüßung der Strafe für das Leben anderer Bürger gefährlich werden könnte, wird eine Isolierung des Verbrechers von der Gesellschaft durchgeführt, wobei dem Verbrecher die volle Möglichkeit zur vollständigen moralischen Wiedergeburt geboten wird.

Alle aufgezählten Maßnahmen, die eine Umgestaltung der üblichen Strafmittel bedeuten, sind in den meisten Fällen bereits durch die besten Juristen verteidigt worden. Doch blieben alle diese Maßnahmen bloß Träume in der bürgerlichen Gesellschaft. Sie konnten nur vom siegreichen Proletariat verwirklicht werden.

§ 75. Die Zukunft des proletarischen Gerichtes

Was die Revolutionstribunale anbelangt, so hat auch diese Form des proletarischen Gerichts keine Zukunft, genausowenig wie die Rote Armee nach dem Siege über die Weiße Armee, wie die außerordentlichen Kommissionen, kurz, wie alle Organe, die vom Proletariat in der Periode des noch nicht abgeschlossenen Bürgerkrieges geschaffen wurden, keine Ewigkeit haben werden. Mit dem Siege des Proletariats über die bürgerliche Konterrevolution werden auch diese Organe, als entbehrliche, verschwinden.

Dagegen wird das proletarische Gericht in Form des Volksgerichtes zweifellos das Ende des Bürgerkrieges überleben und noch lange durch seine Urteile die Reste der bürgerlichen Gesellschaft in ihren vielfachen Äußerungen wegzuräumen haben. Mit der Aufhebung der Klassen wird noch nicht auf einmal die Klassenpsychologie aus der Welt geschaffen, die immer noch länger lebendig ist als die sie hervorrufenden gesellschaftlichen

Verhältnisse, Klasseninstinkte und Gebräuche. Außerdem kann sich der Prozeß der Aufhebung der Klassen in die Länge ziehen. Die Verwandlung der Bourgeoisie zu einer arbeitenden Menschengruppe, der Bauern zu Schöpfern der sozialistischen Gesellschaft, wird sich nicht mit einem Mal vollziehen. Der letztere Vorgang wird ziemlich schleichend und von vielen Prozessen gerichtlicher Natur begleitet sein. Auch die Periode des Privateigentums auf die Gebrauchsmittel, die der rein kommunistischen Verteilung noch vorangehen wird, wird viele Anlässe für Überschreitungen und Verbrechen bieten. Endlich werden die Verbrechen gegen die Gesellschaft, hervorgerufen durch den persönlichen Egoismus der einzelnen Mitglieder und die verschiedenartigsten Verletzungen des Gesamtwohles, ebenfalls noch lange Gegenstand der Gerichtsverhandlungen sein. Allerdings wird das Gericht seinen Charakter ändern; allmählich, mit dem Absterben des Staates, wird das Gericht sich zum Organe der Äußerung der öffentlichen Meinung verwandeln, sich dem Charakter eines Schiedsgerichtes nähernd, dessen Entscheidungen nicht zwangsweise vollzogen werden, sondern bloß eine moralische Bedeutung besitzen.

X. KAPITEL

Schule und Kommunismus

§ 76. Die Schule der bürgerlichen Gesellschaft
§ 77. Die Zerstörungsaufgaben des Kommunismus
§ 78. Die Schule – ein Instrument
der kommunistischen Erziehung und Aufklärung
§ 79. Die Vorschulerziehung
§ 80. Die einheitliche Arbeitsschule
§ 81. Die Fachbildung
§ 82. Die Hochschule
§ 83. Die Sowjet- und Parteischulen
§ 84. Die Bildung außerhalb der Schule
§ 85. Die neuen Lehrer
oder die neuen Arbeiter an der Bildung
§ 86. Die Schätze der Kunst und der Wissenschaft
für die Arbeitenden
§ 87. Die staatliche Propaganda des Kommunismus
§ 88. Die Volksbildung unter dem Zarismus
und unter der Sowjetmacht

§ 76. Die Schule der bürgerlichen Gesellschaft

In der bürgerlichen Gesellschaft erfüllt die Schule drei Hauptaufgaben: 1. sie erzieht die junge Generation der Arbeitenden im Geiste der Ergebenheit und Verehrung der kapitalistischen Ordnung; 2. schafft aus der Jugend der herrschenden Klassen «gebildete» Bändiger für das arbeitende Volk; 3. bedient die kapitalistische Produktion, indem sie die Wissenschaft für die Technik und für die Vermehrung des kapitalistischen Profites ausnützt.

Die erste Aufgabe wird in der Schule, genauso wie in der bürgerlichen Armee, erzielt, d. h. vor allem durch die Schaffung eines entsprechenden Kaders von «Offizieren der Volksaufklärung». Die Lehrer der für das Volk bestimmten bürgerlichen Schulen machen einen entsprechenden Abrichtungskurs durch, wo sie für ihre Bändigerrolle vorbereitet werden. Zum Unterricht in den Schulen wird nur ein vom bürgerlichen Standpunkte verläßliches Lehrerpersonal zugelassen. Darüber wird von den bürgerlichen Ministerien für Volksaufklärung gewacht, und jedes schädliche, d. h. sozialistische Element wird aus der Mitte der Lehrer erbarmungslos verjagt. Die Volksschule Deutschlands vor der Revolution, die als Ergänzung zur Kaserne Wilhelms II. diente, stellt ein krasses Muster dessen dar, wie es den Gutsbesitzern und der Bourgeoisie gelang, mit Hilfe der Schule treue und blinde Sklaven des Kapitals zu fabrizieren. Der Unterricht wird in den bürgerlichen unteren Schulen nach einem bestimmten Programm erteilt, welches den

Zwecken der kapitalistischen Dressur der Schüler angepaßt ist. Alle Lehrbücher sind ebenfalls im entsprechenden Geiste verfaßt. Diesen Zwecken diente auch die gesamte bürgerliche Literatur, die von Leuten geschaffen wurde, welche die bürgerliche Gesellschaftsordnung als die natürliche, unvergängliche und beste von allen nur möglichen Ordnungen betrachtet haben. Infolgedessen wurden die Schüler, ohne es zu merken, von der bürgerlichen Psychologie erfüllt und von der Begeisterung für alle bürgerlichen Tugenden angesteckt; von der Verehrung des Reichtums, des Ruhmes, der Titel, wurden vom Geiste des Strebertums, der Jagd nach persönlichem Wohlstand durchdrungen usw. Das Werk der bürgerlichen Lehrer vollendeten die Diener der Kirche mit ihrem Religionsunterricht, welcher infolge der engen Verbindung des Kapitals mit der Kirche immer zum Religionsunterrichte der besitzenden Klassen wurde.*

Das zweite Ziel wird in der bürgerlichen Gesellschaft dadurch erreicht, daß die mittlere und höhere Bildung mit Vorbedacht den arbeitenden Klassen vorenthalten wird. Die Ausbildung in den Mittel- und besonders in

---

* In Rußland wurden unter dem Zarismus die Volksmassen dem Adelsstaate gegenüber in Gehorsam gehalten, nicht so sehr durch die bürgerlich-pfäffisch-zaristische «Aufklärung», als durch die Unterlassung jeder Aufklärung. In dieser Hinsicht ist berühmt die «Theorie» des bekannten Geistes der Finsternis, Pobjedonoszew, der die Volksdummheit für die sicherste Stütze des Zarismus bezeichnet hat.

den Hochschulen ist mit großen Kosten verbunden, die sich die Arbeitenden nicht leisten können.

Diese Ausbildung dauert zehn und mehr Jahre und ist aus diesem Grunde dem Bauer und Arbeiter unzugänglich, der gezwungen ist, um seine Familie ernähren zu können, seine Kinder in der zartesten Jugend in die Fabrik, aufs Feld oder zu Hause zur Arbeit anzutreiben. Die Mittel- und Hochschulen verwandeln sich tatsächlich in Lehranstalten für die bürgerliche Jugend. Hier wird die Jugend der herrschenden Klassen dazu vorbereitet, ihre Väter auf den Ausbeuterstellen oder auf denen der Beamten und Techniker des bürgerlichen Staates abzulösen. In diesen Schulen trägt auch der Unterricht einen ausgesprochenen Klassencharakter. Wenn es auf dem Gebiete der Mathematik, Technik und der Naturwissenschaften wegen des Charakters dieser Wissenschaften nicht so auffällig ist, so tritt es besonders deutlich in den Gesellschaftswissenschaften hervor, die eigentlich die Weltanschauung der Schüler bestimmen. Die bürgerliche Volkswirtschaftslehre wird mit allen vollendeten Methoden der «Marxvernichtung» vorgetragen. Die Soziologie und Geschichte werden ebenfalls im rein bürgerlichen Geiste gebracht. Die Geschichte des Rechtes wird mit der Vorführung des bürgerlichen Rechtes als des Naturrechtes «des Menschen und Bürgers» abgeschlossen usw. Kurz, die Mittel- und Hochschulen unterrichten die Bürgersöhnchen in allem, was für die Bedienung der bürgerlichen Gesellschaft und zur Aufrechterhaltung des Systems der bürgerlichen Ausbeutung notwendig ist. Wenn es aber auch Kindern der

Arbeitenden, gewöhnlich den Begabtesten, gelingt, in die Hochschulen zu kommen, so werden sie meistens durch den bürgerlichen Schulapparat erfolgreich von der ihnen verwandten Klasse getrennt, es wird ihnen die bürgerliche Psychologie eingeimpft, und die Talente der Werktätigen werden letzten Endes zur Unterdrückung ihrer eigenen Klasse mißbraucht.

Was die dritte Aufgabe anbetrifft, so wird sie von der bürgerlichen Schule auf folgende Art erreicht. In der Klassengesellschaft entfernt sich die Wissenschaft von der Arbeit. Sie wird nicht nur zum Besitz der herrschenden Klassen, noch mehr: zum Beruf eines bestimmten, engen Menschenkreises. Der wissenschaftliche Unterricht und die wissenschaftliche Forschung trennen sich vom Arbeitsprozeß. Um die Ergebnisse der Wissenschaft für die Produktion zu verwerten, muß die bürgerliche Gesellschaft eigene Institute schaffen, die die Ausnützung der wissenschaftlichen Entdeckungen für die Technik fördern; außerdem eine Reihe technischer Schulen, die die Möglichkeit bieten, die Produktion auf derselben Höhe zu halten, wie die Erfolge der «reinen», d. h. der der Arbeit entfremdeten Wissenschaft. Außerdem liefern die polytechnischen Schulen der kapitalistischen Gesellschaft nicht nur ein technisch ausgebildetes Personal, sondern auch Trupps von Aufsehern und Verwaltern über die Arbeiterklasse. Außerdem werden zur Bedienung des Prozesses des Warenverkehrs Handelsschulen und Handelsakademien usw. errichtet. All das, was in dieser ganzen Organisation mit Erzeugung in Verbindung steht, wird bestehen bleiben. Alles, was mit der bürgerlichen Produktion verbunden ist, muß absterben. Es wird bestehen bleiben alles, was die Entwicklung der Wissenschaften fördert – verschwinden wird die Entfremdung zwischen Wissenschaft und Arbeit. Der Unterricht der technischen Kenntnisse wird behalten werden, der Unterricht derselben, getrennt von der physischen Arbeit, wird entfallen. Die Verwertung der Wissenschaften für die Produktion bleibt und wird gesteigert, alle Hemmnisse für eine derartige Verwertung werden fallen, insoferne sie vom Kapital in jedem gegebenen Moment nur zur Erhöhung der Profitnorm ausgenützt werden.

§ 77. Die Zerstörungsaufgaben des Kommunismus

In der Schulfrage steht die kommunistische Partei, wie auf allen Gebieten, nicht nur vor schöpferischen Aufgaben, sondern, in der ersten Zeit, auch vor Zerstörungsaufgaben. Im Schulsystem der bürgerlichen Gesellschaft muß alles schleunigst zerstört werden, was die Schule zum Instrument der Klassenherrschaft der Bourgeoisie machte.

Die höheren Stufen der Schule in der bürgerlichen Gesellschaft waren im Besitze der Ausbeuterklassen. Diese Schulen in der Gestalt der unendlichen Gymnasien, Realschulen, Institute, Kadettenkorps usw. müssen vernichtet werden.

Das Lehrpersonal der bürgerlichen Schule dient der

Sache der bürgerlichen Bildung und des Betruges. Aus der proletarischen Schule muß erbarmungslos jener Teil des Lehrpersonals der alten Schule verjagt werden, der entweder nicht kann oder nicht will, zum Werkzeug der kommunistischen Aufklärung der Massen zu werden.

In der alten Schule wurden Lehrbücher gebraucht, die im bürgerlichen Geiste abgefaßt waren, Lehrmethoden angewendet, die den Klasseninteressen der Bourgeoisie dienten. All das muß von der neuen Schule verworfen werden.

Die alte Schule stand durch den obligaten Religionsunterricht, obligate Gebete und Kirchenbesuch in Verbindung mit der Kirche. Die neue Schule verwirklicht das obligate Verjagen der Religion aus ihren Mauern, unter welcher Form sie auch immer sich den Eintritt zu verschaffen sucht, in welch sanfter Form immer die rückständigen Elterngruppen sie dorthin hineinschmuggeln wollen.

Die alte Hochschule schuf einen enggeschlossenen Professorenkreis, eine Gelehrtenzunft, die den Eintritt neuer Lehrkräfte in die Universität verhinderte; die Gelehrtenzunft der bürgerlichen Professur muß aufgelassen werden und das Katheder zum Besitze aller Lehrfähigen werden. Unter dem Zarismus wurde der Unterricht in der Muttersprache nicht zugelassen. Die russische Sprache war die obligate Staats- und Unterrichtssprache. Die neue Schule vernichtet alle Spuren der nationalen Unterdrückung, indem sie den Unterricht in der Muttersprache zum Besitztum der Nationalitäten macht.

§ 78. Die Schule – ein Instrument der kommunistischen Erziehung und Aufklärung

Die Bourgeoisie bildet eine verschwindende Minderheit der Bevölkerung. Das hinderte sie aber nicht, neben den anderen Organen der Klassenunterdrückung die Schule zur Erziehung und Dressierung der Millionen der Arbeitenden in ihrem Geiste auszunützen und auf diese Weise der Mehrheit der Bevölkerung die Anschauungen und Moral der unbedeutenden Minderheit aufzuzwingen.

In den kapitalistischen Ländern bildet das Proletariat und Halbproletariat die Mehrheit der Bevölkerung. In Rußland ist die Arbeiterschaft, trotzdem sie zahlenmäßig eine Minderheit ist, politisch der Führer und Organisator des Kampfes aller Werktätigen. Es ist daher natürlich, daß sie, nachdem sie von der Schule Besitz ergreift, diese vor allem dazu benützt, alle rückständigen Schichten der arbeitenden Bevölkerung auf eine höhere Stufe des kommunistischen Bewußtseins zu heben. Die Bourgeoisie benützte die Schule zur Knechtung der Arbeitenden. Das Proletariat wird die Schule benützen zu ihrer Befreiung, zur Vernichtung aller Spuren der geistigen Sklaverei im Bewußtsein der Arbeitenden. Die Bourgeoisie erzog die proletarischen Kinder, dank ihrer Schule, im bürgerlichen Geiste. Die Aufgabe der neuen kommunistischen Schule besteht darin, die bürgerlichen und kleinbürgerlichen Kinder im proletarischen Geiste zu erziehen. Auf dem Gebiete des Geistes, in der Psychologie der Menschen muß die kommunistische Schule dieselbe Umwälzung der bürgerlichen Gesellschaft und ihre Expropriierung vollführen, wie es auf dem wirtschaftlichen Gebiete von der Sowjetmacht durch die Nationalisierung der Produktionsmittel geschehen ist. Das Bewußtsein der Menschen muß für die neuen gesellschaftlichen Beziehungen vorbereitet werden. Es fällt den Massen schwer, eine kommunistische Gesellschaft zu bauen, wenn sie auf vielen Gebieten des Geisteslebens noch immer mit beiden Füßen auf dem Boden der bürgerlichen Gesellschaft und ihrer Vorurteile stehen. Die Aufgabe der neuen Schule besteht darin, das Bewußtsein der Erwachsenen den neuen gesellschaftlichen Verhältnissen anzupassen, hauptsächlich aber darin, eine junge Generation zu erziehen, die mit ihrer ganzen Psychologie auf dem Boden der neuen kommunistischen Gesellschaft steht.

Diesem Ziele müssen alle aufgezählten Reformen auf dem Gebiete der Schule dienen, die teils schon durchgeführt sind, teils erst zur Durchführung gelangen.

§ 79. Die Vorschulerziehung

In der bürgerlichen Gesellschaft wird das Kind, wenn nicht ganz, so doch größtenteils, als Eigentum seiner Eltern betrachtet. Wenn die Eltern sagen: «mein Sohn, meine Tochter», so bedeutet es nicht nur das Vorhandensein verwandtschaftlicher Beziehungen, sondern auch das Recht der Eltern auf die Erziehung der eigenen

Kinder. Dieses Recht ist vom sozialistischen Standpunkt aus in nichts begründet. Der einzelne Mensch gehört nicht sich selbst, sondern der Gesellschaft, dem Menschengeschlecht. Nur dank der Existenz der Gesellschaft kann jedes einzelne Individuum leben und sich entwickeln. Deshalb gehört das Kind jener Gesellschaft, in welcher und dank welcher es geboren wurde, nicht aber einzig und allein der «Gesellschaft» seiner Eltern. Der Gesellschaft gehört auch das ursprünglichste und fundamentalste Recht der Kindererziehung. Von diesem Standpunkte aus müssen die Ansprüche der Eltern, durch die Hauserziehung in die Seele ihrer Kinder ihre eigene Beschränktheit zu legen, nicht nur abgelehnt, sondern auch ohne Erbarmen ausgelacht werden. Der Gesellschaft steht es frei, die Kindererziehung den Eltern anzuvertrauen, aber je eher es ihr möglich ist, selbst einzugreifen, um so weniger Grund ist vorhanden, sie den Eltern zu überlassen, weil die Fähigkeiten zur Kindererziehung doch seltener vorkommen als die Fähigkeiten, Kinder zu gebären. Von hundert Müttern sind vielleicht eine oder zwei fähig, Erzieherinnen zu sein. Die Zukunft gehört der gesellschaftlichen Erziehung. Die gesellschaftliche Erziehung gibt der sozialistischen Gesellschaft die Möglichkeit, die künftige Generation mit dem geringsten Verbrauch an Kräften und Mitteln zu erziehen.

Die gesellschaftliche Erziehung ist daher nicht allein aus pädagogischen Erwägungen notwendig; sie bringt ungeheuer große wirtschaftliche Vorteile. Hunderte, Tausende, Millionen Mütter werden bei der Verwirklichung der gesellschaftlichen Erziehung für die Produktion und für ihre eigene kulturelle Entwicklung frei werden. Sie werden von der geistestötenden Hauswirtschaft und der unendlichen Zahl der kleinlichen Arbeiten, die mit der Hauserziehung der Kinder verbunden sind, befreit werden.

Darum eben strebt die Sowjetmacht die Schaffung einer Reihe von Institutionen an, die die gesellschaftliche Erziehung ständig verbessern sollen, indem sie dieselbe allmählich gemeinschaftlich machen. Solche sind die Kindergärten, wohin die in Arbeit stehenden Arbeiter und Angestellten ihre Kinder übergeben können, sie zu diesem Zwecke Fachleuten für Vorschulerziehung anvertrauend. Solche sind die Heime, d. h. ebenfalls Kindergärten, die aber für einen dauernden Aufenthalt der Kinder berechnet sind. Ebenso Kinderkolonien, wo die Kinder entweder ständig leben und ihre Erziehung genießen oder nur auf einige Zeit von ihren Eltern getrennt bleiben. Hierher gehören auch die Krippen, d. h. Einrichtungen zur Erziehung der Kinder bis zum 4. Lebensjahr, die den Kindern solange Unterkunft gewähren, als ihre Eltern in Arbeit stehen.

Die Aufgabe der kommunistischen Partei besteht einerseits darin, durch die Sowjetorgane eine noch raschere Entwicklung der Vorschulinstitutionen und die Verbesserung der Erziehung in denselben durchzusetzen, andererseits darin, durch eine erhöhte Propaganda die bürgerlichen und spießerischen Vorurteile der Eltern über die Notwendigkeit und die Vorteile der Hauserziehung zu überwinden, dies durch die Beispiele der am besten geleiteten Erziehungsinstitute der Sowjetmacht bekräftigend. Häufig hält gerade die schlechte Leitung der Heime, Krippen, Gärten usw. die Eltern davon zurück, ihre Kinder denselben zu übergeben. Die Aufgabe der kommunistischen Partei und besonders ihrer Frauensektionen besteht darin, die Eltern dazu zu bewegen, eine Verbesserung der gesellschaftlichen Erziehung nicht durch einen Verzicht auf dieselbe, sondern gerade durch die Übergabe ihrer Kinder in die entsprechenden Institutionen und durch die Verwirklichung der breitesten Kontrolle seitens der Elternorganisationen durchzusetzen.

§ 80. Die einheitliche Arbeitsschule

Die Vorschulinstitutionen werden für Kinder bis zum 7. Jahre geschaffen. Unterricht und Erziehung müssen in der Schule vereinigt sein. Der Unterricht muß obligat sein, was einen großen Fortschritt gegenüber den Zeiten des Zarismus bedeutet. Der Unterricht muß unentgeltlich sein, was einen großen Fortschritt im Vergleich dazu bedeutet, was wir in den fortgeschrittensten Ländern sehen, wo nur in den unteren Schulen der Unterricht unentgeltlich ist. Der Unterricht muß natürlich für alle gleich sein, wodurch alle Privilegien in der Erziehung und Bildung für einzelne Bevölkerungsgruppen aufgehoben werden. Dieser allgemeine, für alle gleiche und unentgeltliche Unterricht muß die ganze Jugend im Alter von 8 bis 17 Jahren umfassen.

Die Schule muß einheitlich sein. Das heißt erstens, daß die Einteilung in Mädchen- und Knabenschulen aufgehoben werden und der gemeinsame Unterricht der Kinder beider Geschlechter eingeführt werden muß. Das heißt, die Einteilung der Schulen in niedere, mittlere und höhere, die durch ihre Programme einander gar nicht angepaßt sind, muß beseitigt werden. Das heißt, die Einteilung der niederen, mittleren und höheren Schulen in allgemeine und fachliche, in allgemeinzugängliche und Klassen- und Ständeschulen muß ebenfalls aufhören. Die einheitliche Schule bedeutet eine einheitliche Stufenleiter, die nicht nur jeder Lernende der sozialistischen Republik durchmachen kann und muß, mit der tiefsten Stufe – dem Kindergarten – angefangen und mit der höchsten Stufe abgeschlossen, wo jeder gemeinschaftliche Schulunterricht und jede polytechnische Bildung in dem Ausmaße aufhören, als sie für alle Schüler obligat sind.

Wie jeder Leser einsehen wird, stellt die einheitliche Schule nicht nur das Ideal jedes fortschrittlichen Pädagogen, sondern auch den einzig möglichen Schultypus in der sozialistischen Gesellschaft dar, d. h. in einer klassenlosen Gesellschaft oder in einer, die es werden will. Die einheitliche Schule kann nur der Sozialismus verwirklichen, wenn auch der Wunsch nach einem derartigen Schultypus schon von den Pädagogen der bürgerlichen Gesellschaft ausgesprochen wurde.

Die Schule der sozialistischen Republik muß eine Arbeitsschule sein, das heißt, der Unterricht und die Erziehung müssen mit der Arbeit vereinigt werden und sich auf die Arbeit stützen. Dies ist aus vielen Gründen wichtig. Erstens für den Erfolg des Unterrichtes selbst. Am leichtesten, gründlichsten und liebsten erfaßt das Kind nicht das, was es aus dem Buche oder aus den Worten des Lehrers erlernt hat, sondern was es selbst in der Erfahrung mit den eigenen Händen ergriffen hat. Die umgebende Natur zu erkennen ist am leichtesten, indem man diese Natur zu beeinflussen sucht. Die Vereinigung des Unterrichtes mit der Arbeit begann schon in den fortgeschrittenen bürgerlichen Schulen. Sie kann aber nicht in der bürgerlichen Gesellschaftsordnung vollendet werden, wo die parasitären Elemente der Gesellschaft mit Absicht gezüchtet werden und die physische Arbeit von der geistigen durch eine unüberbrückbare Kluft getrennt ist.

Die Arbeit ist auch für die rein physische Entwicklung der Kinder, als auch für die allseitige Entwicklung aller ihrer Fähigkeiten nötig. Es ist durch die Erfahrung erprobt und bewiesen, daß die Zeit, die man in der Schule für die Arbeit verwendet, nicht im geringsten die Fortschritte der Kinder im Erwerben der verschiedenartigsten Kenntnisse vermindert, sondern sie im Gegenteil vergrößert.

Endlich ist die Arbeitsschule für die kommunistische Gesellschaft eine direkte Notwendigkeit. Jeder Bürger dieser Gesellschaft muß wenigstens in den Grundzügen alle Berufe kennen. Diese Gesellschaft wird keine geschlossenen Zünfte, keine verknöcherten Berufe, keine in ihrem Fache versteinerten Gruppen kennen. Sogar der genialste Gelehrte muß zu gleicher Zeit auch ein geschickter physischer Arbeiter sein. Dem die einheitliche Arbeitsschule verlassenden Schüler sagt die kommunistische Gesellschaft: «Professor mußt du nicht sein, aber Werterzeuger zu sein, bist du verpflichtet.» Mit den Kinderspielen im Garten beginnend, muß das Kind ganz unbewußt zur Arbeit als Fortsetzung der Spiele übergehen und auf diese Weise gleich im Anfang lernen, die Arbeit nicht als eine unangenehme Notwendigkeit oder Strafe zu betrachten, sondern als eine natürliche, selbständige Offenbarung der Begabungen. Die Arbeit muß ein Bedürfnis werden wie das Bedürfnis nach Essen und Trinken, und dieses Bedürfnis muß in der kommunistischen Schule eingeimpft und entwickelt werden. In der kommunistischen Gesellschaft mit ihrem rasenden technischen Fortschritt werden unvermeidlich riesengroße und rasche Verschiebungen der Arbeitskräfte aus einem Industriezweig in den anderen notwendig sein. Irgendeine Erfindung in der Spinnerei oder Weberei kann z. B. eine Verminderung der Zahl der Spinner und Weber und eine Erhöhung der Zahl der Arbeiter, die in der Baumwollerzeugung beschäftigt sind, erfordern usw. In solchen Fällen ist eine Neueinteilung der Kräfte nach den Berufen notwendig, was erst dann durchführbar ist, wenn jeder Arbeiter der kommunistischen Gesellschaft nicht nur eines, sondern mehrere Fächer kennt. Die bürgerliche Gesellschaft konnte sich aus solchen Lagen dadurch heraushelfen, daß sie die industrielle Reserve-Armee, d. h. die ständigen Massen Arbeitsloser ausnützte. In der kommunistischen Gesellschaft wird es keine Arbeitslosen-Armee geben; die

Reserve jedes Produktionszweiges, der einen Mangel an Arbeitskräften aufweisen wird, wird durch die Fähigkeit der Arbeiter eines anderen Zweiges, diesen Mangel auszufüllen, wettgemacht werden. Erst die einheitliche Arbeitsschule kann Kader solcher Arbeiter heranbilden, die befähigt sein werden, die verschiedensten Funktionen der kommunistischen Gesellschaft auszufüllen.

§ 81. Die Fachbildung

Bis zum 17. Lebensjahr muß die gesamte Jugend der Republik die einheitliche Arbeitsschule durchmachen und dort die Summe theoretischer und praktischer Kenntnisse erwerben, die für jeden Bürger der kommunistischen Gesellschaft notwendig ist. Aber damit kann der Unterricht noch nicht abgeschlossen werden. Außer den allgemeinen Kenntnissen sind auch Fachkenntnisse nötig. Der Umfang der allernotwendigsten Wissenschaften ist so groß, daß sie alle von einem einzelnen Menschen unmöglich erfaßt werden können. Die einheitliche Arbeitsschule schließt auf keinen Fall die Fachbildung aus. Sie überträgt sie bloß auf die höchste Stufe. Schon in der zweiten Stufe der einheitlichen Arbeitsschule, d. h. im Alter von 14 bis 17 Jahren, treten unvermeidlich die Neigungen der Schüler zugunsten des einen oder des anderen Gegenstandes zutage. Schon auf dieser Stufe ist es nicht nur möglich, sondern auch notwendig, diesen natürlichen Neigungen eine gründliche Erlernung der verschiedenen Wissenschaften zu ermöglichen, nicht zum Nachteil des allgemein bildenden Programms der Arbeitsschule.

Die eigentliche Fachbildung soll aber erst nach dem 17. Lebensjahre beginnen. Dieses Alter erscheint als Grenze auch aus anderen Gründen. Bis zum 17. Jahre ist die Jugend der Arbeitsschule mehr Schüler als Arbeiter. Der Arbeitsgang in der Schule hat zur Hauptaufgabe nicht die Erzeugung von Werten und die Vergrößerung des Staatsbudgets, sondern Erziehungsaufgaben. Nach dem 17. Lebensjahre wird der Schüler zum Arbeiter. Er muß seinen Anteil an Arbeit, an erzeugten Gütern für die Menschenkommune beitragen. Die Fachbildung kann er erst genießen, nachdem er zuerst seine Hauptpflicht vor der Gesellschaft erfüllt hat. Darum wird die Jugend nach dem 17. Lebensjahre an dem Fachunterricht in der Regel bloß außerhalb der Arbeitszeit teilnehmen können. Mit der Entwicklung der Technik wird der Arbeitstag unter acht Stunden herabgedrückt werden müssen, und auf diese Weise wird jedem Mitgliede der kommunistischen Gesellschaft noch genügend Zeit für die Fachbildung übrigbleiben. In einigen Fällen wird auch für besonders begabte Leute eine Ausnahme möglich sein, indem man sie für einige Jahre von der Arbeit im Interesse der Bildung und wissenschaftlichen Forschung befreien oder ihre Arbeitszeit gegenüber der üblichen verkürzen wird, wenn all das für gesellschaftlich notwendig erachtet werden wird.

§ 82. Die Hochschule

Es kann gegenwärtig noch nicht genau vorausgesehen werden, welchen Charakter die fachlichen Hochschulen unter dem Kommunismus annehmen werden. Sie werden wahrscheinlich verschiedene Typen aufweisen, von den mehr oder weniger kurzfristigen Kursen bis zu den Polytechniken oder Versuchsschulen, wo der Unterricht neben der wissenschaftlichen Forschung geführt werden wird und wo alle Grenzen zwischen den Professoren und Studenten verschwinden werden. Aber schon jetzt kann man mit voller Bestimmtheit behaupten, daß unsere Universitäten in ihrer gegenwärtigen Gestalt, mit ihrer gegenwärtigen Professur, nicht mehr lebensfähige Einrichtungen darstellen. Sie setzen den Unterricht der Jugend fort, die die bürgerlichen Mittelschulen im alten Geiste durchgemacht hatten. Inzwischen können diese Universitäten reformiert werden, indem der Professorenkörper aufgefrischt wird und neue Leute hinzukommen, die vielleicht dem Zensus der «Doktoren der bürgerlichen Gesellschaft» nicht entsprechen, dafür aber mit Erfolg eine vollständige Umwälzung im Unterricht der Gesellschaftswissenschaften durchführen und die bürgerliche Wissenschaft aus ihrer letzten Zufluchtsstätte verjagen können. Es kann auch die Zusammensetzung der Hörerschaft geändert werden, indem sie hauptsächlich aus Arbeitern gebildet wird und auf diese Weise die Technik und Naturwissenschaften zum Besitz der Arbeiterklasse gemacht werden. Die Heranziehung der Arbeiter stellt aber unvermeidlich die Frage nach deren Versorgung auf Staatskosten während der ganzen Unterrichtsdauer. Das alles ist im Punkte 3 unseres Programms auf dem Gebiete der Volksbildung enthalten.

§ 83. Die Sowjet- und Parteischulen

Die kommunistische Partei zerstörte in der Ausübung ihrer Macht den ganzen zaristischen Schulapparat, welcher auch zur Zeit der Kerenski-Regierung beinahe unangetastet geblieben ist. Auf den Ruinen der alten Klassenschule begann die Sowjetmacht die einheitliche Arbeitsschule aufzurichten, als den Keim der normalen Arbeitsschule der künftigen kommunistischen Gesellschaft. Sie sucht aus der bürgerlichen Hochschule alles auszumerzen, was in derselben der Aufrechterhaltung der Kapitalherrschaft angepaßt war, sie macht die während der Herrschaft der besitzenden Klassen angesammelten Kenntnisse zum Besitztum aller Werktätigen und beginnt auf diese Weise den Aufbau des Normaltypus der Hochschule in der kommunistischen Gesellschaft vorzubereiten.

Unter allen Wissenschaften aber, die die bürgerliche Kultur kennt, gibt es keine einzige, die lehren würde, wie eine proletarische Revolution zu machen wäre. Unter allen Schulen, die die Bourgeoisie errichtet hat und die für die künftige kommunistische Gesellschaft aufgebaut werden, gibt es keine einzige, die zeigen würde, wie der proletarische Staat zu schaffen wäre. Die

Übergangsperiode vom Kapitalismus zum Kommunismus schuf einen neuen Schultypus, der der gegenwärtigen Revolution und dem Aufbau des Sowjetapparates dienen soll. Dazu sind die Sowjet- und Parteischulen berufen, die unter unseren Augen als kurzfristige und ganz zufällige Kurse entstanden sind und sich in ständige Einrichtungen zur Heranbildung von Partei- und Sowjetfunktionären verwandelt haben. Das war unabwendbar. Der Aufbau eines Sowjetstaates ist eine ganz neue Sache, die ohne Beispiel in der Geschichte dasteht. Die Arbeit der Sowjetinstitutionen wächst mit jedem Tag, wird vollkommener, und jeder Sowjetfunktionär muß, im Interesse des Erfolges der Arbeit, jene Erfahrungen kennen, die seine Vorgänger gesammelt haben. Der Selbstunterricht in der Staatsverwaltungskunst, der durch die Beteiligung der Arbeiter an der Sowjetarbeit stattfindet, erscheint zu ungenügend. Diese Erfahrungen müssen gesammelt, systematisiert, durchdacht und zum Besitz aller Arbeiter gemacht werden, die an dem Sowjetwerk teilnehmen, damit jede neue Arbeiterschicht, die zur Staatsverwaltung herangezogen wird, nicht die Fehler ihrer Vorgängerinnen wiederhole, damit sie nicht an ihren eigenen, sondern an fremden, bereits begangenen und vom Staate bezahlten Fehlern lerne. Die Schule für Sowjetarbeit muß eben diesem Ziele dienen, sie dient ihm auch bereits, insoferne wir in der Republik schon eine ständige Zentralschule für Sowjetarbeit beim allrussischen Zentralvollzugsausschuß besitzen. Bald werden zweifellos entsprechende Schulen in jeder Gouvernementstadt entstehen.

Was die kommunistischen Parteischulen anbelangt, so änderten sie von Grund aus ihren Charakter in der Periode des tatsächlichen Überganges zum Kommunismus. Aus den Schulen einer bestimmten, sich auf das Proletariat stützenden Partei, aus rein politischen Schulen wurden sie zu Unterrichtsstätten des kommunistischen Umbaues der Gesellschaft, folglich zu Staatsschulen und zugleich zu militärischen Akademien des Bürgerkrieges. Erst dank diesen Schulen ist das Proletariat in der Lage, den Sinn und die objektive Bedeutung jener Umwälzung zu erfassen, welche es halb elementar, halb unbewußt vollführt, indem es bloß eng konkrete Ziele vor Augen hat und nicht die Möglichkeit besitzt, den Umformungsprozeß in seiner Gesamtheit zu umfassen. Die Parteischulen sind nicht nur befähigt, dem Proletariate die Natur und das Endziel seiner Revolution wissenschaftlich zu erklären, sondern es auch darüber zu belehren, wie diese Revolution in der kürzesten Frist mit dem geringsten Kräfteaufwand zu Ende zu führen ist.

§ 84. Die Bildung außerhalb der Schule

Der Zarismus hielt absichtlich die Mehrheit der Werktätigen in Rußland im Zustande der Unwissenheit und des Analphabetismus. Die Sowjetmacht, die vom Zarismus einen ungeheuren Prozentsatz an Analphabeten geerbt hat, mußte natürlich die heroischsten Mittel in Bewegung setzen, um diese Erbschaft loszuwerden. Zu diesem Zwecke eröffneten die Volksbildungsabteilungen Schulen für erwachsene Analphabeten und unternahmen eine Reihe anderer Maßnahmen zur Bekämpfung des Analphabetismus. Aber außer der Ausnützung des Schulapparates des Aufklärungskommissariates muß die kommunistische Partei alles aufbieten, damit die Massen sich an dem Unterricht für die Analphabeten beteiligen. Dazu sollen die Sowjets für Volksbildung dienen, welche von den an der Bildung interessierten Massen der Werktätigen gewählt werden. Diesem Zwecke dient auch die Mobilisierung aller des Lesens Kundigen zum Unterrichte der Analphabeten. Diese Mobilisierung wird an vielen Orten der Republik durchgeführt, und die Partei muß erzielen, daß dieselbe überall nach einem bestimmten Plan ins Leben gesetzt werde.

Außer dem Kampf gegen den Analphabetismus muß die Sowjetmacht viele Kräfte und Mittel zur Unterstützung der Selbstbildungsbestrebungen der Bevölkerung, hauptsächlich der Erwachsenen, verwenden. Zu diesem Zwecke wird ein Netz von Bibliotheken errichtet, die die Bedürfnisse des Arbeiterlesers befriedigen; überall, wo es nur möglich ist, werden Volkshäuser und Klubs gegründet, Volksuniversitäten errichtet. Das Kino, welches als Mittel zur Demoralisierung der Bevölkerung und zur Bereicherung seiner Besitzer diente, wird, zwar leider nur langsam, zur mächtigsten Waffe der Massenaufklärung und zu deren Erziehung im Geiste des Sozialismus.

Kurse verschiedener Art, allgemein zugängliche und

unentgeltliche Vorträge u. dgl. werden dank der Verkürzung des Arbeitstages zum Besitze aller Arbeitenden. In der Zukunft werden die für Bildungszwecke planmäßig organisierten Exkursionen der Arbeitenden während der Urlaubszeit eine ungeheure Bedeutung bekommen, um das eigene Land und verschiedene Länder der Welt kennenzulernen. Für den Verkehr zwischen den Arbeitenden aller Länder werden diese Exkursionen in der Zukunft eine riesengroße Rolle spielen.

§ 85. Die neuen Lehrer oder die neuen Arbeiter an der Bildung

Die Schulreformen der Sowjetmacht waren von größerem Erfolg begleitet als die Reformen und Neugründungen auf anderen Gebieten. Dies ist nicht nur dadurch zu erklären, daß der Sowjetstaat einen unvergleichlich größeren Teil seines Budgets für die Volksbildung verwendet, als es der fortschrittlichste unter den bürgerlichen Staaten tut. Die Verwirklichung der Idee der einheitlichen Arbeitsschule war bereits in bedeutendem Maße durch die fortgeschrittenen Pädagogen der bürgerlichen Gesellschaft vorbereitet. Der beste Teil der Pädagogen Rußlands mußte in der Sowjetordnung zum Teile dasjenige verwirklichen, was sie vom rein pädagogischen Standpunkte überhaupt für nötig hielten. Unter den Lehrern in der Schule, die von der Ordnung der Bourgeoisie und Gutsbesitzer zur Sowjetmacht übergingen, sind auch solche vorhanden, die überhaupt

Gegner der proletarischen Revolution waren und bleiben, die aber Anhänger der vom Proletariate auf dem Schulgebiete vollbrachten Revolution sind.

Diese günstigen Umstände vermindern jedoch nicht die Not des proletarischen Staates an wirklich kommunistischen Lehrern. Die Zahl der Kommunisten unter den Lehrern, wie überhaupt unter allen Fachleuten, bildet eine geringe Minderheit. Die Zahl der Gegner des Kommunismus ist bedeutend größer. Die meisten sind aber Beamte, die bereit sind, jeder Regierung an Hand der verschiedenen Programme zu dienen, am meisten aber an Hand derer ihrer Väter und Großväter. In dieser Richtung stehen die Kommunisten vor einer zweifachen Aufgabe: einerseits alle guten Elemente unter den Lehrern zu mobilisieren und durch erhöhte Arbeit unter ihnen einen Kern kommunistischer Lehrer zu bilden, andererseits ganz neue Kader der Bildungsarbeiter aus der Jugend zu schaffen, die von allem Anfang an im Geiste des Kommunismus überhaupt und speziell im Geiste des kommunistischen Schulprogrammes erzogen werden sollen.

§ 86. Die Schätze der Kunst und der Wissenschaft für die Arbeitenden

In der kapitalistischen Ordnung wird die Begabung als Eigentum seines unmittelbaren Besitzers und als dessen Bereicherungsmittel betrachtet. Das Produkt der Tätigkeit des Talentes stellt in dieser Gesellschaft eine Ware dar, die für den einen oder den anderen Preis verkauft werden kann und auf diese Weise zum Eigentum eines jeden wird, der mehr bezahlen kann. Die Arbeit des Genies, die eine ungeheuer große gesellschaftliche Bedeutung besitzt und dem Wesen nach eine kollektive Schöpfung darstellt, kann von irgendeinem russischen Kolupajew oder amerikanischen Morgan gekauft und mit demselben Rechte umgemodelt oder vernichtet werden. Wenn es dem berühmten Moskauer Kaufmann Tretjakow* eines schönen Tages eingefallen wäre, seine Bildergalerie niederzubrennen, statt sie der Stadt Moskau zu übergeben, so dürfte man ihn nach den Gesetzen der bürgerlichen Gesellschaft nicht zur Verantwortung ziehen. Im Resultate des Kaufes und Verkaufes der Kunsterzeugnisse, der seltenen Bücher, Handschriften usw. ist ein großer Teil derselben den breiten Volksschichten unzugänglich und zu einem Vorrechte der Ausbeuterklasse geworden. Die Sowjetrepublik erklärt alle Kunstwerke, Sammlungen u. dgl. zum Gemeineigentum und beseitigt alle Hindernisse zu deren gemeinschaftlicher Benützung. Diesem Ziele dienen auch alle Verordnungen, die die Aufhebung des Privateigentums an den großen Büchersammlungen bezwecken, so daß sie auf diese Weise ebenfalls zum Gemeineigentum werden.

Die kommunistische Partei muß anstreben, daß die

---

* Begründer und Besitzer einer berühmten und reichhaltigen Bildergalerie in Moskau. [Der Übersetzer.]

Staatsgewalt auf diesem Wege fortschreite. Bei dem äußersten Büchermangel und bei der Unmöglichkeit von Wiederausgaben ist eine weitere Einschränkung des Privateigentums auf diesem Gebiete und die Zusammenfassung der Bücher in öffentlichen Bibliotheken, Schulen u. dgl. erforderlich.

Außerdem wird, im Interesse der Aufklärung und um den breiten Massen den Theaterbesuch zu ermöglichen, die Nationalisierung aller Theater durchgeführt, was indirekt zur Sozialisierung der Talente auf dem Gebiete der Bühne, der Musik und der Vokalkunst führt.

Auf diese Weise kommen alle Werke der Wissenschaft und Kunst, die durch die Ausbeutung der arbeitenden Massen, auf ihren Rücken, auf ihre Kosten geschaffen wurden, wieder zu ihren eigentlichen Besitzern zurück.

§ 87. Die staatliche Propaganda
des Kommunismus

Mit der Zerstörung der bürgerlichen Gesellschaftsordnung und mit dem Entstehen einer neuen kommunistischen Gesellschaft auf ihren Ruinen kann die Propaganda der kommunistischen Ideen nicht einzig und allein der Kommunistischen Partei vorbehalten bleiben und nur mit ihren bescheidenen Mitteln betrieben werden. Die kommunistische Propaganda wird zur Notwendigkeit für die ganze sich neugestaltende Gesellschaft, sie muß diesen unaufhaltsamen Prozeß beschleunigen; ihre Aufgabe ist, den Baumeistern des Neuen, die häufig

Rosta-Plakat Nr. 623 (November 1920)

1. Wrangell haben wir geschlagen.
2. Mit dem Knüppel konnte uns die Entente nicht vernichten.
3. Jetzt will sie uns mit Geld besiegen.
4. Genossen! Mehr Arbeitsdisziplin,
   dann machen wir die Entente sogar an der
   Wirtschaftsfront fertig.

SCHULE UND KOMMUNISMUS

ihre Arbeit unbewußt verrichten, den Sinn ihrer eigenen Kraftanspannung und ihres Werkes klar zu machen. Darum müssen nicht nur die proletarische Schule, sondern auch der gesamte Mechanismus des Proletarierstaates der Sache der kommunistischen Propaganda dienen. Diese Propaganda muß in der Armee von ihren militärisch-politischen Organisationen, sie muß von allen Sowjetorganen geführt werden.

Das mächtigste Mittel der staatlichen Propaganda des Kommunismus ist die staatliche Verlagstätigkeit. Die Nationalisierung aller Papiervorräte und Druckereien ermöglicht es dem proletarischen Staate, trotz des großen Papiermangels in Millionen von Exemplaren dasjenige herauszugeben, was für die Massen im gegenwärtigen Augenblicke besonders unentbehrlich ist. Alles, was vom Staatsverlage gedruckt wird, wird den Massen nicht nur dank den billigsten Preisen zugänglich gemacht; allmählich kommen die Bücher, Broschüren, Zeitungen und Plakate ganz unentgeltlich in die Hände der Massen.

Die staatliche Propaganda des Kommunismus wird letzten Endes zum Vernichtungsmittel jeder Spur bürgerlichen Bewußtseins und zur mächtigsten Waffe für die Schaffung einer neuen Ideologie, neuer Gedankengänge, neuer Weltauffassung dienen.

§ 88. Die Volksbildung unter dem Zarismus und unter der Sowjetmacht

Die Staatsausgaben für die Volksbildung betrugen:

Im Jahre	1891	22 810 260 Rubel
Im Jahre	1911	27 883 000 Rubel
Im Jahre	1916	195 624 000 Rubel
Im Jahre	1917	339 831 687 Rubel
Im Jahre	1918	2 914 082 124 Rubel
Im 1. Halbjahre	1919	3 888 000 000 Rubel

Auf diese Weise führte der Übergang der Macht an das Proletariat zu einer sofortigen Steigerung der Ausgaben für die Volksbildung beinahe um das Neunfache.

Im Jahre 1917 gab es am 1. September
38 387 untere Schulen (in 26 Gouvernements),
im Schuljahre 1917/1918 bereits 52 274 Schulen 1. Stufe mit 4 138 982 Schülern,
im Schuljahre 1918/1919 gegen 62 238 Schulen.
Zur selben Zeit gab es an Schulen 2. Stufe in den Jahren 1917/1918 1 830, in den Jahren 1918/1919 3 783.

Eine Vorschulbildung hat es unter dem Zarismus überhaupt nicht gegeben. Die Sowjetmacht mußte diese Sache ganz von neuem beginnen. Trotz der ungünstigen Verhältnisse zählte man bis zum 1. Oktober 1919 in 31 Gouvernements Kindergärten, Spielschulen, Heime 2615 mit 155 443 Kindern. Insgesamt werden jetzt gegen 2,5 Prozent der Kinder im Alter von 3 bis 5 Jahren betreut. In den Städten werden aber bereits 10,1 Prozent der Kinder betreut, und diese Zahl steigt ununterbrochen.

XI. KAPITEL

Religion und Kommunismus

§ 89. Warum Religion und Kommunismus
unvereinbar sind
§ 90. Die Trennung der Kirche vom Staate
§ 91. Die Trennung der Schule von der Kirche
§ 92. Der Kampf mit den religiösen Vorurteilen
der Massen

§ 89. Warum Religion und Kommunismus unvereinbar sind

«Die Religion ist das Opium des Volkes», hat Karl Marx gesagt.

Die Aufgabe der kommunistischen Partei besteht darin, diese Wahrheit den breitesten Kreisen der arbeitenden Massen verständlich zu machen. Die Aufgabe der Partei besteht darin, allen arbeitenden Massen, auch den rückständigsten, fest die folgende Wahrheit anzueignen: daß die Religion eine der mächtigsten Waffen in den Händen der Unterdrücker zur Aufrechterhaltung der Ungleichheit, der Ausbeutung und des sklavischen Gehorsams der Werktätigen früher gewesen und auch bis auf den heutigen Tag geblieben ist.

Manche schwache Kommunisten denken folgendermaßen: «Die Religion hindert mich nicht, Kommunist zu sein – ich glaube in gleicher Weise sowohl an Gott als auch an den Kommunismus. Mein Glaube an Gott hindert mich nicht, für die Sache der proletarischen Revolution zu kämpfen.»

Ein solches Denken ist von Grund aus falsch. Die Religion ist mit dem Kommunismus weder theoretisch noch praktisch vereinbar.

Jeder Kommunist muß die gesellschaftlichen Erscheinungen (Beziehungen zwischen den Menschen, Revolutionen, Kriegen usw.) als Vorgänge betrachten, die sich nach bestimmten Gesetzen vollziehen. Die Gesetze der gesellschaftlichen Entwicklung werden mit der größten

Vollständigkeit gerade vom wissenschaftlichen Sozialismus dank der Theorie des historischen Materialismus festgestellt, die von unseren großen Lehrern, von Karl Marx und Friedrich Engels geschaffen wurde. Nach dieser Theorie wird die gesellschaftliche Entwicklung durch keinerlei übernatürliche Kräfte beeinflußt. Noch mehr. Dieselbe Theorie stellt auch fest, daß selbst der Begriff von Gott und den jenseitigen Mächten auf einer bestimmten Stufe der Menschheitsgeschichte aufkam und auf einer bestimmten Stufe verschwindet als eine kindliche Vorstellung, die durch die Praxis des Lebens und des Kampfes des Menschen mit der Natur nicht bestätigt wird. Und nur deshalb, weil es räuberischen Klassen vorteilhaft ist, die Unwissenheit des Volkes und seinen kindlichen Glauben an das Wunderbare aufrechtzuerhalten (die Schlüssel zu diesem Wunderbaren halten sie aber in ihrer Tasche), erweisen sich die religiösen Vorurteile als sehr lebenskräftig und verwirren selbst sehr kluge Menschen.

Auch die Verwandlungen in der ganzen Natur in ihrer Gesamtheit werden ebenfalls durch keine übernatürlichen Kräfte beeinflußt. Der Mensch hat große Erfolge im Kampfe mit der Natur erreicht, er beeinflußt sie in seinem Interesse und beherrscht ihre Kräfte nicht dank dem Glauben an Gott und seine Hilfe, sondern trotz dieses Glaubens und dank der Tatsache, daß er sich in der Praxis in allen ernsten Dingen immer als Atheist erweist. Der wissenschaftliche Kommunismus stützt sich bei seiner Beurteilung aller Naturerscheinungen auf die Ergebnisse der Naturwissenschaften, die sich in unversöhnlichster Feindschaft mit allen religiösen Erdichtungen befinden.

Der Kommunismus ist aber auch in der Praxis mit dem religiösen Glauben unvereinbar. Die Taktik der kommunistischen Partei schreibt ihren Mitgliedern eine bestimmte Handlungsweise vor. Die Moral einer jeden Religion schreibt den Gläubigen ebenfalls ein bestimmtes Verhalten vor (z. B. die christliche Moral: «Wenn dich jemand auf die eine Wange schlägt, biete ihm die andere dar»). Zwischen den Direktiven der kommunistischen Taktik und den Geboten der Religion erweist sich in den meisten Fällen ein unversöhnlicher Gegensatz. Ein Kommunist, der die Gebote der Religion verwirft und nach den Vorschriften der Partei handelt, hört auf, ein Gläubiger zu sein. Ein Mensch, der gläubig ist und sich einen Kommunisten nennt, der die Vorschriften der Partei im Namen der Gebote der Religion überschreitet, hört auf, ein Kommunist zu sein.

Der Kampf mit der Religion weist zwei Seiten auf, die jeder Kommunist streng unterscheiden muß. Erstens der Kampf mit der Kirche als einer besonderen Organisation für religiöse Propaganda, die materiell an der Unwissenheit des Volkes und seiner religiösen Knechtschaft interessiert ist, zweitens der Kampf mit den weitverbreiteten und tief eingewurzelten religiösen Vorurteilen der Mehrheit der arbeitenden Massen.

§ 90. Die Trennung der Kirche vom Staate

Nach dem christlichen Katechismus stellt die Kirche eine Gesellschaft von Gläubigen dar, die durch denselben Glauben, die Sakramente usw. vereinigt sind. Für den Kommunisten ist die Kirche eine Gesellschaft von Menschen, die durch bestimmte Einnahmequellen auf Kosten der Gläubigen, auf Kosten ihrer Unwissenheit und Unbildung vereinigt werden. Eine Gesellschaft, die mit der Gesellschaft anderer Ausbeuter, wie Gutsbesitzer, Kapitalisten, mit deren Staate verbündet ist, ihm bei der Unterdrückung der arbeitenden Massen hilft und selbst von ihm Hilfe und Unterstützung erhält. Die Verbindung zwischen der Kirche und dem Staate ist von sehr alter Herkunft. Besonders eng war die Kirche mit dem feudalen Staate der Gutsbesitzer verbündet. Das ist auch klar, wenn man bedenkt, daß der selbstherrschende adelige Staat sich auf den Großgrundbesitz stützte, die Kirche stellte aber ebenfalls einen großen Grundbesitzer dar, der über Millionen Hektar Boden verfügte. Diese beiden Mächte mußten sich unvermeidlich zum gemeinsamen Kampfe gegen die arbeitenden Massen vereinigen und durch ihren Bund ihre Herrschaft über diese befestigen. In der Periode des Kampfes der städtischen Bourgeoisie gegen den Adel wurde die Kirche eine Zeitlang von der Bourgeoisie wütend angegriffen als Eigentümerin von Ländereien, deren sich die Bourgeoisie selbst bemächtigen wollte, als Besitzer und Verbraucher von Einkünften, die man von den Arbeitenden einsammelte, von Einkünften, auf die sie selbst, die Bourgeoisie, Anspruch erhob. Dieser Kampf war in einigen Ländern (Frankreich) sehr erbittert, in den anderen (England, Deutschland, Rußland) weniger heftig. Deshalb wurde die Forderung nach der Trennung der Kirche vom Staate (was in Wirklichkeit den Übergang der vom Staate für die Kirche ausgegebenen Mittel in die Hände der Bourgeoisie bedeutete) schon von der liberalen Bourgeoisie und der bürgerlichen Demokratie aufgestellt. Diese Forderung wurde aber nirgends von der Bourgeoisie verwirklicht, aus dem Grunde nicht, weil überall der Kampf der Arbeiterklasse gegen die Kapitalisten zunahm und es der Bourgeoisie nicht mehr vorteilhaft erschien, sich noch einen Verbündeten zu verscherzen. Sie fand es vorteilhafter, sich mit der Kirche zu versöhnen, ihre Gebete für den Kampf gegen den Sozialismus zu kaufen, ihren Einfluß auf die ungebildeten Massen auszunützen, um in ihnen die Gefühle des sklavischen Gehorsams gegenüber dem ausbeuterischen Staate aufrechtzuerhalten. («Es gibt keine Macht, die nicht von Gott wäre».)

Das, was die Bourgeoisie im Kampfe mit der Kirche nicht vollendet hatte, führte der proletarische Staat zu Ende. Eines der ersten Dekrete der Sowjetmacht in Rußland war das Dekret über die Trennung der Kirche vom Staate. Der Kirche wurden alle Ländereien genommen und in den Besitz der arbeitenden Massen übergeben und alle ihre Kapitalien wurden zum Eigentum des arbeitenden Volkes. Die Kirche wurde aller Einkünfte für verlustig erklärt, die sie vom Zarismus erhielt und auch während der Regierung des «Sozialisten» Kerenski ungestört weiterbezog. Die Religion wurde zur persönlichen Angelegenheit eines jeden Bürgers erklärt. Zugleich wies die Sowjetmacht jeden Gedanken von sich, die Kirche, in welcher Form auch immer, zur Befestigung der proletarischen Herrschaft zu benützen.

§ 91. Die Trennung der Schule von der Kirche

Die Verknüpfung der religiösen Propaganda mit dem Schulunterricht ist die zweite mächtige Waffe in den Händen der Geistlichkeit zur Befestigung der kirchlichen Herrschaft und ihres Einflusses auf die Massen. Den Händen der Pfaffen wird hier die Zukunft der Menschheit, ihre Jugend anvertraut. Unter der Herrschaft des Zarismus wurde die Erhaltung des religiösen Fanatismus, der Dummheit und der Unwissenheit als eine Angelegenheit von Staatsbedeutung angesehen. Die Religion war der wichtigste Unterrichtsgegenstand in der Schule. Auch in der Schule unterstützte die Selbstherrschaft die Kirche und die Kirche die Selbstherrschaft. Außer dem obligaten Religionsunterricht in der Schule und dem obligaten Kirchenbesuch erreichte die Kirche noch mehr. Sie ging daran, sich der ganzen Volksbildung zu bemächtigen, und zu diesem Zwecke wurde ganz Rußland von einem Netz öffentlicher Kirchenschulen überzogen.

Infolge des Zusammengehens der Schule mit der Kirche gerät die Jugend vom frühesten Alter in die

Gewalt des religiösen Aberglaubens und ist dann ganz und gar nicht imstande, sich irgendeine abgeschlossene Weltanschauung zu bilden. Auf eine und dieselbe Frage (z. B. von der Herkunft der Erde) geben die Religion und die Wissenschaft verschiedene Antworten, und der aufnahmefähige Geist des Schülers verwandelt sich in ein Kampffeld zwischen dem exakten Wissen und den plumpen Erfindungen der Finsterlinge.

In vielen Ländern wird die Jugend nicht nur im Geiste der Ergebenheit gegenüber dem herrschenden Regime erzogen, sondern oft im Geiste der Ergebenheit gegenüber der schon gestürzten selbstherrlich-kirchlich-adeligen Ordnung, wie z. B. in Frankreich. Eine derartige Propaganda ist selbst vom Standpunkte des bürgerlichen Staates gegenrevolutionär.

Der bürgerliche Liberalismus stellte in seinen Programmen ebenfalls die Forderung nach der Trennung der Schule von der Kirche auf. Er kämpfte für die Ersetzung der Religionslehre in den Schulen durch den Unterricht der bürgerlichen Moral und für die Schließung der Schulen, die von religiösen Gesellschaften und Klöstern organisiert waren. Nirgends aber wurde dieser Kampf auch zu Ende geführt. Zum Beispiel in Frankreich, wo alle bürgerlichen Ministerien im Laufe von zwanzig Jahren feierlich versprachen, alle Kongregationen (religiöse, katholische Gesellschaften) aufzulösen, ihre Kapitalien zu konfiszieren, ihnen den Schulunterricht zu verbieten, und mit der Versöhnung und mit Kompromissen mit der katholischen Geistlichkeit endeten. Ein treffendes Beispiel eines derartigen Kompromisses des Staates mit der Kirche gab unlängst Clemenceau, der seinerzeit ein erbitterter Feind der Kirche war und mit der Aufforderung endete, die Feindschaft zu vergessen, und persönlich unter die Vertreter der katholischen Geistlichkeit Orden für Patriotismus verteilte. Im Kampfe um die Ausbeutung anderer Länder (der Krieg mit Deutschland), im Kampf im Innern mit der Arbeiterklasse haben sich der bürgerliche Staat und die Kirche schon geeinigt und unterstützen sich gegenseitig.

Diese Versöhnung der Bourgeoisie mit der Kirche kommt nicht nur darin zum Ausdruck, daß die Bourgeoisie ihre alten, gegen die Religion gerichteten Kampflosungen beiseite legt und den Kampf gegen die Religion aufgibt. Noch mehr. Die Bourgeoisie selbst wird je weiter desto mehr zu einer «gläubigen Klasse». Die Urgroßväter der jetzigen europäischen Bourgeois waren Atheisten, Freidenker, wütende Feinde der Pfaffen und des Pfaffentums. Die Väter und Kinder taten einen Schritt zurück. Während sie selbst Atheisten blieben, selbst an die religiösen Erdichtungen nicht glaubten und sie insgeheim auslachten, fanden sie es dennoch für notwendig, diese Erdichtungen, diese religiösen Zügel für das Volk aufrechtzuerhalten. Endlich halten ihre jetzigen Söhnchen die religiösen Zügel nicht allein für das Volk für notwendig, sondern legen diese schon sich selbst an. Vor unseren Augen zogen nach der Oktober-Revolution der frühere liberale Bourgeois und der bürgerliche Intellektuelle in hellen Haufen zur Kirche und beten mit Rührung das an, was sie in den besten Zeiten höhnisch verlacht haben. Das ist das Schicksal aller absterbenden Klassen, denen nichts anderes übrigbleibt, als «Trost» in der Religion zu suchen.

Ein ebensolcher Ruck zu Gunsten der Religion macht sich innerhalb der Bourgeoisie Europas bemerkbar, die ihre Macht vorläufig noch nicht eingebüßt hat. Sobald aber die bürgerliche Klasse an Gott und Unsterblichkeit im Himmel zu glauben beginnt, so bedeutet das nur, daß sie ihr Todesstündchen hier auf Erden für gekommen fühlt.

Die Trennung der Schule von der Kirche rief und ruft weitere Proteste seitens der rückständigsten Elemente der Arbeiter und Bauern hervor. Viele von den Eltern bestehen weiter darauf, daß die «Religionslehre» in der Schule als unobligater Gegenstand für diejenigen, die es wünschen, zugelassen werde. Gegen derartige Versuche des Rückschrittes führt die kommunistische Partei den entschlossensten Kampf. Wenn man den Schulunterricht in der kirchlichen Schwarzkunst, wenn auch als unobligaten Gegenstand, zuläßt, so heißt das, staatliche Hilfe zur Befestigung von religiösen Vorurteilen zu gewähren. Die Kirche wird dann zu ihrer Verfügung eine fertige Zuhörerschaft von Kindern bekommen (die in der Schule gerade zu dem den Aufgaben der Religion entgegengesetzten Zwecke versammelt werden), wird zu ihrer Verfügung den dem Staate gehörigen Raum erhalten und dadurch imstande sein, das religiöse Gift unter der Jugend fast in demselben Maße zu verbreiten, wie es vor der Trennung der Schule von der Kirche war.

Das Dekret über die Trennung der Schule von der Kirche muß völlig in kraft bleiben und der proletarische Staat darf dem mittelalterlichen Geiste in nichts entgegenkommen. Das, was auf diesem Gebiete getan worden ist, ist noch zu wenig, und die unwissenden Eltern haben noch die volle Möglichkeit, den Geist ihrer Kinder mit religiösen Fabeln zu verkrüppeln. Die Sowjetmacht läßt die Gewissensfreiheit für Erwachsene zu. Doch diese Gewissensfreiheit für die Eltern verwandelt sich für sie in die Freiheit, den Geist ihrer Kinder mit demselben Opium zu vergiften, mit dem sie selbst von der Kirche früher vergiftet wurden. Die Eltern zwingen ihren Kindern ihre eigene Dummheit, Unwissenheit auf, geben jeden Unsinn für Wahrheit aus und erschweren furchtbar die Arbeit der einheitlichen Arbeitsschule. Die Befreiung der Kinder von den reaktionären Einflüssen ihrer Eltern bildet eine wichtige Aufgabe des proletarischen Staates. Das radikale Mittel dafür ist die im vollen Umfange durchgeführte gesellschaftliche Erziehung der Kinder. Für die nächste Zeit aber ist es notwendig, daß wir uns nicht auf das Verjagen der religiösen Propaganda aus der Schule beschränken, sondern daß die Schule zum Angriff gegen die religiöse Propaganda in der Familie übergeht und im voraus das Bewußtsein der Kinder für alle jene religiösen Märchen unempfindlich macht, an die sehr erwachsene Menschen noch glauben und die sie für Wahrheit halten.

§ 92. Der Kampf mit den religiösen Vorurteilen der Massen

Wenn die proletarische Macht die Trennung der Kirche vom Staate und der Schule von der Kirche verhältnismäßig leicht und beinahe schmerzlos durchgeführt hat, so ist es unvergleichlich schwieriger, mit den religiösen Vorurteilen zu kämpfen, die sich im Bewußtsein der Massen schon tief eingewurzelt haben und ein sehr zähes Leben aufweisen. Dieser Kampf wird langwierig sein und erfordert große Ausdauer und Geduld. In unserem Programm heißt es diesbezüglich: «Die Russische Kommunistische Partei läßt sich von der Überzeugung leiten, daß nur die Verwirklichung der planmäßigen und bewußten Tätigkeit der Massen auf dem ganzen gesellschaftlich-wirtschaftlichen Gebiete das völlige Absterben der religiösen Vorurteile mit sich bringen wird.» Was bedeuten diese Worte?

Die religiöse Propaganda, der Glaube an Gott und allerlei übernatürliche Kräfte finden den besten Nährboden dort, wo das Bewußtsein der Massen durch die ganze Einrichtung des gesellschaftlichen Lebens zu übernatürlichen Erklärungen der sie in Natur und Gesellschaft umgebenden Erscheinungen gedrängt wird. Die Verhältnisse der kapitalistischen Produktionsweise begünstigen eben das alles in sehr hohem Maße. In der bürgerlichen Gesellschaft vollziehen sich die Produktion und der Güteraustausch nicht bewußt, nach einem bestimmten Plane, sondern elementar. Der Markt beherrscht den Produzenten. Niemand weiß, ob Waren im Überfluß oder zu wenig erzeugt worden sind. Dem Produzenten ist es nicht klar, wie der große und komplizierte Mechanismus der kapitalistischen Produktion arbeitet; warum plötzlich Krisen und Arbeitslosigkeit einsetzen; warum die Warenpreise bald steigen, bald sinken usw. Da der gewöhnliche Arbeiter sich die wirklichen Ursachen der vor sich gehenden gesellschaftlichen Veränderungen nicht zu erklären weiß, so flüchtet er zum «Willen Gottes», der alles deuten kann.

Dagegen wird es in der organisierten kommunistischen Gesellschaft für die Werktätigen auf dem Gebiete der Produktion und der Verteilung kein Geheimnis mehr geben. Jeder Arbeiter wird nicht nur den ihm zugewiesenen Teil der gesellschaftlichen Arbeit verrichten, sondern er wird auch selbst an der Ausarbeitung des Gesamtplanes der Produktion teilnehmen und wenigstens eine völlig klare Vorstellung von ihm besitzen. Nichts Geheimnisvolles, Unverständliches, Unerwartetes wird es in dem ganzen Mechanismus der gesellschaftlichen Produktion mehr geben und für mystische Deutungen und für den Aberglauben kein Grund vorhanden sein. Wie es dem Tischler, der einen Tisch selbst verfertigt hat, klar ist, woher dieser Tisch stammt und daß er seinen Schöpfer nicht im Himmel zu suchen braucht, so wird es auch allen Werktätigen der kommunistischen Gesellschaft klar sein, was und wie sie mit ihren gemeinschaftlichen Kräften schaffen.

Deshalb versetzt schon allein die Tatsache der Organisation und der Befestigung der sozialistischen Ordnung der Religion einen nicht wiedergutzumachenden Schlag. Der Übergang vom Sozialismus zum Kommunismus aber, d. h. von der Gesellschaft, die die Vernichtung des Kapitalismus vollendet, zur Gesellschaft, die von allen Spuren der Klassenteilung und des Klassenkampfes vollständig frei ist, wird den natürlichen Tod jedweder Religion und jedweden Aberglaubens mit sich bringen.

Das alles bedeutet aber keineswegs, daß wir uns beruhigen können, nachdem wir den Untergang der Religion in der Zukunft prophezeit haben.

Mit den religiösen Vorurteilen muß man einen sehr ernsten Kampf gerade jetzt besonders scharf führen, wo die Kirche als eine gegenrevolutionäre Organisation auftritt, die ihren religiösen Einfluß auf die Massen dazu auszunützen sucht, um diese Massen in den politischen Kampf gegen die Diktatur des Proletariats hineinzuziehen. Der von den Pfaffen verteidigte orthodoxe Glaube strebt nach dem Bunde mit der Monarchie. Deshalb muß die Sowjetmacht schon jetzt eine möglichst ausgedehnte antireligiöse Propaganda entfalten. Das kann durch Abhaltung von speziellen Vorträgen erreicht werden, durch Veranstaltung von Disputationen, durch Herausgabe entsprechender Literatur sowie durch allgemeine Verbreitung des Wissens, das allmählich, langsam, aber sicher jede Autorität der Religion untergräbt. Als gute Waffe im Kampfe mit der Kirche erwies sich die kürzlich an vielen Orten der Republik durchgeführte Öffnung der «unverweslichen» Reliquien, die den breitesten und zugleich gläubigsten Massen jenen gemeinen

Betrug aufdeckte, auf dem jede Religion im allgemeinen und die russische Orthodoxie im besonderen beruht.

Der Kampf mit der religiösen Rückständigkeit der Massen muß aber nicht nur mit aller Energie und Beharrlichkeit geführt werden, sondern auch mit der notwendigen Geduld und Vorsicht. Die gläubige Masse ist sehr empfindlich gegen jede Verletzung ihrer Gefühle, und das gewaltsame Eindringen des Atheismus in die Massen, verbunden mit Vergewaltigungen und Verhöhnungen der religiösen Gebräuche und der Gegenstände des Kultus, beschleunigt nicht, sondern verzögert den Kampf mit der Religion. Die Kirche gewinnt, wenn sie verfolgt wird, bei den Massen noch mehr Sympathie und ruft in ihnen den schon längst vergessenen Zusammenhang zwischen der Religion und der Verteidigung der nationalen Freiheit wach, verstärkt den Antisemitismus und mobilisiert überhaupt alle Überbleibsel der schon zur Hälfte abgestorbenen Ideologie.

Wir wollen einige Zahlen anführen, die uns zeigen, wie die Zarenregierung mit Volksgeldern die Kirche unterstützte, wie auch das Volk selbst dieselbe Kirche aushielt, indem es seine dürren Taschen ausleerte, und was für Reichtümer sich bei den Dienern Christi aufhäuften.

Die Zarenregierung bewilligte jährlich der Kirche durch die Synode und auf anderen Wegen durchschnittlich bis 50 Millionen Rubel (d. h. hundertmal mehr nach dem jetzigen Rubelwert). Die Synode hatte bis 70 Millionen in den Banken liegen, die Kirchen und Klöster besaßen große Ländereien. Im Jahre 1905 verfügte die Kirche über 1 872 000 Deßjatinen (Deßjatina = 109,25 a), die Klöster über 740 000 Deßjatinen Land. Sechs der größten Klöster besaßen 182 000 Deßjatinen. Das Kloster Ssolowjetzk hatte 66 000 Deßjatinen, Ssarowskaja Pustyn (ein Kloster) 26 000, Alexandro-Newskaja Lawra (ein Kloster) 25 000 usw. In Petersburg besaßen die Kirchen und die Klöster im Jahre 1903 266 einträgliche Besitzungen in Gestalt von Häusern, Läden, Baugründen usw. In Moskau besaßen sie 1 054 Zinshäuser und 32 Hotels. In Kiew waren die Kirchen im Besitze von 114 Häusern. Es folgen noch testamentarische Einkünfte der Metropoliten und Erzbischöfe. Der Petrograder Metropolit bezog 300 000 Rubel jährlich, der Moskauer und der Kiewer je 100 000 Rubel, der Nowgoroder Erzbischof 310 000 Rubel.

Die Zahl der Kirchenschulen belief sich bis auf 30 000, ihre Schülerzahl bis auf 1 Million. In den niederen Schulen des Unterrichtsministeriums «arbeiteten» mehr als 20 000 Religionslehrer.

Wie wir wissen, unterstützte die Selbstherrschaft die orthodoxe Kirche als die herrschende, als die einzig wahre. Viele Millionen Rubel wurden als Steuern von den Mohammedanern (Tataren, Baschkiren), Katholiken (Polen) und Juden eingehoben. Mit diesem Gelde bewies die orthodoxe Geistlichkeit die Unechtheit jedes anderen Glaubens außer des orthodoxen. Die religiöse Unterdrückung erreichte unter dem Zarismus den ungeheuerlichsten Umfang. Indessen setzte sich die Bevölkerung Rußlands der Religion nach folgendermaßen zusammen: auf je 100 Einwohner entfielen 9 Katholiken, 11 Mohammedaner, 5 Protestanten, 4 Juden, 1 andern Glaubens.

Was aber das Heer der orthodoxen Geistlichkeit selbst betrifft, so erreichte es im Jahre 1909 folgenden Umfang:

Die 52869 Kirchen Rußlands zählten:
an Oberpriestern	2912
an Priestern	46730
an Hilfspriestern	14670
an Psalmensängern	43518

Die 455 Männerklöster zählten:
an Mönchen	9987
an Klosterbrüdern	9582

Die 418 Frauenklöster zählten:
an Nonnen	14008
an Novizen	46811

Die Gesamtzahl der weißen und schwarzen Geistlichkeit in Rußland betrug 188218.

Diese Zahl setzte sich ausschließlich aus der orthodoxen Geistlichkeit zusammen. Doch diesen parasitischen Stand besitzen alle Völker, die Anhänger anderer Religionen sind. Statt Riesengelder von der Bevölkerung zur Aufrechterhaltung der Unwissenheit des Volkes zu erhalten, hätte diese ganze Masse im Gegenteil durch körperliche Arbeit sehr viel Werte schaffen können. Der sozialistische Staat wird zugleich mit der Vervollkommnung seines wirtschaftlichen Apparates die Arbeitspflicht für die Geistlichkeit und für andere unproduktive Klassen einführen und sie zu Arbeitern oder Bauern machen.

Von den Staatsmitteln, die der Kirche unter dem Zaren bewilligt wurden, flossen jährlich mehr als 12 000 000 Rubel der städtischen und ländlichen Geistlichkeit zu (es ist klar, warum die geistlichen Väter gegen die Trennung der Kirche vom Staate sind, was der Trennung der Millionen Rubel von ihrer Tasche gleichkommt). Das ist aber nur ein Teil der Einkünfte der Geistlichkeit; den weitaus größeren Teil dieser Einkünfte lieferten ihnen ihre Amtshandlungen, die Verpachtung von Ländereien, die Zinsen der Kirchenkapitalien. Eine genaue Zahl der Einkünfte der Geistlichkeit festzustellen, war niemand in Rußland gelungen. Das Jahreseinkommen der Geistlichkeit belief sich bis auf 150 000 000 Rubel, d. h. nach unserem heutigen Gelde hundertmal soviel. Einen großen Teil dieser Einkünfte bezieht die Geistlichkeit vom Volke noch bis auf den heutigen Tag weiter.

XII. KAPITEL

Die Organisation der Industrie

§ 93. Die Expropriation der Bourgeoisie
und die proletarische Nationalisierung
der Großindustrie
§ 94. Unser Ziel – die Entwicklung
der Produktivkräfte
§ 95. Die planmäßige Organisation der Wirtschaft
§ 96. Die Erweiterung
des wirtschaftlichen Zusammenarbeitens
mit den anderen Ländern
§ 97. Die Organisation
der Kleinindustrie, des Handwerks
und der Hausindustrie
§ 98. Die Organisation der Industrie
und die Gewerkschaften
§ 99. Die Ausnützung der Arbeitskraft
§ 100. Die kameradschaftliche Arbeitsdisziplin
§ 101. Die Ausnützung der bürgerlichen Fachleute
§ 102. Die Verschmelzung der Produktion
mit der Wissenschaft

§ 93. Die Expropriation der Bourgeoisie und die proletarische Nationalisierung der Großindustrie

Das Proletariat und die Sowjetmacht als das Organ der proletarischen Diktatur hatten zu ihrer allerersten Aufgabe, die Produktionsmittel der Bourgeoisie zu entreißen oder, wie man sagt, die Bourgeoisie zu expropriieren. Es ist selbstverständlich, daß es sich nicht um die Expropriation der Kleinindustrie und nicht um die des Handwerks handelte, sondern darum, daß man der Großbourgeoisie die Produktionsmittel entzog und die Großindustrie auf eine neue Grundlage stellte, sie nach neuen Grundsätzen organisierte. In welcher Form konnte die Sowjetmacht das durchführen? Wir haben schon im ersten Teil davon gesprochen, daß das Proletariat nicht die Aufteilung der Fabriken und Werke und nicht ihre Plünderung, sondern die Organisation der gesellschaftlichen, kameradschaftlichen Produktion benötigte. Es ist klar, daß man in der Epoche der proletarischen Diktatur nur auf einem Wege das durchführen kann: auf dem Wege der proletarischen Nationalisierung, d. h. der Übergabe aller Produktions- und Zirkulationsmittel in die Hände des proletarischen Staates, der größten und gewaltigsten Organisation der Arbeiterklasse.

Unter keinen Umständen darf man die Nationalisierung der Produktion unter der Herrschaft der Bourgeoisie mit der unter der Herrschaft des Proletariates durchgeführten verwechseln. Nationalisierung bedeutet:

Übergang in die Hände des Staates. Derjenige versteht aber vom Wesen der Sache gar nichts, der ausschließlich nur vom Staate spricht und nicht danach fragt, welcher Klasse der Staat gehört, von dem die Rede ist. Wenn die Bourgeoisie die herrschende Klasse ist und wenn diese Bourgeoisie ihre Trusts und Syndikate nationalisiert, so haben wir es überhaupt mit keiner Expropriation der Bourgeoisie zu tun. In diesem Falle nimmt die Bourgeoisie einfach ihre Güter aus einer ihrer Taschen heraus und legt sie in die andere. Sie übergibt alles ihrem eigenen, dem Unternehmerstaat. Die Bourgeoisie verbleibt Ausbeuterin der Arbeiterklasse. Die Arbeiterklasse arbeitet auch weiter nicht für sich, sondern für ihren Klassenfeind. Eine solche Nationalisierung ist eine bürgerliche Nationalisierung. Sie bringt in die Gotteswelt eine solche Ordnung hinein, von der wir im ersten Teil des Buches gesprochen haben, und zwar den Staatskapitalismus. Eine ganz andere Sache ist es, wenn die Nationalisierung unter der Herrschaft der proletarischen Macht durchgeführt wird. Da gehen Fabriken, Hüttenwerke, Transportmittel usw. in den Besitz der proletarischen Macht, d. h. nicht in die der Unternehmer-, sondern der Arbeiterorganisation über. Hier wird deshalb tatsächlich die Expropriation der Bourgeoisie durchgeführt: sie büßt wirklich die Grundlage ihrer Reichtümer, ihrer Herrschaft, ihrer Kraft und ihrer Macht ein. Zugleich werden auch die Grundfesten der Ausbeutung vernichtet. Dem proletarischen Staate ist es nicht möglich, das Proletariat auszubeuten, da er eine Organisation eben dieses Proletariats darstellt. Das Proletariat kann sich selbst nicht ausbeuten. Unter der Herrschaft des Staatskapitalismus verliert die Bourgeoisie nicht das geringste dadurch, daß die privaten Unternehmer selbständig zu bestehen aufhören und gemeinsam das Publikum plündern. Bei der proletarischen Nationalisierung verlieren die Arbeiter der einzelnen Fabriken ebenfalls gar nichts dadurch, daß sie nicht selbständige Herren in ihrer Fabrik sind, sondern daß alle Fabriken der ganzen Arbeiterklasse gehören, der größten Arbeiterorganisation, die Sowjetstaat heißt.

Die Expropriation der Bourgeoisie, die sogleich nach dem Oktoberumsturz einsetzte, ist im großen ganzen und der Hauptsache nach schon vollendet. Innerhalb Sowjetrußlands ist die ganze Transportindustrie (Eisenbahnen, Wassertransport) nationalisiert und ungefähr 80–90 Prozent der Großindustrie. Auf Grund der Angaben der Fabrikabteilung beim Obersten Volkswirtschaftsrat waren gegen Anfang September des Jahres 1919 in 30 Gouvernements 3 330 Unternehmungen nationalisiert, mit der Gesamtzahl von 1 012 000 Arbeitern und 27 000 Angestellten. Diese Ziffern sind ein wenig zu tief gegriffen, und wir besitzen Angaben, nach denen im ganzen gegen 4 000 Unternehmungen nationalisiert worden sind. Die größten von den erwähnten 3 330 Unternehmungen sind im Betrieb. Das ist aus folgenden Angaben ersichtlich. Gegen Anfang September des Jahres 1919 waren 1 375 Unternehmungen im Betrieb. In 1 258 dieser Unternehmungen waren 782 000 Arbeiter und 26 000 Angestellte beschäftigt. Von der Million Arbeiter arbeiten sicher beinahe 800 000 trotz der unglaublich schweren Bedingungen für die Industrie. Geschlossen waren 691 Unternehmungen mit 170000 Arbeitern; ungeklärt ist der Zustand von 1 248 Unternehmungen mit 57000 Arbeitern (es handelt sich hier um bedeutend kleinere Unternehmungen).

Die arbeitenden nationalisierten Unternehmungen setzten sich gegen Anfang September des Jahres 1919 nach verschiedenen Industriezweigen, die durch ihre zentralen Verwaltungsorgane («Zentralen») vereinigt werden, folgendermaßen zusammen:

	Die Zahl der Unternehmungen	Die Zahl der Arbeiter und Angestellten
1. Schieferzentrale	6	619
2. Zementzentrale	9	3119
3. Hauptkomitee für Baumaterialien	13	2337
4. Schamottezentrale (Schamotte = feuerfeste Tonmasse)	10	672
5. Glaszentrale	90	29424
6. Brandschieferzentrale	?	?
7. Salzabteilung	8	6620
8. Metallabteilung	–	118560
9. Kupferzentrale	9	13305
10. Staatliche Maschinenbaufabriken		48360
11. Nägelzentrale		994
12. Unterabteilung für Staatswerke	–	–
13. Malzowwerke	–	–
14. Metallurgische Sektion	–	–
15. Landwirtschaftliche Maschinen	–	–
16. Sektion der Metallwaren	–	–
17. Autosektion	4	2172

	Die Zahl der Unternehmungen	Die Zahl der Arbeiter und Angestellten
18. Stahlzentrale	4	688
19. Das Hauptwaldkomitee	93	4597
20. Holzchemische Zentrale	9	629
21. Die Verwaltung der pharmazeutischen Werke	15	2086
22. Zündhölzerzentrale	21	11352
23. Gummizentrale	5	7925
24. Farbenzentrale	3	415
25. Pottaschezentrale	–	–
26. Drogenzentrale	1	122
27. Teezentrale	3	106
28. Zuckerzentrale	34	11786
29. Konditorzentrale	15	5444
30. Mehlzentrale	245	10833
31. Milchzentrale	41	1251
32. Konservenzentrale	4	602
33. Pflanzenfettzentrale	130	9142
34. Spirituszentrale	44	968
35. Stärkezentrale	–	–
36. Tabakzentrale	43	17311
37. Pelzzentrale	–	–
38. Lederzentrale	34	34098
39. Knochenzentrale	12	319
40. Borstenzentrale	5	413
41. Fettzentrale	10	3593
42. Textilzentrale	182	306841
43. Papierzentrale	49	26353
44. Polygraphische Abteilung	–	16075
45. Kohlenzentrale	9	14952
46. Torfzentrale	156	20624
47. Naphthazentrale	4	6441

Die der Hauptsache nach vollendete Expropriation der Bourgeoisie muß zu Ende geführt werden. Das ist die erste Aufgabe, die unsere Partei zu erfüllen hat. Dabei darf man nicht außer acht lassen, daß wir die Kleinindustrie nicht expropriieren. Ihre «Nationalisierung» ist unter keinen Umständen zulässig, erstens, weil wir selbst nicht imstande wären, die zersplitterte Kleinproduktion zu organisieren, und zweitens, weil die kommunistische Partei den vielen Millionen Kleinunternehmern kein Leid zufügen will und darf. Ihr Übertritt zum Sozialismus wird sich freiwillig vollziehen und nicht auf dem Wege ihrer gewaltsamen Expropriation. Besonders muß man das in den Rayons mit Kleinproduktion im Auge behalten.

Die Nationalisierung zu Ende führen – das ist unsere erste Aufgabe, die wir uns stellen.

§ 94. Unser Ziel – die Entwicklung der Produktivkräfte

Zur Grundlage unserer ganzen Politik muß die weitgehendste Entwicklung der Produktivkräfte gemacht werden. Die Zerrüttung ist so groß, der nach dem Kriege eingetretene Hunger nach allen Produkten macht sich derart fühlbar, daß alles dieser Aufgabe unterstellt werden muß. Mehr Produkte! Mehr Stiefel, Sensen, Fässer, Gewebe, Salz, Kleider, Brot usw. – das ist die Hauptsache. Wie kann man das erreichen? Nur durch die Vermehrung der Produktivkräfte des Landes, durch die Hebung der Produktion. Einen anderen Ausweg gibt es nicht. Da stoßen wir aber auf eine sehr große Schwierigkeit: das ist der gegen uns geführte Sturm seitens der Welt-Gegenrevolution, der uns zur Abwehr zwingt, der uns sowohl die lebendige Arbeitskraft als auch die Mittel entzieht. Wir müssen Naphtha und Kohle von den Gutsbesitzern und Kapitalisten zurückerobern – das ist das erste; die Produktion auf richtige Grundlagen stellen – das ist das zweite. Das tut uns sehr, sehr not. Solange die Arbeiterklasse nicht der Herr des Landes war, ging sie dies nichts an. Jetzt liegt aber die Macht in den Händen der Arbeiterklasse. Sie ist verantwortlich für das Schicksal des Landes, auf ihren Schultern ruht jetzt die ganze Last der Aufgabe: die Sowjetrepublik aus dem Abgrund des Hungers, der Kälte und der Zerrüttung herauszuführen. Bevor die Arbeiterklasse in den Besitz der Macht kam, bestand ihre Hauptaufgabe darin, die alte Ordnung zu zerstören. Jetzt ist ihre Hauptaufgabe, die neue Ordnung aufzubauen. Früher mußte die Bourgeoisie die Produktion organisieren, jetzt das Proletariat selbst. Es ist auch klar, daß in den Tagen der ungeheuersten Zerrüttung sich alle Gedanken des Proletariats auf diesem Gebiete darauf konzentrieren müssen, die Industrie zu organisieren und die Produktion zu heben. Die Produktion heben, bedeutet den Erfolg der Arbeit erhöhen, mehr Produkte erzeugen, die Arbeit in allen Institutionen besser verrichten, im Laufe des Tages ein größeres Resultat erzielen. Jetzt ist die Zeit der schönen Phrasen vorbei – die Zeit der schweren Arbeit ist gekommen. Unsere Aufgabe besteht jetzt nicht darin, in Moskau oder in Petrograd irgendwelche Rechte zu erkämpfen: die Arbeiterklasse verfügt über diese und verteidigt sie an der Front. Wir haben zur Aufgabe, die Zahl der Nägel zu erhöhen, der Hufeisen, der Pflüge, der Schlösser, der Maschinen, der Mäntel. Das ist jetzt notwendig, um nicht Hungers zu sterben, infolge der Zerrüttung durch den Krieg, um sich zu kleiden, um zu Kräften zu kommen, um schneller auf dem Wege des Aufbaues des neuen Lebens vorwärts zu schreiten.

Die Frage betreffs der Hebung der Produktion umfaßt eigentlich folgende Fragen: wie kann man die Menge der Produktionsmittel (Maschinen, Kohle, Rohstoffe) und die der Arbeitskräfte erhöhen; wie soll man richtig die Produktion organisieren, welcher Plan ist für die gesamte Wirtschaft notwendig, wie ist der eine Produktionszweig mit dem andern zu verbinden, wie muß die Produktionsleitung aussehen, wie sind die Vorräte an Rohstoffen wirtschaftlicher und besser zu verteilen, wie sind die Arbeitskräfte richtig einzuteilen usw.; wie kann man eine bessere Arbeit erreichen, soweit sie von den Arbeitenden selbst abhängt (die Frage der kameradschaftlichen Arbeitsdisziplin, des Kampfes gegen Unsauberkeit, Nachlässigkeit, Müßiggang usw.); schließlich die Frage nach der Anwendung der Wissenschaft in der Produktion und die der Arbeit mit den Fachleuten.

Alle diese Fragen sind von sehr großer Bedeutung. Und wir müssen sie jetzt praktisch, durch die Tat, lösen. Nicht etwa in einer Fabrik und für eine Fabrik, sondern für ein ganzes großes Land, wo es Millionen Arbeiter und Halbproletarier gibt.

Es ist klar, daß wir hier hauptsächlich das eine im Auge behalten müssen – die Hebung der Produktivkräfte des ganzen Landes, seine Wirtschaft auf neuen Grundlagen der kommunistischen Arbeit aufzubauen.

Unsere Gegner – Sozial-Revolutionäre, Menschewiki, Bourgeois usw. – entgegnen uns, daß wir überhaupt keine Marxisten wären, daß unser Kommunismus ein Verbraucherkommunismus sei, ein Kommunismus der Teilung. Die Bolschewiki, heißt es, nehmen der Bourgeoisie die Pelze ab, zwingen die Bourgeoisie, die Häuser zu räumen, teilen die Gebrauchsgegenstände auf, organisieren aber nicht die Produktion. Diese Einwendungen sind ganz haltlos. Die Produktivkräfte der menschlichen Gesellschaft bestehen aus Produktionsmitteln und aus Arbeitern, aus lebendigen Menschen. Die Arbeiterklasse – das ist die Hauptproduktivkraft. Wenn Maschinen, Arbeitsmittel usw. zerstört werden, so ist es noch ein halbes Unglück, weil erfahrene Arbeiter alles, wenn auch mit Mühe, wiederherstellen können. Etwas anderes ist es, wenn diese lebendige Produktivkraft zerstört wird, wenn die Arbeiter in die Dörfer abwandern, wenn sie infolge der Kälte und des Hungers die Städte verlassen, wenn die Arbeiterklasse zerfällt. Dann muß man sie um jeden Preis erhalten. Die organisierte Expropriation der Verbrauchsmittel ist hier die Bedingung für die Aufrechterhaltung der Arbeitskraft.

Der Verbrauchskommunismus ist hier die Voraussetzung für unser wirkliches Ziel, für die Organisation der Produktion. Die Bourgeoisie will dem Proletariat alle Kriegsausgaben auferlegen, alles Unheil, das ihretwegen entstanden ist, Kälte, Hunger usw. Das Proletariat muß aber um seiner Zukunft willen die Lasten der Nachkriegszeit auf die Bourgeoisie überwälzen. Unser leitender Gedanke aber ist natürlich die Organisation der Produktion und die Entwicklung der Produktivkräfte.

§ 95. Die planmäßige Organisation der Wirtschaft

Die Epoche der Zersetzung des Kapitalismus hinterließ dem Proletariat nicht nur eine äußerst geringe Menge von Produktionsmitteln, sondern auch ein völliges Durcheinander. Rußland zerfiel in einzelne Rayons, die Verbindung der verschiedenen Gegenden untereinander wurde zerrissen, der Verkehr zwischen den verschiedenen Rayonen sehr erschwert. Unter der Einwirkung der Revolution ließen die Fabrikanten die Zügel der Leitung aus ihren Händen, und anfangs waren viele Fabriken einfach herrenlos. Dann begann die ordnungslose Besitzergreifung der Unternehmungen durch die Arbeiter: die Arbeiter konnten schon nicht mehr warten. Diese Lokal-«Nationalisierung» begann schon vor der Oktoberrevolution. Es ist jedem klar, daß das eigentlich keine Nationalisierung war, sondern die unorganisierte Besitzergreifung von Unternehmungen seitens derjenigen Arbeiter, die in diesen Unternehmungen beschäftigt waren; diese Besitzergreifung verwandelte sich erst später in eine Nationalisierung. Doch auch nach dem Oktoberumsturz vollzog sich die Nationalisierung anfangs in großer Unordnung. Man hätte selbstverständlich in erster Linie die größten und die am besten eingerichteten Unternehmungen nationalisieren müssen; das gelang aber nicht immer. Oft wurden solche Unternehmungen nationalisiert, die der Unternehmer im Stich gelassen hatte und die man nicht ohne Aufsicht lassen konnte. Auch wurden oft solche Unternehmungen nationalisiert, deren Besitzer besonders scharf gegen die Arbeiter aufbegehrten. Es ist klar, daß es zur Zeit des Bürgerkrieges sehr viele solcher Unternehmen gab; es ist ebenfalls begreiflich, daß unter diesen Unternehmungen auch sehr schlechte, unbrauchbare anzutreffen waren. Besonders viele solcher Unternehmungen waren unter den während des Krieges in die Höhe geschossenen Fabriken, die für die «Verteidigung» arbeiteten, die in Eile zusammengezimmert waren und in der Revolution dann schnell zusammenbrachen. Das alles rief in der ersten Zeit ein noch größeres Durcheinander hervor.

Die Sowjetmacht und ihre Organe hatten im Anfange nicht einmal eine Übersicht darüber, was vorhanden war: es gab kein Verzeichnis der Unternehmungen, kein Verzeichnis der Vorräte an Rohstoffen, Heizmaterial, Waren, keines der Produktionsmöglichkeiten, d. h. wieviel die sozialisierten Unternehmungen zu erzeugen imstande wären. Die Bourgeoisie starb, ohne aber dem Proletariat ein genaues Testament zu hinterlassen. Das Proletariat «erbte» von ihr ihre Reichtümer, indem es diese im erbitterten Bürgerkrieg wegnahm. Es ist auch klar, daß in der ersten Zeit keine Rede von einem allgemeinen Wirtschaftsplan sein konnte. Die alte, kapitalistische Ordnung löste sich auf; eine neue, sozialistische war noch nicht geschaffen.

Indessen war und ist eine der Hauptaufgaben der Sowjetmacht die Vereinigung der ganzen wirtschaftlichen Tätigkeit nach einem gesamtstaatlichen Plane. Nur unter dieser Bedingung ist es möglich, die Produktivkräfte wenigstens auf einer Höhe zu halten, um sie später weiter entwickeln zu können. Wir wissen schon aus dem ersten Teil des Buches, daß das Gute der kommunistischen Ordnung gerade darin besteht, daß sie das Durcheinander, die «Anarchie» der kapitalistischen Ordnung beseitigt. Das Fundament zur kommunistischen Ordnung muß man eben hier legen. Es ist natürlich lächerlich zu glauben, daß man in kurzer Zeit, bei Hunger, Kälte, bei Mangel an notwendigen Brenn- und Rohstoffen schnell sichere und gute Erfolge erzielen könnte. Doch auf dem Fundamente des Hauses wohnen die Menschen ja auch nicht, solange das Haus nicht zu Ende gebaut und das Holzgerüst nicht entfernt ist; das Fundament aber muß man doch legen. Geradeso verhält es sich auch mit dem Aufbau der kommunistischen Gesellschaft. Ihre Grundsteinlegung ist die Organisation der Industrie und in erster Linie ihre Zusammenfassung nach einem gesamtstaatlichen Plane.

Die Durchführung dieses Planes in der Praxis begann man mit der Bestandsaufnahme, d. h. mit der Feststellung dessen, was die proletarische Macht zu ihrer Verfügung hat: wieviel Vorräte, wieviel Unternehmungen usw.; nach und nach bildete sich eine Verbindung zwischen den früher selbständigen Unternehmungen; es entstanden zentrale Organe der Versorgung (mit Rohstoffen, Brennmaterial, mit dem notwendigen Hilfsmaterial); es wurde ein Netz von Organen der lokalen und zentralen Industrieverwaltung geschaffen, die schon imstande waren, sowohl einen Gesamtplan auszuarbeiten, als auch diesen Plan im ganzen Lande durchzuführen.

Der Verwaltungsapparat der Industrie baut sich im allgemeinen, wenn wir ihn von unten nach oben betrachten, folgendermaßen auf. An der Spitze einer jeden Fabrik steht die Arbeiterfabrikverwaltung; sie setzt sich gewöhnlich zu zwei Dritteln aus Arbeitern, Mitgliedern der entsprechenden Gewerkschaft, zusammen und zu einem Drittel aus Ingenieuren, die dorthin mit Zustimmung des Zentralkomitees dieser Gewerkschaft entsendet werden; für manche, nicht besonders große Produktionszweige bestehen Rayonsverwaltungen, die einen Anschluß an die örtlichen Volkswirtschaftsräte besitzen, welche ihrerseits in Verbindung mit den lokalen Sowjets stehen; größere Produktionszweige sind unmittelbar den sogenannten «Hauptverwaltungen» und «Zentralen» unterstellt. Diese «Hauptverwaltungen» und «Zentralen» stellen eine Vereinigung ganzer Produktionszweige dar: zum Beispiel die «Textilzentrale» leitet die ganze Textilindustrie, die «Nägelzentrale» die Nägelproduktion, die «Kohlenzentrale» die Kohlenproduktion (siehe deren Verzeichnis im ersten Paragraphen dieses Kapitels, in Kleinschrift). Das, was zur Zeit des Staatskapitalismus Staatstrusts einzelner Produktionszweige waren, das sind bei uns die «Hauptverwaltungen» und «Zentralen». Die Zusammensetzung dieser Hauptverwaltungen und Zentralen wird durch das Präsidium des Obersten Volkswirtschaftsrates (von ihm siehe später) und durch das Zentralkomitee der entsprechenden Gewerkschaft festgesetzt; kommen hier Unstimmigkeiten vor, so tritt an Stelle dieser Gewerkschaft der Allrussische Zentralgewerkschaftsrat, der die Zusammensetzung einer solchen «Zentrale» im Vereine mit dem Präsidium des Obersten Volkswirtschaftsrates bestimmt. Lokale Volkswirtschaftsräte organisieren gewöhnlich kleinere Unternehmungen.

Die «Hauptverwaltungen» und «Zentralen» sind ihrerseits in Gruppen verwandter Produktionszweige vereinigt, z. B. besteht eine solche Vereinigung der «Zentralen»: «Gomsa» (Staatliche Maschinenfabriken), Kupferzentrale, Goldzentrale, Nägelzentrale usw.

Als Beispiel wollen wir einige Gruppen anführen, aus denen sich die Metallabteilung zusammensetzt:*

---

* Das Material ist dem Berichte des Kollegiums der Metallabteilung an das Präsidium des Obersten Volkswirtschaftsrates entnommen.

I. Gruppe: Werke von «Ssormowo-Kolomna» («Staatliche Maschinenfabriken»)	17 Werke	1. Ssormowster-Werke
II. Gruppe: Zentrale Koks-Hochöfen und Eisenwerke	3 Werke	2. Kolomna-Werke 3. W.-Wyxunsker-Werke
III. Gruppe: Kaluga-Rjasarer Eisenhüttenwerke	9 Werke	4. Wylsker-Werke 5. Draht-Werke 6. Buschujewsky-Werke
IV. Malzow-Werke	6 Werke	
V. Kupferzentrale	10 Werke	
VI. «Autofabriken»	3 Werke	

usw.

In der Textilindustrie, an deren Spitze die «Textilzentrale» steht, gibt es noch sogenannte «Büschel» (besonders in der Baumwollindustrie), wo diejenigen Unternehmungen vereinigt werden, die Halbfabrikate verschiedenen Bearbeitungsgrades und fertige Produkte erzeugen.

Im allgemeinen kann man sagen, daß hier lange nicht alles festen Fuß gefaßt hat; fortwährend entstehen neue Formen und sterben alte ab. Anders ist es auch nicht möglich zur Zeit des fieberhaften Aufbaues und noch dazu unter solch schwierigen Bedingungen, wie die unsrigen sind, wo wir heute den Ural besitzen und morgen ihn verlieren, heute die Ukraine entbehren und morgen über sie verfügen.

Hier sind nicht nur einzelne Produktionszweige vereinigt, sondern auch diese Produktionszweige sind untereinander zu einem großen Ganzen verbunden. Natürlicherweise werden in erster Linie solche Produktionszweige zusammengefaßt, die irgend etwas Gemeinsames besitzen. So gehört die Produktion der Nägel, der Maschinen, des Kupfers und der Kupfererzeugnisse usw. zu der Gruppe, die Metall verarbeitet. Diese Gruppe der Zentralen ist in der Metallabteilung des Obersten Volkswirtschaftsrates vereinigt. Solche Abteilungen gibt es einige: die erwähnte Metallabteilung, die Abteilung für chemische Industrie, die Lebensmittelabteilung, die polygraphische Abteilung usw. Diese Abteilungen waren zu Beginn des Herbstes des Jahres 1919 ihrer Zusammensetzung nach ziemlich verschieden aufgebaut. In der Metallabteilung betätigte sich und besaß einen Einfluß hauptsächlich das Zentralkomitee des Allrussischen Verbandes der Metallarbeiter; das sind fortgeschrittene Arbeiter, sehr entwickelt, die ausgezeichnet arbeiten, und deshalb konnten sie hier tatsächlich vieles schaffen; in anderen Abteilungen sieht es schlimmer aus. Z. B. in der Abteilung für chemische Industrie gingen die Arbeiter erst im Herbst des Jahres 1919 daran, sich an der Arbeit zu beteiligen, weil sie nicht einmal eine gemeinsame Berufsvereinigung besaßen.

Alle Abteilungen sind dem Obersten Volkswirtschaftsrate unterstellt; er setzt sich zusammen aus Vertretern des Gewerkschaftsrates, des Allrussischen Zentralvollzugsausschusses der Sowjets und der Volkskommissäre und besitzt ein Präsidium, das die ganze sachliche Arbeit leitet. Der Oberste Volkswirtschaftsrat vereinigt folglich die wirtschaftliche Arbeit des ganzen Landes. Und ihm obliegt es, in erster Linie einen einheitlichen gesamtstaatlichen Plan auszuarbeiten und ihn durchzuführen.

Daß die Arbeiter bei Vorhandensein der erforderlichen Organisation selbst imstande sind, die Produktion zu heben, das ersehen wir aus der Tätigkeit der «Gomsa», wo der Verband der Metallarbeiter den entscheidenden Einfluß besitzt. Hier einige Zahlen*:

Es wurden erzeugt:	in 2 Monaten (XI u. XII) des Jahres 1918	in 6 Monaten (I–VI) des Jahres 1919
Ersatzteile für Waggons und Lokomotiven	24240 Pud	94419 Pud
Panzerzüge		
Lokomotiven	2	10
Plattformen	4	19
Waggons, Plattformen neu	477	1191
Zisternen und dgl. ausgebessert	–	1040
Feldbahnwagen	148	522
Weichen	–	754

Die Produktionsdauer war dreimal so groß (2 und 6 Monate), der Umfang der Produktion erhöhte sich aber viel mehr als um das Dreifache.

---

* Die Angaben stammen vom Genossen Larin.

Rosta-Plakat Nr. 555 (November 1920)

Das nahe Ende einer unzüchtigen Dame
1. Warum so nachdenklich, schönes Mädchen,
2. willst Du mir nicht Dein Herzeleid sagen?
3. Wrangell hatte ich lieb und gern.
4. Mein Gott, wen soll ich nur anerkennen?
5. Sawinkow ist wunderbar, ihn könnte ich lieben.
6. Oder soll ich Petljura nachlaufen?
7. Beide sind zum Teufel gegangen.
8. Mein Gott, wen soll ich jetzt anerkennen?
9. Hören Sie auf, Madame, Sie haben zur Genüge anerkannt.
Wie wäre es, wenn Sie die Sowjetmacht anerkennen würden?

Bei einer gewissen Organisation, die sich allmählich zu bilden begonnen hat, war es möglich, den Versorgungsapparat planmäßiger zu bedienen und die Produktion in den am besten eingerichteten Unternehmungen zu zentralisieren. Das letztere folgt aus dem Gesamtplan. Denn es ist klar, daß es vorteilhafter ist, mit den besten Unternehmungen zu arbeiten, wobei man auf ihre Unterstützung alle Kräfte konzentriert, als sich mit den schwächlichen und schlecht eingerichteten Unternehmungen abzuplagen. Natürlich muß man auch hier mit dem allgemeinen Mangel an Brennmaterial und Rohstoffen rechnen. Eben aus diesem Grunde war man öfters gezwungen, auch die größten Werke und Fabriken zu schließen (z. B. in der Textilindustrie); deshalb können wir auch die noch bis auf den heutigen Tag dauernde teilweise Zerstörung der Produktion beobachten. Das hängt aber schon nicht so sehr vom Mangel an Organisation, als hauptsächlich vom Mangel an den für die Produktion notwendigen Dingen ab.

Die Zentralisation der Produktion schreitet nichtsdestoweniger ihren Weg fort. So hat z. B. «Gomsa» viele minderwertige Unternehmungen geschlossen und die ganze Produktion in 16 der besten Werke konzentriert; die elektrotechnische Industrie, die zur Zeit des Kapitalismus zersplittert war, ist jetzt zu einem einheitlichen Ganzen vereinigt; dasselbe geschah auch in einer Reihe von anderen Produktionszweigen (auf dem Gebiete der Tabakindustrie, der Broterzeugung, der Melasseproduktion, der Textilindustrie usw.).

Eine ungeheuer große Bedeutung besitzt die richtige

und ökonomische Ausnützung der vorhandenen Vorräte und Kräfte. In der ersten Zeit, wie wir gesehen haben, hat es nicht einmal eine Bestandsaufnahme dessen gegeben, was vorhanden war. Eine Menge von Niederlagen verfiel, die Vorräte wurden geplündert und verschwanden, ohne daß man gewußt hätte wohin, von irgendeiner richtigen Ausnützung konnte keine Rede sein. Doch auch hier kommt die Sache allmählich in Gang, wenn auch mit großer Mühe. Wenigstens ist jetzt mehr oder weniger von einer Reihe von Produktionsmitteln bekannt, in welcher Menge sie eigentlich vorhanden sind.

Hier eine Vergleichstabelle betreffend die Versorgung mit Heizmaterial und Rohstoffen.*

A. Die Beschaffung von Heizmaterial.

Bezeichnung des Produktes	die Menge in Pud ausgedrückt im Jahre 1918	im Jahre 1919
1. Kohle des Moskauer und des Borowitsch-Rayons	gegen 30 Mill.	gegen 30 Mill.
2. Frisch herbeigeschafftes und vorrätiges Brennholz	4 Mill. Quadr.-Klafter	5 Mill. Quadr.-Klafter
3. Torf	58 Mill.	60 Mill.
4. Naphtha	93 Mill.	nichts (Baku im Bes. d. Engländer)

---

* Diese Daten stammen aus den Materialien des Gen. Miljutin.

B. Die Beschaffung von Rohstoffen und die Vorräte an Rohstoffen in den Niederlagen des Obersten Volkswirtschaftsrates.

Bezeichnung des Produktes	die Menge in Pud ausgedrückt im Jahre 1918	im Jahre 1919
1. Flachs	unbekannt	5½ Mill.
2. Baumwolle	–	6½ Mill. (einschl. d. Turkestaner Baumwolle, die im Anrollen ist)
3. Schafwolle	–	2 Mill.
4. Hanf	–	2 Mill.
5. Metall	30 Mill.	40 Mill. (einschl. d. Uraler Metalls)
6. Pelze	unbekannt	unbekannt

Aus der Tabelle ist ersichtlich, daß manches in Ordnung gebracht wird. Auch sieht man, daß die Hauptschwierigkeit der Verlust des flüssigen Brennmaterials (Naphtha) bildet.

Es ist selbstverständlich, daß diese Arbeit auf dem Gebiete der Regelung und der Organisation der Wirtschaft von Vollkommenheit sehr weit entfernt ist. In vielen Institutionen herrschte noch Unordnung. Der Apparat klappt noch lange nicht. Das Gerippe dieses Apparates ist aber schon geschaffen. Unsere Aufgabe besteht darin, diese Arbeit in allen Richtungen vorwärts zu stoßen, sowohl im Sinne der Zusammenfassung der ganzen wirtschaftlichen Tätigkeit des Landes als auch im Sinne der Bewirtschaftung nach einem Gesamtplan, der möglichst großen Zentralisation der Produktion, ihrer Organisiertheit, der Ausgestaltung des Verwaltungsapparates und schließlich im Sinne der richtigen Ausnützung der Rohstoffe und überhaupt aller Materialvorräte des Landes.

§ 96. Die Erweiterung des wirtschaftlichen Zusammenarbeitens mit den anderen Ländern

Zur Frage über die Organisation der Großindustrie gehört auch die Frage über unsere Beziehungen zu dem Auslande. Sowjetrußland ist von einem Blockadering umgeben, und das bringt ihm ungeheuren Schaden. Von welcher Bedeutung überhaupt die Unterbrechung des wirtschaftlichen Verkehrs mit den anderen Ländern für

Die Einfuhr nach Rußland betrug:

Im Jahre	Lebensmittel		Rohstoffe und Halbfabrikate	
	In Tausend Rubel	%	In Tausend Rubel	%
1909	182 872	100,0	442 556	100,0
1910	191 462	104,7	554 386	125,3
1911	206 909	113,1	553 143	125,0
1912	209 647	114,6	555 510	125,5
1913	273 898	130,1	667 989	150,9

unsere Industrie und unsere Wirtschaft ist, das ersehen wir aus untenstehenden Zahlen.

Am meisten wurden Fabrikerzeugnisse zu uns eingeführt, wobei ihre Einfuhr im Laufe von vier Jahren (vom Jahre 1909 bis einschließlich 1913) um 65 Prozent gestiegen ist. Die Einfuhr von Rohstoffen und Halbfabrikaten erhöhte sich in demselben Zeitraum um das Anderthalbfache. Auf diese Weise nahm die Bedeutung der Einfuhr schnell zu. Es wurden in erster Linie Maschinen, Apparate, Eisen- und Stahlwaren, landwirtschaftliche Maschinen, chemische Produkte, elektrische Artikel und andere Produktionsmittel eingeführt. Doch wurden auch Gebrauchsgegenstände (Gewebe, Lederwaren usw.) in immer wachsendem Umfange importiert.

Der Krieg zerriß alle Fäden mit Deutschland. Die Blockade Sowjetrußlands machte aber auch jeder Verbindung mit der Entente ein Ende. Nach Berechnungen bezogen wir vor dem Kriege aus dem Auslande Waren

Tiere		Fabrikate		Zusammen	
In Tausend Rubel	%	In Tausend Rubel	%	In Tausend Rubel	%
7 972	100,0	272 937	100,0	906 336	100,0
10 791	135,4	327 807	120,1	1 084 446	119,7
10 997	137,9	390 633	143,1	1 161 682	128,2
11 979	150,3	394 630	144,6	1 171 772	129,3
17 615	221,0	450 532	165,1	1 374 034	151,6

im Werte von fast anderthalb Milliarden Rubeln. Danach ersieht man, was für einen Schaden uns die Blockade zufügt. Die Politik unserer Partei muß deshalb darauf gerichtet sein, soweit dies mit unseren Gesamtaufgaben vereinbar ist, die Wiederanknüpfung der wirtschaftlichen Beziehungen mit anderen Staaten zu erstreben. In dieser Hinsicht könnte als beste Garantie, als beste Bürgschaft ein entscheidender Sieg über die Gegenrevolution dienen.

Unsere zweite Aufgabe bilden die gegenseitigen wirtschaftlichen Beziehungen zu jenen Staaten, in denen das Proletariat gesiegt hat. Hier besteht unsere Aufgabe darin, nicht nur wirtschaftliche Verbindungen mit diesen Ländern anzuknüpfen, sondern auch nach Möglichkeit einen gemeinsamen Wirtschaftsplan auszuarbeiten. Im Falle des Sieges des Proletariats in Deutschland würden wir ein gemeinsames Organ schaffen, das die gemeinsame Wirtschaftspolitik für die beiden Sowjetrepubliken führen würde; dieses würde berechnen, wieviel Produkte die deutsche proletarische Industrie Sowjetrußland zu liefern hätte, wieviel qualifizierte (gelernte) Arbeiter, sagen wir für die Lokomotivfabriken Rußlands gesendet werden müßten und andrerseits, wieviel Rohstoffe und wieviel Korn nach Deutschland auszuführen wären. Wir wissen schon, daß Europa am ehesten aus dem Zustande der Zerrüttung herauskommen würde, falls sich die Länder vereinigten. Mit einem kapitalistischen Lande werden wir uns selbstverständlich nicht verschmelzen. Mit Sowjetrepubliken aber können und müssen wir einen engen Wirtschaftsbund bilden, einen gemeinsamen Wirtschaftsplan besitzen. Die wirtschaftliche proletarische Zentralisation der Produktion im internationalen Maßstabe – das ist unser Ziel.

§ 97. Die Organisation der Kleinindustrie, des Handwerks und der Hausindustrie

Wir haben gesehen, daß eine der Hauptschwierigkeiten des kommunistischen Aufbaues in Rußland darin besteht, daß Rußland im allgemeinen ein Land der Kleinwirtschaft ist wie alle unentwickelten, rückständigen Länder. Das bezieht sich hauptsächlich auf die Landwirtschaft. Aber es gibt auch in der Industrie noch Überreste alter Verhältnisse: selbständige Heimarbeiter, Handwerker, Kleingewerbetreibende stellen eine ziemlich bedeutende Größe dar. Nach der Vorkriegsstatistik zählte man in 34 Gouvernements gegen 1 700 000 Betriebe ansässiger Heimarbeiter.*

Nach einzelnen Gewerben setzte sich diese Zahl folgendermaßen zusammen:

I. Minerale 66 400
(Töpferei und Geschirrerzeugung, Erzeugung von
Bau- und Dachziegel, Herstellung von Mühl- und
Schleifsteinen, von Kalk, von Kupferwaren).

---

* Die Angaben stammen von der Kommission zur Verwertung beim Obersten Volkswirtschaftsrat.

II. Holz 467 900
(Mattenindustrie; Erzeugung von Kufen, Fässern,
Bottichen; von Tischler-Möbeln; Bastschuhen;
Schlitten, Bauernwagen; Körben, geflochtenen
Möbeln; Rädern, Felgen; von Holzkohle, Pech und
Teer; von Holzgeschirr, Löffeln; Schiffbau
und Zimmerhandwerk – zusammen 18 Gewerbe).

III. Metalle 130 500
(Gewerbe des Schmiedes und Nägelschmiedes,
Erzeugung von Sägen; Schlosserei und Erzeugung
von Messern; Juwelier- und Uhrengewerbe; Gieße-
rei; Herstellung von Fenster- und Türenbeschlägen;
von Eimern und Röhren).

IV. Gespinstfasern 65 200
(Weberei; Filzindustrie; Spinnerei, Zwirnerzeugung;
Spitzen; Halstücher; Netze und Taue; Tuche;
Teppiche; Hüte und Kappen; Bürsten usw. –
im ganzen 11 Gewerbe).

V. Leder 208 300
(Schusterei; Schafspelz-Kürschnerei; Ledergewerbe;
Sattlerei; Erzeugung von Fausthandschuhen;
Kammerzeugung).

IV. Verschiedenes 185 400
davon:
Schneiderei 104 900
Verschiedene Gewerbe 73 800
Heiligenbildermalerei 3 600
Erzeugung von Harmonikas 3 100

Im Laufe des Krieges verminderte sich die Zahl der
selbständigen Heimarbeiter nach mancher Zählung
bis auf 1 000 000, trotzdem viele Arbeiter infolge der
Zerrüttung der Industrie sich dem Hausgewerbe zu-
wandten. Das erklärt sich durch Übersiedlung und

Zerstreuung von Heimarbeitern auf der Suche nach getreidereichen Gegenden. In den Gouvernements Wologda, Nowgorod usw., d. h. in den hungernden Gouvernements überhaupt, ist ein Rückgang um 20–25 Prozent festzustellen; dagegen in den Gouvernements Kurk, Orel, Simbirsk, Tambow ein Steigen um 15–20 Prozent.

Vor der proletarischen Macht steht die Frage: Wie ist diese Masse der Kleinproduzenten in das Gesamtsystem der sich aufbauenden sozialistischen Wirtschaft einzubeziehen?

Vor allem ist es klar, daß hier keine gewaltsame Expropriation zulässig ist. Den Kleinproduzenten darf man nicht mit dem Knüppel in das Reich des Sozialismus treiben, sondern man muß alles Mögliche aufbieten, um ihm diesen Übergang und das Verständnis für das Notwendige zu erleichtern. Das kann man erreichen, wenn man den Heimarbeiter in bestimmte Verhältnisse versetzt. In welche? Auf welche Weise?

Erstens durch Einbeziehung der Hausindustrie in den gesamtstaatlichen Plan der Versorgung mit Heizmaterial und Rohstoffen. In der Tat, wenn der Heimarbeiter das für die Produktion Notwendigste (Roh- und Heizstoffe) von der staatlichen Organisation des Proletariats erhält, so wird er von ihr abhängig. Früher im Kapitalismus wurden die Rohstoffe dem Heimarbeiter oft vom Aufkäufer oder Fabrikanten geliefert. Der Heimarbeiter geriet in seine Abhängigkeit. Es ist aber selbstverständlich, daß dieser Ankäufer oder Fabrikant den Heimarbeiter «versorgte», um ihn auszubeuten. Der Hausgewerbsmann war nichts anderes als ein gewöhnlicher Heimarbeiter, der für den Kapitalisten arbeitete. Anders sieht die Sache aus, wenn der Heimarbeiter vom proletarischen Staate abhängig wird. Der proletarische, der Arbeiterstaat will nicht, wird nicht und kann den Heimarbeiter nicht ausbeuten. Er will ihm nur helfen, sich zusammen mit allen anderen Arbeitern zu organisieren. Er wird aus dem Heimarbeiter keinen Profit herauspressen (er preßt aus niemand einen Profit heraus), sondern er wird trachten, den Heimarbeiter und seine Organisationen in die allgemeine Arbeitsorganisation der Industrie hineinzuziehen. Der Heimarbeiter, der von dem Fabrikanten und dem Aufkäufer abhängig ist, arbeitet für den Fabrikanten und den Aufkäufer. Er ist – ihr Arbeitsvieh. Der vom proletarischen Staat abhängige Heimarbeiter ist ein gesellschaftlicher Arbeiter. Es ist also notwendig, erstens, die Heimarbeiter in den allgemeinen Versorgungsplan einzubeziehen.

Zweitens ist es erforderlich, die Heimarbeiter finanziell von Staats wegen zu unterstützen. Früher, im Kapitalismus, hielt den Heimarbeiter in finanzieller Hinsicht derselbe Aufkäufer, Wucherer aus. Er hielt den Heimarbeiter aber so, wie der Strick den Gehängten hält. Er versklavte ihn in barbarischster Weise, um aus ihm, wie eine Spinne, den Goldsaft zu saugen. Der proletarische Staat kann ihm mit Geld helfen, indem er ihm dieses für Staatsbestellungen vorschießt, ohne sich irgendwelche Zinsen, geschweige denn Wucherzinsen geben zu lassen.

Rosta-Plakat Nr. 740 (Dezember 1920)

Versicherung
Lenin / aus der Rede auf dem VIII. Sowjetkongreß
1. Wir haben dem Kapital eine Ohrfeige verpaßt.
2. Aber wir dürfen nicht ruhen.
3. Wir bleiben auf der Hut.
4. Noch lebt das Kapital, noch probiert es vielleicht, sich einzumischen.

Drittens. Es ist selbstverständlich, daß der proletarische Staat nur auf zentralisierte Art und Weise Bestellungen an die Heimarbeiter vergeben kann. Indem die Staatsmacht des Proletariats die Heimarbeiter mit Rohstoffen, Heizmaterial, Hilfsstoffen und nach Möglichkeit auch mit Produktionsmitteln versorgt und zugleich Bestellungen nach einem bestimmten Plan vergibt, schließt sie auf diese Weise allmählich auch die Heimarbeiter in den Gesamtplan der Produktion des Landes ein.

So werden die Heimarbeiter nach und nach in die allgemeine, auf sozialistischen Grundlagen sich aufbauende Produktion nicht nur deswegen hineingezogen, weil sie mit Erzeugnissen der gesellschaftlichen Produktion versorgt werden, sondern auch deshalb, weil sie unmittelbar für den proletarischen Staat arbeiten, und zwar nach jenem Plan, den ihnen die Organe des proletarischen Staates vorschreiben werden.

Viertens ist es notwendig, die Heimarbeiter auf die oben erwähnte Weise unter der Bedingung zu unterstützen, daß sie sich vereinigen, und man muß jenen Heimarbeitern den Vorzug geben, die sich vereinigen und zu Artjels (eine Art Arbeitsgenossenschaft), Arbeitsgemeinschaften, Produktivgenossenschaften organisieren, als auch – was noch wichtiger ist – diese Organisationen zusammenfassen, indem sie vom privaten Kleinbetrieb zur kameradschaftlichen Großproduktion übergehen.

Bei jedem kleinen Unternehmer, darunter auch bei den selbständigen Heimarbeitern, sitzt in der Tiefe der Seele der Wunsch, ein größerer Unternehmer zu werden, sich zu «erholen» und dann schon einen wirklichen «Betrieb» mit Lohnarbeitern usw. zu eröffnen. Als zur Zeit des Kapitalismus Artjels oder Genossenschaften oder Kooperative wuchsen, «arteten» die stärksten unter ihnen tatsächlich in kapitalistische Unternehmungen «aus». Ganz anders ist es in der Periode der proletarischen Diktatur. Hier fehlt dem Kapitalismus die Lebensmöglichkeit. Hier herrscht dafür die Staatsgewalt der Arbeiter, die die verschiedensten Vereinigungen organisiert und die Finanzmittel und, was die Hauptsache ist, die Produktionsmittel in ihrer Hand festhält. Früher war es unsinnig zu glauben, daß uns die Genossenschaften dem Sozialismus näherbringen können: im Laufe ihrer Entwicklung verwandelten sich dieselben unabwendbar in kapitalistische Gesellschaften. Jetzt, wo wir die Möglichkeit haben, sie in die gesamtstaatliche Arbeitsorganisation einzubeziehen, können alle diese Vereinigungen beim Aufbau des Sozialismus behilflich sein. Und zwar nicht deshalb, weil die Heimarbeiter selbst vor Sehnsucht nach dem Kommunismus brennen (sie haben viele Vorurteile gegen den Kommunismus wie alle kleinen Unternehmer), sondern deshalb, weil jetzt infolge der neuen Bedingungen die früheren Wege verlegt sind: sie sind nicht da.

Indem wir die Heimarbeiter aneifern, sich zu organisieren, tragen wir schon dazu bei, daß sie sich schmerzlos in Arbeiter der großen, geeinigten, organisierten, «maschinisierten» gesellschaftlichen Produktion verwandeln.

In dieser Beziehung ist schon manches getan. Für die Wintersaison 1919/1920 wurde z. B. eine Reihe von Staatsbestellungen vergeben: auf zwei Millionen Paar Filzstiefel, auf 2 200 000 Paar wollene Fausthandschuhe, auf eine Reihe von Trikotwaren, auf Bastschuhe, Halbpelze usw. Es macht sich eine Besserung der Geschäftsführung bemerkbar. In der Saison 1918/1919 wurden bis zum 1. März (!) nur 300 000 Filzstiefel geliefert, in der Saison 1919/1920 wurden aber schon bis zum Oktober-November eine halbe Million Filzstiefel fertiggestellt.

Die Vorschüsse wurden planmäßig vergeben, Rohstoffe, Petroleum, Brenner (Beleuchtung), Heizmaterial wurden verteilt. Die Organisation sah im Jahre 1918/1919 folgendermaßen aus: es wurden Konferenzen aus Vertretern der Genossenschaftsorganisationen als auch der Verbände der Heimarbeiter (Zentrosojus, Zentrosekzija, Moska, Kustarsbyt usw.) mit den Vertretern der Hausindustrieabteilung des Obersten Volkswirtschaftsrates einberufen. Diese setzen einen gemeinsamen Plan fest. Kustarsbyt (Zentralverband der Genossenschaften zwecks Produktion und Absatzes von Hausindustrie- und Genossenschaftswaren) tritt dabei als die größte Organisation der Heimarbeiter auf, die in die allgemeine Organisationsarbeit einbezogen ist. Sie umfaßt 29 Verbände mit 1306 Genossenschaften, in denen 631 860 Betriebe der Heimarbeiter organisiert sind. Ihre Versorgung vollzieht sich durch die Organe der Zentralen oder durch die örtlichen Volkswirtschaftsräte.

Es muß bemerkt werden, daß die Zahl der Vereinigungen während des Bestehens der Sowjetmacht schnell zunimmt.

Natürlich, wie eben die Verbindungen zwischen den verschiedenen Teilen des ökonomischen Sowjetapparates organisiert werden – das steht noch nicht endgültig fest: vieles ändert sich hier ziemlich schnell. Wir müssen aber fortwährend das eine im Auge behalten – die Regelung des Apparates, die stramme Organisation, die Planmäßigkeit aller Handlungen.

§ 98. Die Organisation der Industrie und die Gewerkschaften

Als der Apparat, der im höchsten Grade für die neuen Aufgaben auf dem Gebiete der Organisation und der Verwaltung der Industrie geeignet wäre, erwiesen sich in Rußland die Gewerkschaften der Arbeiter.

In der kapitalistischen Ordnung dienten die Gewerkschaften, die die Arbeiter zuerst nach Berufen (manchmal selbst nach Zünften) und später nach einzelnen Produktionszweigen zusammenfaßten, in erster Linie als Mittel des Kampfes gegen die Kapitalisten, als Mittel des ökonomischen Kampfes. In der stürmischen Zeit leiteten sie zusammen mit der Partei der Arbeiterklasse, den Bolschewiki, den allgemeinen Angriff gegen das Kapital. Die Partei, die Gewerkschaften, die Sowjets gingen einmütig gegen die kapitalistische Ordnung vor.

Nach der Eroberung der politischen Macht mußte sich natürlicherweise auch die Rolle der Gewerkschaften ändern. Früher führten sie z. B. Streiks gegen die Kapitalisten durch. Jetzt gab es keine Kapitalisten als herrschende Klasse mehr, als Herren, als Unternehmer. Früher hatten die Gewerkschaften die Hauptaufgabe: jene Ordnung zu zerstören, die in der Fabrik herrschte. Nach dem Oktober des Jahres 1917 kam natürlicherweise die Zeit, die neue Ordnung einzurichten. Die Organisation der Produktion – das ist die Hauptaufgabe der Gewerkschaften in der Epoche der proletarischen Diktatur. Den Gewerkschaften gelang es, in der Zeit ihres Bestehens ungeheuer große Massen des Proletariats zusammenzuschweißen. Sie waren die größten und zugleich mit der Produktion unmittelbar verbundenen proletarischen Organisationen. In Rußland vertraten sie außerdem zur Zeit des Revolutionsausbruches völlig den Standpunkt der proletarischen Diktatur. Es ist daher kein Wunder, daß die Verwaltung der Industrie, darunter die des wichtigsten Produktionsmittels, der Arbeitskraft, gerade in die Hände dieser Organisationen auch tatsächlich übergehen mußte.

In welches Verhältnis mußten die Gewerkschaften zur Staatsmacht des Proletariats treten?

Erinnert euch, was die Bourgeoisie getan hat, um den größten Erfolg zu erzielen. Sie baute den Staatskapitalismus auf, indem sie alle ihre übrigen Organisationen und in erster Linie die wirtschaftlichen (Syndikate, Trusts, «Arbeitgeberverbände») enger mit der Staatsmacht verknüpfte. Das Proletariat, das seinen Krieg gegen das

Kapital bis zum erfolgreichen Ende zu führen hat, muß gerade so seine Organisationen zentralisieren. Es besitzt Arbeiterräte – Organe der Staatsgewalt; es verfügt über die Gewerkschaften; ihm stehen die Genossenschaften zu Gebote. Es ist klar, daß sie in der Weise verbunden und miteinander verknüpft werden müssen, wenn ihre Arbeit klappen soll. Es entsteht die Frage: mit welcher Organisation sollen denn die übrigen verknüpft werden? Die Antwort ist nicht schwer. Man muß die größte, die mächtigste Organisation wählen. Eine solche Organisation ist aber die Staatsorganisation der Arbeiterklasse, das heißt die Sowjetmacht. Somit müssen sowohl die Gewerkschaften als auch die Genossenschaften sich auf dem Wege zu ihrer Verwandlung in wirtschaftliche Abteilungen und Organe der Staatsgewalt, das heißt auf dem Wege zu ihrer «Verstaatlichung» entwickeln.

Die Verständigungsparteien, bei denen der Klassenkampf die ganze Zeit in Vergessenheit war, vertreten in der Gewerkschaftsfrage während der proletarischen Diktatur den Standpunkt der sogenannten «Unabhängigkeit» der Gewerkschaftsbewegung. Die Gewerkschaften – sagen diese Herren – sind Klassenorganisationen, und deshalb müßten sie von der Staatsgewalt unabhängig sein.

Es ist unschwer, diesen Betrug zu erkennen, der sich in diesem Falle hinter dem angeblichen «Klassen»-Standpunkt verbirgt. Man kann den «Staat» den «Klassenorganisationen» nicht entgegenstellen, denn auch der Staat ist ebenfalls eine Klassenorganisation. Wenn die Menschewiki und die andern gegen die Verbindung mit dem Arbeiterstaat protestieren, so bringen sie eben damit ihre Feindseligkeit gegenüber dem Arbeiterstaat zum Ausdruck, sie stehen auf der Seite der Bourgeoisie. Und gerade sie treten auch für die Abhängigkeit von dem bürgerlichen Staat ein.

Oft sprechen sie von «ärarischen» Gewerkschaften. Doch jetzt gehört die Kassa des Ärars den Arbeitern. Die Menschewiki möchten aber, daß sie immer im Besitz der Bourgeoisie verbleibe.

Die Unabhängigkeit von der Arbeitermacht bedeutet in Wirklichkeit die Abhängigkeit von der Bourgeoisie.

Die neuen Aufgaben, die vor den Gewerkschaften auftauchten, erforderten die besonders schleunige Umwandlung dieser Gewerkschaften in große Industrieverbände. Denn es ist klar, wenn auf den Schultern der Gewerkschaften die Aufgabe ruht, die Produktion zu organisieren, so müssen sich auch die Arbeiter nach Unternehmungen und Produktionszweigen und nicht nach Zünften und Gewerben vereinigen; mit anderen Worten, die neuen Aufgaben erfordern eine solche Organisation der Gewerkschaften, daß es für alle Arbeiter und Angestellten einer Unternehmung keinen andern Verband als diesen gibt. Früher baute man die Gewerkschaften so auf, daß man die Arbeiter nach Einzelberufen vereinigte. Wenn sich später ein Streben nach der Zusammenfassung aufgrund der Produktionszweige bemerkbar machte, so entstand auch hier ein Durcheinander: der Verband der Metallarbeiter nahm z. B. nicht nur die in der metallverarbeitenden Industrie beschäftigten Genossen als Mitglieder auf, sondern auch einen beliebigen Metallarbeiter, wenn er auch in einem ganz fernliegenden Produktionszweig arbeitete. Natürlich ist das für die Organisation der Produktion durchaus nicht zu verwenden, wo jede Unternehmung und jeder Produktionszweig eine lebendige Organisation darstellt; um sie zu organisieren, muß man sich an sie anpassen und sich selbst in der entsprechenden Weise, d. h. nach Produktionszweigen organisieren, indem man alle darin Werktätigen zusammenfaßt.*

Vor der Verschmelzung:
(Ende d. J. 1917, Anfang d. J. 1918)

Nach der Verschmelzung:

1. Verband der Metallarbeiter
2. Verband der Heizer
3. Verband der Gießer
4. Verband der autogenen Schweißer und Schneider
5. Verband der Modelltischler
6. Verband der Gold- und Silberschmiede
7. Verband der Uhrmacher
8. Verband der Elektriker
9. Verband der Maschinisten
10. Verband der Kontrolleure

Der Verband der Metallarbeiter mit den Sektionen (bildet eine Abteilung des Allrussischen Verbandes der Metallarbeiter) umfaßt ausschließlich die in der metallverarbeitenden Industrie beschäftigten Arbeiter.

---

* Als Beispiel der Verschmelzung der früheren engen Gewerkschaften zu großen Industrieverbänden kann man die Petrograder Metallarbeiter anführen.

So entstanden an Stelle der nach Berufen zersplitterten und zerstückelten Gewerkschaften die großen zentralisierten Industrieverbände. Die Aufgabe unserer Partei auf diesem Gebiet liegt darin, diese Vereinigung zu beschleunigen und die Bildung von Industrieverbänden zu begünstigen, die ausnahmslos alle Werktätigen des entsprechenden Produktionszweiges umfassen würden.

Nach vorläufigen Angaben der Statistischen Abteilung des Allrussischen Zentralgewerkschaftsrates stellt die Mitgliederzahl der Gewerkschaften folgende Größen dar:

Die Mitgliederzahl der Gewerkschaften betrug

in der 1. Hälfte des Jahres 1917 .... 335 938
in der 2. Hälfte des Jahres 1917 .... 943 547
in der 1. Hälfte des Jahres 1918 .... 1 649 278
in der 2. Hälfte des Jahres 1918 .... 2 250 278
in der 1. Hälfte des Jahres 1919 .... 2 825 018

In der ersten Hälfte des Jahres 1919 vereinigten 31 allrussische Gewerkschaften ohne die Gewerkschaften der Eisenbahner und der Wassertransportarbeiter 2 801 000 Mitglieder (die übrigen waren in örtlichen Verbänden organisiert). Rechnet man 722 000 Eisenbahner und ungefähr 200 000 Mitglieder des Verbandes der Wassertransportarbeiter hinzu, so beträgt die gesamte Mitgliederzahl der Gewerkschaften 3 700 000; dieselben sind durch 33 Zentralkomitees verbunden; außerdem gibt es noch viele nichtzentralisierte Gewerkschaften. Die Statistische Abteilung berechnet die Gesamtzahl der Organisierten (einschließlich der besetzten Gouvernements) mit vier Millionen Menschen. (Man darf nicht außer acht lassen, daß die Arbeiter der stillstehenden Fabriken auch weiter als Arbeiter dieser Fabriken zählen und als Mitglieder der Gewerkschaften weitergeführt werden.)

Nach den Gesetzen der Sowjetrepublik und aufgrund der eingebürgerten Praxis nehmen die Gewerkschafts-(Industrie-)Verbände an allen örtlichen und zentralen Organen der Industrieverwaltung teil; das heißt sowohl in den Kommissariaten als auch in den Volkswirtschaftsräten, in dem Obersten Volkswirtschaftsrat und in den Zentralen und Hauptverwaltungen als auch in den Arbeiterfabrikverwaltungen, mit einem Wort, überall spielen die Gewerkschaften eine bedeutende, ja selbst eine entscheidende Rolle.

Jedoch ist diese Besitzergreifung von der Produktion seitens der Gewerkschaften noch lange nicht abgeschlossen. Es gibt viele Zweige der Volkswirtschaft, wo die Arbeiter das Ruder noch nicht, wie es sich gehört, in ihre Hand genommen haben. Besonders gilt dies von den «Hauptverwaltungen» und «Zentralen», wo oft unkontrolliert arbeitende bürgerliche Fachleute anzutreffen sind, die die Organisation der Wirtschaft gerne nach eigenen Plänen aufbauen möchten, in der Hoffnung auf die Rückkehr der «guten alten Zeit», wo sie die Zentralen schnell in kapitalistische Trusts werden umwandeln können. Um dies zu verhindern, ist immer größere Teilnahme der Gewerkschaften an der Verwaltung der

Industrie notwendig, bis zu jenem Augenblick, wo die gesamte Volkswirtschaft von oben bis unten als einheitliches Ganzes tatsächlich in den Händen der Industrieverbände ruhen wird.

Von den unteren Verwaltungsorganen der Industrie ist besonders die Tätigkeit der Fabrikkomitees hervorzuheben. Sie stellen tatsächlich Zellen der Gewerkschaften dar, die der Leitung der entsprechenden Gewerkschaft unterstellt sind. Die von den Arbeitern der betreffenden Fabrik oder eines Werkes gewählten Fabrikkomitees haben die Verwaltung innerhalb des Unternehmens, insofern sie die Arbeitskraft betrifft. Die Fabrikkomitees besorgen die «Aufnahme» und die Kündigung, überwachen die Versorgung der Familien, die Auszahlung der Löhne, die Arbeitsnorm, die Disziplin usw. Sie sind außerdem ausgezeichnete Anfangsschulen der Verwaltungskunst für die breiten Arbeitermassen.

Auf diese Weise müssen die Gewerkschaften (Industrieverbände) die engste Verbindung zwischen den Zentralorganen der Staatsverwaltung, der Volkswirtschaft und den breiten Massen der Werktätigen herbeiführen.
Die Einführung dieser Massen in immer größerem Umfang in die Arbeit auf dem Gebiet der Verwaltung des wirtschaftlichen Lebens – das ist die vornehmste und unaufschiebbarste Aufgabe der Industrieverbände. Da sich die Industrieverbände auf die Fabrikkomitees stützen und beinahe alle Werktätigen umfassen, so müssen

sie immer neue und neue Arbeiten für die Organisation der Produktion stellen. Das bezwecken auch die Einführung in die Verwaltung unmittelbar in der Praxis (in den Fabrikkomitees, Fabrikverwaltungen, Volkswirtschaftsräten, Zentralen usw.) und eine spezielle Aufklärungsarbeit, die von den Verbänden entfaltet wird (Instruktionskurse u. dgl.).

Die Einbeziehung der breiten Massen in die Aufbauarbeit ist auch das beste Kampfmittel gegen den Bürokratismus in dem wirtschaftlichen Apparat der Sowjetmacht. Dieser Bürokratismus erreicht manchmal einen ungeheuer großen Umfang, besonders dort, wo es wenig Arbeiter, aber viel «Sowjetangestellte» gibt. Überflüssige Papierverschwendung, Kanzleigeist, Grobheit, Nachlässigkeit, Sabotage – davon gibt es sehr viel in den wirtschaftlichen Organisationen. Beseitigt kann dies nur dadurch werden, daß man die unteren Schichten der Arbeiter hebt. Und nur auf diese Weise ist es möglich, tatsächlich eine Volkskontrolle der Arbeit aller unserer wirtschaftlichen Institutionen einzurichten.

§ 99. Die Ausnützung der Arbeitskraft

Von außerordentlich großer Bedeutung für unsere ganze Zukunft ist die richtige Ausnützung der bei uns vorhandenen Arbeitskräfte. Wenn die Produktionsmittel verbraucht, Rohstoffe aber in sehr geringen Mengen vorhanden sind, dann stellt die Arbeitskraft die Grundlage der ganzen Produktion dar, und von ihrer vernünftigen Verwendung hängt alles ab. Da treten an uns z. B. folgende Aufgaben heran: alle Kräfte auszunützen; mit anderen Worten, alle arbeitsfähigen Elemente zu verwenden, für sie Arbeit zu finden, sie zu beschäftigen. Wir müssen daran denken: in unserer Hungerszeit ist jeder Esser, der keine nützliche Arbeit leistet, direkt ein Ballast für die Gesellschaft. Solche gibt es eine sehr große Zahl. Indessen existiert eine Menge von Arbeiten, die ohne besonders komplizierte Produktionsmittel vollbracht werden können: so z. B. die Arbeiten zur Reinhaltung der Städte, Ausbesserung der Straßen, der Chausseees, der Eisenbahnen, Säuberung der Wege, der Befestigung einzelner Stellen, der Reinigung der Kasernen und verschiedenartiger Räumlichkeiten; es gibt auch eine Reihe von Arbeiten auf dem Gebiet der Roh- und Brennstoffgewinnung: Fällen von Holz und seine Transportierung, Gewinnung von Torf usw. Allerdings stoßen wir hier auf sehr viele Schwierigkeiten: wir können über Leute und Beile verfügen, haben aber nichts, womit wir diese Menschen ernähren könnten – und die Holzfällung bleibt stocken usw. Nichtsdestoweniger ist es aber klar, daß wir nur bei Ausnützung der lebendigen Arbeitskraft aus diesem schwierigen Zustand werden herauskommen können.

In Verbindung damit steht die Frage der Durchführung der ausnahmslosen Mobilisierung zwecks Ausführung der einen oder der anderen öffentlichen Arbeiten. Zur Zeit der dringenden Arbeiten auf dem Gebiet der Befestigung werden die Arbeitskräfte der Massen, die sonst verlorengehen, ausgezeichnet ausgenützt. Diese

Sache muß man systematisch betreiben. Die allgemeine Arbeitspflicht ist zwar in der Verfassung der R.S.F.S.R. enthalten, nichtsdestoweniger ist sie von ihrer Verwirklichung sehr weit entfernt. Das ist die erste Aufgabe: die Verwendung der ganzen Summe von Arbeitskräften der Arbeiterrepublik.

Die zweite Aufgabe betrifft die Verteilung und die Neuaufteilung der Arbeitskräfte. Es ist vollkommen klar, daß die Produktivität der Arbeit davon abhängen wird, inwiefern die Verteilung dieser Kräfte zwischen den verschiedenen Rayonen und Arbeitszweigen zweckmäßig durchgeführt ist.

Diese Verteilung der Arbeitskräfte und ihre Hin- und Herbeförderung erfordert eine ungeheuer große Arbeit auf dem Gebiet der Evidenzhaltung der Arbeitskräfte, wenn man diese Arbeit tatsächlich richtig und planmäßig einrichten will. Ohne zu berechnen, über wieviel Produktionsmittel man verfügt, ist es unmöglich, diese Mittel richtig zu verteilen. Diese Aufgabe kann die Sowjetmacht nur unter Mitwirkung der Gewerkschaften und durch die Gewerkschaften lösen.

§ 100. Die kameradschaftliche Arbeitsdisziplin

Der Zustand der Produktivkräfte eines Landes wird nicht nur dadurch bestimmt, wieviel Maschinen, Produktionsmittel, Rohstoffe usw. dieses Land besitzt, sondern auch durch die Arbeitskräfte des Landes. Jetzt aber, wo die Produktionsmittel in sehr geringer Menge vorhanden sind, gewinnen der Zustand der Arbeitskraft und die lebendige Arbeit gerade die allergrößte Bedeutung.

Die kapitalistische Produktionsweise hielt die Arbeiterklasse im Zaume, indem sie diese für den Herrn zu arbeiten zwang und sie dazu mit Hilfe der Prügeldisziplin nötigte.

Die Revolution untergrub und zerstörte diese Disziplin der kapitalistischen Arbeit bis auf den Grund, geradeso wie sie in der Armee die imperialistische Disziplin vernichtet und den Gehorsam der Soldaten gegenüber den zaristischen Generälen beseitigt hat. Es ist aber klar, daß ohne eine neue Disziplin an den kommunistischen Aufbau auch nicht zu denken ist. Auch hier besteht eine völlige Ähnlichkeit mit der Armee. Die alte Armee haben wir zerstört. Eine Zeitlang herrschte «Anarchie», Unordnung, es war nichts da. Wir stellten eine neue Armee auf, auf neuen Grundlagen, mit neuen Zielen – eine Armee, die sich jetzt in den Händen des Proletariats befindet und gegen diejenigen Gutsbesitzer und Kapitalisten kämpft, die über die alte Armee geherrscht haben.

Dasselbe geschieht auch mit der «großen Arbeitsarmee», mit der Arbeiterklasse. Die Zeit der Zersetzung der alten Disziplin ist vorbei. Eine neue kameradschaftliche Arbeitsdisziplin ist im Entstehen begriffen, die nicht durch den Herrn, auch nicht mit Hilfe der kapitalistischen Peitsche, sondern durch die Arbeiterorganisationen selbst, durch die Fabrikkomitees und Gewerkschaften, durchgeführt und aufrechterhalten wird.

Bei der Organisation der Produktion dürfen wir auch die Organisation der Arbeit in der Fabrik nicht außer acht lassen. Die kameradschaftliche Arbeitsdisziplin stellt deshalb eines der wichtigsten Mittel dar, um die allgemeine Produktion zu organisieren und die Produktivkräfte zu heben.

Die kameradschaftliche Disziplin muß von der allergrößten Selbsttätigkeit der Arbeiterklasse begleitet werden. Das bedeutet nicht, daß die Arbeiter auf Befehle von oben zu warten haben und niemals eigene Initiative entfalten und auf eigenen Beschluß vorgehen dürfen; im Gegenteil, jede Verbesserung in der Produktion, jede Erfindung von neuen Methoden der Arbeitsorganisation usw. muß sich einen Weg bahnen. Rückständige Arbeiterschichten sehen oft nicht die Wege, auf denen diese Arbeit zu leiten wäre. Indessen sind solche Wege vorhanden. Die Arbeiter sind zu Verbänden vereinigt, und diese Verbände verwalten die Produktion, die Arbeiter sehen alltäglich sowohl die Fabrikkomitees als auch die Arbeiter- Fabrikverwaltungen vor sich. Alles, was beliebt, kann von unten bis oben durch die Arbeiterorganisationen durchgeführt werden, wenn man nur ein wenig eifriger ist und sich vor Augen hält, daß die Arbeiterklasse jetzt der Herr des Landes ist.

Die Arbeitsdisziplin muß sich auf das Gefühl und das Bewußtsein der Verantwortlichkeit eines jeden Werktätigen vor seiner Klasse stützen, auf das Bewußtsein dessen, daß Nachlässigkeit und mangelhafte Pflichterfüllung ein Verbrechen gegenüber der gemeinsamen Sache aller Arbeiter darstellen. Wir haben keine Kapita-

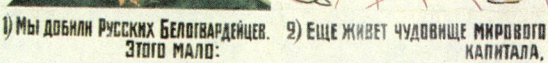

Rosta-Plakat Nr. 729 (Dezember 1920)

Erinnere Dich an den Tag der Roten Kaserne!
1. Wir haben die russischen Weißgardisten geschlagen.
   Aber das genügt nicht:
2. Noch lebt das Ungeheuer Weltkapital,
3. deshalb ist die Rote Armee noch notwendig
4. und ihr zu helfen, ist ein klarer Fall.

listen als herrschende Kaste mehr. Die Arbeiter arbeiten jetzt nicht für den Kapitalisten, nicht für den Wucherer, nicht für den Bankier, sondern für sich selbst. Sie arbeiten an ihrer eigenen Sache; sie richten ein Gebäude auf, das den Werktätigen gehört. Früher, unter der Herrschaft der Kapitalisten, war es nicht unsere Aufgabe, dafür zu sorgen, wie ihre Geldtasche am besten zu füllen wäre. Jetzt ist eine andere Zeit gekommen. Dieses Bewußtsein der Verantwortlichkeit vor der ganzen Arbeiterklasse muß auch in der Seele eines jeden Arbeiters leben.

Die Arbeitsdisziplin muß sich schließlich auf die strengste gegenseitige Kontrolle stützen. Da alle Genossen wissen, daß der Rückgang der Produktivität der Arbeit den Untergang der Arbeiterklasse bedeutet, daß wir ohne Bewegung nach vorwärts zugrunde gehen werden, so müssen sie mit Herrenaugen nach der gemeinsamen Sache, die lebenspendende Energie aus der Natur zu gewinnen, sehen. Denn Arbeit ist ebenfalls Kampf, Kampf mit der Natur. Wir müssen diese Natur besiegen, ihre Rohstoffe in Gewänder, Kleider, Brennstoffe, Brot umarbeiten. Und wie wir an der Front des Kampfes mit dem Klassenfeind – dem Kapitalisten, Gutsbesitzer, General – unsere Erfolge abschätzen, danach sehen, wer sich flüchtet, wer treulos wird, verrät, genauso müssen wir uns gegenseitig kontrollieren. Derjenige verrät die Arbeitersache, der jetzt nicht mithilft, unseren Arbeiterkarren aus dem Graben herauszuziehen, er ist ein Streikbrecher an der Arbeitersache.

Es ist begreiflich, daß die Schaffung der neuen Arbeitsdisziplin eine beharrliche Arbeit der Umwandlung in der Erziehung der Massen erfordert. Denn die Sklavenpsychologie, die Sklavengewohnheiten sind bei sehr vielen noch tief eingepflanzt. Wie in der Armee: trieb der Zar an, so ging man; soll man aber seine eigene Sache verteidigen, da kraulte man sich hinter den Ohren. Die Armee konnten wir jedoch schaffen, weil die fortgeschrittene Arbeiterschicht ausgezeichnet verstanden hat, worum es sich handelt, und sie erreichte das Ihrige. Jetzt müssen wir ebendasselbe in der Produktion erkämpfen. Die Umwandlung der Erziehung wird dadurch erleichtert, daß die Arbeitermassen selbst einsehen und sich durch die alltägliche Erfahrung überzeugen, daß ihr Schicksal in ihren eigenen Händen ruht. Besonders gut lernten sie dort, wo vorübergehend nach dem Sturz der Sowjetmacht die Herrschaft der Gegenrevolution auftauchte; so war es im Ural, in Sibirien usw.

Die fortgeschrittenen Arbeiterkommunisten gaben durch die Einführung der sogenannten Kommunistischen Samstage ein Beispiel der neuen, kameradschaftlichen Disziplin, als sie freiwillig und ohne Entgelt arbeiteten, wobei sie die Produktivität der Arbeit im Vergleiche mit der gewöhnlichen um das Mehrfache erhöhten.

Die kommunistischen Samstage wurden vom Genossen Lenin «die große Initiative» genannt. Als erste führten sie die Moskauer Eisenbahnerkommunisten ein, wobei ihre Arbeit gleich am Anfang eine überaus große Erhöhung der Produktivität aufwies. Auf der Alexanderbahn stellten 5 Dreher in 4 Stunden 80 kleine Walzen her (213% der gewöhnlichen Produktivität); 20 Hilfsarbeiter sammelten im Laufe desselben Zeitraumes 600 Pud alten Materials und 70 Wagenfedern ein, jede zu 3½ Pud schwer (300% der gewöhnlichen Produktivität). Damit begann es. Darauf griffen die Samstage auf Petrograd über, wo sie sofort in großzügiger Weise organisiert wurden. Hier die Zahlen:

	Die Arbeiterzahl	Der Geldwert der fünftägigen Arbeit beträgt:
1. Samstag (16. August)	5 175	
2. Samstag (23. August)	7 650	
3. Samstag (30. August)	7 900	1 167 188 Rubel
4. Samstag (6. September)	10 250	
5. Samstag (13. September)	10 500	

Dann griffen die Samstage auf die Provinz über und begannen auch die parteilose Masse zu erfassen. Der Beginn der Moskauer Eisenbahner erwies sich tatsächlich als groß, weil sie den richtigen Weg zur neuen Disziplin herausfanden.

Die Schaffung der neuen Arbeitsdisziplin ist selbstverständlich ohne die Mitwirkung der Gewerkschaften undenkbar. Noch mehr. Gerade die Gewerkschaften müssen auch diese Sache vorwärtstreiben, indem sie neue Formen versuchen und neue Wege auffinden; denn hier ist alles neu und ungewöhnlich, und mit dem Alten wird man dabei nicht weit kommen.

Von den Maßnahmen, die schon angewendet werden und, die auf jede Weise entwickelt und vervollkommnet werden müssen, verweist unsere Partei auf die folgenden:

1. Einführung der Rechnungslegung; um diese Sache ist es bei uns noch sehr schlecht bestellt; ohne diese Rechnungslegung ist es aber unmöglich, sowohl irgend etwas zu organisieren als auch eine Untersuchung durchzuführen, ist es unmöglich, etwas zu kontrollieren und dem Übel auf den Grund zu kommen.

2. Festsetzung der Arbeitsnorm; das ist vorläufig ebenfalls im Anfang der Entwicklung. Die Kapitalisten setzten in ihren Untersuchungen die Arbeitsnorm fest, um aus den Arbeitern den Mehrwert herauszupressen; diese Normen wurden von den Unternehmerorganisationen aufgestellt; bei uns wird die Arbeitsnorm von den Gewerkschaften, d. h. von Arbeiterorganisationen bestimmt und muß von ihnen weiter entwickelt werden. Die Arbeiterorganisationen berechnen selbst die Arbeitsmöglichkeiten, wobei sie Kälte und Hunger, den Mangel an Materialien und den schlechten Zustand der Maschinen in Betracht ziehen. Sind aber einmal die Normen festgesetzt, so ist es um denjenigen schlecht bestellt, der ihnen nicht nachkommt. Wir müssen eine Arbeitsehre schaffen, daß jeder Arbeiter denjenigen, der ohne einen ernsten Grund sein Scherflein zur allgemeinen Sache nicht beiträgt, als einen ehrlosen Taugenichts betrachtet.

3. Festsetzung der Verantwortlichkeit vor kameradschaftlichen Arbeitsgerichten. Das bedeutet, daß jeder

nicht nur unter der kameradschaftlichen Kontrolle stehen wird, sondern daß man jeden für schlechte Arbeit zur Verantwortung wird ziehen können. Auch hier zieht wiederum nicht der Herr seinen Lohnsklaven zur Verantwortung, sondern die Arbeiterklasse und ihre Organisationen ihre einzelnen Mitglieder.

Man kann noch eine ganze Reihe von Maßnahmen ausfindig machen. Aber sie alle haben einen und denselben Zweck: die Kampfesreihen der Arbeitsarmee aufzurichten, die der neuen Gesellschaft den Weg bahnt.

§ 101. Die Ausnützung der bürgerlichen Fachleute

Die gegenwärtige Großproduktion ist undenkbar ohne Ingenieure, Mechaniker, gelehrte Spezialisten, Forscher und Praktiker. Aus den Arbeiterkreisen besitzen wir fast keine: weder die Zarenregierung der Gutsbesitzer noch die der Bourgeoisie gaben den Arbeitern die Möglichkeit zu lernen. Die Sache wartet aber deshalb nicht, und uns bleibt nur ein einziger Ausweg: jene Kräfte auszunützen, die schon der Bourgeoisie gedient haben. Die Partei weiß sehr gut, daß diese Schicht der technischen Intellektuellen und der gewesenen Direktoren durch und durch vom bürgerlichen Geiste durchdrungen ist. Noch mehr. Ein ziemlich großer Teil dieser Schicht ist uns direkt feindlich gesinnt und ist imstande, uns unseren Klassengegnern zu verraten. Und trotzdem müssen wir sie in unseren Dienst nehmen. Denn andere stehen uns nicht zur Verfügung, eine andere Auswahl besitzen wir nicht.

Diese Schicht hat einen wütenden Kampf gegen das Proletariat, vor allem durch die Sabotage geführt. Diese Sabotage wurde von der Sowjetmacht gebrochen. Nach und nach gingen manche Gruppen auf unsere Seite über, als sie sahen, daß die Arbeiterklasse nicht nur zerstört, sondern auch aufbaut, daß unsere Partei keineswegs beabsichtigt, Rußland dem deutschen Imperialismus zu verraten; manche beginnen zu begreifen, daß dem Kapitalismus tatsächlich das letzte Stündlein in dieser Welt geschlagen hat. Es begann eine Spaltung in diesen Schichten. Die Aufgabe des Proletariats ist, diese Spaltung immer mehr und mehr zu verstärken.

Natürlich ist von keinem «Fachmann» Treue oder Ergebenheit gegenüber dem Kommunismus zu erwarten. Es wäre töricht zu hoffen, diese Menschen, die durch tausend Fäden mit der Bourgeoisie verbunden sind, in kurzer Zeit umerziehen zu können. Doch hier muß die Arbeiterklasse wie ein umsichtiger Chef handeln; sie braucht sie, und sie muß sie zwingen, für sie zu arbeiten.

Hier muß man folgendermaßen vorgehen: auf jede Weise jene aneifern, die ehrlich arbeiten, mit ihrer Entlohnung nicht geizen – das diktiert der ökonomische Vorteil. Für die Gegenrevolution aber, für den Kampf gegen das Proletariat, für die verräterische Politik, für die Sabotage – eine schonungslose Abrechnung. Das Proletariat muß die wirklich ehrlichen Arbeiter schätzen und versteht sie auch zu schätzen. Es kann aber nicht zulassen, daß man ihm schadet, und besonders jetzt, wo sowohl die Leiden des Hungers als auch tausend anderer Entbehrungen zu erdulden sind.

Es ist klar, daß eine strenge Kontrolle notwendig ist, besonders der «Spezialisten» aus den Reihen gewesener Direktoren und großer kapitalistischer Herren. Sie machten schon öfter den Versuch, heimlich nach ihrer Seite zu ziehen. Hier sind aber dieselben Maßnahmen erforderlich wie im Kampfe gegen die Verrätereien der gewesenen Offiziere und Generäle an der Front.

Andererseits wird die Partei auch gegen jene unrichtigen, allzu naiven Anschauungen ankämpfen, daß wir überhaupt ohne jeden Spezialisten auskommen können. Das ist Unsinn. So sprechen sehr selbstbewußte, aber unwissende Menschen, die niemals über jene Aufgaben ernst nachgedacht haben, die jetzt auf den Schultern des Proletariats ruhen.

Das Proletariat muß die derzeitige Produktion nach den letzten Errungenschaften der Wissenschaft einrichten. Danach muß es streben. Es wird natürlich seine eigenen, roten Ingenieure und Mechaniker ebenso schaffen und vorbereiten (und bereitet sie schon vor), wie es rote Kommandanten heranbildet. Die Zeit wartet aber nicht, und wir müssen hier das gebrauchen, was vorhanden ist, wobei wir unsere Maßnahmen gegen einen eventuellen Schaden ergreifen, diesem Schaden vorbeugen, die Kontrolle über diejenigen organisieren, die uns fremd sind.

Hier taucht noch eine Frage auf, und zwar die Frage nach der Entlohnung. Der Kommunismus strebt nach

Gleichheit der Entlohnung. Wir können aber leider nicht mit einem Sprung zum Kommunismus kommen. Wir machen erst die ersten Schritte ihm entgegen. Auch hier müssen wir uns wiederum einzig und allein von dem Bestreben, das zu erlangen, was uns vorteilhaft ist, leiten lassen.

Wenn wir die «Spezialisten» in die Einkommensstufe der Hilfsarbeiter versetzen würden, dann wäre es ihnen gleichgültig, ob sie Hilfsarbeiter oder Ingenieure sind. Es wäre unvernünftig, diese Menschen, die an ein anderes Leben gewöhnt sind, zu zwingen, unter diesen Verhältnissen gut zu arbeiten. Es ist besser, ihnen mehr zu geben, um nur einen Erfolg zu erzielen. Hier muß das Proletariat so vorgehen wie ein verständiger Chef: besser zu bezahlen, um eine gute Arbeit von diesen Leuten zu bekommen, ohne die gegenwärtig, jetzt, in diesem Augenblick nicht auszukommen ist.

Es ist jedoch klar, daß die Grundlage unserer Politik darin besteht, nach gleicher Entlohnung zu streben. Und in diesem Sinne hat die Sowjetmacht schon viel getan. Früher übertraf das Einkommen der höheren Angestellten (der Direktoren, der Hauptbuchhalter, großer Ingenieure, Organisatoren, wissenschaftlicher Konsultanten-Ratgeber usw.) mit den verschiedenen Gratifikationen den Lohn der Hilfsarbeiter um einige Dutzendmale; jetzt übersteigt deren Entlohnung die der Hilfsarbeiter ungefähr um das Vierfache. Also trotz alledem, was oben gesagt worden ist, haben wir den Unterschied in den Verhältnissen dieser Schichten um ein sehr bedeutendes Maß verringert.

Die Gleichstellung vollzieht sich auch zwischen den verschiedenen Arbeiterkategorien. Nach den Angaben des Genossen Schmidt bezogen im Jahre 1914 4,43 Prozent der Arbeiter einen täglichen Lohn in der Höhe von 50 Kopeken; es gab aber auch Arbeiter, die zu derselben Zeit mehr als 10 Rubel verdienten (0,04 Prozent). Folglich war hier der Unterschied in dem Einkommen ein derartiger, daß die höheren Kategorien zwanzigmal mehr als die niederen bezogen. Von den Glückskindern, die im Jahre 1914 10 Rubel bekamen, gab es natürlich sehr wenige, aber sie waren trotzdem vorhanden. Im Jahre 1916 betrug die Zahl der männlichen Arbeiter, die bis zu 50 Kopeken verdienten, ½ Prozent und derjenigen, die mehr als 10 Rubel bezogen, 1,15 Prozent.

Jetzt machte das Einkommen-Minimum nach dem Herbstdekret des Jahres 1919 1 200 Rubel aus, das Maximum 4 800 Rubel, wobei sich das letztere auch auf die «Spezialisten» bezieht.

Die Loslösung mancher Gruppen der technischen Intellektuellen von der Bourgeoisie und ihr Übertritt auf die Seite des Proletariats wird sich desto schneller vollziehen, je festeren Fuß die Sowjetmacht gefaßt haben wird. Da aber die Befestigung der Sowjetmacht unabwendbar vor sich gehen wird, so wird auch der Zustrom der Intellektuellen ebenfalls unvermeidlich sein. Selbstverständlich wäre es unsinnig, sie zurückzustoßen. Im Gegenteil. Wir müssen sie in unseren Dienst zur kameradschaftlichen Mitarbeit aufnehmen, damit sie durch den Verkehr in unserer Mitte etwas von ihrem Wesen verlieren, damit sie durch die gemeinsame Arbeit zu den Unserigen werden. Sie besitzen eine Menge Vorurteile, Voreingenommenheiten, Ungereimtheiten. Sie können aber und werden unter gewissen Bedingungen mit uns zusammenarbeiten. Auch jetzt werden sie schon allmählich durch die Industrieverbände in unsere Arbeit hineingezogen, sie beginnen sich an den neuen Zustand zu gewöhnen und sich mit ihm vertraut zu machen; auch hier ist unsere Aufgabe, ihnen zu helfen und jenen Elementen entgegenzukommen, die sich uns selbst allmählich nähern. In den Industrieverbänden, durch die Industrieverbände, durch die gemeinsame Organisationsarbeit können sich die durch den Kapitalismus gespaltenen geistigen und manuellen Arbeiter wiederum einigen.

§ 102. Die Verschmelzung der Produktion
mit der Wissenschaft

Die Entwicklung der Produktivkräfte erfordert die Verschmelzung der Produktion mit der Wissenschaft. Selbst die großkapitalistische Produktion wendete in sehr großem Umfang die Wissenschaft in der Produktion an. Die amerikanischen und deutschen Werke verfügten über spezielle Laboratorien: dort saß man ganze Tage, erfand neue Methoden, neue Apparate usw. Das wurde alles im Interesse des Profites der privaten Kapitalisten getan. Auch wir müssen diese Sache jetzt organisieren, aber sie in den Dienst der ganzen werktätigen Gesellschaft stellen. Die früheren Erfinder stellten Geheimnisse her; diese gingen in die Tasche des Unternehmers und füllten seinen Geldsäckel; jetzt hält bei uns kein Unternehmen die Erfindungen vor dem anderen geheim.

Die Sowjetmacht hat in dieser Beziehung eine ganze Reihe von Maßnahmen getroffen; es wurde eine Anzahl wissenschaftlicher Institutionen technischer und wirtschaftlicher Natur gegründet; es wurden verschiedene Laboratorien, Versuchsstationen organisiert; es wurden wissenschaftliche Expeditionen und Erforschungen unternommen (unter anderem wurden Schiefer- und Naphthalager entdeckt); es wurden die in der Republik vorhandenen wissenschaftlichen Kräfte festgestellt und ihnen Arbeit zugewiesen.

Uns fehlt es an vielem, an dem Notwendigsten für diese Sache, von Brennstoffen angefangen bis zu den feinen wissenschaftlichen Instrumenten. Wir müssen uns aber der ganzen Notwendigkeit dieser Arbeit klar bewußt werden und nach Kräften die weitere Verschmelzung der Wissenschaft mit der Technik und mit der Organisation der Produktion fördern. Kommunismus bedeutet richtig, vernünftig, folglich wissenschaftlich aufgebaute Produktion. Wir werden deshalb mit allen Mitteln trachten, diese Aufgabe der wissenschaftlich eingerichteten Produktion zu lösen.

XIII. KAPITEL

Organisation der Landwirtschaft

§ 103. Die Agrarverhältnisse in Rußland
vor der Revolution
§ 104. Die Agrarverhältnisse nach der Revolution
§ 105. Warum gehört die Zukunft
der sozialistischen Großwirtschaft?
§ 106. Die Sowjetwirtschaft
§ 107. Die städtische Agrarwirtschaft
§ 108. Die Kommune
und die Arbeitsgenossenschaften (Artjels)
§ 109. Gemeinschaftliche Bodenbearbeitung
§ 110. Die landwirtschaftlichen Genossenschaften
§ 111. Der staatliche Anbau des Brachlandes,
Mobilisierung der agronomischen Kräfte,
Verleihstellen, Melioration, Binnenwanderung
§ 112. Hilfe für die Bauernwirtschaft
§ 113. Die Vereinigung der Industrie
mit der Landwirtschaft
§ 114. Die Taktik der Kommunistischen Partei
der Bauernschaft gegenüber

§ 103. Die Agrarverhältnisse in Rußland vor der Revolution

Schon vor der Revolution war unsere Landwirtschaft eine Bauernwirtschaft. Nach der Oktober-Umwälzung, nach der Liquidierung des Großgrundbesitzes wurde unsere Landwirtschaft fast ausschließlich eine Bauern- und Kleinwirtschaft. Unter diesen Bedingungen hatte die Kommunistische Partei im Kampf für die kollektive Großwirtschaft ungeheure Schwierigkeiten zu überwinden. Doch der Kampf ist im Gang und zeitigt sogar schon in der schwersten Periode, in seinem Beginn, einige Resultate.

Damit diese Verhältnisse und jene Bedingungen, unter denen die Kommunisten ihr Programm im Dorf verwirklichen müssen, klarwerden, ist es notwendig, einige Daten über unsere Landwirtschaft vor der Revolution und die Veränderung, die die Revolution mit sich brachte, anzuführen.

Vor der Revolution verteilte sich der Landbesitz im europäischen Rußland auf folgende Weise:

    Staatsländereien . . . . 138 086 168 Deßjatinen
    Bauernanteile . . . . 138 767 587 Deßjatinen
    Privatpersonen und Institutionen . . . . . 118 338 688 Deßjatinen

Fast alle Staatsländereien bestanden entweder aus Waldungen, oder sie sind sonst in ihrem gegenwärtigen Zustand für die Landwirtschaft ungeeignet. Was aber die Ländereien der Privatpersonen und Institutionen anbelangt, so zerfielen sie auf folgende Art:

Privatbesitz, hauptsächlich

Großgrundbesitz	101 735 343 Deßjatinen
Apanagen	7 843 115 Deßjatinen
Kirchengüter	1 871 858 Deßjatinen
Klöster	733 777 Deßjatinen
Städtischer Besitz	2 042 570 Deßjatinen
Kosaken-Ländereien	3 459 240 Deßjatinen
Sonstiges	646 885 Deßjatinen

Was das Bauernland anbelangt, so verteilte es sich laut der Statistik aus dem Jahre 1905 auf 12 277 355 Hofwirtschaften, d. h. je 11,37 Deßjatinen für jede Hofwirtschaft. Allerdings bleibt hinter dieser Zahl die Landarmut der Bauernmehrheit der Zentralgouvernements versteckt auf Kosten der großen (anbauunfähigen) Landanteile der Randgebiete. In der Wirklichkeit betrug der mittlere Hofanteil der ehemaligen Leibeigenen, die die Mehrheit unserer Bauernschaft bilden, 6,7 Deßjatinen. In einigen Gouvernements und Kreisen sank die Ziffer sogar auf die Hälfte. Gegen das Jahr 1916 überstieg die Zahl der Bauernhöfe 15 Millionen (15 492 202), die Bauernanteile erhöhten sich aber sehr wenig. Die Landarmut vergrößerte sich noch mehr.

Da aber die Staatsländereien bloß zu geringem Teil für die Bearbeitung geeignet sind, so konnte das Bauerntum seinen Besitz nur auf Kosten der obengenannten Gruppe der «Privatpersonen und Institutionen» vergrößern.

Von den Privatpersonen mußten in erster Linie die Gutsbesitzer, die 53 169 008 Deßjatinen besaßen, Kaufleute, reiche Bauern, Gesellschaften und Genossenschaften bürgerlich-wucherischen Typus' ihr Land einbüßen.

Der Privatbesitz über 20 Deßjatinen zählte 82 841 413 Deßjatinen. Die Genossenschaften besaßen 15 778 677 Deßjatinen. Nach dieser Richtung mußte eben der Angriff der Bauernrevolution gemacht werden. Was aber die Institutionen anbelangt, so mußten hier die Bauern vor allem auf die Kirchen-, Klöster- und zum Teil Apanagegüter Anspruch erheben.

§ 104. Die Agrarverhältnisse nach der Revolution

Der private Landbesitz, vor allem der Großgrundbesitz, war vor der Revolution in ungeheurem Maße verschuldet. Es waren über 60 Millionen Deßjatinen um den Betrag von 3 497 894 600 Rubel verpfändet. Mit anderen Worten, die wirklichen Eigentümer der Güter waren russische und ausländische Banken. Daraus erklärt sich, warum die verschiedenen Verständigungsparteien mit den Sozialrevolutionären an der Spitze so laut nach der unentgeltlichen Übergabe aller Ländereien an die Bauern riefen, alle zogen sich aber feig zurück oder schoben die Konfiskation auf, sobald es galt, sie in die Tat umzusetzen. Einzig und allein die Partei der Kommunisten-Bolschewiki, die keine anderen Berührungspunkte mit dem Kapital kannte als den Todeskampf, unterstützte im Gegensatz zu den Versöhnungssozialisten die gegen die Gutsbesitzer gerichtete Bauernrevolution bis zu ihrem Abschluß. Diese Revolution bekam ihren gesetzgeberischen Ausdruck im Agrardekret, das am

Zweiten Sowjetkongreß von der Kommunistischen Partei beantragt und daraufhin angenommen wurde.

Nach diesem Dekret und dem Grundgesetz über den Landbesitz, das vom Dritten Kongreß angenommen wurde, wird das Privateigentum an Boden für aufgehoben erklärt; der ganze Boden der Republik steht allen zur Verfügung, die ihn durch eigene Arbeit bestellen wollen (die Landnutzung wird weder durch die Nationalität, noch durch die Staatsbürgerschaft beschränkt). Der Boden wird gleichmäßig nach der Kopfzahl verteilt in einem Ausmaß, das die Arbeitsnorm nicht übersteigt. Ferner wurden nach den Bestimmungen über die sozialistische Bodenverteilung alle Ländereien der Republik zum Eigentum des gesamten Arbeiter- und Bauernstaates erklärt, dem das oberste Verfügungsrecht über den Boden obliegt.

Im Resultate der Agrarrevolution, die durch die Gesetzgebung fixiert wurde, erlebten die Agrarverhältnisse Rußlands eine vollständige Umwälzung und erleiden noch jetzt eine Reihe von Veränderungen.

Vor allem wurde auf dem ganzen Gebiet Großrußlands jeder große und kleine Landbesitz aufgehoben. Der Landbesitz der reichsten Bauern wurde demjenigen der mittleren gleichgestellt.

Die Landnutzung der Armut und der landarmen Bauernschaft, die dazu noch das Vieh und das Inventar von den Großbauern und von den Plünderungen der Güter bekamen, erhöhte sich bis zur mittleren Norm des Kopfanteils.

Was den Ausgleich der Kopfanteile nach den Gemeinden, Kreisen und Gouvernements betrifft, so ist derselbe noch nicht abgeschlossen und kann noch lange nicht zu Ende geführt werden.

Gegenwärtig ist es nicht möglich, ein abschließendes Resultat der Revolution in den Agrarverhältnissen festzustellen, aber im großen und ganzen steht die Sache so: Fast der gesamte Ackerboden des großen und kleinen privaten Landbesitzes ging in die Nutzung der Bauernschaft über. Es gelang der Sowjetmacht, in ihrer Hand bloß gegen 2 Millionen Deßjatinen Land für die Sowjetwirtschaft zu behalten. Die Bauern erhielten ebenfalls einen Teil der städtischen Ländereien. Auch alle Kirchen-, Kloster- und zum Teil die Staatsländereien gingen in den Besitz der Bauern über. Insgesamt bekam die Bauernschaft 40 Millionen Deßjatinen allein des privaten Landbesitzes.

Außer den Sowjetgütern und den Ländereien der Zukkerfabriken verblieben der Sowjetmacht fast sämtliche ehemaligen Staatsländereien zur Verfügung und die nationalisierten Waldungen der privaten Grundbesitzer.

Auf diese Weise ist die russische Kommunistische Partei gezwungen, unter den ungünstigsten Verhältnissen für den Sozialismus in der Landwirtschaft zu kämpfen. Der überwiegende Teil der Bodenfläche, die sich tatsächlich im Besitz des Staates befindet, ist für die Bearbeitung ungeeignet. Der größte Teil des für die Bearbeitung günstigen Bodens befindet sich aber in der Gewalt der selbständigen, kleinen Bauernwirtschaften.

Wie ungünstig aber die Bedingungen für die Sozialisierung der Landwirtschaft in Rußland auch sein

Rosta-Plakat Nr. 661 (Dezember 1920)

Es lebe der VIII. Sowjetkongreß!

1. Der Ruin streckt die Hand nach der Gurgel des Arbeiters aus.
2. Der Ruin verschluckt Fabriken.
3. Niemand hilft der Arbeiterrepublik.
4. Sie kann sich nur selbst helfen.

mögen, welchen hartnäckigen Widerstand die kleinbürgerliche Wirtschaft auch leisten mag, gehört doch die Zukunft im Bauernrußland einzig und allein der sozialistischen Großwirtschaft.

§ 105. Warum gehört die Zukunft der sozialistischen Großwirtschaft?

Die kapitalistische Großwirtschaft besiegte die kleine Handwerker- und Bauernwirtschaft, wobei dies allerdings in der Industrie rascher und merklicher vor sich ging als in der Landwirtschaft. Die kommunistische Wirtschaft ist lohnender, produktiver als die kapitalistische, um so viel eher lohnender als die kleine Bauernwirtschaft. Wenn ein Pfund schwerer ist als ein Solotnik und ein Pud schwerer als ein Pfund, um so mehr ist ein Pud schwerer als ein Solotnik.*

Es ist jetzt nötig, das alles auf die anschaulichste Art zu beweisen.

Vor allem muß unter der sozialistischen Landwirtschaft der ganze Boden der Republik so eingeteilt werden, daß in jedem Rayon, Kreis, auf dem Landstreifen usw. je nach der Qualität und den Eigenschaften des Bodens, die Getreidearten, Gemüse, Futtermittel und Industriepflanzen (Hanf, Flachs, Rüben, Sonnenblumen usw.) gepflanzt werden, deren Anbau dank den Boden-

---

* 1 Pud = 40 Pfund; 1 Pfund = 96 Solotnik. [Der Übersetzer.]

verhältnissen am vorteilhaftesten ist. Das muß die Ackerbauwissenschaft feststellen.

Mit der Durchführung eines allgemeinen wissenschaftlichen Planes in der Parzellierung der gesamten Bodenfläche wird der Bodenertrag selbst dann steigen, wenn es in allen anderen Dingen beim alten bliebe.

Erst bei der Mittel- und Großwirtschaft (bei der Großwirtschaft leichter als bei der Mittelwirtschaft) kann das Mehrfeldersystem eingeführt werden. Bei der Fruchtwechselwirtschaft ergibt sich eine große Ersparnis an Anbaufläche. Indessen liegt bei unserem Bauern mit seiner Dreifelderwirtschaft fast ein Drittel seines Bodens jährlich brach.

Die Führung einer regelrechten Fruchtwechselwirtschaft mit Mehrfelderanbau ist dem Bauern fast unmöglich, wenn er Einzelhofwirtschaft betreibt (zu wenig Land), und um so weniger dann, wenn der Gemeindeboden in Striche eingeteilt ist.

In der Großwirtschaft geht der Boden weder an den Ecken, noch an den Rainen verloren. Hingegen gehen unseren Bauern Hunderttausende von Deßjatinen allein für Raine verloren. Nach meiner Berechnung büßt unser Bauer durch die Raine 60 bis 80 Millionen Pud Getreide ein.

Die Hauptquelle, die die Fruchtbarkeit des Bodens erhält, ist die Düngung. Die Großwirtschaft ist in der Lage, mehr Hornvieh zu halten (da sie auch mit einer geringeren Pferdezahl auskommen kann), folglich kann sie auch viel mehr Stalldünger haben. Für die Großwirtschaft ist es vorteilhafter, Kunstdünger zu verschaffen oder selbständig einige Arten desselben zu erzeugen, was für die Kleinwirtschaft unmöglich ist.

Am schwierigsten ist ein rechtzeitiges, tiefes und billiges, d. h. viel weniger Arbeit erforderndes Pflügen. Hier ist der kleine Bauer gegenüber der großen sozialistischen (und sogar gegenüber der großkapitalistischen) Wirtschaft ein wahrer Zwerg. Das billigste, rascheste und tiefste Pflügen ergibt sich bei der Arbeit mit einem Traktor. Auf schmalen Bauernstrichen kann man mit dem Traktor nicht arbeiten. Aber auch mit einem einzelnen Traktor ist es weniger vorteilhaft zu arbeiten als mit Traktorgruppen aus 8–10 Traktoren auf einmal.

So steht es auch mit anderen großen, also auch arbeitssparenden Maschinen. Die Dampfdresch- und Mähmaschinen sind nur in der Großwirtschaft verwendbar.

Endlich ist eine vollständige Ausnützung der Arbeitsgeräte ebenfalls erst in der Großwirtschaft möglich. So werden voll ausgenützt:

ein Pferdepflug	bei 27 Deßjatinen Acker
Reihensä-, Mäh- und Dreschmaschinen	bei 63 Deßjatinen Acker
Dampfdrehmaschinen	bei 225 Deßjatinen Acker
Dampfpflug	bei 900 Deßjatinen Acker

Die Verwendung des Dampfpfluges und des Traktors allein erhöht ja schon die Ergiebigkeit des Bodens bei sonst gleichen Bedingungen um ein Drittel.

Wenn eine Wirtschaft gezwungen ist, mit Pferdekraft auszukommen, so hat die Großwirtschaft auch hier ihre Vorteile, weil in derselben jedes Pferd eine größere Anzahl der Deßjatinen bedient. Es ist berechnet worden, daß die Großwirtschaft 2 bis 3mal weniger Pferde zur Bearbeitung einer und derselben Fläche erfordert.

Die Elektrizität ist nur in der Großwirtschaft anwendbar. Ferner genügt statt 100 schlechten Ställen ein großer Stall, statt 100 armseligen Küchen eine große usw.

Eine vorteilhafte Stallviehzucht ist nur in der Großwirtschaft möglich.

Die größten Ersparnisse werden aber bei der Arbeitskraft erzielt, d. h. die Möglichkeit, die Arbeitszeit des Landmannes um das Doppelte oder Dreifache zu verkürzen, ohne die Ergiebigkeit des Bodens zu verringern, sondern im Gegenteil, sie um das Drei- bis Vierfache zu erhöhen. Hier ein Beispiel:

Nach der letzten Zählung des Jahres 1916 gab es in Rußland 71430000 Deßjatinen anbaufähigen Bodens. Wenn wir annehmen, daß diese Fläche einmal jährlich angebaut wird (in der Tat ist dies nicht der Fall, wie jedem Landwirt bekannt ist), so muß das Bauerntum zum Pflügen dieser Fläche seine ganze Arbeitskraft auf die Beine bringen, d. h. bis zu 20 Millionen Menschen und das gesamte Arbeitsvieh. Um diesen Boden aber mit Traktoren zu bearbeiten (ein Traktor pflügt am Tag 8–10 Deßjatinen, bei ununterbrochener Arbeit noch viel mehr), genügt eine Million Arbeitskräfte. Ein zwanzigfaches Ersparnis.*

---

* Es muß allerdings, außer der die Traktoren bedienenden Arbeiter, die in den Traktorfabriken für die Erzeugung derselben und für Naphtha verbrauchte Arbeitskraft usw. in Betracht gezogen wer-

Wenn man statt 100 Mahlzeiten in jeder einzelnen Küche ein einziges Mittagsmahl in der Dorfgemeinschaftsküche bereiten wird, so werden 90 Köchinnen von 100 überflüssig erscheinen und können bei viel nützlicheren Arbeiten verwendet werden und den anderen ihre Arbeit erleichtern.

Die Aufgabe der Kommunistischen Partei ist daher, mit allen Mitteln für eine vollkommenere, d. h. für die kommunistische Landwirtschaft zu kämpfen, die befähigt ist, die Landbevölkerung von einer barbarischen Kraftverschwendung in den Zwergwirtschaften, von dem barbarischen Raubbau am Boden, von der barbarisch-asiatischen Viehzucht und von der barbarischen Hausküche zu befreien.

Mit welchen Mitteln will denn die Kommunistische Partei an die Erreichung ihres hohen Zieles schreiten? Es gibt mehrere Wege. Wir beginnen mit den allerschnellsten.

§ 106. Die Sowjetwirtschaft

Zur Zeit der Besitzergreifung von den Gutsbesitzerländereien im Jahre 1917 wurden viele Güter mit hoher Kultur ausgeplündert, in denen eine Musterwirtschaft geführt wurde, wo ein rassiges Vieh und komplizierte landwirtschaftliche Maschinen vorhanden waren. Ein

---

den und all das auf die Deßjatine verteilt werden. Dann werden die Vorteile der Traktorarbeit kleiner erscheinen, aber immer noch sehr groß.

Teil der Güter aber, deren Schutz rechtzeitig die Sowjets übernommen haben, wurde gerettet. Diese Güter, die von den Sowjets übernommen wurden, bekamen die Bezeichnung Sowjetwirtschaften. Außerdem wurden in die Sowjetwirtschaften sämtliche Güter übernommen, die nicht restlos unter den Bauern verteilt werden konnten, da diese bereits Anteile besaßen.

Die Sowjetwirtschaften sind die einzig möglichen Stätten, wo die große sozialistische Musterwirtschaft mit allen ihren Vorteilen geschaffen werden kann. Nur durch die Sowjetwirtschaften können wir in der Wirklichkeit den Bauern alle Vorteile der großen kollektiven Landwirtschaft vor Augen führen.

In den Sowjetwirtschaften können wir eine richtige Wechselwirtschaft einführen und in der Praxis alle Nachteile des Dreifeldersystems beweisen.

In den Sowjetwirtschaften können wir alle landwirtschaftlichen Maschinen, bis auf die kompliziertesten, in Bewegung setzen.

Die Sowjetwirtschaften sind die einzigen Güter, wo das Rassenvieh vor Vernichtung bewahrt wird und sich vermehrt. Nur durch Paarung mit dem Rassenvieh der Sowjetwirtschaften kann das Bauernvieh regeneriert werden. In den Sowjetwirtschaften ist es am leichtesten, Musterfelder anzulegen und die Samen durch ihre Sortierung zu verbessern. Schon jetzt scheiden die Sortiermaschinen die besten Samen aus dem Getreide der Sowjetwirtschaften aus, sie sortieren aber auch das Getreide für die Nachbarbauern.

Von den Sowjetwirtschaften werden landwirtschaftliche Schulen organisiert, Vorträge über Agronomie abgehalten, landwirtschaftliche Ausstellungen in Aussicht genommen usw.

An den Sowjetwirtschaften werden Werkstätten für die Gerätereparatur errichtet, zuerst für die eigene Wirtschaft, dann zur Bedienung der umgebenden Dörfer.

Die Aufgabe der Kommunistischen Partei ist, wo es nur möglich ist, die Zahl der Sowjetwirtschaften und ihre Bodenfläche zu vergrößern (möglichst ohne die Interessen der Bauernwirtschaft zu verletzen); allmählich in denselben das beste Zuchtvieh der Republik zusammenzunehmen; die vollkommenste technische Verarbeitung der Landwirtschaftsprodukte vorzunehmen; den Bürokratismus und eine Wirtschaftsführung zu beseitigen, die Sowjetwirtschaften in eine Art Klöster umgewandelt wissen will, die sich bloß mit der Selbstversorgung der eigenen Angestellten und Arbeiter beschäftigen, ohne dem Sowjetstaat etwas zu geben; eine qualifizierte Arbeiterschaft auszusuchen, die nicht nur befähigt ist, eine Arbeitskontrolle zu schaffen, sondern auch allmählich zur Verwaltung der Güter durch die Arbeiter überzugehen, das Interesse der benachbarten Bauernschaft für die Sowjetwirtschaften zu erwecken, sie zur Erörterung der Wirtschaftspläne der Sowjetwirtschaften heranzuziehen und sie dazu zu bringen, die Sowjetwirtschaften als die Sache der gesamten werktätigen Bevölkerung zu betrachten. Die Zahl der Sowjetwirtschaften betrug gegen Herbst 1919 3 536, mit bearbeitungsfähigem Boden (ohne Wald) von 2 170 000 Deßjatinen.

§ 107. Die städtische Agrarwirtschaft

Bei der furchtbarsten Ernährungskrise, die eine natürliche Folge des Krieges und der Revolution ist, spielt für die Rettung des städtischen Proletariats vor dem Aussterben eine richtig geführte Agrarwirtschaft der Städte eine große Rolle. Diese Wirtschaft beginnt sich Geltung zu verschaffen und ihr gehört eine große Zukunft. Die nächste Aufgabe der munizipalen Landwirtschaft ist die Sicherung einer genügenden Bodenfläche für jede Stadt zur richtigen, großzügigen Bewirtschaftung. Vor der Revolution gehörten unseren Städten über 2 Millionen Deßjatinen Land. Der größte Teil dieser Bodenfläche, die von Bauten, Weiden, Parks, Gemüsegärten in Anspruch genommen war, befindet sich noch jetzt im Besitz der Städte. Ein Teil des Ackerbodens ging an die Bauern über und ist für die Stadt jetzt verloren. Es ist notwendig, diese Flächen den Städten zurückzugeben, noch mehr, es müssen alle Ländereien noch rings um die Städte expropriiert werden, insofern es für eine richtige und ausgedehnte Wirtschaft notwendig sein wird.

In einigen Städten nahmen schon im Jahre 1919 die Agrarabteilungen der Sowjets die Gemüsegärten in ihre Hand und gewannen eine Gemüsemenge, die für die Jahresverpflegung der gesamten städtischen Arbeiterbevölkerung nötig ist. Auf diesem Wege muß fortgeschritten werden. Es ist nötig, daß jede Stadt so viel Bodenfläche für Gemüsegärten zur Verfügung hat, als für die

Gemüseversorgung der gesamten Stadtbevölkerung erforderlich ist. Es ist wichtig, daß jede Stadt eine Molkerei besitzt, die wenigstens für alle Kranken und Kinder Milch sichert und auch über eine genügende Fläche zum Anbau von Futtergräsern verfügt. Bei einer gut geleiteten städtischen Agrarwirtschaft kann die Arbeiterschaft nicht nur mit Kartoffeln und Kohl, sondern auch mit Graupen (Heiden, Hirse) versorgt werden. Es können auf eigene Rechnung alle städtischen Pferde erhalten werden, was für die leichte Durchführung der Nationalisierung des Fuhrwerksgewerbes von Vorteil ist.

Außerhalb der Hauptstädte kann dieses Programm (insofern es sich nicht die utopische Aufgabe stellt, die gesamte Stadtbevölkerung mit Getreide zu versorgen) praktisch für alle Städte der Republik, wie die Erfahrung bereits lehrt, im Laufe des nächsten Jahres durchgeführt werden.

Aber die städtischen Sowjetwirtschaften haben eine Bedeutung noch von zwei weiteren Gesichtspunkten aus. Erstens für die vollkommenere Ausnützung der kolossalen Düngermenge, die von der Stadt in Form von Kehricht, Abfällen und Fäkalien geliefert werden. Gegenwärtig geht dieser Dünger meist unnütz verloren. Zweitens für die Vereinigung der Industrie mit der Landwirtschaft. Ein bestimmter Teil der städtischen Bevölkerung kann binnen der nächsten Jahre ohne Schaden für die Industrie an den landwirtschaftlichen Arbeiten gerade auf dem Territorium der großstädtischen Agrarwirtschaft Anteil nehmen.

Die Sowjetwirtschaft und die städtischen Agrarwirtschaften müssen nicht nur die Rolle von Musterwirtschaften spielen, sondern auch entschieden zur Milderung der Ernährungskrise beitragen. Die Erfahrung hat gelehrt, daß in den schwierigsten Zeitpunkten, unmittelbar vor der Einbringung der neuen Ernte, solange die Bauern noch nicht begonnen haben oder erst beginnen, das Getreide zu dreschen, gerade die Sowjetwirtschaften es waren, die die Situation retteten. Das erste Getreide der neuen Ernte 1918 und 1919 wurde von den Sowjetwirtschaften geliefert. Diese Rolle der Sowjetwirtschaften wird in der Zukunft noch steigen. Bei der Ausnützung der Gesamtfläche der Sowjetwirtschaften ist die Sowjetrepublik in der Lage, von ihnen fast die Hälfte des Gesamtgetreides, das für die Ernährung der städtischen Arbeiter und Angestellten erforderlich ist, zu erhalten und auf diese Weise zum Teil ihre Abhängigkeit von der Bauernschaft zu lockern.

§ 108. Die Kommune und die Arbeitsgenossenschaften (Artjels)

Die Sowjetwirtschaften können in Zukunft nur auf Kosten derjenigen Wirtschaften wachsen, die gegenwärtig in den Randgebieten brachliegen, oder auf Kosten der ärarischen Ländereien, die auf dem Wege der Melioration (das heißt der Verbesserung, der Ausrodung, Trockenlegung usw.) der Bearbeitung zugeführt werden können. Was aber unsere gesamte Landwirtschaft anbelangt, so kann dieselbe zu einer sozialistischen erst dann werden, wenn die Bauernwirtschaft den Weg der Sozialisierung betreten wird. An den Sowjetwirtschaften wird die Bauernschaft die Vorteile der großen Gemeinwirtschaft erkennen. Für sich selbst kann aber die Bauernschaft diese Vorteile erst auf dem Wege der Vereinigung zu Kommunen und Arbeitsgenossenschaften (Artjels) verwerten. In der kapitalistischen Gesellschaft vollzog sich gewöhnlich der Übergang von der kleinen Bauernwirtschaft zur großen durch den Untergang und die Proletarisierung des kleinen Eigentümers. In der sozialistischen Gesellschaft kann die große Gemeinschaft aus der kleinen erst durch die Vereinigung mehrerer Kleinwirtschaften vor sich gehen.

Unter den Bauern haben die Wörter «Artjel» und «Kommune» häufig fast die gleiche Bedeutung. Viele Kommunen nennen sich Artjels, weil der Bauer das Wort «Kommune» nicht gerne hört und es auch dann fürchtet, wenn er gezwungen ist, die Kommune in der Praxis aufzubauen. Im allgemeinen besteht der Unterschied zwischen Kommune und Artjel darin, daß die Artjel nur eine Produktionsvereinigung ist (Arbeitsgemeinschaft), die Kommune ist aber nicht nur eine Produktions-, sondern auch eine Verbrauchsvereinigung (nicht nur Arbeits-, sondern auch Verteilungs- und Verbrauchsgemeinschaft).

Die Zahl der Kommunen und Artjels steigt rasch in Sowjetrußland. Hier die letzten Zahlen, die sich auf den Herbst 1919 beziehen:

	Zahl	Anbaufähiger Boden
Kommunen	1901	gegen 150 000 Deßjatinen
Artjels	3698	
Genossenschaften zur gemeinsamen Bodenverarbeitung	668	480 000 Deßjatinen

Die angeführten Zahlen zeigen, daß die Bewegung zugunsten der Kommunen- und Artjelbildung einen Massencharakter trägt und daß diese Bewegung sich ausdehnt und wächst. Diese Ziffern zeigen uns auch die schwache Seite dieser Vereinigungsart. Vor allem ist die durchschnittliche Größe der Kommunen gering. Wir haben vor uns nicht einen Übergang von der Kleinwirtschaft zur großen, sondern zur mittleren oder bestenfalls zu einer Wirtschaft, höher als die mittlere. Infolgedessen kann die Kommune weder ihren Mitgliedern, noch der Nachbarbevölkerung den Beweis von allen Vorteilen gerade der Großwirtschaft erbringen. Auf der Fläche von einigen Deßjatinen können nicht alle Maschinen auf ihre größte Leistung ausgenützt und auch die Wechselwirtschaft nicht organisiert werden. Aber auch was durch die Vereinigung zur Mittelwirtschaft erzielt wird, besitzt eine ungeheure Bedeutung. Es wird der Vorteil der Arbeitsteilung ausgenützt, ein Teil der Frauen wird von der Küchenarbeit befreit und hilft, alle landwirtschaftlichen Arbeiten rascher zu Ende zu führen, es wird die Möglichkeit geboten, mit einer kleineren Pferdezahl auszukommen, alle Arbeiten werden rechtzeitig erledigt, der Boden wird besser bearbeitet, als Endergebnis ist der Bodenertrag höher als auf den Bauernstrichen.

Rosta-Plakat Nr. 791 (Dezember 1920)
(Übersetzung der russischen Bildunterschriften umseitig)

Rosta-Plakat Nr. 791 (Dezember 1920)

1. Der letzte Gegner ist erledigt,
2. die älteren Jahrgänge werden nach und nach entlassen.
3. Die Soldaten werden nach Hause gehen,
4. beurlaubt, um Rußland durch ihre Arbeit zum Blühen zu bringen.
5. Bedenk aber immer –
   der Kapitalismus lebt in drei Vierteln der Welt.
6. Sei bereit!

Die Ersparnis an Arbeitskräften, welche in der Kommune erreicht wird, äußert sich bereits darin, daß die Mehrzahl derselben eine Reihe von Arbeiten auch nichtlandwirtschaftlicher Natur übernehmen, sie bauen Mühlen, gründen hausgewerbliche und Reparaturwerkstätten usw.

Den nächsten Schritt auf dem Wege zum Sozialismus können die Kommunen nur durch weitere Vereinigung machen.

Das kann entweder durch Verschmelzung zweier Nachbarkommunen oder durch Vergrößerung einer Kommune infolge der Aufnahme einiger Dutzend neuer Mitglieder aus den benachbarten Bauerngemeinden erzielt werden, oder durch Verschmelzung einer oder mehrerer Kommunen mit einer benachbarten Sowjetwirtschaft.

Die wichtigste Aufgabe der Kommunistischen Partei auf dem Lande besteht gegenwärtig darin, die gesamte bäuerliche Kleinwirtschaft auf eine höhere Stufe, zuerst auf die Stufe der mittleren Kommunalwirtschaft zu bringen. Es ist die Hoffnung vorhanden, daß die weitere Entwicklung der Produktivkräfte auf dem Lande gerade diesen Weg einschlagen wird. Der proletarische Staat hat es in der Hand, nicht nur durch eine planmäßige Agitation mit Wort und Tat (Sowjetwirtschaft), sondern auch durch die Gewährung aller materiellen Vorteile an die entstehenden Kommunalwirtschaften (Geldunterstützung, Versorgung mit Saatgut, Vieh, Inventar und landwirtschaftlicher Beratung) diesen Prozeß zu beschleunigen.

§ 109. Gemeinschaftliche Bodenbearbeitung

Die Kommune ist eine engere Bauernverbindung nicht nur zu Arbeitszwecken, sondern auch zum Zwecke der Verteilung und kameradschaftlichen Gemeinwirtschaft. Die gemeinwirtschaftliche Bodenbearbeitung aber ist eine weniger enge Verbindung, eine losere als die Artjel und auch eine mehr zufällige. Eine bestimmte Dorfgemeinde, die infolge innerer Zwistigkeiten sich nicht zu einer Kommune zusammenschließen und aus denselben Gründen auch keine Artjel bilden kann, kann jedoch auf das gemeinschaftliche Pflügen kommen, ohne ihre Teilnehmer zu binden. Zum Schluß bleibt alles beim alten, außer eines sehr wichtigen Umstandes: der Gemeindeboden wird nicht in Striche geteilt, sondern gemeinschaftlich bearbeitet. Jeder Hof wird seinen Gemüsegarten behalten, das ganze Eigentum wird jedem Bauern erhalten bleiben, bloß die Maschinen und Pferde werden eine bestimmte Zeit für das ganze Dorf arbeiten.

Die vom Zentralvollzugsausschuß genehmigten Bestimmungen über die sozialistische Bodenverteilung haben auch diesen Fall der primitivsten Stufe der Kollektivwirtschaft vorausgesehen. Die Vorteile dieser Vereinigungsform liegen darin, daß jedem Bauern die volle Handlungsfreiheit erhalten bleibt in allem, außer dem Arbeitsprozeß selbst; darum kann er leichter auf eine derartige Vereinigung eingehen, ohne seine Selbständigkeit zu riskieren. Indessen bringt diese gemeinschaftliche Bearbeitung an und für sich eine Unzahl von Vorteilen: die Möglichkeit der Mehrfelderwirtschaft, die volle Ausnützung der Arbeitsgeräte, Hilfe für die Arbeiterfamilien, die der Geräte und des Viehes beraubt sind.

Es ist zu erwarten, daß die gemeinschaftliche Bodenbearbeitung, als erste Stufe zur kollektiven Wirtschaft, in unserem Dorfe die weiteste Verbreitung finden wird. Wir besitzen bereits Angaben, daß in dem Erntejahr 1919 eine derartige Bearbeitung in einer Reihe von Gegenden stattgefunden hat. Sehr große Gemeinden wurden in Zehnerschaften eingeteilt und bearbeiteten gemeinsam den Boden. In einigen Fällen wurde auf diese Weise ein Teil des Gemeindelandes bestellt.

§ 110. Die landwirtschaftlichen Genossenschaften

Noch vor der Revolution fanden unter der Bauernschaft eine große Verbreitung die Genossenschaften zur Verarbeitung der verschiedenen landwirtschaftlichen Produkte. Hierher gehören die genossenschaftlichen Käsereien und Molkereien, die hauptsächlich in den nördlichen Gouvernements und längs der oberen Wolga verbreitet sind. Ferner verschiedene Artjels und Genossenschaften zur groben Flachsbearbeitung, zur Erzeugung von Melasse, zum Gemüsetrocknen, Heupressen usw. Die Sowjetmacht gewährt diesen Vereinigungen jede Unterstützung. Es ist Aufgabe der Kommunistischen Partei, die werktätigen Schichten des Dorfes zur Bildung solcher Genossenschaften, zu ihrer Erweiterung und zur Verbesserung ihrer Arbeitsmethoden anzuregen und zu gleicher Zeit allen Versuchen des Kleinkapitals, sich in solchen Artjels zum Kampf gegen die Sowjetmacht und die sozialistische Großwirtschaft zu verschanzen, mit allen Mitteln entgegenzutreten.

§ 111. Der staatliche Anbau des Brachlandes, Mobilisierung der agronomischen Kräfte, Verleihstellen, Melioration, Binnenwanderung

Die ungeheure Zerrüttung der Landwirtschaft, hervorgerufen durch den Krieg, führt zum dauernden Brachliegen bedeutender Bodenflächen. Der proletarische Staat kann nicht zulassen, daß Felder brachliegen, während in den Städten und den unproduktiven Gouvernements eine einschneidende Ernährungskrise herrscht. Darum übernimmt der Sowjetstaat den Anbau der Brachländereien, wem immer sie gehören mögen. Diese Maßnahme hat besonders in denjenigen Gegenden eine große Bedeutung, die häufig der Schauplatz des Bürgerkrieges waren, weil hier die wucherische Dorfbevölkerung sehr häufig ihren Boden verläßt und mit dem Feinde abzieht. Eine genauso große Bedeutung hat die staatliche Einbringung der von den Besitzern verlassenen Ernten oder derjenigen, die von den Eigentümern nicht mit ihren eigenen Kräften eingebracht werden können.

Die ganz darniederliegende Landwirtschaft Rußlands kann nur durch eine Reihe entschlossener und revolutionärer Maßnahmen gehoben werden. Als eine dieser

Maßnahmen erscheint die Mobilisierung der landwirtschaftlich geschulten Kräfte, d. h. die Erklärung aller gelernten Landwirte für dienstpflichtig. Agronomen hat es in Rußland stets nur wenige gegeben. Aber gegenwärtig ist dieser Mangel an geschulten Landwirten infolge der Riesenarbeit beim Umbau der Landwirtschaft und beim Bestreben, die Produktivkräfte zu heben, besonders fühlbar. Die Mobilisierung der agronomischen Kräfte kommt eigentlich einer Sozialisierung der landwirtschaftlichen Kenntnisse gleich, die am zweckmäßigsten vom Staat verwaltet werden können.

Der imperialistische Krieg machte es Rußland unmöglich, aus dem Ausland landwirtschaftliche Maschinen zu beziehen. Unser landwirtschaftlicher Maschinenbau konnte nie den Inlandsbedarf decken, und viele Maschinen, darunter die wertvollsten und kompliziertesten, erhielten wir aus Deutschland, Schweden und Amerika. Unterdessen sank die Produktion unserer landwirtschaftlichen Maschinenfabriken infolge des Mangels an Metallen, Brennmaterial und sonstiger Ursachen auf ein Minimum herab. Das führte alles zu einem großen Mangel an landwirtschaftlichem Inventar.

Bei dem ungeheuren Bedarf an Maschinen und bei den geringen Vorräten an denselben, die dem proletarischen Staat zur Verfügung stehen, ist die richtige Verteilung des Inventars und seine vollständige Ausnutzung von größter Bedeutung. Diese Ausnutzung ist unter Beibehaltung des Privateigentums auf landwirtschaftliche Geräte unmöglich, weil die Maschine dann bei ihrem Besitzer eine gewisse Zeit unausgenützt bleibt, während die Nachbarn weder ackern noch die Ernte einbringen können.

Um gerade den am meisten an Inventar bedürftigen Dorfschichten zu helfen und auf diese Weise dieses Inventar auf das vollständigste auszunützen, darf es nicht in Privatbesitz vergeben, sondern den Bedürftigen durch Verleihstellen nur zur Verfügung gestellt werden. Mit anderen Worten, das für die Bauernschaft bestimmte Inventar, verteilt auf bestimmte Rayons (Dorf, Gemeinde, Kreis) wird nicht an die einzelnen Bauern verkauft, sondern zur zeitweiligen Benützung und gegen bestimmte Bezahlung zur Deckung der Ausgaben den Bedürftigen zur Verfügung gestellt. Solche Niederlagen heißen Verleihstellen. Dort wird das Inventar aufbewahrt, nach der Arbeit in Ordnung gebracht, in gut geleiteten Stellen auch repariert. Diese Verleihstellen existieren und wirken bereits, allerdings noch sehr unvollkommen. Die Aufgabe der Sowjetmacht muß darin bestehen, alle für das Dorf bestimmten landwirtschaftlichen Maschinen nach Möglichkeit und alle komplizierten Maschinen ohne Ausnahme nur in die Verleihstellen zu bringen. Nur dadurch wird eine vollständige Ausnutzung des Inventars während der ganzen Arbeitsdauer der Maschine sichergestellt, abgesehen davon, daß es den Armen hilft, die keine Mittel zum Ankauf einer Maschine als Privateigentum besitzen. An die Verleihstellen muß auch das von den Dorfwucherern beschlagnahmte Inventar abgeliefert werden. Letzten Endes wird ein großzügig organisiertes System der Versorgung mit Inventar vermittels der Verleihstellen langsam aber sicher zur Nationalisierung der wichtigsten Geräte der landwirtschaftlichen Produktion führen und folglich, außer der unmittelbaren Hilfe für die Bauernwirtschaft, auch deren Vergesellschaftung fördern. Im Agrarprogramm der proletarischen Macht Rußlands muß der Melioration der wichtigste Platz eingeräumt werden. In der Gewalt der Sowjetmacht befinden sich einige Millionen Deßjatinen, die gegenwärtig für die Bearbeitung noch nicht geeignet sind, es aber nach einigen nicht besonders großen Arbeiten der Reinigung, Rodung, Trockenlegung, Drainage (Trocknung mit Hilfe von unterirdischen Röhren und Kanälen), künstlicher Bewässerung usw. werden können. So eng die Grenzen der schon bearbeiteten Bodenflächen für die Errichtung von Sowjetwirtschaften in jenen Gegenden sind, so grenzenlos sind die Bodenflächen, die sich unsere junge sozialistische Landwirtschaft auf dem Wege der Melioration von der Natur erkämpfen kann.

Arbeiten zur Verbesserung des Bodens sind die wichtigsten öffentlichen Arbeiten, die die Sowjetmacht zu organisieren hat und für die in erster Linie alle parasitären Gesellschaftsschichten ausgenützt werden müssen. In unserem Programm fehlt dieser Punkt, es ist aber notwendig, dabei länger zu verharren, denn die Sowjetmacht wird sich früher oder später praktisch damit zu befassen haben, welche Ansiedlungspolitik sie zu verfolgen hat.

Trotz der Aufteilung des Großgrundbesitzes ist der Bodenmangel in manchen Gouvernements schon jetzt fühlbar. Zur selben Zeit aber gibt es in unseren Grenzgebieten noch ungeheure Flächen freien Bodens. Die Wanderung aus dem Zentrum in die Grenzgebiete ist in der nächsten Zukunft unvermeidlich. Die Aufgabe des proletarischen Staates wird daher darin bestehen, die Wanderer in den Orten nicht auf einzelnen Flecken zur Führung einer Kleinwirtschaft anzusiedeln, sondern alles für sie so vorzubereiten, wie es für die kommunistische Großwirtschaft von Vorteil ist (gemeinsame Bauten, gemeinschaftliche Fläche, eingeteilt für die Mehrfelderwirtschaft, komplizierte Maschinen usw.).

§ 112. Hilfe für die Bauernwirtschaft

Die Sowjetwirtschaften, die Kommunen mit den Artjels und alle oben angeführten Maßnahmen können die Produktivität der Arbeit in der Landwirtschaft und den Bodenertrag durch die Organisation der kollektiven Großwirtschaft heben. Das ist der einzig sichere und schnelle Weg, der uns direkt zum Ziel führt. Welche Erfolge wir aber auf dem Gebiet der Organisation der Sowjetwirtschaften und Kommunen auch haben mögen, die Kleinbauernwirtschaft wird doch noch lange bestehen und noch lange genug die vorherrschende Form der Landwirtschaft in Rußland, sowohl nach der Größe der bearbeiteten Bodenfläche, als auch nach der Menge der erzielbaren Produkte bleiben. Nun entsteht die Frage, wie kann man dieser Wirtschaft helfen, den Bodenertrag zu heben, obgleich sie noch weiter in ihrer kleinbürgerlichen Schale mariniert bleibt.

Unser Programm zeigt eine Reihe von Maßnahmen an, die die Sowjetmacht zum Zweck der Hilfe für die kleine Bauernwirtschaft ins Leben setzen kann. Diese Maßnahmen sind:

Erstens Hilfe bei der Parzellierung. Das Hauptübel unseres Dorfes, mit dem selbst unsere Bauern sich immer weniger abfinden können, sind die Gemenglage und die Landstreifen. Sehr häufig grenzt das Land einer Gemeinde an die Gemüsegärten der anderen. Manche Anteile liegen 7–10 Werst weit von den Siedlungen und bleiben häufig unbestellt. Zur Beseitigung der Gemenglage und der Landstreifen begann eine elementare Wanderung der Bauern nach den Neusiedlungen im Bestreben, die veraltete Siedlungskarte zu ändern, die nach der Aufteilung des Großgrundbesitzes der neuen Landverteilung meistens nicht mehr entspricht. Insofern der Zug zu Neusiedlungen eine Kampfart gegen die Gemenglagen und Landstreifen und Voraussetzung für eine kulturell höhere Wirtschaft ist; insofern die Bauernschaft bei der Parzellierung überhaupt Hilfe bedarf, so muß ihr die Sowjetmacht mit ihren Geometern und Agronomen zu Hilfe kommen.

Der russische Bauer baut meistens die gleichen Samen an, die auch zum Vermahlen gelangen, während beim Säen mit sortiertem Saatgut bei sonst gleichen Bedingungen eine viel höhere Ernte zu erzielen ist. Eine noch bessere Ernte ist beim Anbau eines verbesserten Saatgutes zu erreichen. Dieses Saatgut können die Bauern nur durch den Staat erhalten, denn nur er ist in der Lage, dasselbe im Ausland einzukaufen oder ihnen den kleinen

Vorrat des verbesserten Saatgutes zur Verfügung zu stellen, der in den Sowjetwirtschaften vorhanden ist.

Das Bauernvieh ist stark heruntergekommen und entartet. Es ist unbedingt eine Verbesserung des Bauernviehes notwendig. Indessen ist alles, was in Rußland an wertvollem Zuchtvieh übriggeblieben ist, gegenwärtig in den Sowjetgütern und Sowjetmilchwirtschaften vereinigt oder wird von den Sowjetorganen für Viehzucht in Evidenz gehalten. Durch die Organisierung von Paarungsstellen in jeder Zuchtvieh haltenden Sowjetwirtschaft und durch planmäßige Verteilung der männlichen Zuchttiere auf die Rayonspaarungsstellen ist der Staat imstande, eine starke Stütze der bäuerlichen Viehzucht zu werden.

Der großen Mehrheit unserer Bauernschaft fehlt es an einer Reihe der hauptsächlichsten und wichtigsten landwirtschaftlichen Kenntnisse. Die Verbreitung der agronomischen Kenntnisse muß schon an und für sich die Verbesserung der Bodenbearbeitung fördern. Außer Vorträgen über agronomische Themen, zu denen die Agronomen der agronomischen Rayonsstellen verpflichtet sind, wird dieses Ziel auch durch eine Reihe von Vorträgen in den Sowjetwirtschaften, Veranstaltung von kurzfristigen Kursen sowie durch Musterfelder, landwirtschaftliche Ausstellungen, Herausgabe populärer agronomischer Literatur usw. erreicht.

Außer der Verbreitung landwirtschaftlicher Kenntnisse muß die Sowjetmacht den Bauern auch die unmittelbare agronomische Hilfe sichern. Bei unserer ganzen Armut an agronomischem Personal erreichte die Mobilisierung der Agronome ihr Ziel schon in der Hinsicht, daß der Agronom, der früher fast ausschließlich Gutsbesitzerwirtschaften bedient hat, jetzt auch im Interesse des Bauern arbeitet. Auch muß die Sowjetmacht im ausgedehnten Maße agronomische Kräfte aus der Bauernschaft selbst heranbilden. Außer der Vermehrung der Zahl der landwirtschaftlichen Kurse und Schulen ist dies für die nächste Zukunft dadurch am leichtesten zu erzielen, daß Spezialkurse für die begabtesten Mitglieder der Kommunen und Artjels veranstaltet werden. Auf diese Weise wird die Avantgarde der geschulten Landwirte aus der Mitte der Bauernschaft selbst gebildet werden.

Eine ungeheuer große Bedeutung für die Bauernschaft hat im gegenwärtigen Zeitpunkt die Möglichkeit, das abgenützte Inventar zu reparieren. Keine kleinen Privatwerkstätten sind bei dem jetzigen Eisenhunger imstande, alle notwendigen Reparaturen zu erledigen. Erst der Staat kann diese Sache im entsprechenden Maße organisieren, sowohl durch die Erweiterung der Reparaturwerkstätten der Sowjetwirtschaften, als auch durch Schaffung eines planmäßig entworfenen Netzes von Werkstätten, die eigens für die Reparatur der Bauerngeräte bestimmt sind.

Millionen von Deßjatinen des Bauernlandes sind für die Bearbeitung ungeeignet, während deren Verwandlung in gutes Ackerland vollkommen möglich ist. Das wird einerseits deswegen unterlassen, weil solche Arbeiten häufig für eine Gemeinde zu schwer sind, andererseits ist die Bauernschaft mit den Meliorationsmethoden nicht vertraut. Auf diesem Gebiet kann deswegen die Hilfe des proletarischen Staates vom besonderen Wert sein, und sie äußert sich auch tatsächlich bereits trotz des Bürgerkrieges in einer Reihe von Gegenden.

Jede Deßjatine lieferte in dem Zeitraum 1901–1910 folgenden Ernteertrag:

	Roggen	Weizen	Gerste	Hafer	Kartoffeln
Dänemark	120	183	158	170	–
Holland	111	153	176	145	1079
England	–	149	127	118	908
Belgien	145	157	179	161	1042
Deutschland	109	130	127	122	900
Türkei	98	98	117	105	–
Frankreich	70	90	84	80	563
Vereinigte Staaten	67	64	93	74	421
Rußland	50	45	51	50	410

Trotzdem also der Boden Rußlands viel besser ist als der in den Westländern, stehen wir an allerletzter Stelle unserem Bodenertrag nach. Wir gewinnen von jeder Deßjatine 3½mal weniger Hafer, als in Dänemark und Belgien gewonnen wird; an Korn gewinnen wir 4mal weniger als Dänemark und 3mal weniger als Deutschland und England; Roggen 3mal weniger als Belgien; sogar in der Türkei liefert die Deßjatine doppelt so viel an verschiedener Getreidefrucht als die Deßjatine des Bauernackers.

Es muß noch hinzugefügt werden, daß der Ertrag des Bauernbodens in Rußland noch niedriger ist, als in der Tabelle steht, denn der mittlere Ertrag wurde für alle Ländereien, also auch die der Gutsbesitzer ermittelt, wo die Ergiebigkeit $1/3$- bis $2\frac{1}{2}$mal höher ist als bei den Bauern.

Die Bauernschaft kann also, ohne die Bodenfläche zu vergrößern, eine 2–3mal höhere Ernte einbringen, wenn wir von den alten, großväterlichen zu neuen vollkommeneren Bodenbearbeitungsmethoden übergehen.

§ 113. Die Vereinigung der Industrie
mit der Landwirtschaft

Die Entwicklung der Städte, hervorgerufen durch die Lostrennung der Industrie von der Landwirtschaft und die Erhöhung der Rolle der Industrie im ganzen Prozeß der gesellschaftlichen Wirtschaft, nahm in der letzten Zeit einen krankhaften Charakter an. Die besten Kräfte des Dorfes flüchteten systematisch aus dem Dorf in die Stadt. Die Stadtbevölkerung wuchs nicht nur rascher als die ländliche, sondern auch auf Kosten der ländlichen. In einer Reihe kapitalistischer Länder hat sich die landwirtschaftliche Bevölkerung absolut vermindert. Andererseits wuchsen die einzelnen Städte zu ungeheuren Ausdehnungen an. Das hatte äußerst schädliche Folgen, sowohl für die Stadt als auch für das Dorf. Wir nennen die hauptsächlichsten: die Menschenverminderung und die Verwilderung des Dorfes, seine Losgerissenheit von der Stadtkultur, die Kluft zwischen dem Städter und der Natur, der gesunden landwirtschaftlichen Arbeit und letzten Endes die rasche physische Degeneration der städtischen Bevölkerung, unzweckmäßige Verlegung einer Reihe von Produktionszweigen, die die landwirtschaftlichen Produkte verarbeiten, in die Stadt, eine ungeheure Erschöpfung des Bodens, hervorgerufen dadurch, daß die Stadt dem Dorf nicht zurückgibt, was sie ihm in Form von Nahrungsmitteln entzieht, usw.

Die Annäherung der Stadt an das Dorf, die Vereinigung der Industrie mit der Landwirtschaft, die Heranziehung der Fabrikarbeiter zur Landwirtschaft – das sind die nächsten Ziele des kommunistischen Aufbauwerkes auf diesem Gebiet. Der Anfang ist schon hier gemacht durch Zuteilung mehrerer Zehntausende von Deßjatinen der Sowjetländereien an verschiedene Werke, Institutionen und Unternehmungen, durch planmäßige Überführung städtischer Arbeiter in die Sowjetwirtschaften, durch Schaffung von Gemüsewirtschaften an einzelnen Werken und Fabriken, Veranstaltung von kommunistischen Samstagen durch städtische Arbeiter in den an die Städte anliegenden Dörfern, durch Mobilisierung von Sowjetangestellten zur Ordnung der städtischen Gemüsegärten usw.

Die kommunistische Partei wird auch weitere Schritte in dieser Richtung zu machen suchen, in der Überzeugung, daß die Zukunft der Vereinigung der Industrie mit der Landwirtschaft gehört, was schließlich zu einer Aufsaugung der ungeheuerlich übervölkerten Städte durch die Dorfländereien führen wird.

§ 114. Die Taktik der Kommunistischen Partei der Bauernschaft gegenüber

In unserem Agrarprogramm sprechen wir darüber, was wir in der Landwirtschaft verwirklichen wollen. Sagen wir jetzt einiges darüber, wie wir unser Programm verwirklichen, auf welche Schichten wir uns stützen, durch welche Methoden wir die Mehrheit der Bauernschaft für uns gewinnen wollen oder uns wenigstens ihre Neutralität sichern können.

Im Kampf gegen den Großgrundbesitz hatte das städtische Proletariat die ganze Bauernschaft ausnahmslos, auch die Dorfwucherer, hinter sich. Dadurch ist der rasche Erfolg der Oktoberumwälzung zu erklären, durch welche die bürgerliche provisorische Regierung gestürzt wurde, die die Liquidierung des Großgrundbesitzes in die Länge zu ziehen suchte. Aber schon durch die Verwirklichung des Gesetzes wurden die Dorfwucherer in das Lager der Gegenrevolution zurückgeworfen. Die Dorfwucherer verloren einen Teil des gekauften Bodens, den sie vor der Revolution besessen haben oder den sie in Nutzung hatten, indem sie die Anteile der Armen pachteten. Sie verloren alles, was sie bei der Plünderung der Güter erbeutet hatten. Endlich verloren sie die Möglichkeit, Lohnarbeiter zu verwenden. Die Dorfwucherer stellen die Klasse dar, die den Gutsbesitzer ablösen sollte, wenn unsere Revolution in den Grenzen der bürgerlich-demokratischen Umwälzung steckengeblieben wäre. Sie sind eine Klasse, die ihrem

Wesen nach Todfeind jeder sozialistischen Organisation der Landwirtschaft ist. Im Gegenteil, diese Klasse erhebt Ansprüche darauf, unsere Landwirtschaft nach dem Typus der Farmwirtschaften Dänemarks oder Amerikas zu gestalten. Wenn nicht die proletarische Macht und ihre sozialistische Politik da wären, so hätte sich auf dem vom Gutsbesitzer befreiten Boden Rußlands mit außerordentlicher Schnelligkeit eine bürgerliche Farmwirtschaft mit Anwendung der Lohnarbeit entwickelt, mit verbesserten Methoden der Bodenbearbeitung und mit einer riesengroßen Schicht des halbproletarischen Bauerntums. Der Dorfwucherer trat in die Revolution, beflügelt von den rosigsten Hoffnungen und Ahnungen, und kam aus derselben gerupft zurück, sogar um jenen Teil seines Eigentums, welchen er vor der Revolution besessen hat. Die Dorfwucherer müssen bis zu ihrer völligen Überwindung unvermeidlich als unversöhnliche Gegner des proletarischen Staates und seiner Agrarpolitik auftreten und können ihrerseits von der Sowjetmacht nur den schonungslosen Kampf gegen ihre gegenrevolutionären Bestrebungen erwarten. Es ist nicht ausgeschlossen, daß die Sowjetmacht gezwungen sein wird, eine planmäßige Expropriation der Dorfwucherer vorzunehmen, indem sie diese zu öffentlichen Arbeiten und vor allem zu den Meliorationsarbeiten der Bauern- und Staatsländereien mobilisiert.

Die Hauptmasse der Bauernschaft Rußlands bilden die mittleren Bauern. Der Mittelbauer erhielt den Gutsbesitzerboden mit Hilfe des städtischen Proletariats, und erst mit seiner Hilfe kann der Mittelbauer sein Land gegenüber dem Ansturm der Gegenrevolution der Bourgeoisie und Gutsbesitzer festhalten. Ebenso, erst im Bunde mit dem Proletariat, erst ihm folgend, sich seiner Führung unterwerfend, kann das mittlere Bauerntum sich vor dem Druck des Weltkapitals, gegen die Plünderung seitens der imperialistischen Räuber, vor der Bezahlung der Milliardenschulden des Zarismus und der provisorischen Regierung retten. Endlich wird ihm erst der Bund mit dem sozialistischen Proletariat die Möglichkeit bieten, aus dem Elend und den Qualen der Kleinwirtschaft, die unter jeder Bedingung der Vernichtung geweiht ist, zu einer viel günstigeren, leistungsfähigeren gemeinschaftlichen Großwirtschaft überzugehen.

Die kleinbürgerliche Seelenverfassung treibt aber den Mittelbauern zum Bund mit dem Dorfwucherer; dazu wird er hauptsächlich dadurch gedrängt, daß er gezwungen wird, seine Getreideüberschüsse mit den städtischen Arbeitern zu teilen, ohne die Aussicht zu haben, als Gegenleistung die Produkte der städtischen Industrie zu erhalten. Die Kommunistische Partei muß daher trachten, die mittleren Bauern von den Dorfwucherern, die eigentlich als Agenten des Weltkapitals auftreten, zu trennen. Ferner muß unsere Partei mit besonderer Klarheit der mittleren Bauernschaft beweisen, daß bloß vorübergehende und Augenblicksinteressen sie verleiten können, mit der Bourgeoisie und den Dorfwucherern zu gehen, umgekehrt aber, dauernde, tiefgreifende Interessen ihr, als einer werktätigen Klasse, den Bund mit dem städtischen Proletariat, diktieren. Endlich dürfen wir, im Kampfe für den sozialistischen Umbau der Landwirtschaft, den Mittelbauern durch Unvorsichtigkeit und Voreiligkeit unserer Maßnahmen nicht aufreizen und müssen mit allen Mitteln seine gewaltsame Heranziehung zu den Kommunen und Artjels vermeiden. Im gegenwärtigen Zeitpunkt besteht die Grundaufgabe des Kommunismus in Rußland darin, daß die Arbeiter und die Bauern aus eigener Überzeugung die Gegenrevolution zerschmettern. Wenn das vollführt sein wird, wird es für den sozialistischen Umbau des Ackerbaues keine unüberwindlichen Hindernisse mehr geben. Was die Dorfarmen anbelangt, so werden gerade ihre proletarischen und halbproletarischen Schichten die festeste Grundlage der proletarischen Diktatur bleiben, trotzdem ein Teil der Armen dank der Revolution als solcher nicht mehr existiert, da er wirtschaftlich auf die Stufe der Mittelbauern vorgerückt ist. Dank der Sowjets der Landarmut gelang es der Sowjetmacht, den Dorfwucherern eine Reihe ernster Schläge zu versetzen und den Mittelbauer von ihm zu trennen. Dank der kommunistisch gestimmten Armut gelang es, einen Apparat der Sowjetmacht auf dem Lande zu schaffen und die ersten, wichtigsten und entscheidendsten militärischen Mobilisierungen der Bauern durchzuführen.* Endlich stellten die Armen bis zur letzten Zeit den größten Teil der

---

* Siehe Seite 156. In unserer Agitation für eine tätige Beteiligung der Bauernschaft an dem Bürgerkrieg ist es notwendig, die bäuerlichen Motive für die Teilnahme an diesem Krieg zu unterstreichen. Für die Bauernschaft ist es ebenso wichtig, daß wir für

Mitglieder für die Kommunen und Artjels und halfen bei der Durchführung der Land- und anderer Dekrete der Sowjetmacht.

Die Hauptaufgabe der Kommunistischen Partei gegenüber der Dorfarmut besteht darin, die letztere aus jener Zersplitterung herauszubringen, in welcher sie mit der Auflassung der Komitees der Armut geraten ist. Vor allem können die Armen auf der Produktionsgrundlage vereinigt werden, am besten kann ihr Einfluß auf dem Lande gestärkt werden, wenn sie die Möglichkeit bekommen, durch eine vollkommenere Art der Landwirtschaft zu erstarken. Das kann nur dadurch erzielt werden, daß die ganze Armut zur kommunalen Bodenbearbeitung oder in Artjelvereinigungen übergeht.

Der Wucherer ist deswegen so mächtig im Dorf, weil er ein guter Landwirt ist. Die Wirtschaft des Dorfwucherers – das ist der Rahm der kleinbürgerlichen Bauernwirtschaft. Durch Vereinigung zu Kommunen wird die Dorfarmut zur Vertreterin einer besseren Produktionsweise, als es die gewöhnliche Bauernwirtschaft ist; ökonomisch wird sie kräftiger als der Mittelbauer, sogar als der Dorfwucherer. Und auf dieser wirtschaftlichen Grundlage, auf dieser materiellen Überlegenheit des Kommunards gegenüber dem Kleinwirt kann die Diktatur der Armut auf dem Lande aufgebaut werden. Das

---

den Sozialismus kämpfen, wie daß wir den Imperialismus der Möglichkeit berauben, den kleinen Eigentümer barbarisch auszubeuten, und es nicht zulassen, daß ihm wieder ein Gutsbesitzer oder Kaufmann aufgehalst wird.

wird aber nicht die Diktatur der Armut im eigenen Sinne des Wortes, nicht die Herrschaft «der Barfüßler und Müßiggänger», wie die Wucherer zur Zeit der Armenkomitees zu klagen pflegten. Das wird eine Herrschaft der Avantgarde des werktätigen Dorfes, die die Mehrheit um zwei Jahrhunderte überflügelt hat.

Aber die ganze Armut für die Kommunen zu gewinnen, ist außerordentlich schwer. In der letzten Zeit geht in die Kommunen, besonders in die Artjels, in großer Zahl der Mittelbauer. Es ist notwendig, eine Reihe von Berufsvereinigungen der Armut als solcher zu schaffen, insofern sie mit der Kleinwirtschaft noch nicht bricht. Diese Vereinigung der Armut muß den Kampf gegen die Dorfwucherer, den Kampf, den die Armenkomitees nicht zu Ende geführt haben, fortsetzen; die Armut muß sich zur gegenseitigen Hilfe vereinigen, sie muß in Wirtschaftsbeziehungen mit dem Staat treten, von ihm bestimmte Arbeiten übernehmen und als Gegenleistung verschiedene Produkte zu Vorzugsbedingungen und überhaupt jede ökonomische Unterstützung erhalten. In Rußland gibt es eine ungeheure Zahl verschiedener Armenvereinigungen, doch tragen alle einen lokalen Charakter oder sind vorübergehende Organisationen. Diese Organisationen müssen zu größeren Einheiten zusammengefaßt werden. Eine große Zukunft gehört den Armenvereinigungen aus den nichtproduzierenden Gouvernements (Pech- und Harzgewinnung, Holzfällen und -lagern, verschiedene Arten der Holzverarbeitung u. dgl.).

Die Aufgabe der Kommunistischen Partei der Armut

gegenüber besteht ferner darin, dieselbe enger mit dem städtischen Proletariat zu verbinden, sie den kleinbürgerlichen Gewohnheiten und unerfüllbaren Hoffnungen auf selbständige, kräftige Individualwirtschaften zu entreißen und überall, wo es eine Ansammlung der Armen gibt, Gruppen von Kommunisten und Sympathisanten zu schaffen. Jeder Arme muß Kommunard werden; jeder Kommunard – zum Kommunisten.

XIV. KAPITEL

Organisation der Verteilung

§ 115. Liquidierung des Privathandels
§ 116. Die Verbraucherkommunen
§ 117. Das Genossenschaftswesen in der Vergangenheit
§ 118. Das Genossenschaftswesen in der Gegenwart
§ 119. Andere Verteilungsorgane

§ 115. Liquidierung des Privathandels

Jeder Produktionsweise entspricht eine eigene Verteilungsart. Nach der Beseitigung des kapitalistischen Eigentums auf die Produktionsmittel stieß die Sowjetrepublik unvermeidlich mit dem kapitalistischen Verteilungsapparat, d. h. mit dem Handel zusammen und mußte allmählich an dessen Beseitigung schreiten. Vor allem wurden die großen Handelsniederlagen beschlagnahmt. Das war auch wegen der scharfen Ernährungskrise und des Warenhungers nötig. Die von den Spekulanten in Erwartung der Preissteigerung versteckten Waren gelangten zur Verteilung an die arbeitenden Massen, und das milderte ein wenig die Krise in den ersten Wochen nach der November-Umwälzung.

Die Nationalisierung der Handelsniederlagen war bloß der erste Schritt. Bald darauf folgte die Nationalisierung des Großhandels. Das wurde sowohl zur Bekämpfung der Spekulation und zum Zwecke einer Bestandsaufnahme der in der Republik vorhandenen Waren als auch zu deren Verteilung vor allem unter den werktätigen Klassen notwendig. Die Sowjetmacht führte die Klassenration nicht nur für die Nahrungsmittel ein, sondern auch für die Manufakturwaren und alle Gegenstände des Hausbedarfes.

Vielleicht wäre es aber für die Sowjetmacht vorteilhafter, auf folgende Weise vorzugehen: alle Warenvorräte sämtlicher Privathändler zu beschlagnahmen, sie laut der Klassenration zu verteilen, ohne den Handelsapparat selbst zu zerstören, im Gegenteil, ihn auszunützen, ihn in den eigenen Dienst zu stellen.

In der Tat wurde es auch gewissermaßen auf diese Weise gemacht. Leider wurden aber die Waren zu spät beschlagnahmt, nachdem der größte Teil bereits in Geld verwandelt war, das von den Besitzern versteckt wurde. Der ganze Apparat der großen Geschäfte ging in seiner Gesamtheit an die Sowjetmacht über und begann mit Unterstützung der Gewerkschaft der Handelsangestellten zu arbeiten. Bloß die Geschäftseigentümer wurden beseitigt. Früher mußte man Waren einkaufen, sie auftreiben, Lieferungen abschließen. Seitdem aber der Hauptproduzent der Waren der proletarische Staat mit seinen nationalisierten Betrieben ist, wäre es unsinnig, wenn er sich selbst die Waren verkaufen und derart auf seine Kosten die Händler aushalten würde. Andererseits sind, wenn das Getreidemonopol eingeführt ist, zwischen dem Bauern und dem Staat einerseits, zwischen dem Staat und den Verbrauchern andererseits – Zwischenhändler überhaupt ganz überflüssig. Sie können den Bauern mit nichts verlocken, dem Staat das Getreide abzuliefern, Abnehmer für ihr Getreide brauchen die Bauern auch nicht zu suchen, es sind ja ihrer ohnehin genug da.

Insofern also die proletarische Macht die Produktion der wichtigsten Güter in Besitz genommen hat und ein bedeutender Teil der Nahrungsmittel durch ihre Organe aufgetrieben wird, braucht sie eigene Verteilungsorgane. Der Privathändler hat dabei nichts zu tun.

Was soll aber mit dem kleinen Privathandel geschehen, der die Produkte des selbständigen kleinen Hausgewerbes verteilt? Von dieser Produktion hat die Sowjetmacht noch nicht Besitz ergriffen. Es ist ihr noch nicht gelungen, zum monopolistischen Aufkäufer der Produkte des kleinen Hausgewerbes zu werden. Was soll mit dem Kleinhandel geschehen, der unter der Bevölkerung solche Produkte zur Verteilung bringt (natürlich zu wahnsinnigen Preisen), die die Agenten der Sowjetmacht wegen der Höchstpreise nicht auftreiben können?

Diese Frage ist zweifellos viel komplizierter als die Frage vom Großhandel, dessen Schicksal schon durch die allgemeine Expropriation des Kapitals besiegelt ist. Für die Sowjetmacht hat es keinen Sinn, einfach den Kleinhandel zu verbieten, sobald sie selbst nicht imstande ist, diesen Handel durch die Tätigkeit ihrer Verteilungsorgane gänzlich zu ersetzen. Es waren Fälle, wo die lokalen Sowjets und Revolutionskomitees, besonders in den von Weißgardisten gesäuberten Gegenden, den freien Handel verbaten, ohne eigene Approvisionierungsapparate zu schaffen, oder, was noch wichtiger ist, ohne nur irgendwie die regelmäßige Versorgung der Bevölkerung durch diese Apparate zu sichern. Im Endresultat wurde der Privathandel geheim betrieben, und die Preise stiegen um das Mehrfache. Der Kleinhandel wird erst langsam abgetötet werden, in dem Maße, als immer mehr Produkte, die für die Versorgung der Bevölkerung einlaufen, durch die Hand des Staates gehen werden. Wenn gegenwärtig das Volkskommissariat für Verpflegungswesen neben der üppig blühenden Sucharewka* besteht, so bedeutet es nur eines: der Krieg zwischen Kapitalismus und Sozialismus auf dem Gebiet der Verteilung dauert noch an, nur wird er jetzt in den Stellungen des Kleinhandels geführt und erst dann abgeschlossen werden, wenn die Staatsgewalt zum Haupteinkäufer der Produkte der Kleinindustrie oder, was später eintreten wird, selbst zum Erzeuger dieser Produkte geworden ist. Hier werden natürlich jene Fälle nicht berücksichtigt, wo der kleine Privathandel diejenigen Produkte in Verkehr bringt, die bereits im Besitz der Verpflegungsorgane waren, insofern es sich um die Bekämpfung der Diebstähle und sonstiger Mängel des Verteilungsmechanismus der Sowjetmacht handelt.

Auf diese Weise ist, obwohl die Beseitigung aller und jedes Privatvermittlers in der Verteilung das Ziel des Sozialismus bildet und mit der Zeit auch erreicht werden wird, die vollständige Vernichtung des Kleinhandelsapparates in nächster Zukunft unmöglich.

§ 116. Die Verbraucherkommunen

Insofern die größte Menge der Produkte, die für die Bevölkerung bestimmt sind, durch die staatlichen Verpflegungsorgane geht oder gehen wird, müssen entsprechende sozialistische Verteilungsorgane vorhanden sein. Diese Organe müssen folgenden Anforderungen ent-

---
* Sucharewka = ein Markt in Moskau. [Der Übersetzer.]

sprechen: sie müssen zentralisiert sein. Das sichert die gerechteste und gleichmäßigste Verteilung. Das vermindert die Erhaltungskosten des Apparates, welcher unter dem Sozialismus jedenfalls viel weniger Kräfte und Mittel beanspruchen soll als der private Handelsapparat. Der sozialistische Verteilungsapparat muß mit größter Geschwindigkeit arbeiten. Das ist äußerst wichtig. Es ist nötig, daß nicht nur der Apparat selbst ein Minimum an Kräften und Mitteln vom Staat erfordert, sondern daß er auch dem Verbraucher keine überflüssige Minute Zeit raubt. Sonst würde dies zu einer ungeheuerlichen unproduktiven Kräftevergeudung der ganzen Gesellschaft führen. Beim Bestehen des Privathandels konnte der Verbraucher unter den normalen Verhältnissen der kapitalistischen Wirtschaft mit Geld alles und zu jeder beliebigen Zeit erwerben. Der sozialistische Apparat darf in dieser Hinsicht nicht schlechter als derjenige des Privathandels sein. Indessen kann gerade dieser Apparat infolge der großen Zentralisation leicht zu einer schwerfälligen und äußerst langsam arbeitenden Maschine werden, die eher viel mehr Waren verfaulen läßt, ehe sie den Verbraucher erreichen. Wie soll aber dieser Apparat beschaffen sein?

Die Sowjetmacht stand vor zwei Möglichkeiten: entweder einen ganz neuen Verteilungsapparat zu schaffen oder alle jene Verteilungsorgane auszunützen, die vom Kapitalismus geschaffen wurden und die man in den Dienst der sozialistischen Verteilung stellen könnte.

Die Sowjetmacht betrat den zweiten Weg. Indem sie

Rosta-Plakat Nr. 867 (Januar 1921)

Willst Du? Tritt ein!
1. Willst Du die Kälte bezwingen?
2. Willst Du den Hunger bezwingen?
3. Willst Du essen?
4. Willst Du trinken?
Tritt schnell in die Stoßgruppe vorbildlicher Arbeit ein.

dort, wo es notwendig war, besonders in der ersten Periode der Zerstörung der kapitalistischen Verhältnisse, ihre eigenen Organe schuf, wendete sie ihre Aufmerksamkeit den Genossenschaften zu und setzte sich zum Ziele, den Genossenschaftsapparat für die Verteilung der Produkte auszunützen.

§ 117. Das Genossenschaftswesen in der Vergangenheit

In der kapitalistischen Gesellschaft besteht die Hauptaufgabe der Konsumgenossenschaften darin, den Verbraucher vom spekulativen Zwischenhändler zu befreien, den Handelsprofit in der Hand der vereinigten Verbraucher zu belassen und ihnen die gute Qualität der Produkte zu sichern. Dieses Ziel erreichte die Konsumgenossenschaft mit mehr oder weniger Erfolg, aber bloß für ihre Mitglieder, d. h. bloß für einen Teil der Gesellschaft. Was aber die kindischen Träume der Genossenschaftsführer über die friedliche Erneuerung des Kapitalismus mit Hilfe der Genossenschaft anbelangt, so steht in dieser Hinsicht die Sache in der Wirklichkeit folgendermaßen: bei allen ihren Erfolgen verdrängt die Konsumgenossenschaft mehr oder weniger bemerkbar bloß den Kleinhandel und tastet den Großhandel fast gar nicht an, indem sie selbst auf seine Dienste angewiesen ist. Was aber die Produktivunternehmungen der Genossenschaften anbelangt, so nehmen sie im gesamten System der kapitalistischen Produktion einen verschwindend kleinen Platz ein und üben keinen Einfluß auf den Gang und die Entwicklung der kapitalistischen Industrie aus. Im allgemeinen rechnete die kapitalistische Riesenorganisation nie mit der Genossenschaft als mit einem ernsten Konkurrenten. Indem der Kapitalismus die volle Möglichkeit besaß, die Genossenschaft wie eine kleine Katze zu erwürgen, wenn es sich notwendig erweisen sollte, so ließ er den Ideologen der Genossenschaftsbewegung ihre Träume von der Verdrängung des Kapitalismus und den Genossenschaftsbuchhaltern ihre Freude über die Profite, die sie den kleinen Händlern weggeschnappt haben. Die Genossenschaft selbst hat sich ganz dem Kapitalismus angepaßt und nahm eine bestimmte Stelle in seinem Verteilungssystem ein. Sie war sogar für den Kapitalismus von Vorteil, indem sie seine Ausgaben für den Verteilungsapparat verminderte und auf diese Weise einen Teil des überflüssigen Handelskapitals in die Industrie abdrängte. Andererseits hat die Genossenschaft, indem sie die Zahl der kleinen Zwischenhändler verminderte und den Verbraucher dem großkapitalistischen Erzeuger näherbrachte, die Warenzirkulation des Handels beschleunigte, eine rechtzeitige und gewissenhafte Bezahlung ihrer Verpflichtungen gesichert und letzten Endes die Lage der industriellen Reserve-Armee noch hoffnungsloser gemacht, nachdem ja früher ein Teil der Arbeitslosen in den Kleinhandel abzuströmen pflegte. Außerdem ist durch eine Reihe von Untersuchungen festgestellt worden, daß, insofern wir mit der Bauerngenossenschaft zu tun haben, dieselbe immer die größten

Vorteile dem kräftigen, wohlhabenden Bauern bringt, ohne den Armen nur ein wenig zu helfen. Laut ihrer Klassenzusammensetzung zerfällt die Verbrauchergenossenschaft in die Arbeiter-, Bauern- und eine allgemein bürgerlich-städtische, d. h. eigentlich Kleinbürger- und Beamtengenossenschaft. Die Arbeitergenossenschaft bildete immer den linkesten Flügel im Gesamtnetz der Genossenschaftsorganisationen und den rechtesten im Gesamtsystem der proletarischen Klassenorganisationen. In der Bauerngenossenschaft ist das große, kräftige Bauerntum tonangebend. In der städtischen Genossenschaft führen die kleinbürgerlichen Intellektuellen, die überhaupt in der Rolle der Ideologen der Genossenschaftsbewegung auftreten und ihr eine große Zukunft in der Arbeit der Zerstörung des Kapitalismus durch Laibe genossenschaftlichen Brotes versprechen.

Die wahre Natur der Genossenschaftsbewegung in Rußland wurde von der proletarischen Oktoberrevolution aufgedeckt. Mit Ausnahme eines Teiles der Arbeitergenossenschaften nahm ihr übriger Teil, besonders in der Gestalt ihrer intellektuellen und reichen bäuerlichen Führer, eine ausgesprochen feindliche Stellung der sozialistischen Umwälzung gegenüber ein. Ja, die sibirischen Genossenschaften in der Gestalt des Verbandes «Einkauf–Absatz» und anderer gingen entschlossen auf die Seite der weißgardistischen Gegenrevolution über und traten für die Erdrosselung der Sowjetrepublik mit Hilfe des Weltimperialismus ein.

Zum 1. Oktober 1917 gab es in Rußland 612 Genossenschaftsvereinigungen. Diese Zahl ist, scheinbar, kleiner als die wirkliche, weil man nach manchen Angaben zum 1. Januar 1919 das Vorhandensein von 1000 solcher Vereinigungen annehmen konnte. Im Zentralverband (Zentro-Ssojuz) waren 38 601 Genossenschaften mit 13 694 196 Mitgliedern vereinigt.

Da aber eine und dieselbe Genossenschaft häufig zu gleicher Zeit in 2 oder 3 Verbänden vertreten ist, so ist die Zahl der Genossenschaften und ihre Mitgliederzahl in Rußland anscheinend geringer als die angegebene.

Was die industrielle Tätigkeit der russischen Genossenschaften anbelangt, so besaßen sie und ihre Verbände im Jahre 1918 469 meist kleine Unternehmungen.

§ 118. Das Genossenschaftswesen in der Gegenwart

Unter der Herrschaft des Kapitalismus erfüllte die Genossenschaft in dessen gesamtem System eine ganz bestimmte Aufgabe. Unter der Sowjetmacht wird der Genossenschaftsapparat entweder zusammen mit dem gesamten kapitalistischen Verteilungsapparat allmählich absterben oder in das System der sozialistischen Verteilung einbezogen werden. Die alten Herren der Genossenschaften – die Menschewiki, Sozialrevolutionäre und verschiedene «Sozialisten» des Koltschaktypus – möchten gern die Genossenschaften unabhängig vom Staate sehen, d. h. ihnen die Freiheit des Sterbens sichern. Die Sowjetmacht, in der Berücksichtigung der wirklichen Interessen der großen werktätigen Massen und insbesondere der Interessen der Massen der Genossenschaftsmitglieder, betritt, im Gegenteil, einen anderen Weg. Ohne mit den Stimmungen der Führer der Intellektuellen-Genossenschaften zu rechnen und ohne den ganzen Genossenschaftsapparat wegen der gegenrevolutionären Bestrebungen seiner Spitzen beiseite zu schieben, suchte die Sowjetmacht immer den genossenschaftlichen Verteilungsapparat mit ihrem ganzen System der Verteilungsorgane zu verschmelzen. Sie suchte den Rahmen der genossenschaftlichen Tätigkeit nicht einzuengen, sondern zu erweitern. Die praktischen Aufgaben, die dabei vor der Sowjetmacht und der Kommunistischen Partei stehen, laufen im allgemeinen auf folgendes hinaus:

Die normale Genossenschaft des bürgerlichen Typus ist eine freiwillige Vereinigung der Bürger, die dieser Vereinigung einen bestimmten Beitrag leisten. Die Genossenschaft bedient in der Regel bloß ihre Mitglieder, und nur in dem Fall, wo es nicht zum Nachteil der Mitglieder ist, wird der Verkauf von Produkten auch an die gesamte Bevölkerung zugelassen. Wir erachten es für nötig, daß die gesamte Bevölkerung in den Genossenschaften vereinigt, daß jedes Mitglied der Gesellschaft in eine Genossenschaft eingetragen ist. Erst dann wird die Verteilung durch die Genossenschaften die Verteilung unter der gesamten Bevölkerung bedeuten.

In einem Konsumverein wird die Arbeit normalerweise auf der Grundlage der Selbstverwaltung der Vereinsmitglieder geführt. (Wenn in der Praxis ein kleines Häuflein der Verwaltungsmitglieder schaltet und waltet, so sind daran die Mitglieder selbst schuld. Die Verfassung der Genossenschaft ermöglicht es der Generalversammlung der Mitglieder, Herr des Geschäftes zu sein.) Wenn alle Mitglieder der Republik in die Genossenschaften eingetragen sind, so haben sie die volle Möglichkeit, von unten bis hinauf den ganzen staatlichen Verteilungsapparat zu kontrollieren. Wenn die Massen genügend Selbsttätigkeit entwickeln, können sie einen entschlossenen und erfolgreichen Kampf gegen Mißbräuche und Bürokratismus jeder Art in der Verteilung aufnehmen und auf diese Weise die notwendige Schnelligkeit und Pünktlichkeit in der Arbeit der staatlich-genossenschaftlichen Organisation erzielen. Dank der Beteiligung der Verbraucher selbst an der Verteilungsarbeit werden die Verteilungsorgane nicht mehr über den Massen in der Luft hängen bleiben, sondern zu Organen dieser Massen selbst werden, was zweifellos die Entwicklung des kommunistischen Bewußtseins und einer bewußten kameradschaftlichen Disziplin unter den Arbeitenden fördern und die Massen zum Verständnis der Arbeit des gesamten Produktions- und Verteilungsapparates der sozialistischen Gesellschaft in ihrer Gesamtheit bringen wird. Ferner ist es notwendig, nach der Vereinigung der gesamten Bevölkerung in Genossenschaften die führende Rolle in denselben den proletarischen Bevölkerungsschichten zu übertragen. In den Städten wird dies durch eine tätige Beteiligung der Arbeiter an den Genossenschaftsarbeiten, durch die Durchsetzung einer kommunistischen proletarischen Mehrheit bei den Verwaltungswahlen und hauptsächlich durch die Verwandlung gerade der Arbeitergenossenschaften, nicht der bürgerlichen, in städtische Verbraucherkommunen erzielt. Zu demselben Zwecke muß auch eine enge Verbindung zwischen den Genossenschaften und den Gewerkschaften, d. h. zwischen den Produktions- und Verteilungsorganen angestrebt werden. Diesem Bund gehört die Zukunft. Mit der Zeit wird die Rolle des Staates auf die eines zentralen Rechnungsbüros zurückgeführt werden, und dann wird dieser Bund eine besonders wichtige Bedeutung erhalten. Endlich ist die Beteiligung der Kommunisten als geschlossene Gruppe an dem genossenschaftlichen Aufbauwerk und die Eroberung der führenden Rolle darin notwendig.

Auf dem flachen Lande ist die Verdrängung der wucherischen Elemente aus den Verwaltungen der Genossenschaften nötig, die Aufhebung jedes Vorrechtes der begüterten Teile des Dorfes bei der Verteilung, der Übergang des gesamten Apparates der Dorfgenossenschaften in die Hände der Armen und des bewußten Teiles des Mittelbauerntums.

§ 119. Andere Verteilungsorgane

Seit der Oktoberumwälzung entstanden in Rußland zahlreiche verschiedene Verteilungsorgane, die durch die Revolution geschaffen wurden. Im Mittelpunkt derselben steht das Volkskommissariat für Verpflegungswesen mit seinen Unterabteilungen in den Gouvernements und Kreisen. Die Verpflegungsorganisationen besaßen und besitzen eigene Verteilungsorgane in der Gestalt eines Netzes von Approvisionierungsgeschäften und Magazinen. Die Rolle der Verteiler auf dem Lande spielten einige Zeit die Komitees der Armut, die ein Gegengewicht zur genossenschaftlichen Verteilung bildeten; während die Genossenschaften die erhaltenen Produkte meistens unter den wohlhabenden Bauern verteilten, suchten die Komitees der Armut, den größten und besten Teil der vom Staat erhaltenen Produkte den Armen zur Verfügung zu stellen. Eine große Rolle in der Verteilung spielen die Häuserkomitees der Großstädte und die Kommunenhäuser. Außerdem beschäftigten sich mit der Verteilung die Gewerkschaften und besonders die Fabrikkomitees.

Die Aufgabe der Sowjetmacht besteht darin, alle diese Verteilungsorgane durch ein einziges zu ersetzen und sie in den gesamten Verteilungsmechanismus einzugliedern. In dieser Hinsicht spielen z. B. die Häuserkomitees und die Kommunenhäuser eine nützliche Rolle, indem sie es den Verbrauchern ermöglichen, ihre Produkte zu erhalten, ohne sich stunden- und tagelang anzustellen.

XV. KAPITEL

Organisation der Banken und die Geldzirkulation

§ 120. Die Nationalisierung der Banken und die einheitliche Volksbank;
die Bank als Zentralbuchhaltung
§ 121. Das Geld und das Absterben des Geldsystems

§ 120. Die Nationalisierung der Banken und die einheitliche Volksbank; die Bank als Zentralbuchhaltung

Was Banken sind und welche Rolle sie in der kapitalistischen Gesellschaft spielen, darüber haben die meisten Arbeiter nur eine ganz unklare Vorstellung. Unter einer Bank stellt man sich eine große Truhe vor, wo die Kapitalisten ihre Kapitalien verwahren. Der Arbeiter, der Ersparnisse hatte und sie in die Bank legte, weiß, daß man für eingelegtes Geld Zinsen bekommt, daß manchmal die in einer privaten Bank eingelegten Gelder in die Luft fliegen und die Besitzer dieser Einlagen zugrunde gehen.

Vor allem ist eine Bank keine Geldtruhe. In jedem gegebenen Moment sind in der Bank nur wenige Gelder vorhanden. Das Wesen des Bankgeschäftes besteht nicht darin, als feuerfeste Kasse für diejenigen Leute zu dienen, die Ersparnisse besitzen. Durch die Bank gehen allerdings Hunderte Millionen von Ersparnissen, sie liegen aber nicht brach. Die in den Banken angesammelten Gelder werden ununterbrochen in Verkehr gesetzt. Erstens werden sie den Unternehmern verliehen, die Fabriken gründen, Arbeiter ausbeuten und einen Teil des Profites für die Anleihe der Bank zurückgeben (und die Bank gibt einen Teil ihres Profites dem Einleger). Zweitens gründen die Banken selbst neue Unternehmungen mit dem von den Einlegern erhaltenen Geld oder finanzieren bereits bestehende. Endlich gewähren die Banken Anleihen an auswärtige Staaten* und bekommen dafür Zinsen, d. h. vermittels der Regierungen plündern sie die Völker dieser Staaten aus. Da aber die Banken einem kleinen Häuflein der größten Kapitalisten gehören, ist die Arbeit der Banken letzten Endes nichts anderes als das Ausschöpfen des Mehrwertes mit Hilfe des eigenen Kapitals und desjenigen der Einleger.

Die Banken sind aber nicht bloß die Spinnen, die aus den Arbeitern und Bauern den Mehrwert aussaugen. Sie haben auch eine andere Bedeutung. Denn wenn ich z. B. Geld besitze und es in die Bank einlege, so heißt es, daß ich irgendwelche Waren gehabt, die ich verkauft und zu Geld verwandelt habe. Wenn durch die Bank immer neue Geldsummen fließen und die Zahl aller Kapitalien in der Gesellschaft wächst, so bedeutet es, daß immer mehr Wertmengen in den Verkehr treten. Geld ist ein Zeugnis für ein Produkt, sozusagen der Paß eines Produktes. Aus der Geldbewegung kann man im großen und ganzen annähernd auf die Bewegung der Produkte schließen. Auf diese Weise werden die Banken zu einer Art Rechnungskanzleien der kapitalistischen Gesellschaft.

Daraus sieht man, welche Rolle die Banken in der kapitalistischen Gesellschaft spielen können und was das Proletariat nach dem Ergreifen der Macht mit ihnen zu tun hat.

---

* So liehen z. B. die ausländischen Banken der zaristischen und Kerenski-Regierung über 16 Millionen Rubel.

Nach der sozialistischen Umwälzung oder, besser gesagt, während der sozialistischen Umwälzung, muß das Proletariat von allen Banken und vor allem von der zentralen Staatsbank Besitz ergreifen. Das ist notwendig, erstens, um alle Gelddepots der Bourgeoisie, alle Wertpapiere und die verschiedenen Geldobligationen der Kapitalisten zu konfiszieren. Durch diese Beschlagnahme wird ein Stoß ins Herz der kapitalistischen Ausbeutung versetzt.

So taten wir auch während der Oktoberrevolution und im November 1917 und versetzten damit den kapitalistischen Klassen Rußlands einen vernichtenden Schlag.

Was muß die proletarische Macht mit den beschlagnahmten Banken tun? Sie muß alles verwerten, was es an der Bankorganisation des Kapitals Wertvolles gibt. Das heißt, sie muß die Banken als Apparate zur Verrechnung der Produktion und als Verteiler der finanziellen Mittel aufrechterhalten. Vor allem muß eine vollständige Nationalisierung des Bankgeschäftes durchgeführt werden. Das heißt, daß nicht nur alle der Bourgeoisie entrissenen Banken zu Staatseinrichtungen des Proletariats verwandelt werden, sondern auch alle Bankoperationen für die Zukunft zum Staatsmonopol erklärt werden. Niemand anderer als der Staat darf Banken gründen.

Ferner müssen alle Banken vereinigt, die überflüssigen geschlossen und bloß diejenigen belassen werden, die als Zweigstellen der einheitlichen Bank der Sowjetrepublik notwendig sind.

Statt der verschiedensten Rechnungsarten und der verschiedenartigsten Bankoperationen, die von den bürgerlichen Banken gemacht wurden, wird in der einheitlichen Volksbank ein einheitliches und einfaches Verrechnungssystem eingeführt. Im Resultat wird der proletarische Staat in der Lage sein, ein vollständiges Bild darüber zu gewinnen, wohin und wieviel Geld der Staat ausgegeben hat, woher und wieviel eingelaufen ist.

Sollten aber in der einheitlichen Bank der Republik alle Staatsausgaben und -einnahmen verrechnet werden, was wird dann aus der Bank werden, wenn der Staat selbst immer mehr zur Verwaltung des einheitlichen riesengroßen Wirtschaftsapparates des Landes wird?

Es ist klar, daß die Bank dann dieselbe Rolle spielen wird wie das Buchhaltungsbüro in irgendeinem wirtschaftlichen Unternehmen. Die Bank als solche wird langsam verschwinden und sich, wie es in unserem Programm steht, «zur Zentralbuchhaltung der kommunistischen Gesellschaft verwandeln».

§ 121. Das Geld
und das Absterben des Geldsystems

Die kommunistische Gesellschaft wird kein Geld kennen. In ihr wird jeder Arbeiter Produkte für den gemeinsamen Gebrauch erzeugen und wird auch keine Bestätigung darüber erhalten, daß er das Produkt abgeliefert hat, d. h. er wird kein Geld bekommen. Gerade so wird er auch kein Geld an die Gesellschaft zahlen, wenn er etwas aus dem gemeinsamen Vorrat zu bekommen hat. Ganz anders ist es in der sozialistischen Ordnung, die als Übergang vom Kapitalismus zum Kommunismus dienen soll. Das Geld entsteht unvermeidlich und spielt seine Rolle in der Warenwirtschaft. Wenn ich, Schuster, einen Rock benötige, so verwandle ich meine Ware, d. h. die Stiefel, zuerst zu Geld, d. h. in eine Ware, mit deren Hilfe ich im Tausch jede andere Ware bekommen kann, im gegebenen Falle den für mich wichtigen Rock. So handelt jeder Warenerzeuger. In der sozialistischen Gesellschaft wird aber die Warenwirtschaft zum Teil noch bestehen bleiben.

Nehmen wir an, wir haben den Widerstand der Bourgeoisie erfolgreich gebrochen und die früheren herrschenden Klassen zu Arbeitenden gemacht. Es blieb uns aber noch die Bauernschaft, die für den gemeinsamen Gebrauch nicht arbeitet: Jeder Bauer wird trachten, seinen Überschuß dem Staat zu verkaufen, ihn gegen ein von ihm benötigtes Industrieprodukt einzutauschen. Der Bauer wird Warenerzeuger bleiben. Und für die Verrechnung mit seinem Nachbarn oder mit dem Staat wird er noch Geld brauchen, genauso wie der Staat Geld benötigen wird zur Verrechnung mit allen Mitgliedern der Gesellschaft, die noch nicht in die gemeinsame Produktivkommune eingetreten sind. Um so mehr war es unmöglich, das Geld gleich zu beseitigen, während im ausgedehnten Umfang noch der Privathandel betrieben wird, welcher von der Sowjetmacht durch die sozialistische Verteilung noch nicht ganz ersetzt werden kann. Endlich ist die sofortige Beseitigung des Geldes auch nicht von Vorteil, insofern die Emission von Papiergeld Steuern ersetzt und es dem proletarischen Staat ermöglicht, sich unter den ungeheuer schweren Verhältnissen zu halten.

Der Sozialismus ist aber Kommunismus im Bau, unvollendeter Kommunismus. Mit dem Erfolg des Bauwerkes muß das Geld aus der Verwendung verschwinden, und eines schönen Tages wird der Staat wahrscheinlich gezwungen werden, die absterbende Geldzirkulation endgültig abzuwürgen. Das ist besonders wichtig für die tatsächliche Vernichtung der Überreste der bürgerlichen Klassen, die mit dem versteckten Geld fortsetzen, Werte zu verbrauchen, die von den arbeitenden Klassen erzeugt werden in derselben Gesellschaft, wo das Gebot verkündet wird: «Wer nicht arbeitet, der soll auch nicht essen».

Das Geld verliert allmählich seine Bedeutung, gleich von Anbeginn der sozialistischen Revolution. Alle nationalisierten Unternehmungen, ähnlich dem Unternehmen eines reichen Besitzers (in diesem Falle – des proletarischen Staates), haben eine gemeinsame Kasse und haben es nicht nötig, für Geld einen gegenseitigen Kauf und Verkauf zu betreiben. Es wird langsam der bargeldlose Verkehr eingeführt. Infolgedessen wird das Geld aus einem großen Gebiet der Volkswirtschaft verdrängt. Auch in bezug auf die Bauernschaft verliert das Geld ebenfalls langsam seine Bedeutung, und auf den Plan tritt der Warenaustausch. Sogar im Privathandel mit den Bauern tritt das Geld immer mehr zurück, und der Käufer kann Getreide nur gegen Naturprodukte wie Kleider, Stoffe, Geschirr, Möbel u. dgl. bekommen. Das langsame Verschwinden des Geldes wird auch begünstigt durch die riesige Papiergeldemission durch den Staat, bei stark eingeschränktem Warenverkehr, hervorgerufen durch die Zerrüttung der Industrie. Die immer mehr zunehmende Entwertung des Geldes ist, im Grunde genommen, eine elementare Annullierung (Ungültigkeitserklärung) desselben.

Der stärkste Schlag wird aber der Existenz des Geldes durch die Einführung der Budgetbücher und durch Bezahlung an die Arbeiter mit Produkten versetzt werden. In das Arbeitsbuch wird eingetragen werden, wieviel der Betreffende geleistet hat, d. h. wieviel ihm der Staat schuldet. Und auf dieses Buch wird der Arbeitende im Konsumverein Produkte erhalten. Bei diesem System können die nichts Leistenden für Geld nichts bekommen. Das kann aber nur dann bestehen, wenn der Staat in der Lage sein wird, in seiner Hand eine derartige Menge von Gebrauchsgütern zu vereinigen, wie für die Versorgung aller arbeitenden Mitglieder der kommunistischen Gesellschaft genügt. Ohne Wiederaufbau der zerstörten Industrie und ohne ihre Erweiterung ist dies undurchführbar.

Im allgemeinen bildet sich gegenwärtig der Prozeß der Beseitigung der Geldzirkulation in folgender Form heraus: Zuerst wird das Geld aus dem Gebiet des Güteraustausches innerhalb der nationalisierten Unternehmungen (Fabriken, Eisenbahnen, Sowjetwirtschaft usw.) verdrängt. Ferner verschwindet das Geld aus den Verrechnungen zwischen dem Staat und den Arbeitern des sozialistischen Staates (d. h. zwischen der Sowjetmacht und den Angestellten und Arbeitern der Sowjetunternehmungen). Dann entfällt das Geld, ersetzt durch den Warenaustausch, aus dem Verkehr zwischen dem Staat und den kleinen Erzeugern (Bauern, Heimarbeitern). Dann verschwindet das Geld im Warenaustausch innerhalb der Kleinwirtschaft und wird wahrscheinlich endgültig erst mit der Kleinwirtschaft selbst absterben.

XVI. KAPITEL

Die Finanzen
im proletarischen Staat

§ 122. Der Staat, ein Schmarotzerapparat
§ 123. Der Proletarierstaat – ein produktiver Apparat
§ 124. Das Budget des proletarischen Staates

§ 122. Der Staat, ein Schmarotzerapparat

Wie oben bereits gesagt wurde, ist der Staat eine Organisation der Gewalt und der Herrschaft einer Klasse über die anderen. Wenn die Bourgeoisklasse mit der Entwicklung des Kapitalismus immer mehr zu einer Klasse der Müßiggänger wird, die nur verzehrt und der Produktion nicht hilft, was soll dann erst vom bürgerlichen Staat gesagt werden, der die Ruhe und die Einkünfte dieser Nichtstuer vor den ausgebeuteten und empörten Massen schützt? Die Polizei mit der Gendarmerie, das stehende Heer und der Gerichtsapparat, und überhaupt alle Verwaltungsapparate des Landes sind eine Ansammlung einer ungeheuer großen Menschenzahl, von denen keiner weder ein Pud Getreide, noch ein Arschin Stoff, noch eine Näh- oder Stecknadel erzeugt hat. Diese ganze Organisation lebt auf Kosten des Mehrproduktes, das von den Arbeitern und Bauern geliefert wird. Dieses Mehrprodukt wird von dem Staat in Form der direkten und indirekten Steuern ausgepumpt. Unsere zarische Regierung schlug z. B. auf diese Weise aus den Arbeitern und Bauern über 3 Milliarden in Gold heraus. (Wenn man das in das gegenwärtige Papiergeld und in seine Kaufkraft umrechnen wollte, so würde es über 300 Milliarden ausmachen, d. h. dreimal so viel, als es überhaupt Geld in ganz Rußland gibt.) Nur ein geringer Teil der Steuereinnahmen wurde für die Produktion, z. B. Bau von Eisenbahnen und Landstraßen, Schiffen, Brücken, Staatswerken usw. verwendet.

Was den proletarischen Staat anbelangt, so muß derselbe in der Periode, solange der Bürgerkrieg andauert, solange der Widerstand der Bourgeoisie noch nicht gebrochen ist, ebenfalls ein Organ sein, das über der Produktion steht. Die Funktion vieler Organe des proletarischen Staates ist nicht die Arbeit, die neue Werte schafft. Im Gegenteil, eine Reihe von Staatsorganen lebt auf Kosten der Produkte, die die Arbeiter und Bauern schaffen. So z. B. unser ganzer Militärapparat und die Rote Armee, die Verwaltungsorgane, die Organe zur Bekämpfung der Gegenrevolution usw. Aber nicht das ist für den proletarischen Staat charakteristisch, d. h. nicht dasjenige, was diesen Staat dem Ausbeuterstaat ähnlich macht. Für den proletarischen Staat ist gerade kennzeichnend, daß diese Organisation sich allmählich aus einem unproduktiven Organismus in eine Organisation zur Verwaltung der Wirtschaft verwandelt.

§ 123. Der Proletarierstaat – ein produktiver Apparat

Schon lange vor Beendigung des Bürgerkrieges versieht der Proletarierstaat hauptsächlich die Produktion und die Verteilung der Güter. Besonders klar äußert sich dies bei einer bloßen Aufzählung der zentralen und provinziellen Kommissariate. Die größte Sowjetorganisation ist der Oberste Volkswirtschaftsrat mit allen seinen Abzweigungen. Das ist eine ausschließlich produktive Organisation. Ferner kommen folgende Kommissariate: für Landwirtschaft, Verpflegungswesen, Verkehr,

Arbeit – ebenfalls Organisationen der Produktion, der Verteilung oder zur Bedienung der Arbeitskraft. Ferner verwandelt sich das Kommissariat für Volksaufklärung nach der Durchführung des Programms der Einheitlichen Arbeitsschule ebenfalls in eine Organisation zur Vorbereitung gebildeter Arbeitskräfte. Schutz der Gesundheit im proletarischen Staat ist ein Organ zum Schutz der Gesundheit der Werktätigen; die soziale Fürsorge – die Fürsorge hauptsächlich für die künftigen oder ehemaligen Arbeitenden (Heime, Kolonien, usw.). Sogar das Kommissariat für Verwaltung verwandelte sich hauptsächlich zu einer Organisation zur Unterstützung und Führung der lokalen, vor allem der munizipalen Wirtschaft. Im großen und ganzen verwandelt sich der proletarische Staatsmechanismus zu einer riesigen Organisation, die von allen Seiten die Volkswirtschaft leitet, sie auf allen Gebieten fördert. Mit besonderer Deutlichkeit tritt dies bei der Betrachtung des Budgets der Sowjetrepublik hervor. Hier sind die besonders charakteristischen Ausgabeposten:

Für das erste Halbjahr 1919 wurde veranschlagt:

	Millionen Rubel
Oberster Volkswirtschaftsrat	10976
Volkskommissariat für Verpflegungswesen	8153
Volkskommissariat für Verkehr	5073
Volkskommissariat für Aufklärung	3888
Volkskommissariat für Schutz der Gesundheit	1228
Volkskommissariat für soziale Fürsorge	1619
Volkskommissariat für Landwirtschaft	533
Volkskommissariat für Heerwesen	12150
Volkskommissariat für Marinewesen	521

Volkskommissariat für auswärtige Angelegenheiten ...   11
Volkskommissariat für nationale Angelegenheiten   17
Volkskommissariat für Justiz 250
Volkskommissariat für Inneres 857
Außerordentliche Kommission 348

Aus diesen Zahlen ersehen wir, daß die Verteidigung der Republik noch sehr große Mittel verschlingt. Sehen wir aber von diesen Ausgaben ab, die durch die außerordentlichen Verhältnisse hervorgerufen werden, so wird es ganz klar, daß neun Zehntel der Ausgaben des proletarischen Staates Ausgaben für die Produktion, für deren Verwaltung, für die Sicherung ihres Ganges in der Zukunft, für die Erhaltung der Arbeitskraft usw., also rein wirtschaftliche Ausgaben sind.

Das ist aber noch nicht alles. An den kommunistischen Samstagen erfüllen die Funktionäre der Produktionsorganisationen, die roten Soldaten und Kriegskommissäre ihre Pflicht der produktiven Arbeit gegenüber, im Anfang allerdings in sehr bescheidenem Umfang. Bis zum Jahre 1919 gab es in der ganzen Welt keinen Staat, dessen Beamte für diesen Staat regelmäßig Lokomotiven reparieren und Holz abladen würden.

§ 124. Das Budget des proletarischen Staates

Wir sahen oben, daß die Ausgaben des proletarischen Staates immer mehr zu produktiven Ausgaben werden. Es entsteht die Frage, aus welchen Quellen er seine Einnahmen schöpfen muß.

Einigen Aufschluß geben darüber die Finanzen der russischen Sowjetrepublik. Zu Beginn ihrer Existenz hatte die Sowjetmacht einige außerordentliche Einnahmequellen, so z. B. die beschlagnahmten Bankdepots der Bourgeoisie, die staatlichen Barbestände, die von der alten Regierung zurückgeblieben waren, Beträge, die als Kontributionen von der Bourgeoisie eingehoben wurden oder vom Verkauf der den Privathändlern und Firmen konfiszierten Vorräte herstammten usw. Alle diese Einnahmen erschienen aber zu klein im Vergleich zu den notwendigen Ausgaben. Die Kontributionen, die von den Kapitalisten eingezogen wurden, waren allerdings eine Zeitlang fast die einzige Existenzquelle für die lokalen Sowjets, für die Zentralgewalt konnten aber diese Kontributionen keine wesentliche Unterstützung bilden. Endlich erschien diese Quelle allzu kurzlebig, d. h. die Bourgeoisie wurde tatsächlich entblößt oder war auch meistens auseinandergestoben, nachdem sie ihre Ersparnisse versteckt hatte. Eine progressive Einkommensteuer gab und gibt auch keine großen Resultate. Insofern sie sich auf Angestellte und Arbeiter bezieht, hat sie keinen Sinn, denn der Staat nimmt auf diese Weise in Form der Steuer dasjenige, was er in Form des Gehaltes auszahlt. Insofern es aber die städtische Bourgeoisie betrifft, so existiert offiziell eine derartige fast überhaupt nicht, und offen übt sie ja ihr Handwerk nicht aus. Darum ist auch die Steuer äußerst schwer einzuheben, und in der Tat erwiesen sich diese Einnahmen als sehr geringfügig. Viel erfolgreicher kann diese Steuer bei dem vermögenden Teil des Bauerntums

GPP-Plakat Nr. 35 (Februar 1921)

Saatkampagne.
Erfüllen wir das Dekret!

1. Die Sowjetmacht gab uns den Plan.
2. Ich schließe sie ins Herz.
3. Wie es der Sowjetplan befiehlt,
4. säe ich überall.

eingetrieben werden, aber zum geregelten Einlauf derselben ist eine geregelte Arbeit der Steuerorgane nötig, die von den lokalen, hauptsächlich von den Machtorganen der Gemeinden unterstützt werden. Dieser gesamte Apparat ist aber noch nicht genügend eingeordnet, um den Erfolg der Sache zu sichern. Was das mittlere Bauerntum anbelangt, so ist seine Besteuerung, solange der Bürgerkrieg dauert, aus politischen Gründen untunlich, um dasselbe nicht vom Proletariat abzustoßen. Der Versuch, eine außerordentliche Revolutionssteuer von 10 Milliarden einzuheben, mißlang, da nach großen Anstrengungen nur nicht ganz 2 Milliarden eingelaufen sind. Die Hauptquelle der Staatseinnahmen bleibt das Drucken von Papiergeld. Die Emission des Papiergeldes, insofern man für dieses noch etwas kaufen kann, ist eigentlich eine besondere Steuerform. Nachdem diese Emission die Geldentwertung beschleunigt, führt sie indirekt zur Expropriation des Geldkapitals der Bourgeoisie, indem sie deren Kaufkraft auf ein Geringes desjenigen herabsetzt, was die Bourgeoisie früher noch für dieses Geld hätte kaufen können. Die Emission des Papiergeldes kann natürlich auf die Dauer nicht die Einnahmequelle eines Staates bilden, der die Vernichtung des Geldes überhaupt anstrebt. Der proletarische Staat wird vor die Frage gestellt, wie er seine Einnahmen auf einer festeren Grundlage aufbauen könnte.

Diese feste Grundlage bildet die Produktion selbst. Wenn die Papiergeldemission als ein Einnahmeposten bisher gelang, so geschah es deswegen, weil diese Art der Steuer unbemerkt eingehoben wird. Genauso ganz unmerklich ist die Eintreibung der indirekten Steuern von Staatsmonopolen möglich. Diese Art der Staatseinnahmen ist auch im Grunde genommen sehr richtig. Denn die Erzeugungskosten eines beliebigen Produktes, welches vom Staat vertrieben wird, muß auch alle Ausgaben für die Verwaltung der Produktion enthalten. Und diese Verwaltung wird gerade vom proletarischen Staatsapparat verwirklicht. In der Praxis heißt es, daß, wenn die Beförderung der Reisenden im Jahre 1 Milliarde Rubel kostet, so kann der Staat den Fahrpreis so bestimmen, daß er vom Personenverkehr 1 Milliarde, 200 Millionen einnehmen kann. Wenn die gesamten erzeugten Manufakturwaren 5 Milliarden kosten, so dürfen sie um 6 Milliarden verkauft werden usw. Der Überschuß muß für die Erhaltung des Staates ausgegeben werden. Die Monopoleinnahmen sind natürlich nicht bloß in Geldform denkbar, sondern auch unmittelbar in Form von Ausscheidung einer bestimmten Gütermenge.

Wenn der proletarische Staat in seiner Gesamtheit zu einem Verwaltungsorgan für die gesamte sozialistische Wirtschaft wird, so wird die Frage von seiner Erhaltung, d. h. unsere alte Budgetfrage bedeutend vereinfacht. Es wird sich einfach um die Ausscheidung einer bestimmten Menge von Mitteln für eine bestimmte Wirtschaftsausgabe handeln.

Wenn sich aber die Frage von dem Staatsbudget außerordentlich vereinfacht, so steht die Sache mit der Feststellung dessen, welcher Teil verbraucht, d. h. in der Wirtschaft verausgabt werden kann, nicht so einfach. Es wird notwendig sein, mit größter Sachkenntnis auszurechnen, welche Gütermenge restlos verbraucht werden kann, welche Menge den Vorrat bilden, welche für die erweiterte Reproduktion usw. dienen soll.

So verwandelt sich die staatliche Budgetfrage mit der Vernichtung des Staates als parasitären Apparat, zu einer allgemeinen Frage über die Verteilung aller Güter in der sozialistischen Gesellschaft, weil das Staatsbudget bloß zu einem Teilchen des Gesamtbudgets der sozialistischen Gesellschaft in ihrer Gesamtheit wird.

XVII. KAPITEL

Programm der Kommunisten in der Wohnungsfrage

§ 125. Die Wohnungsfrage
in der kapitalistischen Gesellschaft
§ 126. Die Wohnungsfrage im Proletarierstaate

§ 125. Die Wohnungsfrage in der kapitalistischen Gesellschaft

Nirgends treten die Vorrechte der Bourgeoisie so kraß zutage, wie auf dem Wohnungsgebiet. Die besten Stadtviertel werden von der Bourgeoisie bewohnt. Die reinsten, mit Gärten und Bäumen bepflanzten Straßen sind von den besitzenden Klassen bevölkert. Die Arbeiterklasse ist, im Gegenteil, in allen Ländern ohne Ausnahme in die Vorstädte verjagt. Sie ist dorthin gar nicht deswegen hineingetrieben, weil die meisten Fabriken gewöhnlich in den Vorstädten errichtet werden. Wenn eine Fabrik sich im Stadtzentrum befindet, so hausen doch die Arbeiter derselben in den Vorstadtgassen, in den Vorstädten. Und die Inhaber der am Ende der Stadt gelegenen Fabriken leben trotzdem im Stadtzentrum.

Die bürgerlichen Familien bewohnen ganze Villen oder Wohnungen mit einer Zimmerzahl, die die Zahl der Insassen um das Mehrfache übersteigt, mit Garten-, Badbenützung und sonstigen Bequemlichkeiten des Lebens.

Die Arbeiterfamilien werden in Kellern, einzelnen Zimmern, kleinen Kammern zusammengepfercht oder, was sehr häufig vorkommt, sie leben in gemeinsamen Baracken wie die Sträflinge in gemeinschaftlichen Gefängniszellen. Den ganzen Arbeitstag mit seinen Lungen den Fabrikrauch, Späne und Staub einatmend, muß der Arbeiter die ganze Nacht in einem Raum zubringen, wo häufig 5 bis 6 Kinder schlafen.

Es ist daher kein Wunder, wenn die Statistik bald festgestellt hat, wie schnell in den Arbeitervierteln die Menschen sterben, deren Arbeitstag lang ist, aber die Hütte zu eng und das Leben zu kurz. Hier sind die Daten. In England beträgt die Sterblichkeit 22 Personen jährlich auf je 1000. In den Vierteln der Bourgeoisie sinkt die Sterblichkeit auf 17, in den eigentlichen Arbeiterbezirken steigt sie auf 36; und in den Vierteln, die von den ärmsten Arbeitern bewohnt sind, erreicht die Sterblichkeit die Ziffer 40 bis 50 auf 1000. In der Hauptstadt Belgiens, in den Arbeiterbezirken von Brüssel, stirbt einer von 29, in den besten Bourgeoisvierteln einer von 53, d. h. die Sterblichkeit in den Arbeitervierteln ist zweimal so hoch wie in den bürgerlichen.

Die mittlere Lebensdauer der Bourgeoisie, die in hellen, trockenen und warmen Wohnungen lebt, ist fast 1½ mal so lang als die der Vorstadtbewohner mit ihren Keller- und Dachbodenwohnungen.

In Budapest betrug die mittlere Lebensdauer der Personen, die im Alter über 5 Jahre gestorben sind:

Bei 1 bis 2 Bewohnern auf ein Zimmer	47,16 Jahre
Bei 2 bis 5 Bewohnern auf ein Zimmer	39,51 Jahre
Bei 5 bis 10 Bewohnern auf ein Zimmer	37,10 Jahre
Bei über 10 Bewohnern auf ein Zimmer	32,03 Jahre

Noch mehr wächst die Sterblichkeit unter den Arbeiterkindern im Verhältnis zu derjenigen der Bourgeoisie. In den Bourgeoiswohnungen, wo auf jedes Zimmer nicht mehr als ein Bewohner entfällt, ist die Sterblichkeit der Kinder im Alter bis zu einem Jahr viermal geringer als in Wohnungen, wo auf jedes Zimmer über drei Bewohner entfallen. Im Alter von 1 bis 5 Jahren ist die Sterblichkeit in den Bourgeoiswohnungen zweimal geringer als unter den Arbeitern.

Aber die Arbeiter müssen in ihren verpesteten und dunstigen Wohnungen nicht nur im Durchschnitt um 15 Jahre früher als die Bourgeoisie sterben, sie werden noch gezwungen, dieses Vergnügen den Hausbesitzern-Kapitalisten zu bezahlen. Für jedes Loch, jeden Keller und Dachboden, geschweige denn für jedes wirkliche Zimmer oder jede Wohnung, muß den Hausbesitzern ein Tribut entrichtet werden. Bezahlst du nicht, so wirst du auf die Straße gesetzt. Der Wohnungszins verschlang immer einen großen Teil des Arbeitsverdienstes – 15 bis 25 % des gesamten Monatsverdienstes der Arbeiter. Diese Ausgaben sanken und sinken nicht, sondern wachsen in allen kapitalistischen Ländern. In Hamburg z. B. gingen von je 100 Mark des Verdienstes für den Wohnungszins auf:

Bei einem Jahreseinkommen von Mark	im Jahre 1868	im Jahre 1881	im Jahre 1900
900 bis 1 200	19,8%	24,1%	24,7%
1 200 bis 1 800	19,9%	18,9%	23,2%
1 800 bis 2 400	20,3%	19,5%	21,6%
6 000 bis 9 000	16,5%	15,7%	15,1%
30 000 bis 60 000	6,7%	8,1%	6,0%
über 60 000	3,7%	3,9%	3,0%

Je geringer also die Einnahmen sind, ein desto höherer Prozentsatz des Einkommens entfällt auf die Wohnung, und desto rascher wächst dieser Anteil mit jedem Jahre.

Dagegen ist der Prozentsatz der Ausgaben für die Wohnung bei der Bourgeoisie fast sechsmal geringer, und dieser Prozentsatz steigt nicht, sondern fällt.

§ 126. Die Wohnungsfrage im Proletarierstaate

Die proletarische Revolution vollführte eine vollständige Umwälzung auf dem Gebiet der Wohnungsverhältnisse. Die Sowjetmacht tritt an die Nationalisierung der bürgerlichen Häuser heran, hob in dem einen Falle die rückständigen Wohnungszinse der Arbeiter auf, im anderen Falle setzte sie dieselben herab. Das ist aber noch nicht alles. Es ist bereits ein Plan fertig und wird zum Teil durchgeführt, laut welchem jeder Wohnungszins für jene Arbeiter beseitigt ist, die in nationalisierten Häusern wohnen. Ferner begann in den größeren Städten eine systematische Einquartierung der Arbeiter aus den Kellerräumen, halbzerstörten Häusern und ungesunden Wohnungen in bürgerliche Villen und große Häuser der inneren Stadtviertel. Außerdem werden die Arbeiter systematisch mit Möbeln und allen Hausgerätschaften versehen.

Die Aufgabe der Kommunistischen Partei besteht darin, diese Politik fortzusetzen, die Hauswirtschaft zu vervollkommnen, die Vernachlässigung der nationalisierten Häuser zu bekämpfen, die Reparatur derselben und die Reinhaltung zu überwachen, alle Einrichtungen wie Leitungen, Kanalisierung, Dampfheizung u. dgl. in Ordnung zu halten.

Indem aber die Sowjetmacht im ausgedehnten Maße die Nationalisierung des großkapitalistischen Hausbesitzes betreibt, hält sie es nicht für nötig, die Interessen des kleinen Hausbesitzes – aus den Reihen der Arbeiter, Angestellten und der gewöhnlichen Kleinbürger – zu schädigen. Die Versuche, eine großzügige Nationalisierung auch der kleinen Häuser, besonders in der Provinz, in die Wege zu leiten, brachten es bloß dazu, daß niemand da war, der die nationalisierten Häuser und kleinen Häuschen überwachen konnte, sie begannen zu verfallen, und es waren häufig auch keine Parteien vorhanden, die in denselben wohnen wollten. Unterdessen rief es unter dem kleinen Hausbesitz eine Empörung und Unzufriedenheit gegen die Sowjetmacht hervor.

Die Sowjetmacht, die vor die schwerste Wohnungskrise in den Städten, hervorgerufen durch die Einstellung jeder neuen Bautätigkeit, gestellt wurde, überwand die riesengroße Arbeit der gerechten Verteilung der Bürger in allen Häusern. Die Wohnungsabteilungen der Sowjets übernehmen die Evidenzhaltung der freien Wohnungen der Städte und verteilen sie nach einem bestimmten Plan unter die Parteien. In derselben Zeit wird von diesen Abteilungen das Vorhandensein und der Rauminhalt der Häuser jeder Großstadt festgestellt und die Wohnungen jener Familien und Einzelpersonen verwendet, die eine Anzahl Zimmer über die Norm besitzen.

Mit der Überwindung des Bürgerkrieges und der Produktionskrise wird ein erhöhtes Wachsen der städtischen Bevölkerung beginnen. Das Proletariat, das in die Dörfer gegangen ist, wird in die Städte zurückkehren. Dorthin wird auch der Bevölkerungsüberschuß der Dörfer übersiedeln. Vor der Sowjetmacht wird die Frage der neuen Bauten entstehen, jener Bauten, die die Wohnungsbedürfnisse der kommunistischen Gesellschaft befriedigen sollen. Im gegenwärtigen Augenblick ist es noch schwer zu sagen, welche Bautype die beste sein wird: ob es große Häuser mit allen Einrichtungen, mit Garten, gemeinsamem Speisesaal u. dgl. oder gut eingerichtete kleine Arbeiterhäuschen sein werden. Eines steht fest: das Wohnungsprogramm darf mit dem Programm der Vereinigung der Industrie mit der Landwirtschaft nicht in Widerspruch stehen. Dieses Programm muß die Auflösung der Stadt in kleine Landeinheiten fördern, nicht aber das Anhäufen auf einem Fleck Hunderttausender und Millionen von Menschen vergrößern, die der Möglichkeit beraubt sind, freie Luft zu atmen, die von der Natur abgeschnitten und zu einem frühzeitigen Tod verurteilt sind.

XVIII. KAPITEL*

Arbeiterschutz und soziale Fürsorge

§ 127. Was ist Arbeiterschutz?
§ 128. Die Hauptgebiete des Arbeiterschutzes
§ 129. Was ist auf dem Gebiete des Arbeiterschutzes in Rußland geleistet worden?
§ 130. Was ist soziale Fürsorge?
§ 131. Die Hauptgebiete der sozialen Fürsorge
§ 132. Was auf dem Gebiete der sozialen Fürsorge geleistet worden ist
§ 133. Andere Maßnahmen zur Verbesserung der Lage der Arbeiterklasse
§ 134. Die weiteren Aufgaben der Partei

---

* Dieses Kapitel ist von N. Bucharin verfaßt.

§ 127. Was ist Arbeiterschutz?

Die Arbeiterklasse kämpft für die kommunistische Gesellschaftsordnung deswegen, weil diese Ordnung sie von der Ausbeutung befreien und es ihr ermöglichen wird, die Produktivkräfte so zu entwickeln, daß der Mensch es nicht notwendig haben wird, sein ganzes Leben bei der Produktion der unentbehrlichsten Dinge zu verbringen. Darum bedeuten alle Eroberungen, die das Proletariat auf seinem Wege zum Kommunismus macht, im Grunde genommen direkt oder indirekt den Arbeiterschutz: sie fördern ja die Verbesserung der Lage der Arbeiterklasse. Nehmen wir z. B. die politische Freiheit der Arbeiterklasse in der Sowjetrepublik und die Stellung der Arbeiterschaft als der herrschenden Klasse. Es ist klar, daß diese politische Stellung zu gleicher Zeit ein Schritt nach vorwärts im Sinne des Arbeiterschutzes ist. Dasselbe kann ausnahmslos von allen Eroberungen der Arbeiterklasse gesagt werden. Doch ist von diesem weitgehenden Begriff «Arbeiterschutz» der spezielle zu unterscheiden. Hier handelt es sich nicht um die Lage der Arbeiterschaft im allgemeinen, sondern um ihre Lage in den Fabriken, Werken, Gruben – mit anderen Worten, um ihre Lage im Arbeitsprozeß selbst. Die Arbeit in den Fabriken und Werken, bei vielen Maschinen, häufig unter giftigen Ausdünstungen, ist tatsächlich ungeheuer gefährlich. Diese Gefahr wird noch durch den langen Arbeitstag erhöht, der die Arbeiter ermüdet, ihre Kräfte erschöpft, die

Aufmerksamkeit abschwächt und dadurch die Vermehrung der Unglücksfälle fördert. Schon der lange Arbeitstag an und für sich erschöpft den Organismus furchtbar.

Es genügen einige Beispiele, um klarzumachen, wie der Zustand der Arbeitenden von den Arbeitsverhältnissen und Arbeitsbedingungen abhängt. Doch ist es notwendig, dabei etwas länger zu verweilen.

1. Vor allem die Frage der «Unglücksfälle». Hier einige Zahlen. Auf der Newski-Schiffsbauwerft in Petrograd wurden die Unglücksfälle auf folgende Weise angegeben:

	Anzahl der Unglücksfälle	Arbeiterzahl	Zahl der Unglücksfälle auf je 1000 Arbeiter
im Jahre 1914	4386	6186	709
im Jahre 1915	4689	7002	669
im Jahre 1916	2730	7602	381
im Jahre 1917	1269	6059	210

Das Sinken der Zahl der Unglücksfälle wurde hauptsächlich durch eine Reihe besonderer Maßnahmen erzielt. Aber auch 210 Unglücksfälle auf 1000 Arbeiter ist noch eine riesige Zahl.

Die Unglücksfälle erreichen manchmal ihrer Zahl nach 70 Prozent der gesamten Arbeiterzahl. Nach Angaben eines Landarztes glichen die Landkrankenhäuser während der Ernte im Gouvernement Jekaterinoslaw den Ambulatorien der Kriegszeit. Unglücksfälle waren natürlich nicht nur in Rußland, sondern überall zu beobachten. Im englischen Parlament wies einmal der englische Sozialist MacDonald nach, daß unter 1200 Mann, die in den Gruben getötet wurden, 1100 waren, die infolge der Unterlassung der notwendigsten Sicherheitsmaßnahmen seitens der Kapitalisten zugrunde gingen.

Dieses letzte Beispiel zeigt uns, daß man beim guten Willen die Zahl der Unglücksfälle außerordentlich verringern kann. Aber die notwendigen Vorkehrungen waren für die Kapitalisten unrentabel.

2. Schädliche Arbeitsverhältnisse und die damit verbundenen Berufskrankheiten, Sterblichkeit u. dgl. sind die zweite Grundfrage.

Nehmen wir z. B. die Phosphorfabriken. Nach Angaben Lazarews genügten fünf Jahre Arbeit in diesen Fabriken Rußlands, wo es an den notwendigen Vorkehrungen fehlte, um den Menschen in eine «wandernde Leiche» zu verwandeln. In chemischen Werken, Glasfabriken, Gruben usw. war die Produktion mit einer Reihe sogenannter Berufserkrankungen verbunden.

Aber auch in anderen Produktionen können ähnliche Erscheinungen beobachtet werden: Venenerweiterung bei stehend Arbeitenden, Kieferzerstörung bei Arbeitenden mit Phosphor, Quecksilber- und Arsenikvergiftungen, Tuberkulose (Schwindsucht) in vielen Zweigen usw.

Wir bringen einige Zahlen:

ARBEITERSCHUTZ

Jährlich starben in England (in den Jahren 1900–1902) auf je 1000 Personen: Mann

von den Geistlichen	55
von in der Landwirtschaft und Tierzucht Beschäftigten	76
von den Advokaten und Notaren	92
von den Beamten	129
von in der Glasindustrie Beschäftigten	283
von in der Porzellan- und Tonindustrie Beschäftigten	285
von den Schriftsetzern	300
von in der Borstenindustrie Beschäftigten	325
von in der Gabel- und Messerindustrie Beschäftigten	533
von den Grubenarbeitern	579–816

Nach Angaben des Dr. Baranow betrug die Sterblichkeit an Schwindsucht unter dem Proletariat:

bei den Zigarettenarbeiterinnen	63,4%
bei den Graveuren	58,3%
bei den Schriftsetzern	53,1%
bei den Schneidern	50,9%
bei den Steinschleifern	50,6%
bei den Schlossern, Drehern, Schustern, Buchbindern und Spenglern	46–47 %
bei den Kartonagearbeitern und Tischlern	45–45,5%

Nach den Angaben der deutschen Statistik war die Sterblichkeit unter den Metallschleifern in Solingen viermal so hoch als die durchschnittliche Sterblichkeit.

3. Außer den offenkundigen Erkrankungen steht in Verbindung mit den schlechten Arbeitsbedingungen auch die allgemeine Degeneration der Arbeiterklasse. Dies findet seinen Ausdruck in der Steigerung der Zahl

der Untauglichen bei Aufnahme in den Militärdienst. Mit jedem Jahr wächst die Zahl der Brustschwachen, Kleingewachsenen usw., wobei unter den Proletariern dieselben häufiger vorkommen als unter den anderen Volksschichten. In der Schweiz beträgt die Zahl der untauglichen Arbeiter 39,5 Prozent der Gesamtzahl der Erschienenen, die Zahl der untauglichen Dorfbewohner bloß 25 Prozent. Dasselbe ist auch in den anderen Ländern zu beobachten. Die Degeneration unter den Frauen ist häufig mit dem Verlust der Gebärfähigkeit verbunden.

Alles dies steht, wie zu sehen ist, mit den Produktionsbedingungen in Verbindung. Die Kapitalistenklasse hatte kein Interesse an dem Arbeiterschutz und trieb gegenüber der Arbeitskraft eine Raubpolitik: den Menschen auspressen und die Haut wegwerfen. Dies ist die Politik auch des «fortgeschrittensten» amerikanischen Kapitals. Dort werden nur die Gesunden in die Fabrik aufgenommen, ihre Muskeln werden von allen Seiten betrachtet und betastet. Die schwachen Arbeiter werden sogar in das Land nicht hereingelassen, weil sie für ein schlechtes Arbeitsvieh gehalten werden. Aber in Amerika erreichen die Arbeiter sehr selten das Alter von 45 Jahren. Auf die «fortschrittlichste» Art zieht aus ihnen der Herr Kapitalist buchstäblich alles Leben heraus.

Die Diktatur des Proletariats gibt, natürlich zum ersten Male, die Möglichkeit, die Sache des Arbeiterschutzes auf die richtige Grundlage zu stellen. Die Arbeiterschaft ist unmittelbar an der Erhaltung ihrer

Arbeitskraft interessiert. Sie muß die Frage nach der sorgfältigen Behandlung dieser kostbarsten und wichtigsten Produktivkraft aufrollen. Die kommunistische Ordnung wird nicht auf der sinnlosen, verbrecherischen und schädlichen Vergeudung der Menschenkräfte betrieben, sondern auf der gesteigerten Technik, deren Ziel es ist, diese Kräfte zu erhalten. Das ist es, was dem Arbeiterschutz eine ungeheuer große Bedeutung während des Überganges zur kommunistischen Periode des Lebens der Menschheit verleiht.

Unter dem Arbeiterschutz ist also der Schutz der Arbeitenden vor den schädlichen Produktionsbedingungen zu verstehen.

§ 128. Die Hauptgebiete des Arbeiterschutzes

Die wichtigste Bedingung für die Erhaltung der Arbeiterschaft und für die Vorbeugung ihrer Degenerierung, Erkrankung und erhöhten Sterblichkeit usw. ist der normale Arbeitstag. Es ist daher nicht verwunderlich, daß die Arbeiterklasse stets an die Spitze ihres Kampfes gerade den Kampf um die Verkürzung der Arbeitszeit stellte. Die Arbeitszeit bestimmt jenen Verbrauch an Menschenenergie, die in Produkte umgewandelt wird, in der kapitalistischen Gesellschaft auch in den Profit des Kapitalisten, der deswegen an der Verlängerung der Arbeitszeit sehr interessiert ist. Beim Mehrverbrauch seiner Kräfte vermindert der Arbeiter seine weitere Arbeitsfähigkeit: er «nützt sich ab», sein Organismus wird geschwächt, er erkrankt leichter und stirbt schneller. Der unnormal lange Arbeitstag ist ein Raubbau an menschlicher Energie, die Feststellung einer normalen Arbeitszeit ist das erste Gebiet des Arbeiterschutzes.

Das zweite Gebiet ist der Schutz der besonders schwachen Teile der Arbeiterklasse. Die Arbeiterklasse besteht nicht allein aus erwachsenen Männern, sondern aus Alten und Kindern, aus Jugendlichen und Frauen verschiedenen Alters. Der Widerstand verschiedener Teile der Arbeiterklasse gegen schädliche Einflüsse ist nicht gleich. Das, was ein erwachsener Mann ohne Mühe und Schädigung der Gesundheit verrichten kann, kann sehr gesundheitsschädlich für eine Frau (z. B. das Tragen von Lasten) und absolut gefährlich für ein heranwachsendes Kind werden.

Außerdem bedürfen Frauen eines besonderen Schutzes in einigen Zeitabschnitten ihres Lebens (Schwangerschaft, Niederkunft, Stillperiode). Hier sind also besondere Maßnahmen notwendig. Dies ist der Frauen- und Kinderschutz.

Endlich, drittens, ist wichtig die technische und sanitäre Einrichtung der Fabriken und Werke. Im Kampf gegen Unglücksfälle, die schädlichen Einflüsse der Produktion, die schlechten Arbeitsbedingungen überhaupt (Staub, Lichtmangel, Kälte, Luftzug, Schmutz usw., usw.) kann und muß noch außerordentlich viel getan werden.

Das sind die drei Hauptgebiete für die Wirksamkeit des «Arbeiterschutzes».

§ 129. Was ist auf dem Gebiete des Arbeiterschutzes in Rußland geleistet worden?

Die Diktatur des Proletariats hat derartige Bedingungen geschaffen, daß es möglich wurde, voll und ganz jene Forderungen durchzusetzen, die von allen sozialistischen Parteien erhoben wurden. In dieser Hinsicht kann keine Gesetzgebung in der Welt den Wettbewerb mit der Gesetzgebung der Sowjetrepublik aufnehmen. Unsere Übel, deren wir im Überfluß besitzen, kommen hier nicht von den schlechten Gesetzen, sondern daher, daß es uns an allem mangelt, daß es uns an vielem fehlt. Nur hängt es ab, wie wir oben sahen, von jenem Kampf, den der Weltimperialismus gegen uns führt, und von jenem imperialistischen Gemetzel, welches die Feinde der Arbeiterschaft gegeneinander führten.

Wenn wir das Endresultat alles dessen übersehen, was auf dem Gebiete des Arbeiterschutzes geleistet wurde und was zu Gesetzen der Sowjetrepublik geworden ist, so bekommen wir folgendes Bild:

a) Die Beschränkung der Arbeitszeit

Hier wurde von der Sowjetmacht eine Reihe von Maßnahmen durchgesetzt.

1. Es wurde endgültig der Achtstundentag eingeführt, welcher durch das Gesetz bekräftigt ist (was besonders die Koalitionsregierungen vermeiden wollten), und der Sechsstundentag für geistige und Büroarbeiter.

2. Überstunden sind als Regel verboten und werden nur in Ausnahmefällen und im beschränkten Umfang bei 1½facher Bezahlung zugelassen.

3. Die Arbeitszeit in besonders gesundheitsschädlichen Industrien ist verkürzt und beträgt z. B. sieben Stunden in der Tabak- und sechs Stunden in der Gasindustrie.

4. Es ist die normale 42stündige Ruhe in der Woche eingeführt (zu diesem Zwecke ist die Arbeitszeit an Samstagen überall auf sechs Stunden herabgesetzt). Wer die Sonntagsruhe nicht genießt, der kann sich irgendeinen anderen Wochentag wählen.

5. Jeder Arbeitende erhält während des Jahres einen Urlaub mit vollem Gehalt (nach dem Arbeitsgesetz für einen Monat, in der gegenwärtigen schwierigen Zeit – Herbst 1919 – für zwei Wochen).

6. In besonders schädlichen Industrien und für Jugendliche, die in Kolonien fahren, wird ein 14tägiger Ergänzungsurlaub gewährt.

b) Schutz der Frauen- und Kinderarbeit

1. Frauen dürfen in der Regel keine Nacht- und Überstundenarbeit verrichten und nicht im Taglohn verwendet werden.

2. Jugendliche unter 16 Jahren dürfen zu keinen Arbeiten verwendet werden. Sie werden allmählich von der Arbeit weggenommen (in erster Linie aus den schädlichen Industrien) und bei gleichzeitiger Gewährung einer materiellen Unterstützung in Schulen untergebracht.

3. Die Arbeitszeit der Minderjährigen wird verkürzt für Jugendliche, die in der Arbeit bleiben, auf vier Stunden, im Alter von 16 bis 18 Jahren auf sechs Stunden.

Besonders in bezug auf Mutterschaftsschutz sind folgende Gesetze in Geltung:

1. Alle Schwangeren und Wöchnerinnen, sowohl Arbeiterinnen als Arbeiterfrauen, bekommen eine Unterstützung in der Höhe des Gesamtverdienstes während der ganzen Zeit der Befreiung von der Arbeit wegen Schwangerschaft und Niederkunft.

2. Schwangere, die eine physische Arbeit verrichten, werden acht Wochen, die geistig Tätigen und Büroangestellten sechs Wochen vor der Niederkunft beurlaubt.

3. Wöchnerinnen werden entsprechend für acht und sechs Wochen nach der Niederkunft beurlaubt.

4. Stillende Mütter genießen alle drei Stunden je eine halbstündige Arbeitspause.

5. Alle Mütter erhalten einen Zuschuß für die Pflege des Kindes im Betrage von 720 Rubel und für die Ernährung desselben (24 Rubel täglich für die Dauer von neun Monaten vom Tage der Entbindung).

Bei allen diesen schon durchgeführten Maßnahmen gibt es manche Abweichungen von der Sammlung der Arbeitsgesetze. Diese Abweichungen bestehen darin, daß in Ausnahmefällen Überstundenarbeiten zugelassen werden im Höchstausmaße von 50 Tagen im Jahre; ferner wird die Arbeit der Kinder im Alter von 14 bis 16 Jahren erlaubt mit einer beschränkten Arbeitszeit von vier Stunden täglich; die monatlichen Urlaube werden vorübergehend durch 14tägige ersetzt; die Dauer der Nachtarbeiten mußte man bis zu sieben Stunden verlängern.

Alle diese Abweichungen ergaben sich aus jener schweren Lage, in die die Sowjetrepublik infolge des bestialischen Angriffes aller imperialistischen Mächte gekommen ist.

c) Technische und sanitäre Einrichtung der Fabriken. Hier sind die folgenden Maßnahmen durchgesetzt worden:

1. Es ist eine Reihe obligater Vorschriften auf dem Gebiete der technischen Sicherheit, des Sanitätswesens und der Berufshygiene erlassen worden, die auf eine bedeutende Verbesserung der Arbeitsverhältnisse in den Fabriken und Werken gerichtet sind.

2. In allen schädlichen Produktionen ist die Ausgabe von besonderen Kleidern durchgeführt, die vor Staub, Gasen und Feuchtigkeit schützen.

3. Alle Arbeiter erhalten Arbeitskleider, die Eigentum des Betriebes sind und nur für die Arbeitsdauer den Arbeitern zur Verfügung gestellt werden.

4. Zur tatsächlichen Durchführung aller Maßnahmen auf dem Gebiete des Arbeiterschutzes ist eine Arbeitsinspektion ins Leben gerufen, die durch breite Arbeiterkonferenzen gewählt wird. Für einzelne Berufe, die durch besondere Arbeitsbedingungen oder durch Zersplitterung der Arbeitenden (Transport-, Bau-, landwirtschaftliche Arbeiten) charakterisiert sind, wird von den entsprechenden Gewerkschaften eine bezirksweise Arbeitsinspektion gewählt.

Inwiefern die Beteiligung der Arbeiter selbst auf diesem Gebiete fortgeschritten ist, ist aus den Ziffern zu ersehen, die die Zusammensetzung der neuen Inspektoren zeigen. Sie zeigen, daß bis zum 1. August 53 Prozent aller Inspektoren Arbeiter waren. Die tatsächliche Ziffer dürfte bedeutend höher sein, weil bei vielen ihr «Beruf» nicht festgestellt wurde. Wenn die Zahl der festgestellten Arbeiter zur Gesamtzahl der Festgestellten genommen werden soll, so erhöht sich dieser Prozentsatz bis 62½ Prozent; zusammen mit den Angestellten erreicht er 88½ Prozent!

Hier sind genauere Daten (bis zum 1. August 1919).

Die Inspektoren wurden nach ihren Berufen auf folgende Weise verteilt:

Arbeiter 112 oder 54½ Prozent, der Gesamtzahl
  (62½ Prozent der Festgestellten)
Meister, Techniker, Zeichner 21 oder 10 Prozent der Gesamtzahl
  (11½ Prozent der Festgestellten)
Angestellte (Handels- und Büro-) 28 oder 13 Prozent der Gesamtzahl (15½ Prozent der Festgestellten)
Ärztegehilfen (Feldschers) 4 oder 2 Prozent der Gesamtzahl
  (2 Prozent der Festgestellten)
Pharmazeuten 1 oder ½ Prozent der Gesamtzahl
  (½ Prozent der Festgestellten)
Lehrer 5 oder 2 Prozent der Gesamtzahl
  (2½ Prozent der Festgestellten)
Studenten 4 oder 2 Prozent der Gesamtzahl
  (2 Prozent der Festgestellten)
Ärzte 5 oder 2½ Prozent der Gesamtzahl
  (2½ Prozent der Festgestellten)

Ingenieure 1 oder ½ Prozent der Gesamtzahl
  (½ Prozent der Festgestellten)
Juristen 1 oder ½ Prozent der Gesamtzahl
  (½ Prozent der Festgestellten)
Nicht festgestellt 28 oder 13 Prozent der Gesamtzahl.

Im Vergleich gegen das vorige Halbjahr hat sich die Zahl der Arbeiter etwas vergrößert (53½ Prozent gegen 47 Prozent oder 62½ Prozent der Festgestellten gegen die früheren 60 Prozent); der Prozentsatz der Meister und Techniker blieb fast derselbe (10 Prozent gegen 11 Prozent); bedeutend gestiegen ist die Zahl der Angestellten (13 Prozent gegen 8 Prozent). Relativ um das Dreifache (2 Prozent gegen 6 Prozent) und absolut um das Doppelte ist die Zahl der Studenten gesunken, alle übrigen kleinen Zahlen blieben fast unverändert.

Auf diese Weise entsteht bei uns eine tatsächliche Arbeiterinspektion laut ihren Zielen und ihrer Zusammensetzung. Und gerade auf dem Gebiet des Arbeiterschutzes bleibt jedoch in der Fabrik selbst noch sehr viel zu leisten. In der ungeheuren Zahl der Fälle bestehen noch die furchtbarsten Arbeitsbedingungen, besonders in den rückständigen Betrieben, wo die Arbeiter noch schlecht organisiert und weniger bewußt sind. In solchen Löchern blieb alles oder fast alles beim alten. Häufig ist es zwar unmöglich, die notwendigen Verbesserungen vorzunehmen, die mit Neueinrichtungen und Neuanschaffungen verbunden sind. Es kann aber trotzdem viel getan werden, wenn immer breitere Massen für die

Sache der Verbesserung der Arbeitsverhältnisse herangezogen werden.

§ 130. Was ist soziale Fürsorge?

Wie wir sahen, machte die kapitalistische Gesellschaftsordnung die Herauspressung des Profites aus der Arbeiterklasse zu ihrem Ziele. Der Lohnarbeiter, der Proletarier, war einfach ein Bereicherungsmittel für den Kapitalisten. Und falls dieses lebendige Werkzeug unbrauchbar, schlecht oder überflüssig wurde, wurde es wie eine ausgepreßte Zitrone erbarmungslos weggeworfen. Das Elend der Arbeitslosigkeit, Krankheit, Alter, Invalidität – nichts wurde vom Kapital berücksichtigt; es schleuderte riesige Menschenmassen über Bord, ohne den geringsten Willen, ihnen zu helfen.

In der Sowjetrepublik sind die Werktätigen und Armen keine Ausbeutungsgegenstände. Daraus folgt aber auf keinen Fall, daß auch wir nicht viel Elend haben. In unserem Lande, zerstückelt von den Feinden, blockiert von allen Seiten, abgeschnitten von Kohle, Naphtha und Rohstoffen, gibt es eine ungeheure Menge des Elends. Nicht der Kapitalist wirft aus der Fabrik heraus, sondern diese Fabrik muß häufig deswegen geschlossen werden, weil es kein Brennmaterial oder Rohstoffe gibt – nun ist die Arbeitslosigkeit da. Das ist nicht die Arbeitslosigkeit der früheren Art; sie entsteht aus ganz anderen Ursachen – und doch ist sie vorhanden. Es blieben uns aus dem imperialistischen Kriege Invaliden und Verkrüppelte; wir haben in Massen Opfer der Gegenrevolution; Greise, Kranke, Kinder – das alles erfordert Fürsorge und Kosten. Die Arbeiterregierung bringt allen diesen Leuten Hilfe, nicht als ein Bettelgeschenk, milde Gabe oder Wohltätigkeit. Es ist dies die direkte Pflicht des Arbeiterstaates, sie zu unterstützen, besonders diejenigen, die die Rote oder Arbeitsarmee verlassen mußten.

Unser endliches Ziel ist ein derartiger Gesellschaftszustand, wo alle Menschen, die aus irgendeinem Grunde ihre Arbeitsfähigkeit eingebüßt haben, die nicht arbeiten können, vollständig gesichert sind: daß die Greise ein ruhiges Alter, alle Bequemlichkeiten des Lebens genießen; daß die Kinder alles für ihr Alter Notwendige besitzen; daß die Kranken und Krüppel in den besten und für sie geeignetsten Verhältnissen leben; daß die Müden und Erschöpften so geheilt werden wie zu früheren Zeiten die reichsten Bourgeois; daß die Menschen nicht die ständige, zehrende Sorge um den «schwarzen Tag» haben.

Natürlich sieht unsere gegenwärtige Lage ganz anders aus. Wir sind jetzt ein bettelarmes Land dank den allweltlichen Räubern. Uns mangelt es an den gewöhnlichsten Sachen, z. B. Arzneien: die Imperialisten führen sie nicht ein – sie blockieren uns ja ... Aber eines kann der Sowjetmacht nicht abgesprochen werden: sie spart keine Mittel, um nur irgendwie den Arbeitsunfähigen zu helfen und sie zu versorgen.

§ 131. Die Hauptgebiete der sozialen Fürsorge

Es gibt zwei Hauptgebiete der sozialen Fürsorge: erstens die Fürsorge für diejenigen Leute, die ihre Arbeitsfähigkeit während der Ausübung irgendeines Berufes (manuellen oder geistigen) eingebüßt haben. Hierher gehören die Fälle der Arbeitsunfähigkeit entweder vorübergehender Natur (Krankheit, Verwundung, Schwangerschaft, Entbindung) oder dauernder (Invalidität, Alter, chronische, ständige Krankheit). Zweitens ist es die Fürsorge für Personen, die einen Unfall erlitten oder ihre Arbeitsfähigkeit nicht während der Arbeit, nicht in der Produktion verloren haben. Zu dieser Gruppe gehören die Invaliden des alten Krieges, verwundete rote Soldaten, ihre Familien, die Opfer der Gegenrevolution oder irgendeiner elementaren Katastrophe oder eines Unglücksfalles (Brandkatastrophen, Überschwemmungen, Epidemien usw.). Endlich müssen auch sonstige Arbeitsunfähige, Opfer der alten Gesellschaftsordnung und der schändlichen, gesellschaftlichen Verhältnisse beachtet werden. In diese Kategorie gehören Bettler, Obdachlose, Degenerierte, Schwachsinnige usw.

Außerdem wird Hilfe im Falle des Todes der Familienmitglieder benötigt.

Alle diese Elemente, die der Fürsorge unterliegen, bilden eine ungeheuer große Menschenzahl. Ihre erste Kategorie (die die Arbeitsfähigkeit verloren haben, die aber auf die eine oder andere Art mit der Produktion in Verbindung stehen) unterliegt der Kompetenz des

Arbeitskommissariates, welches tatsächlich in den Händen der Arbeitergewerkschaften liegt; die zweite Kategorie im Wirkungskreise des Kommissariates für soziale Fürsorge.

§ 132. Was auf dem Gebiete der sozialen Fürsorge geleistet worden ist

Die Sowjetmacht hat im großen und ganzen die Fürsorge für die Werktätigen bei allen Arten der Arbeitsunfähigkeit, darunter auch bei Arbeitslosigkeit, durchgeführt, was nirgends in der ganzen Welt existiert.

Hier sind die Maßnahmen, die für die Personen erster Kategorie in Wirkung sind:

1. Alle Personen, die von der «Lohnarbeit» leben, sind von den Ausgaben für die Sozialversicherung befreit.

2. Die Unternehmer sind von der Organisation der sozialen Fürsorge und des Arbeiterschutzes ganz ausgeschlossen, und alle Organe beruhen auf der Grundlage der Vertretung der Arbeiterorganisationen.

3. Die Fürsorge ist für alle Fälle des Verlustes der Arbeitsfähigkeit und bei Arbeitslosigkeit eingeführt.

4. Eingeführt ist die Fürsorge für die Familienmitglieder der Arbeitenden im Falle des Todes der letzteren.

5. Es sind Unterstützungen im Ausmaße des vollen Verdienstes des Arbeitenden in Krankheits- oder Un-

glücksfällen, während einer Quarantäne und in sonstigen Fällen der Arbeitsunfähigkeit eingeführt.

6. Es ist eine lebenslängliche Pension im Betrage von 1800 Rubel monatlich (in Moskau) für alle Arbeitsinvaliden festgesetzt, ohne Rücksicht auf die Ursachen der Invalidität und unabhängig von der Anzahl der Arbeitsjahre.

7. Es sind Begräbnisunterstützungen für die Arbeitenden im Betrage von 1440 Rubel und für die Familienmitglieder je nach dem Alter im Betrage von 400–800 Rubel eingeführt.

8. Im Falle des Todes des Arbeitenden bekommt die Familie eine lebenslängliche Pension bis zu 1200 Rubel monatlich (in Moskau), je nach der Anzahl der Familienmitglieder.

9. Zur planmäßigeren Lösung der Fragen über die Bemessung der Pensionen sind bei den Arbeitsabteilungen besondere Arbeitskommissionen errichtet, die die Pensionen und Unterstützungen festsetzen.

10. In allen Gouvernements sind unter dem Vorsitz von Arbeitern Sachverständigen-Büros errichtet, die den Grad der Invalidität feststellen.

11. In allen Kreisen sind Kontrollkommissionen unter dem Vorsitz von Arbeitern geschaffen, die zur Beaufsichtigung der Heilung und zur Krankenkontrolle dienen.

12. Um die Fürsorge auch den entlegenen Orten näherzubringen, werden in allen Gegenden, wo Arbeiter wohnen, eigene Stellen zur Entgegennahme von Gesuchen über Unterstützungen und Pensionen und zur

Auszahlung derselben geschaffen; in den großen Unternehmungen werden die Unterstützungen in den Betrieben selbst ausbezahlt.

13. Es sind alle Einschränkungstermine für die Unterstützungen aufgehoben. Im Krankheitsfalle wird jetzt die Unterstützung bis zur Genesung, bei Invalidität bis zum Tode gezahlt.

14. Die soziale Fürsorge dehnt sich auf alle Personen aus, die von Lohnarbeit leben, und wird für Heimarbeiter, Handwerker und Bauern eingeführt.

15. Für die zweite Hälfte des Jahres 1919 wurden von der Republik für die Fürsorge für Arbeiter und Angestellte 5 Milliarden Rubel ausgeworfen.

Aus der zweiten Kategorie der die Fürsorge Genießenden ist besonders wichtig die Fürsorge für die roten Soldaten und deren Familien.

Ein invalider roter Soldat erhält im Falle der vollen Arbeitsunfähigkeit (über 60 Prozent) eine Pension in der Höhe des mittleren ortsüblichen Verdienstes; die Höhe der Pension sinkt je nach dem Grade der Arbeitsunfähigkeit (bei 15–30 Prozent erhält er $\frac{1}{5}$ des Verdienstes); der Acker des roten Soldaten muß bestellt werden, seiner Wirtschaft wird Saatgut zur Verfügung gestellt, die Familie muß eine Ration von einer Höhe bekommen, die von der Anzahl der arbeitsunfähigen Familienmitglieder abhängig ist; die Familienmitglieder der roten Soldaten sind vom Wohnungszins befreit und bekommen eine Zusatzkarte für Lebensmittel. Im Falle des Todes des roten Soldaten erhalten seine arbeitsunfähigen und unversorgten Familienmitglieder eine Pension in der Höhe von 60 Prozent des mittleren in der gegebenen Gegend üblichen Verdienstes.

Für Geldunterstützungen der Familien der roten Soldaten wurde für das erste Halbjahr 1919 eine Milliarde 200 Millionen ausgegeben, für die zweite Hälfte sind 3½ Milliarden Rubel veranschlagt. Laut Angaben des Gen. Winokurow standen im Herbst 1919 4½ Millionen Familien der roten Soldaten in Unterstützung.

Außerdem wurden vom 4. Juli bis 1. Dezember 1919
an die Gouvernements abgeführt . . über 2½ Milliarden Rubel

Zur Verfügung gestellt:
Für landwirtschaftliche Hilfe . . . . 200 Millionen Rubel
Für Wohnungsfürsorge. . . . . 150 Millionen Rubel
Für Pensionen an rote Soldaten . . . . 100 Millionen Rubel
Für Unterstützung der Kriegsinvaliden. . 168 Millionen Rubel

Einer der größten Mängel unserer sozialen Fürsorge ist unser schlechtarbeitender Apparat: eine schlechte Evidenzhaltung der zu Versorgenden, die schlechte Zustellung der Hilfsgelder in die Provinz, Zeitvergeudung in den Institutionen des Volkskommissariats für soziale Fürsorge usw. Die Verbesserung des Organisationsapparates ist die unaufschiebbare Aufgabe der Partei.

§ 133. Andere Maßnahmen
zur Verbesserung der Lage der Arbeiterklasse

Außer den Maßnahmen, die oben besprochen wurden, hat für die Lage der Arbeiterklasse eine große Bedeutung auch eine Reihe anderer Maßnahmen, die in der

Sammlung der Arbeitsgesetze enthalten sind. Diese Maßnahmen ergeben sich unmittelbar daraus, daß das Proletariat die herrschende Klasse ist, und darum sind sie viel weitgehender als jene Forderungen, die in den Programmen der sozialistischen Parteien erhoben wurden. Dies sind hauptsächlich folgende drei Maßnahmen:

1. Die Teilnahme der Arbeiterorganisationen an der Lösung der Fragen der Aufnahme oder Entlassung der Arbeiter. Diese Fragen hängen von den Fabrikkomitees und den Arbeiterverwaltungen ab.

2. Die staatliche Regulierung des Arbeitslohnes. Das Interessanteste ist dabei, daß die Lohnskalen (Tarife) von den Gewerkschaften ausgearbeitet werden und durch das Arbeitskommissariat gehen, welches in der Tat aus Vertretern der Gewerkschaftsbewegung zusammengesetzt wird.

3. Die obligate Arbeitszuweisung an Arbeitslose durch eigene Organe der Sowjets und Gewerkschaften (die sogenannten Abteilungen für Verteilung und Evidenzhaltung der Arbeitskräfte).

Alle diese Maßnahmen stehen in enger Verbindung mit der herrschenden Stellung aller Arbeiterorganisationen und vor allem – der Gewerkschaften.

§ 134. Die weiteren Aufgaben der Partei

Als wichtigste Aufgabe erscheint die möglichst vollständige und breite Durchführung der Dekrete und Bestimmungen der Sowjetmacht. Es kommt häufig vor, daß die Wirklichkeit vom Dekret abweicht, daß auf dem Papier das eine steht, während im Leben ganz anderes gilt. Die vollständige, genaue und richtige Durchsetzung aller Maßnahmen wird in erster Linie durch einen richtig funktionierenden Apparat gesichert, wo das Zentrum mit den Orten und die Orte mit dem Zentrum verbunden sind, wo die ganze Maschine im Laufen ist. Dies ist wieder nur insofern möglich, als zur Arbeit die Massen selbst herangezogen werden. Zu diesem Zwecke ist es notwendig:

1. Die Arbeiten zur Organisierung und Ausdehnung der Arbeitsinspektion energischer in Angriff zu nehmen; es müssen zu dieser Arbeit immer neue Kräfte aus der Mitte der Arbeiter hinzuströmen; keiner kann besser als die Arbeiter selbst, die sehr gut die Arbeitsbedingungen kennen, alle Mängel bemerken und praktische Maßnahmen zu deren Beseitigung treffen.

2. Es ist notwendig, die Arbeitsinspektion auch auf die kleine und Hausindustrie auszudehnen. Diese Industrie ist stets stiefmütterlich behandelt worden. Und gerade hier bestehen die furchtbarsten Arbeitsbedingungen. Die Arbeitsinspektion wird auch auf diesem Gebiete sehr viel zu leisten haben.

3. Es ist ebenfalls notwendig, den Arbeiterschutz auf alle Arbeitsarten, darunter auch auf die Bauarbeiter, Transportarbeiter zu Wasser und zu Lande, Hausgehilfinnen und landwirtschaftliche Arbeiter auszudehnen. Diese Arbeitszweige, die infolge der Zerstreuung sich schwer organisieren lassen, müssen auch in das gesamte System einbezogen werden.

4. Ferner müssen Minderjährige von der Arbeit ganz ausgeschaltet und eine weitere Verkürzung der Arbeitszeit für Jugendliche durchgeführt werden.

Der Achtstundentag, der als Grundlage für den gesamten Arbeiterschutz dient, ist vom Standpunkte unserer Partei auf keinen Fall jene Grenze, unter die die Arbeitszeit nicht herabgesetzt werden kann. Von diesem Standpunkte aus gibt es von vornherein eine derartige Grenze nicht. Alles ist hier von der Leistungsfähigkeit der Produktion abhängig. Gegenwärtig, beim äußersten Niedergang der gesamten Produktion und der anhaltenden Zerrüttung, kann die Arbeitszeit in der Regel nicht sinken; manchmal kann sie (je nach der militärischen Lage usw.) sogar gesteigert werden. Aber bei der geringsten Möglichkeit werden wir den Sechsstundentag für alle Arbeiter verwirklichen müssen, wie er bereits für die zahlreiche Schicht der Angestellten existiert.

Andererseits, um diese Steigerung der Produktion zu erzielen und fortwährend die Qualität der Arbeitskraft zu verbessern, ist es von Nutzen, ein aneiferndes Entlohnungssystem einzuführen.

Die allgemeinen Aufgaben der sozialen Fürsorge werden von der Partei auf keinen Fall im Sinne der Wohltätigkeit oder der Förderung des Parasitentums und des Müßigganges gelöst; dem Bedürftigen zu helfen ist Pflicht der proletarischen Macht, genauso, wie es ihre Pflicht ist, dem Heruntergekommenen den Rückweg zum Arbeitsleben zu erleichtern.

XIX. KAPITEL

Schutz der Volksgesundheit

§ 135. Die Notwendigkeit eines
besonderen Schutzes der Volksgesundheit
§ 136. Nationalisierung
der medizinischen Unternehmungen
§ 137. Arbeitspflicht der ärztlichen Arbeiter
§ 138. Die nächsten Aufgaben
auf dem Gebiete des Volksgesundheitsschutzes

§ 135. Die Notwendigkeit eines besonderen Schutzes der Volksgesundheit

Der Kapitalismus hielt immer die Arbeiter in schmutzigen Stadtvierteln, die von Seuchen wimmelten. Nur in der Befürchtung, daß sie selbst den Epidemien zum Opfer fallen könnte, unternahm die Bourgeoisie manches, um die Bezirke ihrer Lohnsklaven ein wenig gesünder zu machen. Noch im Jahre 1874 zeigte das englische Parlament seine Freigebigkeit und begann sich um die Arbeiter zu kümmern; das geschah deswegen, weil ein besonderer Parlamentsausschuß folgende Tatsache festgestellt hat: Die furchtbare Typhusepidemie kam aus den Fabriken. Der Kapitalismus sorgte für den Gesundheitsschutz der Bevölkerung nur in dem Maße, als es zur Verhinderung seiner eigenen «Erkrankung» notwendig war.

Die Folgen des imperialistischen Krieges haben die Lage der breiten Arbeitermassen stark verschlechtert. Die allgemeinen Verhältnisse, Hunger, Kälte usw. riefen ungeheure Epidemien hervor, die das Volk rechts und links niedermähten: Cholera, Flecktyphus und endlich eine neue Krankheit, die «Spanische Grippe», kamen nacheinander. Die «neue» Krankheit stand offensichtlich in Verbindung mit dem Kriege. Die abgezehrten, zerrütteten, geschwächten Menschenorganismen können den Krankheiten nicht widerstehen. Die Sterblichkeit steigt ungemein in allen Ländern und nimmt den Charakter einer wahren Katastrophe an.

Der Krieg hinterließ aber noch eine Erbschaft: die außerordentliche Verbreitung der Geschlechtskrankheiten, darunter der Syphilis. Die Soldaten erkrankten massenweise an dieser Krankheit und brachten sie dann mit in alle Dörfer.

Niemals waren die Geschlechtskrankheiten so verbreitet wie jetzt. All das zusammengenommen erfordert eine besondere Tätigkeit zum Schutze der Volksgesundheit. Selbstredend, vieles wird im Kampfe gegen die Krankheiten auf anderem Wege gemacht: eine ungeheure Bedeutung hat z. B. die richtige Lösung der Wohnungsfrage; mit der Verbesserung der Arbeiterwohnungen verschwinden Seuchenquellen. Dieselbe große Bedeutung hat auch der Arbeiterschutz; es ist ja jedem begreiflich, daß von dem Zustand der Approvisionierung, von der Ernährung der Bevölkerung beinahe alles abhängt usw.

Das schließt aber auf keinen Fall die Notwendigkeit einer Reihe besonderer Maßnahmen aus, die im breiten Umfange ergriffen werden müssen.

Gegenwärtig, wo es um die elementaren Existenzbedingungen schlecht bestellt ist, muß jede hinzukommende Hilfe im Kampf mit dem Übel in Angriff genommen werden. So entsteht das dringende Bedürfnis nach einem besonderen Zweige der öffentlichen Arbeit: nach der Arbeit zum Schutz der Volksgesundheit.

§ 136. Nationalisierung der medizinischen Unternehmungen

Die kapitalistische Gesellschaft hatte zu ihrer Verfügung auch ein kapitalistisch organisiertes System der medizinischen Arbeit. Private Krankenhäuser, Kurorte, Sanatorien, Wasser-, Elektro- und Lichtheilanstalten, Apotheken, Spitäler usw. waren auf der Grundlage des Profites organisiert. Ihr größter Teil war für Entfettungskuren zur Heilung der Gicht und sonstiger aristokratischer Krankheiten bestimmt, also zur Heilung von Krankheiten, die den herrschenden Klassen der kapitalistischen Gesellschaft eigen sind. Arbeiter konnten keine Kurorte aufsuchen; auch in den Sanatorien waren keine Arbeiter zu finden.

Das Apothekergeschäft diente ebenfalls zur Einheimsung von Profit. Alle diese Unternehmungen waren in ökonomischer Hinsicht genauso wie Unternehmungen anderer Art.

Sie mußten also aus dem Dienste des kapitalistischen Geldsackes in den Dienst der Werktätigen überführt werden. Der erste Schritt in dieser Richtung war die Nationalisierung dieser Einrichtungen.

§ 137. Arbeitspflicht der ärztlichen Arbeiter

Die größte Zahl der epidemischen Krankheiten und das Bedürfnis nach deren rascher Liquidierung brachte auf die Tagesordnung die Frage von dem planmäßigen, organisierten und großzügigen Kampf gegen diese Epidemien.‘ Bei der verhältnismäßig geringen Zahl der medizinischen Arbeiter entstand selbstverständlich das Bedürfnis nach deren Evidenzhaltung und Mobilisierung in erster Linie für die Bekämpfung der Epidemien.

Dank dieser Maßnahme, daß alle ärztlichen Kräfte, von den größten Professoren angefangen bis zu den Studenten der jüngsten Semester und den Ärztegehilfen (Feldschers), ausgenützt wurden, gelang es, den drohenden Epidemien, der Cholera und dem Flecktyphus, Einhalt zu gebieten.

Die Arbeitspflicht der ärztlichen Arbeiter hat jedoch nicht nur eine «feuerlöschende» Wirkung. Sie erscheint auch neben der Nationalisierung der medizinischen Unternehmungen als einer der Keime des künftigen organisierten Sanitätsdienstes und der sozialen Hygiene.

§ 138. Die nächsten Aufgaben
auf dem Gebiete des Volksgesundheitsschutzes

Bei dem außerordentlichen Mangel an den allernotwendigsten Gegenständen (Nahrungsmittel für die Krankenhäuser und Spitäler, Medikamente, medizinische Präparate und Instrumente u. dgl.) ist die Arbeit äußerst erschwert. Diese Arbeit dehnt sich hauptsächlich auf drei Gebiete aus, wo ihre Entwicklung zur Aufgabe unserer Partei geworden ist.

Erstens die entschlossene Durchführung weitgehender sanitärer Maßnahmen. Durch verunreinigte Brunnen, Straßengräben, Abflußrinnen, stinkende «Ablagerungen», Senkgruben, Klosetts usw. verbreiten sich die ansteckenden Krankheiten; der Schutz des Erdbodens, der Luft und des Wassers bildet die erste Bedingung für die öffentliche Gesundheit. Ferner gehören hierher die Organisation der öffentlichen Ausspeisung auf hygienisch-wissenschaftlicher Grundlage; bei der Knappheit unserer Lebensmittelvorräte erscheint diese Aufgabe vorläufig schwer erfüllbar; aber eine hygienische Einrichtung der Speisezubereitung in den Gemeinschafts- und Kinderküchen, Krankenhäusern und überhaupt allen öffentlichen Anstalten ist eine Sache, die auch jetzt schon durchzuführen ist. Ferner ist die Inangriffnahme von Maßnahmen nötig, die der Entwicklung ansteckender Krankheiten vorbeugen; sanitäre Kontrolle der Ämter, Privatwohnungen, Schulen; Wasserfiltrierung, die Einführung von Zustellung gekochten Wassers, Desinfektionen, obligate Desinfektionen der Kleidung usw.

Zweitens ist ein planmäßiger Kampf gegen die sogenannten «sozialen Krankheiten» nötig, d. h. gegen jene, die einen Massencharakter aufweisen und durch tiefe gesellschaftliche Ursachen hervorgerufen sind. Hierher gehören vor allem drei Krankheiten: die Tuberkulose, hervorgerufen durch schlechte Arbeitsbedingungen; Geschlechtskrankheiten, die sich hauptsächlich zusammen mit dem Krieg ausgebreitet haben, und endlich der Alkoholismus, der einerseits aus der Wildheit, Niedergeschlagenheit und Barbarei und anderseits aus der parasitären Degeneration entsteht. Das sind nicht nur Krankheiten, die uns angehen. Sie werden einen riesigen Einfluß auch auf unsere Nachkommen ausüben. Die Menschheit ist in ernstlicher Gefahr, die deswegen drohend ist, weil die Krankheiten gegenwärtig infolge der Erschöpfung besonders zerstörend wirken.

Endlich, drittens, ist es nötig, der Bevölkerung eine allgemein zugängliche und unentgeltliche medizinische Hilfe zu sichern. Die Schwierigkeit liegt jetzt in dem absoluten Mangel an Arzneien. Dieser Mangel wird nicht so sehr durch die Zerrüttung unserer Produktion als durch die Blockade hervorgerufen. Die «humanen» Verbündeten wollen uns nicht nur dadurch erwürgen, daß sie uns von den Rohstoffen und Brennmaterialien abschneiden und nicht nur «durch die knochige Hand des Hungers», sondern auch durch die Epidemien. Hier stoßen wir auf unseren allgemeinen Kampf gegen den Weltimperialismus.

LITERATURHINWEISE

EINLEITUNG (TEIL I)

1. Protokolle der April-Konferenz 1917; 2. Materialien zur Revision des Parteiprogramms; 3. Zeitschrift «Spartakus» NN 4–9; Artikel von BUCHARIN und SMIRNOW; 4. Artikel von N. LENIN in der Zeitschrift «Prosweschtschenije» Nr. 1–2, Jahrg. 1917; 5. Protokolle des VIII. Kongresses. Zur Frage des wissenschaftlichen Charakters des marxistischen Programms siehe Literatur über den wissenschaftlichen Sozialismus: GOLUBKOW: «Utopischer und wissenschaftlicher Sozialismus»; MARX und ENGELS: «Das kommunistische Manifest». Zum Studium des allgemeinen Charakters des Programms siehe Broschüre von BUCHARIN: «Programm der Kommunisten Bolschewiki». Von dieser Literatur ist bloß die letzte Broschüre und zum Teil die Broschüre von GOLUBKOW populär. Die anderen Werke sind schwieriger zu lesen.

I. KAPITEL

A. BOGDANOW: «Kurzer Abriß der Wirtschaftslehre». K. KAUTSKY: «Die ökonomische Lehre von Karl Marx». K. KAUTSKY: «Erfurter Programm». N. LENIN: «Staat und Revolution». F. ENGELS: «Der Ursprung der Familie, des Privateigentums und des Staates». F. ENGELS: «Von der Utopie zur Wissenschaft».

II. KAPITEL

Dieselben Bücher wie zu Kapitel I. Außerdem A. BOGDANOW: «Kurs der politischen Ökonomie», B. II, 2. Lieferung (Epoche des Industriekapitals). MARX und ENGELS: «Das kommunistische Manifest». JACK LONDON: «Unter dem Joche des Imperialismus».

Zur Agrarfrage siehe: Karl Kautsky: «Die Agrarfrage». N. Lenin: «Die Agrarfrage und die Marx-Kritiker». Karl Kautsky: «Der Sozialismus und die Landwirtschaft» (eine Antwort an E. David). W. Iljin (Lenin): «Neue Daten zur Entwicklung des Kapitalismus in der Landwirtschaft» (der Vereinigten Staaten). W. Iljin (Lenin): «Die Entwicklung des Kapitalismus in Rußland». L. Krziwitzki: «Die Agrarfrage». Parvus: «Der Weltmarkt und die Krise in der Landwirtschaft».

III. KAPITEL

Marx und Engels: «Das kommunistische Manifest». W. Iljin (Lenin): «Staat und Revolution». G. Plechanow: «Hundert Jahre der Großen Französischen Revolution». A. Bogdanow: «Kurzer Abriß der Wirtschaftslehre». A. Bebel: «Die Frau und der Sozialismus.» (Kapitel: «Der Staat der Zukunft».) A. Bogdanow: «Der Rote Stern» (eine Utopie). Korssak: «Rechts- und Arbeitsgesellschaft» in dem Sammelbuch: «Abhandlungen über realistische Weltanschauung». Über den Anarchismus siehe S. Wolski: «Theorie und Praxis des Anarchismus». E. Preobraschenskij: «Anarchismus und Kommunismus». W. Bazarow: «Anarchistischer Kommunismus und Marxismus». Über die Klassen in der kapitalistischen Gesellschaft siehe Karl Kautsky: «Klasseninteressen». Zur Charakteristik der kleinbürgerlichen Parteien siehe Marx: «Der 18te Brümaire». K. Marx: «Revolution und Konterrevolution in Deutschland». Derselbe: «Der Bürgerkrieg in Frankreich».

IV. KAPITEL

L. Kamenew: «Das ökonomische System des Imperialismus». N. Lenin: «Der Imperialismus als die neueste Etappe des Kapitalismus». N. Bucharin: «Die Weltwirtschaft und der Imperialismus». G. Zjperowitsch: «Syndikate und Trusts in Rußland». N. Lekin (Antonow): «Der Militarismus». Pawlowitsch: «Was ist Imperialismus». Pawlowitsch: «Die großen Eisenbahnwege». Derselbe: «Der Militarismus und Marinismus». Derselbe: «Die

Ergebnisse des Weltkrieges». Ein grundlegendes, aber schwer zu lesendes Werk ist: «Das Finanzkapital» von R. HILFERDING.

Außerdem siehe folgende Bücher: K. KAUTSKY: «Der Weg zur Macht». KERSCHENZEW: «Der englische Imperialismus». LOSOWSKY: «Eisen und Kohle (der Kampf um Elsaß-Lothringen)». G. SINOWJEW: «Österreich und der Weltkrieg». POKROWSKY: «Frankreich zur Zeit des Krieges». CHERASKOW: «England zur Zeit des Krieges». M. LURJE (Larin): «Das Sieger-Land». DERSELBE: «Die Folgen des Krieges». G. SINOWJEW: «Dreibund und Dreiverband». A. LOMOW: «Die Auflösung des Kapitalismus und die Organisation des Kommunismus». N. OSINSKY: «Der Aufbau des Sozialismus» (erstes Kapitel).

Außerdem sei noch auf den Roman JACK LONDONS: «Die eiserne Frage» verwiesen.

V. KAPITEL

LENIN und SINOWJEW: «Der Sozialismus und der Krieg». DIESELBEN: «Gegen die Strömung». G. SINOWJEW: «Der Krieg und die Krise des Sozialismus», I. und II. Teil. N. LENIN: «Die proletarische Revolution und der Renegat Kautsky». G. GORTER: «Der Imperialismus». Die Zimmerwalder Manifeste und die Berichte der Zimmerwalder Kommission. Die Zeitschrift: «Die Kommunistische Internationale».

EINLEITUNG (TEIL II)

Protokolle des 8. Kongresses, hauptsächlich die Reden über das Programm, die Reden von LENIN und BUCHARIN; ferner die Reden von LENIN über die Aufgaben der Sowjetmacht (in verschiedenen Ausgaben). Über die wirtschaftliche Lage Rußlands siehe ZIPEROWITSCH: «Die Syndikate und Trusts in Rußland». W. P. MILUTIN: «Die gegenwärtige wirtschaftliche Entwicklung Rußlands und die Diktatur des Proletariats (1914–1918)». N. OSSINSKY: «Der Aufbau des Sozialismus» (im I. Kapitel dieses Buches gibt es sehr gut geführte Beweise dafür, daß die Kriegsverheerungen den Sozialismus notwendig machen).

VI. KAPITEL

N. LENIN (W. ILJIN): «Staat und Revolution». N. LENIN: «Werden die Bolschewiki die Staatsgewalt behalten?» N. OSSINSKY: «Demokratische Republik oder Sowjetrepublik». N. LENIN: «Thesen über die bürgerliche und proletarische Demokratie, angenommen vom 1. Kongreß der Kommunistischen Internationale». N. LENIN: «Die proletarische Revolution und der Renegat Kautsky». P. J. STUTSCHKA: «Die Verfassung der R.S.F.S.R. in Fragen und Antworten». BUCHARIN: «Parlamentarische oder Sowjetrepublik» (ein Kapitel aus der Broschüre: «Das Programm der Kommunisten»). KARPINSKI: «Was ist die Sowjetmacht?» KARPINSKI und LATZIS: «Was ist die Sowjetmacht und wie wird sie aufgebaut?»

VII. KAPITEL

N. LENIN: «Über das Selbstbestimmungsrecht der Nationen» (Artikel in der Zeitschrift «Prosweschtschenie»). J. STALIN: «Nationale Frage und Marxismus». K. SALEWSKI: «Nationale Frage und Internationale». G. PETROW: «Wahrheit und Lüge über die Juden». K. KAUTSKY: «Über die Juden». A. BEBEL: «Antisemitismus und Proletariat». J. STEKLOW: «Das letzte Wort des Antisemitismus».

VIII. KAPITEL

Es gibt fast keine Literatur. Wir nennen die Artikel von Trotzkij, die in der «Prawda» und der «Iswestija» veröffentlicht wurden. Sammelbuch «Der revolutionäre Krieg» unter der Redaktion Podwoiskis und Pawlowitschs. L. TROTZKIJ: «Die internationale Lage und die Rote Armee». L. TROTZKIJ: «Die Sowjetmacht und der internationale Imperialismus». G. SINOWJEW: «Unsere Lage und die Aufgabe der Schaffung der Roten Armee». DERSELBE: «Eine Rede über die Schaffung der Roten Armee». E. JAROSLAWSKI: «Die neue Armee».

IX. KAPITEL

Es gibt fast keine kommunistische Literatur über das bürgerliche und proletarische Gericht. Von den alten können folgende Werke empfohlen werden:

K. Marx: «Rede vor dem Geschworenen-Gericht (der Kölner Kommunisten-Prozeß)». Engels: «Der Ursprung der Familie, des Privateigentums und des Staates». Lassalle: «Verteidigungs-Reden» und «Zur Idee des Arbeiterstandes», «Arbeiter-Programm» und anderes aus seinen gesammelten Werken. Engels: «Anti-Dühring», die Stellen, die sich auf den Staat beziehen. K. Kautsky: «Die Natur der politischen Verbrechen». Van-Kon: «Die ökonomischen Faktoren des Verbrechens». Gernet: «Die sozialen Faktoren des Verbrechens».

Aus den neuzeitigen: Stutschka: «Die Verfassung der R.S.F.S.K. in Fragen und Antworten». P. Stutschka: «Das Volksgericht» usw. A. Hoichbart: «Welches Gericht braucht das Volk. Dekrete über das Gericht».

X. KAPITEL

Zur Frage der einheitlichen Arbeitsschule:

1. Bestimmungen über die Einheitliche Arbeitsschule der Russischen Sozial. Föder. Republik (1918); 2. «Die Einheitliche Arbeitsschule» – Vortrag v. W. M. Posner (1918); 3. «Die Arbeitsschule, Berichte der Volksbildungsabteilung des Moskauer Sowjets». 4. Blonski: «Die Schule und die Arbeiterschaft»; 5. Blonski: «Die Arbeitsschule». Teil I und II. 6. Lewitin: «Die Arbeitsschule». 7. Lewitin: «Die internationalen Probleme der Sozialpädagogik» (R. Seidel, G. Kerschensteiner u. a.); 8. Krupskaja: «Volksbildung und Demokratie»; 9. Dün: «Schule und Gesellschaft»; 10. Scharellmann: «Die Arbeitsschule»; 11. Derselbe: «Im Laboratorium des Volksschullehrers»; 12. Gansberg: «Pädagogik»; 13. Derselbe: «Schöpferische Arbeit in der Schule»; 14. «Wochenblatt des Volkskommissariates für Volksaufklärung» (erschien ursprünglich als Beilage zur «Iswjestija» des Allruss. Z.V.-A., und ab Nummer 18 selbständig [letzte Nummer 51–52]). In dem «Wochenblatt»

erschien eine Reihe von Artikeln über die Arbeitsschule; 15 Protokolle des Ersten Allrussischen Bildungskongresses (1919).

Aus der nichtkommunistischen Literatur können angegeben werden:

KERSCHENSTEINER: «Begriff der Arbeitsschule»; DERSELBE: «Die Arbeitsschule» (4. Auflage, 1918). GURLITT: «Probleme der allgemeinen Einheitsschule». FERRIER: «In der neuen Schule». WETEKAMP: «Selbsttätigkeit und Schaffen». SCHULZ: «Die Schulreform der Sozialdemokratie». FEDOROW-HARTWIG: «Arbeitsschule und Kollektivismus» (Moskau 1918). E. N. JANSCHUL: «Das Arbeitsprinzip in den Schulen Europas» (Moskau 1918). SCHATZKI: «Das mutige Leben». MÜNCH: «Die künftige Schule».

XI. KAPITEL

KILTSCHEWSKY: «Die Reichtümer und die Einkünfte der Geistlichkeit». N. M. LUKIN (J. Antonow): «Kirche und Staat». MELGUNOW: «Kirche und Staat in der Übergangszeit». S. MININ: «Religion und Kommunismus». J. STEPANOW: «Die Herkunft unseres Gottes». J. STEPANOW: «Die Geistlichkeit, ihre Einkünfte, ihre Gebete und Flüche». H. CUNOW: «Ursprung der Religion und des Gottesglaubens». K. KAUTSKY: «Der Ursprung der biblischen Geschichte». K. KAUTSKY: «Die antike Welt, das Judentum und Christentum». K. KAUTSKY: «Die katholische Kirche und die Sozialdemokratie».

A. BEBEL: «Christentum und Sozialismus». STAMLER und VANDERVELDE: «Sozialdemokratie und Religion». LAFARGUE: «Der Ursprung des religiösen Glaubens». S. DANILOW: «Das schwarze Heer». P. KILWER: «Sozialdemokratie und Christentum».

A. BUCHARIN: «Kirche und Schule in der Sowjetrepublik». J. BUROW: «Was bedeutet das Gesetz von der Gewissensfreiheit». P. LAFARGUE: «Der Mythus von der unbefleckten Empfängnis». NIKOLSKY: «Jesus und die ersten christlichen Gemeinden».

WIPPER: «Die Entstehung des Christentums». POKROWSKY: «Die russische Geschichte» (Abhandlung von Nikolsky). D. BJEDNY: «Die geistlichen Väter».

XII. KAPITEL

N. Osinsky: «Der Aufbau des Sozialismus». W. P. Miljutin: «Die ökonomische Entwicklung und die Diktatur des Proletariats». Derselbe: Die Abhandlungen in der Zeitschrift «Volkswirtschaft» für das Jahr 1919. Protokolle des VIII. Parteikongresses (Debatte über das Programm). «Die Auflösung des Kapitalismus und der Aufbau des Kommunismus». I. Stepanow: «Von der Arbeiterkontrolle zur Arbeiterverwaltung». Die Arbeiten des I. und II. allrussischen Kongresses der Volkswirtschaftsräte. T. Zjperowitsch: «Die Syndikate und Trusts in Rußland». T. Tomsky: «Abhandlungen über die Gewerkschaftsbewegung in Rußland» in der Zeitschrift «Die Kommunistische Internationale»; die Arbeiten der Gewerkschaftskongresse; Abhandlungen in dem «Boten des Metallarbeiters». A. Holzmann: «Die Arbeitsnormierung». N. Lenin: «Die große Initiative».

XIII. KAPITEL

F. Engels: «Die Bauernfrage in Frankreich und Deutschland». Lenin: «Die Agrarfrage und die Marx-Kritiker». Lenin: «Die Agrarfrage in Rußland gegen Ende des 19. Jahrhunderts».

Von den populären Broschüren, die nach der Revolution erschienen sind:

J. Schegur: «Die Organisation der Kommunen in der Landwirtschaft». K. I. J.: «Die Dorfkommune». N. Meschtscherjakow: «Über landwirtschaftliche Kommunen». E. Preobraschenskij: «Über landwirtschaftliche Kommunen». J. Larin: «Die Urbanisierung der Landwirtschaft». N. Meschtscherjakow: «Die Nationalisierung des Bodens». N. Lenin: «Eine Rede auf dem 8. kommunistischen Kongreß über das Verhältnis zu der mittleren Bauernschaft». M. Ssumatochin: «Wollen wir in einer Kommune leben!» N. Lenin: «Der Kampf ums Brot».

Viele Broschüren, die bereits veraltet sind, führen wir nicht an. Ein genaueres Verzeichnis ist enthalten in der Broschüre von W. Kerschenzow: «Bibliothek des Kommunisten».

XV. KAPITEL

Literatur über diese Frage fehlt fast gänzlich; es können empfohlen werden: J. PJAIAKOW: «Das Proletariat und die Banken». SOKOLNIKOW: «Zur Frage der Nationalisierung der Banken». Außerdem eine Reihe von Artikeln im «Wirtschaftsleben» und in der «Volkswirtschaft».

XVI. KAPITEL

Literatur über diese Frage gibt es fast keine. Es kann empfohlen werden: A. POTJAEW: «Die Finanzpolitik der Sowjetmacht».

XVII. KAPITEL

F. ENGELS: «Zur Wohnungsfrage». FEDOROWITSCH: «Die Wohnräume der Arbeiter». E. A. DEMENTJEW: «Die Fabrik, was sie der Bevölkerung gibt und was sie ihr nimmt». W. SWETLOWSKI: «Die Wohnungsfrage im Westen und in Rußland». M. POKROWSKAJA: «Die Verbesserung der Arbeiterwohnungen in England».

XVIII. KAPITEL

S. KAPLUN: «Der Arbeiterschutz und seine Organe». N. MALUTIN: «Auf dem Wege zu den hellen Fernen des Kommunismus». HELFER: «Die proletarische Revolution und die soziale Fürsorge für die Werktätigen». PRESS: «Was ist soziale Technik?» Artikel im «Arbeitsboten» und in den «Publikationen des Kommissariats für soziale Fürsorge». A. HOLZMANN: «Die Prämiensysteme in der Metallindustrie».

XIX. KAPITEL

N. SEMASCHKO: «Die Grundlagen der Sowjet-Medizin». LINDEMANN: «Maßnahmen zur Bekämpfung des Flecktyphus». Sammelbuch: «Ein Arbeitsjahr des Kommissariats für Gesundheitsschutz».

NACHWORT ZUM TEXT
UND
ZU DEN ABBILDUNGEN

Was aus Rußland nach der Revolution werden würde, hat einer seiner großen Schriftsteller, Fjodor Dostojewskij, vorausgesehen. In seinem Roman «Die Dämonen», der 1871/72 erschienen ist, entwickelt der Verschwörer Shigalew sein Programm einer künftigen Gesellschaftsordnung: «Obgleich ich von unbeschränkter Freiheit ausgegangen bin, gelange ich zuletzt zu einem unbeschränkten Despotismus.» Acht Jahre später läßt Dostojewskij in seinem Roman «Die Brüder Karamasow» den Großinquisitor sagen: «Oh, wir können sie überzeugen, daß sie erst dann frei sein werden, wenn sie ihrer Freiheit zu unseren Gunsten entsagt haben und sich uns unterwerfen... Und alle werden glücklich sein, alle Millionen Wesen, außer den Hunderttausend, die über sie herrschen. Denn nur wir, die wir das Geheimnis hüten, wir allein werden unglücklich sein. Es wird Tausende von Millionen glücklicher Kinder geben und nur hunderttausend Märtyrer, die den Fluch der Erkenntnis von Gut und Böse auf sich genommen haben.»

Was Dostojewskijs Großinquisitor gesagt hat, ist von Lenin realisiert worden. Für ihn bedeutete die Diktatur des Proletariats nicht nur die Herrschaft einer (im damaligen Rußland besonders kleinen) Minderheit über die Mehrheit, sondern auch die Herrschaft der kommunistischen Partei als «Vorhut der revolutionären Klasse» über die Arbeiterschaft. Diese Haltung schloß den Vorsatz ein, jene Menschen, die sich nicht freiwillig zu ihrem Glück bekehren ließen, notfalls auch mit Gewalt dazu zu zwingen.

Viele Kommunisten trösten sich heute mit dem Gedanken, Stalin habe Lenins Werk entstellt. Aber das erste und letzte frei gewählte Parlament Rußlands, die Konstituierende Versammlung, in der die nicht- und antibolschewistischen Parteien über die Mehrheit verfügten, ist am Tage seiner ersten Sitzung, im Januar 1918, im Auftrag Lenins auseinandergejagt worden. Und drei Jahre später, im März 1921, war es wieder Lenin, der befahl, den Aufstand der Matrosen von Kronstadt, die einst das Bollwerk der Revolution gebildet hatten, mit allen zur Verfügung stehenden Mitteln niederzuschlagen, um die von ihnen bedrohte Macht der kommunistischen Partei zu retten.

«Als die Arbeiterklasse die Oktoberrevolution machte», hatten die Führer der Matrosen geschrieben, «hoffte sie, ihre Befreiung zu erlangen. Das Resultat war aber eine noch größere Versklavung der menschlichen Persönlichkeit. Die Macht der Polizeimonarchie ging in die Hände der Usurpatoren über, der Kommunisten, die, statt dem Volk die Freiheit zu lassen, ihm die Angst vor den Tscheka-Kerkern beibrachten, deren Greuel die Methoden der zaristischen Gendarmerie vielfach übertreffen... Die geistige Versklavung, die von den Kommunisten errichtet wurde, ist aber am meisten verabscheuungswürdig und verbrecherisch: Sie legten Hand auch an den Gedanken, an das moralische Leben der Werktätigen, und zwingen jeden, ausschließlich nach ihren Vorschriften zu denken.»

Wie diese Vorschriften lauteten, konnten die Kronstadter Matrosen zum Beispiel der damals weitverbreiteten Schrift Bucharins und Preobraschenkijs entnehmen. Sie erschien in deutscher Übersetzung 1920 zuerst im «Verlag der Kommunistischen Partei Deutschösterreichs» und 1921 in der «Bibliothek der Kommunistischen Internationale». Da dort ausdrücklich von einer «Auslieferungsstelle für Deutschland» die Rede ist, die beiden Übersetzungen bis auf einige unterschiedliche Schreibweisen nahezu identisch sind und kein Übersetzer angegeben wird, handelt es sich wohl um die parteiamtliche Version des Buches in deutscher Sprache. Nach der Entmachtung der beiden Autoren ist es in der Sowjetunion aus dem Verkehr gezogen worden und im Westen – sieht man vom Nachdruck eines anonymen Verlages in den siebziger Jahren einmal ab – in Vergessenheit geraten, obwohl (oder weil) es enthüllt, mit welcher Brutalität die Welt umgestülpt werden sollte. Wer den Text gelesen hat, wird einigermaßen überrascht festgestellt haben, daß von Bucharin und Preobraschenskij im Grunde dieselben Ziele propagiert worden sind, die Stalin später verwirklichte, selbst wenn die von ihm dabei angewandten Methoden weitaus härter waren, als sich das die beiden Parteitheoretiker auch nur vorzustellen vermochten.

Die Voraussetzungen für das terroristische Regime

des Stalinismus sind jedenfalls schon in der Frühzeit der bolschewistischen Herrschaft gelegt worden; er ist mithin, trotz seiner Auswüchse, durchaus systemimmanent und keineswegs bloß das Ergebnis einer ideologisch-politischen Entartung, wie das diejenigen gerne glauben möchten, die seine totalitäre Diktatur gleichsam für einen historischen Betriebsunfall halten, weil sie den Kommunismus geradezu religiös verklären. Wer von einer Idee besessen ist, wird eben immer versuchen, andere davon zu überzeugen – auch wenn er sich deswegen die Hände nicht nur schmutzig, sondern sogar blutig machen muß.

Daß im «ABC des Kommunismus» radikalere Ansichten vertreten werden als im offiziellen Parteiprogramm von 1919, das die Handschrift Lenins trägt, ist nicht etwa das Ergebnis einer prinzipiell anderen Haltung. Denn Lenin war nicht, was spätestens bei der Niederschlagung des Kronstadter Aufstandes deutlich wurde, der tolerante «Vater des Proletariats», für den ihn die kommunistische Legende ausgibt – er ist nur taktisch klüger gewesen als die beiden Theoretiker; ihm kam es mitten im Bürgerkrieg zwischen seiner Roten Armee und den antibolschewistischen Weißgardisten vor allem darauf an, die von ihm einmal errungene Macht nicht auch noch dadurch zu gefährden, daß beinahe jeder schon von seinem Parteiprogramm vor den Kopf gestoßen und in Angst und Schrecken versetzt wurde.

Wie schwierig die Lage für die Kommunisten und für das ganze Land seinerzeit war, aber auch mit welchen drastischen Mitteln sie verbessert werden sollte, illustrieren die diesem Band beigegebenen ROSTAFENSTER des sowjetischen Schriftstellers Wladimir Majakowskij. Der wie Stalin in Georgien geborene Sohn eines Forstaufsehers aus verarmtem Adel hatte sich 1908, als Fünfzehnjähriger, dem bolschewistischen Flügel der russischen Sozialdemokraten angeschlossen, 1910/11 die Moskauer Schule für Malerei, Bildhauerei und Baukunst besucht und früh neben seinem künstlerischen sein lyrisches Talent erprobt.

Seine Verse brachen in Form und Inhalt nicht nur mit der Tradition, sie standen auch im Gegensatz zum Stoff und zum Ton des damals weitverbreiteten Symbolismus: «Die Kunst muß den Massen dienen», erklärte Majakowski, der seine aufreizenden Agitationsgedichte gern einem großen Publikum vortrug, was ihm das zaristische Verdikt einbrachte, ein «geharnischter Schreihals der Unterwelt» zu sein. Er gehörte zu den führenden Vertretern des antibürgerlichen, in Literatur, Kunst und Musik einflußreichen Futurismus, der – künstlerisch auf der formalen Grundlage des Kubismus – in Italien entstanden war, wo später viele seiner Repräsentanten für den Faschismus Mussolinis anfällig wurden, während sich ihre Weggefährten in Rußland für den Kommunismus Lenins engagierten.

Vor allem Majakowskij fühlte sich zum Dichter der Revolution berufen und stellte seine hohe deklamatorische Begabung in den Dienst der neuen Machthaber. Als der Zeichner Michail Tscheremnych, der heute zu den Klassikern der sowjetischen Plakatkunst gezählt wird, Ende August/Anfang September 1919 auf die Idee kam, die Schaufenster leerstehender Moskauer Geschäfte für politische Agitation zu nutzen, bot Majakowskij ihm seine Dienste an. Tscheremnych war Karikaturist einer von der Russischen Telegraphen-Agentur (*Ros*siskoje *T*elegrafnoje *A*gentstwo = ROSTA), der Vorläuferin der sowjetischen Nachrichtenagentur TASS, herausgegebenen Wandzeitung, die an die Häuser geklebt wurde. Auf seinen neuen Plakaten stand deshalb ursprünglich ROSTAFENSTER oder SATIREFENSTER DER ROSTA; sie waren freilich bald nicht nur in Schaufenstern, sondern auch in Bahnhöfen, Kasernen und sogenannten Agitationslokalen zu sehen.

Die ersten Plakate wurden Anfang September 1919, die letzten Anfang Februar 1922 aufgehängt. Siebzehn Monate lang war für sie die Russische Telegraphen-Agentur verantwortlich, nochmals zwölf Monate die Hauptverwaltung für politische Aufklärung des Volkskommissariats für Bildungswesen, also das sowjetrussische Erziehungsministerium. Der Begriff ROSTA-FENSTER bürgerte sich allgemein ein, obwohl 469 der 1 413 numerierten Plakate dieses Typus – insgesamt sind etwa 1 600 entstanden – nach der russischen Abkürzung des zweiten Herausgebers offiziell «Glawpolitproswet» (GPP) hießen (im Zweiten Weltkrieg gab es auch TASS-Fenster).

Majakowskijs Mitarbeit begann Anfang Oktober 1919; damals waren höchstens zwölf Fenster erschienen. Er soll rund neun Zehntel dieser Großplakate, auf denen mit in der Regel zwei bis vierzehn mehrfarbigen, annähernd gleichgroßen, numerierten Bildfeldern wie bei den alten Bilderbogen meist nur ein Thema in Reimen behandelt wurde, selbst getextet und fast tausend auch gezeichnet haben. Seine Zeichnungen, die Signale setzen und den Inhalt auf eine prägnante Form bringen sollten, sind der russischen Volkskunst ebenso verpflichtet wie dem gerade aufkommenden Konstruktivismus. Neben der äußerst lakonischen Bildsprache sind für sie ausdrucksstarke Silhouetten und bestimmte Figurentypen besonders charakteristisch. Während die negativen Gestalten (der Zar, seine Generale, Weißgardisten, ausländische Monarchen und Politiker, Guts- und Fabrikbesitzer, Priester, Beamte) stets stark karikierende Züge tragen, werden die russischen Bauern, Arbeiter und Rotarmisten in oft leuchtend roter Farbe positiv dargestellt.

Von den ersten Plakaten existierte jeweils nur ein Exemplar, dann wurden manuell Kopien angefertigt und später Kopierpapier verwendet. Schließlich kam man auf den Gedanken, für jedes Fenster aus Karton Schablonen auszuschneiden und mit ihrer Hilfe die benötigte Anzahl mit der Hand herzustellen, womit fast 100 Mitarbeiter beschäftigt waren. «Die Vervielfältigungstechnik», erinnerte sich Michail Tscheremnych, «erfolgte blitzartig. Nach Erhalt des Originals gab es am zweiten Tag schon 50 Exemplare, nach ein paar Tagen war eine ganze Auflage fertig, die an die 300 Exemplare erreichte.» Die Moskauer Plakate, von denen keines gedruckt worden ist, wurden an 34 anderen Orten Rußlands noch einmal vervielfältigt. In einigen Städten, so in Petrograd (das bis 1914 St. Petersburg hieß und seit dem Tode Lenins im Jahre 1924 dessen Namen trägt), Charkow, Odessa und Kaluga, ging man auch dazu über, eigene ROSTAFENSTER herauszugeben.

Als die ersten Plakatfenster erschienen, war zwar der von Sibirien aus vorgetragene Angriff der Weißen und der mit ihnen verbündeten tschechischen Kriegsgefangenen unter Admiral Koltschak, der sich zum Reichsverweser hatte ausrufen lassen, von den Bolschewisten zurückgeschlagen und die Offensive des vom Ostseeraum aus gegen Petrograd operierenden Generals Judenitsch gestoppt worden, was auch die Interventionstruppen Frankreichs und Großbritanniens zum Rückzug veranlaßte. Aber Koltschak konnte seine Truppen hinter dem Ural neu ordnen, und Judenitsch gelang es ebenfalls, seine Kräfte zu reorganisieren. Vor allem von Süden jedoch drohte den kommunistischen Machthabern nun Gefahr; von hier aus rückte die Armee des Generals Denikin bis kurz vor Moskau. Im Februar 1920 freilich war die Rote Armee unter ihrem Kriegskommissar Trotzkij, mit dem Vorteil der inneren Linie kämpfend, wieder einigermaßen Herr der Lage: Judenitsch war erneut abgeschlagen worden, Koltschak hatte man bis Irkutsk verfolgt und dort erschossen und Denikin mußte sich auf die Krim zurückziehen, die sein Nachfolger Wrangell bis zum November 1920 halten konnte. Allerdings hatten polnische Truppen unterdessen Kiew und weite Teile der Ukraine erobert; sie konnten von den Sowjets, die dabei bis zur Weichsel vorstießen, erst im Frühjahr und Sommer 1920 zurückgewonnen werden.

Die Thematik der Plakatfenster wird bis Ende 1920 von diesen Ereignissen bestimmt, danach geht es mehr um den Wiederaufbau des schwer zerstörten Landes als um den Bürgerkrieg – hier wie da aber um Klassenkampf, wobei freilich der agitatorische Appell zunehmend von Propaganda und Belehrungen ersetzt wird. Im Frühjahr und im Sommer 1921 sind zum Beispiel die Beschlüsse über die Neue Ökonomische Politik das Hauptthema Majakowskijs und seiner Mitarbeiter, unter denen viele bedeutende Künstler zu finden waren. «Es ist dies eine protokollarische Aufzeichnung der schwersten drei Jahre revolutionären Kampfes», schrieb Majakowskij später, «übermittelt durch die Flecke von Farben und den Hall von Parolen.»

Lenins positives Urteil über sein Spottgedicht «Die auf Sitzungen Versessenen» hatte inzwischen Majakowskijs Ruhm als Dichter der Revolution beträchtlich vermehrt; er war Mitarbeiter der Regierungszeitung «Iswestija», der «Komsomolskaja Prawda» des bolschewistischen Jugendverbandes und von mehr als achtzig anderen sowjetischen Zeitungen und Zeitschriften geworden, hatte neun Reisen ins europäische und amerikanische Ausland unternommen und war neben Gorkij der wohl bekannteste russische Schriftsteller seiner Zeit. Unumstritten ist er freilich nie gewesen; den Vertretern des «Proletkults» war er zu ästhetisierend, der Parteiführung, die in Literatur und Kunst bald ältere Traditionen reaktivierte, zu individualistisch.

Vom Jahre 1927 an scheint sein Stern im Sinken gewesen zu sein. War er bei Stalin, der ihn 1935 als «den besten, begabtesten Dichter der Sowjetepoche» bezeichnen sollte, in Ungnade gefallen? Daß er sein letztes Werk «Aus vollem Halse», das er nicht mehr vollendet hat, ausgerechnet dem ersten Fünfjahresplan Stalins widmete, spricht eher dafür als dagegen.

Majakowskijs Freitod am 14. April 1930 hat viele Fragen aufgeworfen. Die offizielle sowjetische Version berief sich lange Zeit auf private Probleme. Erst in der Nachkriegszeit wurden auch andere Ursachen zugegeben. Hieß es in einer amtlich genehmigten «Geschichte der russischen Literatur» noch 1953, er habe «von trotzkistischen Schädlingen und anderen heimlichen Agenten des Faschismus» damals «heftige Angriffe über sich ergehen lassen müssen», so ist seit den sechziger Jahren vieldeutig von seiner «künstlichen Isoliertheit» in einer «ungesunden Atmosphäre» die Rede, in der ihn «Leute, deren Bedeutung in der Literatur unvergleichlich geringer war», «selbstgefällig geschulmeistert» hätten.

Hatte die Revolution eines ihrer Kinder verschlungen? Drei Jahre vor Majakowskijs Selbstmord war Preobraschenskij, ehedem Sekretär des KP-Zentralkomitees, aus der Partei ausgeschlossen worden; Bucharin hatte ein Jahr zuvor seine Mitgliedschaft im Politbüro, dem höchsten Gremium der KP, den Vorsitz der Komintern und die Chefredaktion des Parteiorgans «Prawda» verloren. Beide ließ Stalin nicht einmal acht Jahre nach dem Tode des von ihm posthum so gefeierten Dichters hinrichten. Aber sie waren nicht die einzigen: Fast jedes zweite Mitglied des Zentralkomitees der

KPdSU, das 1934 gewählt worden ist, wurde, vielfach nach spektakulären Schauprozessen, in Stalins «Großer Säuberung» liquidiert. Dostojewskijs Vision vom revolutionären Rußland hatte sich auch für die erfüllt, die zu den Herrschenden gehörten: Sie waren nicht nur unglücklich, sie waren tot – umgebracht von einem ihrer Kampfgefährten, der sich mit ihrer Hilfe zum uneingeschränkten Despoten hatte aufschwingen können.

K. U. FRANK

INHALTSVERZEICHNIS

BORIS MEISSNER
Einführung zum «ABC des Kommunismus» 5

ERSTER TEIL
Entwicklung und Untergang des Kapitalismus

EINLEITUNG
Unser Programm......................... 45

I. KAPITEL
Die kapitalistische Gesellschaftsordnung......... 59

II. KAPITEL
Die Entwicklung der kapitalistischen Gesellschaftsordnung 95

III. KAPITEL
Kommunismus und Diktatur des Proletariats 131

IV. KAPITEL
Wie die Entwicklung des Kapitalismus zur kommunistischen Revolution führte............ 171

V. KAPITEL
Die Zweite und die Dritte Internationale 251

ZWEITER TEIL
Die Diktatur des Proletariats und der Aufbau des Kommunismus

EINLEITUNG
Bedingungen der kommunistischen Aufbautätigkeit in Rußland.................... 283

VI. KAPITEL
Die Sowjetmacht 297

VII. KAPITEL
Die nationale Frage und der Kommunismus 339

VIII. KAPITEL
Das Wehrprogramm der Kommunisten 359

IX. KAPITEL
Proletarische Gerichtsbarkeit 385

X. KAPITEL
Schule und Kommunismus................... 397

XI. KAPITEL
Religion und Kommunismus 427

XII. KAPITEL
Die Organisation der Industrie 445

XIII. KAPITEL
Organisation der Landwirtschaft 507

XIV. KAPITEL
Organisation der Verteilung 551

XV. KAPITEL
Organisation der Banken und die Geldzirkulation . 567

XVI. KAPITEL
Die Finanzen im proletarischen Staate 577

XVII. KAPITEL
Das Programm der Kommunisten in der
Wohnungsfrage 589

XVIII. KAPITEL
Arbeiterschutz und soziale Fürsorge 597

XIX. KAPITEL
Schutz der Volksgesundheit 621

Literaturhinweise. 629

K. U. FRANK
Nachwort zum Text und zu den
Abbildungen 639

CIP-Kurztitelaufnahme der Deutschen Bibliothek

Bucharin, Nikolaj:
Das ABC des Kommunismus:
Populäre Erl. d. Programms
d. Kommunist. Partei Rußlands ‹Bolschewiki›
Nikolaj I. Bucharin;
Jewgenij A. Preobraschenskij.
– Nachdr. d. dt.-sprachigen Erstausg. Wien,
Verl. d. Kommunist. Partei Deutschösterreichs, 1920
Mit Ill. von Wladimir W. Majakowskij
u. e. Einf. von Boris Meissner. –
Zürich: Manesse Verlag, 1985.
(Manesse Bibliothek der Weltgeschichte)
Einheitssacht.: Azbuka kommunizma ‹dt.›
NE: Preobraženskij, Evgenij:
ISBN 3-7175-8044-2

Umschlag und Typographie:
Hans Peter Willberg, Eppstein
Die auf dem Vorsatz abgebildeten Textseiten
sind der russischen Originalausgabe
des «ABC des Kommunismus» entnommen.

Copyright © 1985 by Manesse Verlag, Zürich
Alle Rechte vorbehalten

для взрослых. Но эта свобода совести для родителей превращается в свободу для них отравлять ум своих детей тем же самым опиумом, каким их раньше отравила церковь. Родители навязывают своим детям собственное тупоумие, невежество, выдают за истину всякую галиматью и страшно затрудняют работу единой трудовой школы. Освобождение детей от реакционных влияний их родителей составляет важную задачу пролетарского государства. Радикальное средство — общественное воспитание детей, проведенное в полном об'еме. Но на ближайшее время необходимо, чтобы мы не ограничивались изгнанием религиозной пропаганды из школы, но чтобы школа перешла в наступление против религиозной пропаганды в семье и заранее делала нечувствительным сознание детей ко всем тем религиозным сказкам, которым продолжают верить и продолжают выдавать за быль очень взрослые люди.

§ 92. БОРЬБА С РЕЛИГИОЗНЫМИ ПРЕДРАССУДКАМИ МАСС. Если отделение церкви от государства и школы от церкви пролетарская власть осуществила сравнительно легко и почти безболезненно, то несравненно более трудным делом является борьба с религиозными предрассудками, уже пустившими глубокие корни в сознании масс и обнаруживающими огромную живучесть. Эта борьба будет долгой, она требует большой выдержки и терпения. В нашей программе по этому поводу говорится: „Р. К. П. руководствуется убеждением, что лишь осуществление планомерности и сознательности во всей общественно-хозяйственной деятельности масс повлечет за собой полное отмирание религиозных предрассудков". Что означают эти слова?

Религиозная пропаганда, вера в Бога и всякие сверх'естественные силы находят для себя наиболее благоприятную почву там, где сознание масс всей обстановкой общественной жизни толкается на путь сверх'естественных об'яснений окружающих явлений в природе и обществе. Обстановка капиталистического способа производства как раз очень способствует всему этому. В буржуазном обществе производство и обмен продуктов налаживаются не сознательно, по определенному плану, а стихийно. Рынок царит над производителем. Никто не знает, произведено ли товаров в излишке или слишком мало. Производителям неясно, как работает весь огромный и сложный механизм капиталистического производства; почему вдруг начинаются кризисы и безработица; почему то повышаются, то понижаются цены на товары, и т. д. Не умея об'яснить себе настоящую причину происходящих общественных изменений, рядовой работник обращается к „воле Божией", которая все может об'яснить.

Наоборот, в организованном коммунистическом обществе в области производства и распределения для трудящихся не будет никаких тайн. Каждый работник не только будет исполнять порученную ему часть общественной работы, но он сам же будет участвовать в выработке общего плана производства и, по крайней мере, будет иметь о нем вполне ясное пред-